明治薬科大学

教学社

は　し　が　き

　おかげさまで，大学入試の「赤本」は，今年で創刊 70 周年を迎えました。
　これまで，入試問題や資料をご提供いただいた大学関係者各位，掲載許可をいただいた著作権者の皆様，各科目の解答や対策の執筆にあたられた先生方，そして，赤本を使用してくださったすべての読者の皆様に，厚く御礼を申し上げます。

　以下に，創刊初期の「赤本」のはしがきを引用します。これからも引き続き，受験生の目標の達成や，夢の実現を応援してまいります。

　本書を活用して，入試本番では持てる力を存分に発揮されることを心より願っています。

編者しるす

＊　　　＊　　　＊

　学問の塔にあこがれのまなざしをもって，それぞれの志望する大学の門をたたかんとしている受験生諸君！　人間として生まれてきた私たちは，自己の欲するままに，美しく，強く，そして何よりも人間らしく生きることをねがっている。しかし，一朝一夕にして，この純粋なのぞみが達せられることはない。私たちの行く手には，絶えずさまざまな試練がまちかまえている。この試練を克服していくところに，私たちのねがう真に人間的な世界がはじめて開かれてくるのである。

　人生最初の最大の試練として，諸君の眼前に大学入試がある。この大学入試は，精神的にも身体的にも，大きな苦痛を感ぜしめるであろう。あるスポーツに熟達するには，たゆみなき，はげしい練習を積み重ねることが必要であるように，私たちは，計画的・持続的な努力を払うことによって，この試練を克服し，次の一歩を踏みだすことができる。厳しい試練を経たのちに，はじめて満足すべき成果を獲得できるのである。

　本書は最近の入学試験の問題に，それぞれ解答を付し，さらに問題をふかく分析することによって，その大学独特の傾向や対策をさぐろうとした。本書を一般の参考書とあわせて使用し，まとはずれのない，効果的な受験勉強をされるよう期待したい。

（昭和 35 年版「赤本」はしがきより）

挑む人の、いちばんの味方

赤本創刊70周年

　1954年に大学入試の過去問題集を刊行してから70年。赤本は大学に入りたいと思う受験生を応援しつづけてきました。これからも，苦しいとき落ち込むときにそばで支える存在でいたいと思います。

　そして，勉強をすること，自分で道を決めること，努力が実ること，これらの喜びを読者の皆さんが感じることができるよう，伴走をつづけます。

そもそも赤本とは…

受験生のための大学入試の過去問題集！

70年の歴史を誇る赤本は，500点を超える刊行点数で全都道府県の370大学以上を網羅しており，過去問の代名詞として受験生の必須アイテムとなっています。

なぜ受験に過去問が必要なのか？

大学入試は大学によって問題形式や頻出分野が大きく異なるからです。

記述式？

マーク式？

問題のレベルは？

時間配分は？

自分に足りないのは？

みんなの疑問に答える赤本！

頻出分野は？

どんな対策が必要？

どんな問題が出るの？

赤本で志望校を研究しよう！

赤本の掲載内容

傾向と対策

これまでの出題内容から，問題の「**傾向**」を分析し，来年度の入試に向けて具体的な「**対策**」の方法を紹介しています。

問題編・解答編

◉ 年度ごとに問題とその解答を掲載しています。

◉ 「**問題編**」ではその年度の試験概要を確認したうえで，実際に出題された過去問に取り組むことができます。

◉ 「**解答編**」には高校・予備校の先生方による解答が載っています。

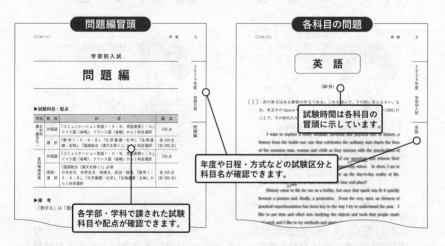

他にも，大学の基本情報や，先輩受験生の合格体験記，在学生からのメッセージなどが載っていることがあります。

2024年度から見やすいデザインに！
NEW

掲載内容について

著作権上の理由やその他編集上の都合により問題や解答の一部を割愛している場合があります。なお，指定校推薦入試，社会人入試，編入学試験，帰国生入試などの特別入試，英語以外の外国語科目，商業・工業科目は，原則として掲載しておりません。また試験科目は変更される場合がありますので，あらかじめご了承ください。

受験勉強は

過去問に始まり，

STEP 1 なにはともあれ

まずは解いてみる

しずかに…
今，自分の心と
向き合ってるんだから

ムーン

それは
問題を解いて
からだホン！

過去問は，**できるだけ早いうちに解くのがオススメ！**
実際に解くことで，**出題の傾向，問題のレベル，今の自分の実力が**つかめます。

STEP 2 じっくり具体的に

弱点を分析する

分析の結果だけど
英・数・国が苦手みたい

スリー

必須科目だホン
頑張るホン

間違いは自分の弱点を教えてくれ**る貴重な情報源。**
弱点から自己分析することで，**今の自分に足りない力や苦手な分野**が見えてくるはず！

合格者があかす
赤本の使い方

傾向と対策を熟読
（Fさん／国立大合格）

大学の出題傾向を調べるために，赤本に載っている「傾向と対策」を熟読しました。

繰り返し解く
（Tさん／国立大合格）

1周目は問題のレベル確認，2周目は苦手や頻出分野の確認に，3周目は合格点を目指して，と過去問は繰り返し解くことが大切です。

過去問に終わる。

STEP 3
志望校にあわせて

苦手分野の重点対策

明日からはみんなで頑張るよ！
参考書も！問題集も！
よろしくね！

呼んだ？

なにを!?
どこから!?

グッ グッ

参考書や問題集を活用して，苦手分野の**重点対策**をしていきます。**過去問を指針**に，合格へ向けた具体的な学習計画を立てましょう！

STEP 1 ▶ 2 ▶ 3

実践を繰り返す

サイクルが大事！

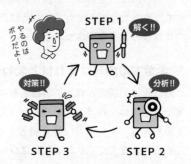

やるのはボクだよ〜

STEP 1　解く!!

対策!!　分析!!

STEP 3　STEP 2

STEP 1〜3を繰り返し，実力アップにつなげましょう！
出題形式に慣れることや，**時間配分を考える**ことも大切です。

目標点を決める
（Yさん／私立大合格）

赤本によっては合格者最低点が載っているので，それを見て目標点を決めるのもよいです。

時間配分を確認
（Kさん／私立大学合格）

赤本は時間配分や解く順番を決めるために使いました。

添削してもらう
（Sさん／私立大学合格）

記述式の問題は先生に添削してもらうことで自分の弱点に気づけると思います。

新課程も赤本でばっちり！

新課程入試 Q&A

2022年度から新しい学習指導要領（新課程）での授業が始まり，2025年度の入試は，新課程に基づいて行われる最初の入試となります。ここでは，赤本での新課程入試の対策について，よくある疑問にお答えします。

Q1. 赤本は新課程入試の対策に使えますか？

A. もちろん使えます！

旧課程入試の過去問が新課程入試の対策に役に立つのか疑問に思う人もいるかもしれませんが，心配することはありません。旧課程入試の過去問が役立つのには次のような理由があります。

● 学習する内容はそれほど変わらない

新課程は旧課程と比べて科目名を中心とした変更はありますが，学習する内容そのものはそれほど大きく変わっていません。また，多くの大学で，既卒生が不利にならないよう「経過措置」がとられます（Q3参照）。したがって，出題内容が大きく変更されることは少ないとみられます。

● 大学ごとに出題の特徴がある

これまでに課程が変わったときも，各大学の出題の特徴は大きく変わらないことがほとんどでした。入試問題は各大学のアドミッション・ポリシーに沿って出題されており，過去問にはその特徴がよく表れています。過去問を研究してその大学に特有の傾向をつかめば，最適な対策をとることができます。

出題の特徴の例	・英作文問題の出題の有無 ・論述問題の出題（字数制限の有無や長さ） ・計算過程の記述の有無

新課程入試の対策も，赤本で過去問に取り組むところから始めましょう。

Q2. 赤本を使う上での注意点はありますか？

A. 志望大学の入試科目を確認しましょう。

　過去問を解く前に，過去の出題科目（問題編冒頭の表）と2025年度の募集要項とを比べて，課される内容に変更がないかを確認しましょう。ポイントは以下のとおりです。科目名が変わっていても，実際は旧課程の内容とほとんど同様のものもあります。

英語・国語	科目名は変更されているが，実質的には変更なし。 ▶▶ ただし，リスニングや古文・漢文の有無は要確認。
地歴	科目名が変更され，「歴史総合」「地理総合」が新設。 ▶▶ 新設科目の有無に注意。ただし，「経過措置」(Q3参照)により内容は大きく変わらないことも多い。
公民	「現代社会」が廃止され，「公共」が新設。 ▶▶ 「公共」は実質的には「現代社会」と大きく変わらない。
数学	科目が再編され，「数学C」が新設。 ▶▶ 「数学」全体としての内容は大きく変わらないが，出題科目と単元の変更に注意。
理科	科目名も学習内容も大きな変更なし。

　数学については，科目名だけでなく，どの単元が含まれているかも確認が必要です。例えば，出題科目が次のように変わったとします。

旧課程	「数学Ⅰ・数学Ⅱ・数学A・数学B（数列・ベクトル）」
新課程	「数学Ⅰ・数学Ⅱ・数学A・数学B（数列）・数学C（ベクトル）」

　この場合，新課程では「数学C」が増えていますが，単元は「ベクトル」のみのため，実質的には旧課程とほぼ同じであり，過去問をそのまま役立てることができます。

Q3. 「経過措置」とは何ですか？

A. 既卒の旧課程履修者への対応です。

　多くの大学では，既卒の旧課程履修者が不利にならないように，出題において「経過措置」が実施されます。措置の有無や内容は大学によって異なるので，募集要項や大学のウェブサイトなどで確認しておきましょう。

○旧課程履修者への経過措置の例

- ●旧課程履修者にも配慮した出題を行う。
- ●新・旧課程の共通の範囲から出題する。
- ●新課程と旧課程の共通の内容を出題し，共通範囲のみでの出題が困難な場合は，旧課程の範囲からの問題を用意し，選択解答とする。

例えば，地歴の出題科目が次のように変わったとします。

旧課程	「日本史B」「世界史B」から1科目選択
新課程	「歴史総合，日本史探究」「歴史総合，世界史探究」から1科目選択※ ※旧課程履修者に不利益が生じることのないように配慮する。

　「歴史総合」は新課程で新設された科目で，旧課程履修者には見慣れないものですが，上記のような経過措置がとられた場合，新課程入試でも旧課程と同様の学習内容で受験することができます。

要チェックだホン

新課程の情報は WEB もチェック！
より詳しい解説が赤本ウェブサイトで見られます。
https://akahon.net/shinkatei/

科目名が変更される教科・科目

	旧 課 程	新 課 程
国語	国 語 総 合 国 語 表 現 現 代 文 A 現 代 文 B 古 典 A 古 典 B	現 代 の 国 語 言 語 文 化 論 理 国 語 文 学 国 語 国 語 表 現 古 典 探 究
地歴	日 本 史 A 日 本 史 B 世 界 史 A 世 界 史 B 地 理 A 地 理 B	歴 史 総 合 日 本 史 探 究 世 界 史 探 究 地 理 総 合 地 理 探 究
公民	現 代 社 会 倫 理 政 治 ・ 経 済	公 共 倫 理 政 治 ・ 経 済
数学	数 学 Ⅰ 数 学 Ⅱ 数 学 Ⅲ 数 学 A 数 学 B 数 学 活 用	数 学 Ⅰ 数 学 Ⅱ 数 学 Ⅲ 数 学 A 数 学 B 数 学 C
外国語	コミュニケーション英語基礎 コミュニケーション英語Ⅰ コミュニケーション英語Ⅱ コミュニケーション英語Ⅲ 英 語 表 現 Ⅰ 英 語 表 現 Ⅱ 英 語 会 話	英語コミュニケーションⅠ 英語コミュニケーションⅡ 英語コミュニケーションⅢ 論 理 ・ 表 現 Ⅰ 論 理 ・ 表 現 Ⅱ 論 理 ・ 表 現 Ⅲ
情報	社 会 と 情 報 情 報 の 科 学	情 報 Ⅰ 情 報 Ⅱ

大学のサイトも見よう

目　次

2023・2024 年度の解答用紙の一部は，赤本オンラインに掲載しています。

https://akahon.net/kkm/mpu/index.html

※掲載内容は，予告なしに変更・中止する場合があります。

基本情報

 ## 学部・学科の構成

大　学

●薬学部
　薬学科［6年制］
　生命創薬科学科［4年制］

大学院

　薬学研究科

大学所在地

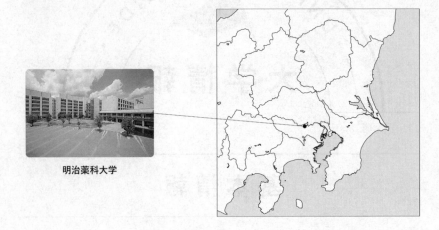

明治薬科大学

〒204-8588　東京都清瀬市野塩 2-522-1

入 試 デ ー タ

 ## 入試状況（志願者数・競争率など）

（ ）内は女子内数

年度	学科・区分			募集人員	志願者数	受験者数	合格者数	競争率
2024	薬	公募制推薦〈専願制〉		30	145（ 99）	143（ 97）	53（ 29）	2.7
		公募制推薦〈併願制〉		15	196（ 148）	188（ 142）	82（ 67）	2.3
		A 方 式		20	689（ 419）	687（ 418）	159（ 101）	4.3
		B方式	前 期	120	971（ 586）	928（ 557）	263（ 160）	3.5
			後 期	40	626（ 383）	464（ 276）	90（ 54）	5.2
		C 方 式		25	320（ 205）	205（ 135）	57（ 34）	3.6
		地 域 枠		10	80（ 54）	80（ 54）	26（ 18）	3.1
	生命創薬科	公募制推薦〈併願制〉		5	18（ 12）	18（ 12）	10（ 6）	1.8
		A 方 式		5	280（ 161）	279（ 161）	81（ 49）	3.4
		B方式	前 期	25	342（ 193）	332（ 190）	133（ 77）	2.5
			後 期	15	276（ 164）	204（ 119）	112（ 71）	1.8
		C 方 式		5	40（ 24）	25（ 15）	14（ 8）	1.8
	合　　　　　計			315	3,983（2,448）	3,553（2,176）	1,080（ 674）	―
2023	薬	公募制推薦〈専願制〉		30	136（ 90）	135（ 89）	48（ 34）	2.8
		公募制推薦〈併願制〉		15	169（ 123）	166（ 121）	74（ 53）	2.2
		A 方 式		20	716（ 452）	710（ 448）	148（ 99）	4.8
		B方式	前 期	120	1,135（ 687）	1,105（ 670）	252（ 161）	4.4

（表つづく）

年度	学科・区分			募集人員	志願者数	受験者数	合格者数	競争率
2023	薬	B方式	後期	40	675 (416)	530 (335)	113 (69)	4.7
		C 方 式		25	323 (199)	218 (131)	75 (44)	2.9
		地 域 枠		10	43 (30)	43 (30)	16 (12)	2.7
	生命創薬科	公募制推薦〈併願制〉		5	14 (7)	14 (7)	10 (5)	1.4
		A 方 式		5	292 (171)	289 (168)	94 (57)	3.1
		B方式	前期	25	366 (216)	359 (214)	195 (116)	1.8
			後期	15	275 (161)	211 (126)	122 (71)	1.7
		C 方 式		5	47 (28)	33 (22)	17 (11)	1.9
	合　　　計			315	4,191 (2,580)	3,813 (2,361)	1,164 (732)	—
2022	薬	公募制推薦〈専願制〉		25	105 (69)	105 (69)	25 (14)	4.2
		公募制推薦〈併願制〉		15	162 (121)	158 (118)	42 (36)	3.8
		A 方 式		10	447 (271)	446 (271)	92 (59)	4.8
		B方式	前期	110	703 (405)	667 (389)	253 (150)	2.6
			後期	30	695 (420)	497 (304)	90 (53)	5.5
		C 方 式		20	241 (142)	171 (98)	72 (34)	2.4
	生命創薬科	公募制推薦〈併願制〉		5	22 (13)	22 (13)	7 (3)	3.1
		A 方 式		5	157 (82)	156 (82)	76 (35)	2.1
		B方式	前期	25	170 (88)	166 (86)	112 (57)	1.5
			後期	15	201 (109)	152 (85)	81 (48)	1.9
		C 方 式		5	42 (20)	30 (15)	14 (7)	2.1
	合　　　計			265	2,945 (1,740)	2,570 (1,530)	864 (496)	—

（備考）
- 競争率は受験者数÷合格者数で算出。
- 地域枠は 2023 年度より実施。
- A方式は大学入学共通テストを利用する選抜，B方式は大学独自の試験による選抜，C方式は大学入学共通テストと大学独自の試験を併用する選抜。

📊 合格者最低点（一般選抜）

年度・学科		A方式	B方式		C方式	地域枠
			前期	後期		
2024	薬	441	200	243	408	500
	生命創薬科	404	177	189	321	
2023	薬	446	200	224	386	493
	生命創薬科	395	180	201	332	
2022	薬	426	140	223	388	
	生命創薬科	338	119	166	347	

（備考）● 満点はA方式は600点，B方式前期は300点，B方式後期は350点，C方式は600点，
　　　　地域枠は700点。
　　　● 地域枠は2023年度より実施。

募集要項（出願書類）の入手方法

募集要項入手の詳細は大学ホームページでご確認ください。

◎**一般選抜（Ａ方式，Ｂ方式前期・後期，Ｃ方式），学校推薦型選抜（公募制），地域枠選抜**

Web 出願サイトより出願を行います。入学者選抜試験募集要項は 10 月頃大学ホームページよりダウンロードしてください。

〔Web 出願の手順〕

Web 出願サイトより出願情報を入力⇨入学検定料等を納入⇨出願書類を郵送⇨完了

◎**特別選抜（社会人入学，帰国生入学，編入学）**

Web 出願には対応していません。願書（紙媒体）に記入し，郵送により出願します。入学者選抜試験募集要項は 10 月頃大学ホームページよりダウンロードしてください。

問い合わせ先

明治薬科大学　学生支援部　入試課

〒204-8588　東京都清瀬市野塩 2-522-1

TEL　042-495-5061（直通）

FAX　042-495-8925

メール　shiken@my-pharm.ac.jp

ホームページ　https://www.my-pharm.ac.jp/

明治薬科大学のテレメールによる資料請求方法

スマートフォンから　QRコードからアクセスしガイダンスに従ってご請求ください。

パソコンから　教学社 赤本ウェブサイト(akahon.net)から請求できます。

　科目ごとに問題の「傾向」を分析し，具体的にどのような「対策」をすればよいか紹介しています。まずは出題内容をまとめた分析表を見て，試験の概要を把握しましょう。

=================== 注　意 ===================

　「傾向と対策」で示している，出題科目・出題範囲・試験時間等については，2024 年度までに実施された入試の内容に基づいています。2025 年度入試の選抜方法については，各大学が発表する学生募集要項を必ずご確認ください。

英　語

年　度	番号	項　目	内　容
2024 公募制推薦 ●	〔1〕	読　解	同意表現, 同一用法, 内容説明, 語句整序, 空所補充
	〔2〕	読　解	発音・アクセント, 省略語句, 空所補充, 同意表現, 内容説明
	〔3〕	文法・語彙	空所補充
B方式前期 ◑	〔1〕	読　解	内容説明, 英文和訳, 語句整序, 空所補充, 同一用法, 内容真偽
	〔2〕	読　解	発音・アクセント, 空所補充, 同意表現, 内容説明, 和文英訳
	〔3〕	読　解	空所補充（語形変化を含む）
B方式後期 ◑	〔1〕	読　解	内容説明, 英文和訳, 同一用法, 空所補充, 語句整序
	〔2〕	読　解	和文英訳, 同意表現, 空所補充, 発音・アクセント, 内容説明
	〔3〕	読　解	空所補充（語形変化を含む）
2023 公募制推薦 ●	〔1〕	読　解	発音・アクセント, 内容説明, 同一用法, 語句整序, 空所補充
	〔2〕	読　解	同意表現, 空所補充, 内容説明
	〔3〕	文法・語彙	空所補充
B方式前期 ◑	〔1〕	読　解	英文和訳, 空所補充, 内容説明, 語句整序, 同一用法
	〔2〕	読　解	和文英訳, 内容説明, 発音・アクセント, 同意表現, 空所補充
	〔3〕	読　解	空所補充（語形変化を含む）
B方式後期 ◑	〔1〕	読　解	内容説明, 英文和訳, 空所補充, 同一用法, 語句整序, 発音・アクセント
	〔2〕	読　解	和文英訳, 内容説明, 空所補充, 同意表現
	〔3〕	読　解	空所補充（語形変化を含む）

2022	公募制推薦 ●	〔1〕	読　　解	空所補充，同一用法，語句整序，内容説明
		〔2〕	読　　解	空所補充，同意表現，内容説明，発音・アクセント
		〔3〕	文法・語彙	空所補充
	B方式前期 ◑	〔1〕	読　　解	内容説明，英文和訳，空所補充，同一用法，語句整序
		〔2〕	読　　解	同意表現，空所補充，発音・アクセント
		〔3〕	英　作　文	和文英訳
		〔4〕	読　　解	空所補充（語形変化を含む）
	B方式後期 ●	〔1〕	読　　解	内容説明，発音・アクセント，語句挿入箇所，同一用法，空所補充，語句整序
		〔2〕	読　　解	内容説明，英文和訳，同意表現，空所補充
		〔3〕	英　作　文	和文英訳
		〔4〕	読　　解	空所補充（語形変化を含む）

（注）　●印は全問，◑印は一部マーク方式採用であることを表す。

読解英文の主題

年　度	番号	主　題
2024	推薦〔1〕	集団と個人の選択
	〔2〕	決断し，変化を起こし，それを守る
	B前期〔1〕	因果の読み解き
	〔2〕	自己と外的世界
	〔3〕	ヒトの歴史
	B後期〔1〕	私が科学を志したきっかけ
	〔2〕	韻という効果的な宣伝手法
	〔3〕	ホシバナモグラ
2023	推薦〔1〕	行動生物学における動物観の変化
	〔2〕	方言を話す娘に対する母親の心配
	B前期〔1〕	上脳派と下脳派の能力の違いに関する考察
	〔2〕	人工知能に対するあるべき姿勢
	〔3〕	親になることの難しさ
	B後期〔1〕	パンデミックに対する私たちの危機意識の低さ
	〔2〕	平均余命の変化について
	〔3〕	科学における創造性
2022	推薦〔1〕	色の名前が知覚に与える影響
	〔2〕	夢が私たちに与える影響
	B前期〔1〕	最初の科学者とは誰か
	〔2〕	日焼け止めに関する誤解
	〔4〕	負の感情を抑圧することの逆効果を示す実験
	B後期〔1〕	医学に革新をもたらした抗生物質とワクチン
	〔2〕	自信とは何か
	〔4〕	食物連鎖の構造

読解力，表現力，文法・語彙知識を総合的に問う

01　出題形式は？

学校推薦型選抜（公募制推薦）：大問3題で，全問マーク方式（選択問題）で出題されている。試験時間は60分。

一般選抜（B方式前期・後期）：2022年度までは読解問題3題と英作文1題の合計4題という構成であったが，2023年度以降は英作文が読解問題の〔2〕に組み込まれる形式となり，全体として大問が1つ減少し3題となっている。例年，前期・後期ともマーク方式（選択問題）と記述式の併用で，英文和訳，和文英訳，内容説明，語形変化を含む空所補充が記述式で出題されている。試験時間は70分。

02　出題内容はどうか？

学校推薦型選抜（公募制推薦）：読解問題は2題出題されている。設問内容は，同意表現，同一用法，発音・アクセントなどの知識を問うものと，内容説明，前後の文脈判断が必要な空所補充など読解力を問うものに大別できる。文法・語彙問題は，英文の空所に単語を補充する問題である。

一般選抜（B方式前期・後期）：読解問題は3題の出題である。〔1〕〔2〕の設問内容は，同意表現，空所補充，同一用法，語句整序，発音・アクセントなどの知識を問うものと，英文和訳，内容説明，前後の文脈判断が必要な空所補充など読解力を問うものに大別できる。英文和訳では，構文を正しく理解して自然な日本語にする力が問われている。また，語形変化を含む空所補充の問題が大問1題として独立して出題されている。

　英文は，生物・医療・心理・物理など科学的なものをテーマにした論説文と，言語やコミュニケーションに関するエッセー風の文章が出題されている。

　2023・2024年度の〔2〕で出題された和文英訳は，与えられた日本文と同じ意味になるように，空所に入る英文を解答するものである。

03 難易度は？

学校推薦型選抜（公募制推薦）：一般選抜の出題形式に近いものであるが，記述式の英文和訳や内容説明，和文英訳が出題されていない。しかし，だからといって，その分だけ易しいとは限らない。読解英文は読みごたえのある内容で，試験時間が一般選抜より10分少ないので，むしろ難しいと言えるかもしれない。

一般選抜（B方式前期・後期）：英語力全般を試す問題で，標準レベルの英文が出題されている。前期と後期の間に難易の差はない。和文英訳，語形変化を含む空所補充などの問題は，解き慣れていないと難しく感じられるかもしれない。英文和訳は，構文を正しくとらえる力と自然な日本語にする力が試されている。

対 策

01 語彙力の養成

生物・医療・心理・物理などの理系テーマと言語・コミュニケーションなどの文系テーマがバランスよく出題されている。『医歯薬系の英単語』（教学社）のような市販の単語集で語彙力を養うとともに，日頃接する英文で未知の単語・イディオムはこまめに書き出し，自前の単語帳を作って，それを日々覚えるのが効果的である。特に理系のテーマに関しては，背景知識を理解しながら単語を覚えるようにしたい。

02 読解力の養成

内容説明に関しては，論理展開を正確に把握するように心がけよう。まず，パラグラフ内での一文一文の論理的なつながり，そして，パラグラフ間のつながりも意識して読むようにする。そのような読み方をするためには，because, although などの接続詞ばかりでなく，however, yet, still, nonetheless などの接続副詞にも十分注意を払って読んでいきたい。また，

　過去と現在，西洋と東洋，動物と人間などの対比にも注意したい。特に繰り返し現れる表現，言い換え表現，類似表現などに配慮しながら読むように心がけるとよい。

03　文法・語法の知識の充実

　読解問題中の文法問題は得点源になるので，特に力を入れておこう。that，as，but，what，when，where や不定詞，分詞，動名詞などの同一用法を問う形で出題されるので，特に対策が必要である。『大学入試 すぐわかる英文法』（教学社）などの参考書を活用し，体系的な文法知識を身につけておこう。また，語形変化を含む空所補充の問題についても十分な対策を講じておきたい。過去問を参考に類題をできるだけ多くこなし，こうした出題形式に慣れておこう。

04　発音・アクセント問題

　例年，読解問題の中で発音・アクセント問題が出題されている。標準レベルの問題が中心であり，得点源になるのでしっかりと対策を立てよう。過去問をさかのぼり，出題された語をアクセントの位置に基づいて分類しておくとよいだろう。電子辞書やスマートフォンのアプリなどを利用して発音を聴くのもよい。また，強く読む位置の発音記号を書き留めておくと，発音問題の対策にもなる。

05　英作文力の養成

　和文英訳は和文に対応した英文の空所を補う形式なので，ある程度，書き方が決まってくる。まず，求められている文型や構文は何か，また，和文のどの部分を訳出するのかを適切に把握する練習が必要である。
　おすすめの参考書としては『大学入試　正しく書ける英作文』（教学社）などが挙げられる。

数　学

年　度	番号	項　目	内　容
2024 公募制推薦	〔1〕	小　問　3　問	(1)集合の要素　(2) n 進法　(3)三角関数
	〔2〕	2　次　関　数	2つの放物線
	〔3〕	微・積分法	放物線と直線，定積分と面積
	〔4〕	ベ　ク　ト　ル	平面ベクトルと図形
2024 B方式前期	〔1〕	小　問　3　問	(1)確率　(2)数列　(3)空間ベクトル
	〔2〕	図形と方程式	3つの直線がつくる三角形
	〔3〕	微・積分法	3次関数のグラフ，定積分と面積
	〔4〕	式　と　証　明，三　角　関　数	2つの未知数を含む方程式の実数解，三角関数と図形
2024 B方式後期	〔1〕	小　問　4　問	(1)場合の数　(2)等差数列の和　(3)定積分で表された関数　(4)最大公約数
	〔2〕	2　次　関　数	2次関数の最大・最小
	〔3〕	図形と計量	三角形の外心，内心，垂心
	〔4〕	指数・対数関数	指数関数の最大・最小，指数方程式
2023 公募制推薦	〔1〕	小　問　4　問	(1)平均値・中央値・最頻値　(2)循環小数　(3)三角形の内接円　(4)必要条件・十分条件
	〔2〕	微・積分法	放物線と直線，定積分と面積
	〔3〕	式　と　証　明，高　次　方　程　式	整式の割り算，3次方程式の解
	〔4〕	ベ　ク　ト　ル	空間図形，空間ベクトル
2023 B方式前期	〔1〕	小　問　3　問	(1)約数　(2)対数の計算　(3)順列
	〔2〕	微・積分法，三　角　関　数	放物線と接線，定積分と面積，2直線のなす角と加法定理
	〔3〕	数　　　列	群数列
	〔4〕	データの分析	平均値，分散，中央値
2023 B方式後期	〔1〕	小　問　4　問	(1)2次関数　(2)順列　(3)等差数列　(4)平面図形
	〔2〕	集合と論理	集合の要素の個数
	〔3〕	指数・対数関数	指数関数の最大・最小，指数方程式
	〔4〕	微・積分法	3次関数の極値，接線および面積

2022	公募制推薦	〔1〕	小　問　3　問	(1)条件付き確率　(2)常用対数と桁数　(3)空間ベクトル
		〔2〕	微　　分　　法	4次関数の最大・最小，4次方程式の異なる実数解の個数
		〔3〕	図形と方程式	3つの直線がつくる三角形およびその外接円と内接円
		〔4〕	微　　分　　法	3次関数の極値，最大・最小
	B方式前期	〔1〕	小　問　3　問	(1)連立1次方程式　(2)三角関数の計算　(3)平面図形
		〔2〕	データの分析	定期試験の成績の平均と分散
		〔3〕	数　　　　列	ガウス記号を含む数列とその和
		〔4〕	微・積分法	放物線と直線が囲む面積
	B方式後期	〔1〕	小　問　4　問	(1)絶対値記号を含む方程式　(2)確率　(3)オイラーの多面体定理　(4)対数
		〔2〕	図形と方程式，三角関数	円と直線，円と三角関数
		〔3〕	微・積分法	3次関数のグラフと放物線の共通接線，面積
		〔4〕	数　　　　列	方程式の整数解と数列

出題範囲の変更

　2025年度入試より，数学は新教育課程での実施となります。詳細については，大学から発表される募集要項等で必ずご確認ください（以下は本書編集時点の情報）。

2024年度（旧教育課程）	2025年度（新教育課程）
数学Ⅰ・Ⅱ・A・B（数列，ベクトル）	数学Ⅰ・Ⅱ・A・B（数列）・C（ベクトル）

 融合問題で幅広い知識を問う

01　出題形式は？

　学校推薦型選抜（公募制推薦）は，大問4題の出題で試験時間は60分。一般選抜（B方式前期・後期）はともに大問4題の出題で，試験時間は70分。すべて空所補充形式の記述問題（答のみ記述）である。各日程とも〔1〕は小問集合となっている。

02 出題内容はどうか？

各日程とも幅広い項目から出題されている。微・積分法，三角関数，図形と方程式，数列，ベクトル，場合の数・確率などが頻出しているが，答えを求める過程で，数と式などの知識も問う融合問題となっている。また，〔1〕の小問集合ではn進法，凸多面体の面・辺・頂点の数なども出題されている。データの分析なども要注意である。

03 難易度は？

おおむね標準レベルの出題が中心であるが，中にはレベルの高い問題も含まれている。空所補充の完成問題は解法が誘導されているので，出題者の意図や問題の意味を理解して解くことが必要である。極端な難問はないが，速くて正確な計算力と高い思考力が要求されている。広範囲からの出題で，60分あるいは70分の試験時間となっているので，要領よく解くことが要求される。また，見直しのための時間も確保し，効率よく時間配分を行うことも求められる。

01 基本事項の整理を

全分野にわたる幅広い知識を問う出題が続いている。教科書の例題や章末問題を繰り返し解いて，基本事項を整理しておこう。また，整数や図形についての知識も整理しておきたい。基礎固めには『チャート式 基礎からの数学』シリーズ（数研出版）が最適である。

02 計算力の養成を

空所補充問題は結果のみで採点されるため，計算ミスには注意したい。試験時間を考えても，速くて正確な計算力を演習を通して養っておくこと

が大切である。また，参考書などの解答例をじっくり読み，要領のよい計算法を身につけておきたい。

03　過去問の研究を

　過去問と同様のタイプの問題が繰り返し出題されている。過去問を解くことにより傾向を知り，同時に計算の要領も身につけておこう。3つの日程の試験問題の傾向はほぼ同じであるから，すべての日程の過去問を解くようにしよう。また，問題のレベルを把握して，要求される水準に達するように計画的に学習することが大切である。多くの入試問題を練習するには『実戦　数学重要問題集　数学Ⅰ・Ⅱ・Ⅲ・A・B・C（理系）』（数研出版）が最適である。

04　応用力の養成を

　1つの問題を何通りかの解き方でじっくり解いてみよう。別解を考えることにより，基礎知識の整理と応用力の養成が同時に行えるはずである。高い思考力を必要とする出題にも要注意である。2022年度では，B方式前期〔2〕のデータの分析の問題，〔3〕のガウス記号を含む数列の問題，B方式後期〔2〕の図形と方程式と三角関数の融合問題などは難しい問題であった。2023・2024年度は難問は見られなかったが，今後においてもレベルの高い問題が出題されることが考えられるのでしっかりと準備しておきたい。

化　学

年度	番号	項　目		内　容	
2024	公募制推薦 ●	〔1〕	構　造	周期表	
		〔2〕	構　造	電子配置	
		〔3〕	構　造	酸化物の組成式	☑計算
		〔4〕	構　造	金属結晶	☑計算
		〔5〕	状　態	蒸気圧	☑計算
		〔6〕	状　態	浸透圧	
		〔7〕	状　態	理想気体と実在気体	
		〔8〕	変　化	熱化学方程式	
		〔9〕	変　化	生成熱	☑計算
		〔10〕	変　化	酸化還元	
		〔11〕	変　化	電気分解	
		〔12〕	変　化	電池・電気分解	☑計算
		〔13〕	変　化	反応速度，触媒	
		〔14〕	変　化	中和滴定	☑計算
		〔15〕	変　化	酢酸の電離平衡	
		〔16〕	変　化	溶解度積	☑計算
		〔17〕	無　機	ハロゲンの性質	
		〔18〕	無　機	気体の捕集	
		〔19〕	無　機	気体の性質	
		〔20〕	無　機	金属の同定	
		〔21〕	無　機	錯イオン	
		〔22〕	有　機	アルコール	
		〔23〕	有　機	アルケンの性質	
	B方式前期	〔1〕	構　造	同位体，半減期	☑計算
		〔2〕	変　化	化学平衡	☑計算・描図
		〔3〕	無　機	リンの性質	☑論述
		〔4〕	無　機	鉄の性質	☑論述
		〔5〕	有　機	芳香族エステルの構造決定	
	B方式後期	〔1〕	構　造	電子配置，化学結合とその構造	☑論述
		〔2〕	変　化	化学平衡	☑計算・描図
		〔3〕	変　化	アルミニウムの性質	☑計算・論述
		〔4〕	変　化	緩衝液と pH	☑計算
		〔5〕	有　機	オゾン分解によるアルケンの構造決定	☑計算
		〔6〕	有　機	フェノール類の性質	☑論述

2024	C方式	〔1〕	構　　造	化学結合とその構造	✓論述
		〔2〕	変　　化	飽和蒸気圧，混合気体と分圧	✓計算・描図
		〔3〕	変　　化	イオン化傾向と電池	✓計算・論述
		〔4〕	無　　機	オキソの性質	
		〔5〕	有　　機	芳香族化合物の分離，芳香族化合物の性質	✓論述
		〔6〕	有　　機	脂肪族アルコールの構造決定	✓計算
2023	公募制推薦 ●	〔1〕	構　　造	電子配置と周期表，結晶	
		〔2〕	構　　造	結晶の構造	✓計算
		〔3〕	状態，変化	物質の三態	✓計算
		〔4〕	状　　態	溶液の性質	✓計算
		〔5〕	構造，変化	酸化還元反応	
		〔6〕	変　　化	鉛蓄電池，電気分解	✓計算
		〔7〕	変　　化	反応速度，平衡移動	✓計算
		〔8〕	変　　化	中和滴定	
		〔9〕	変化，無機	溶解度積，ハロゲンの性質	✓計算
		〔10〕	無　　機	アルカリ金属の性質，気体の性質	
		〔11〕	構造，変化	化学反応式とその量的関係，酸化物の性質	✓計算
		〔12〕	無　　機	金属イオンの性質，遷移元素の性質	
		〔13〕	構造，無機	水素結合，実験操作	
		〔14〕	有　　機	異性体，反応の分類	
	B方式前期	〔1〕	構造，変化	原子の構造，原子量（30字）	✓計算・論述
		〔2〕	状　　態	気体の性質，蒸気圧	✓計算
		〔3〕	変化，無機	ハロゲンの性質，電気分解	✓論述・計算
		〔4〕	変　　化	中和滴定，酸化還元滴定	✓論述・計算
		〔5〕	有　　機	芳香族エステルの構造決定	✓計算
	B方式後期	〔1〕	総　　合	結晶の性質，酸化物の性質	
		〔2〕	変　　化	反応速度と活性化エネルギー	✓計算・描図
		〔3〕	変化，無機	鉄の腐食と局部電池	✓論述
		〔4〕	無　　機	窒素の性質，オストワルト法	✓論述
		〔5〕	変　　化	中和滴定と緩衝作用	✓論述
		〔6〕	有　　機	アルケンの性質と酸化開裂	
		〔7〕	高 分 子	高分子化合物の性質	✓計算
	C方式	〔1〕	構　　造	結晶の構造	✓計算
		〔2〕	変　　化	反応熱と熱化学方程式	✓計算
		〔3〕	状　　態	浸透圧	✓計算・描図
		〔4〕	無　　機	金属イオンの分離	✓論述
		〔5〕	有　　機	芳香族エステルの構造決定	
		〔6〕	高 分 子	糖類の性質	✓計算

2022	公募制推薦 ●	〔1〕	構　　造	共有結合と分子の形	
		〔2〕	状　　態	溶液の性質	⊘計算
		〔3〕	変　　化	電離平衡	⊘計算
		〔4〕	変　　化	結合エネルギー，化学平衡	⊘計算
		〔5〕	変　　化	電池，電気分解	⊘計算
		〔6〕	無　　機	典型元素の性質	
		〔7〕	無　　機	硫黄の性質	
		〔8〕	変化，無機	溶解度積，溶液の性質	⊘計算
		〔9〕	有　　機	脂肪族化合物の性質	⊘計算
	B方式前期	〔1〕	構　　造	共有結合，原子量	⊘計算
		〔2〕	変　　化	中和熱と溶解熱	⊘**計算・論述**
		〔3〕	変化，無機	ハロゲンの性質，電気分解	⊘計算
		〔4〕	変　　化	沈殿滴定	⊘**論述・計算**
		〔5〕	有機，高分子	元素分析，芳香族化合物の性質	⊘**計算・論述**
	B方式後期	〔1〕	構　　造	化学結合，同位体とその存在比	⊘計算
		〔2〕	状　　態	固体の溶解度	⊘計算
		〔3〕	変化，構造	ハーバー・ボッシュ法，化学平衡	⊘計算
		〔4〕	無　　機	金属イオンの分離	⊘論述
		〔5〕	変化，無機	中和滴定	⊘計算
		〔6〕	有　　機	芳香族化合物の性質	⊘論述
		〔7〕	高分子，状態	アミノ酸の性質	⊘**論述・計算**
	C方式	〔1〕	構　　造	金属結晶の構造	⊘計算
		〔2〕	変　　化	化学平衡	⊘計算
		〔3〕	変　　化	電気分解	⊘**論述・計算**
		〔4〕	変　　化	溶解度積	⊘**計算・描図**
		〔5〕	無機，変化	遷移元素の性質	⊘**計算・論述**
		〔6〕	有　　機	油脂の性質	⊘計算
		〔7〕	高　分　子	DNA の性質	⊘**描図・計算・論述**

（注）　●印は全問，◗印は一部マーク方式採用であることを表す。

全分野について標準以上の学力をみる
化学式・化学反応式の正確な記述は不可欠

01 出題形式は？

　学校推薦型選抜（公募制推薦） は全問マーク方式で，試験時間は 60 分。2022・2023 年度は大問形式の出題で，2022 年度は大問 9 題，2023 年度は大問 14 題の出題であったが，2024 年度は小問集合形式での出題となった。
　一般選抜（B方式前期・後期），共通テスト併用（C方式） は，いずれ

も記述式である。B方式前期は大問5題で試験時間は70分，B方式後期
は大問6〜7題で90分，C方式は大問6〜7題で90分である。計算問題
は結果のみの記述が通例となっている。空所補充問題も多い。描図問題や
論述問題も出題されている。

02　出題内容はどうか？

　出題範囲は，公募制推薦が「化学基礎・化学（「有機化合物と人間生
活」および「高分子化合物の性質と利用」の範囲を除く）」，一般選抜が
「化学基礎・化学」であった。

　出題範囲から広く出題されているが，有機，理論の計算問題に加え，無
機化学に関する出題も多い。理論では分子の形，極性，気体の法則，理想
気体と実在気体，溶液，酸・塩基・中和，熱化学と化学平衡，電離平衡，
酸化・還元，電池・電気分解など，基本的な理論計算も含めて全分野が出
題範囲である。計算問題では化学反応式を用いた量的計算の問題に加え，
純度や濃度の換算などを問う問題もある。有機では，教科書で扱う主な化
合物の構造式，性質・反応，異性体などに関する基本的・標準的な内容が
出題されている。官能基の特性に基づく識別，合成経路図，混合物の分離，
構造推定が重要である。また，元素分析と組成式，有機反応の量的計算に
も注意しておくこと。無機は，気体の製法・性質，金属イオンの沈殿反応，
錯イオン生成，イオン分析などが中心となる。化学式・化学反応式の正確
な記述は不可欠である。

　なお，2025年度の公募制推薦の出題範囲が「化学基礎・化学（高分子
化合物の章の範囲を除く）」となる予定（本書編集時点）。

03　難易度は？

　試験時間を考えると，公募制推薦は小問1問あたり1〜2分程度，一般
選抜B方式前期は大問1題あたり14分，B方式後期とC方式は大問1題
あたり12分程度で解くことになる。試験時間のわりに問題量が多く，時
間の余裕はあまりない。難問はなく標準的な問題が多いので，基礎理論を
よく理解し，無機・有機物質の性質と反応に関する知識を豊かにしておく

ことが重要である。

01 基礎学力の充実

　基礎理論および無機・有機物質の性質と反応を，教科書や参考書を利用して徹底的に学習し，基本概念を理解すること。物質名，命名法，化学用語，定義，法則は，具体的な例によって正しく理解する。物質の性質と反応については，知識の習得だけでなく，常に理論との関連に注意して理解を深めよう。化学反応が中和反応なのか酸化還元反応なのか，また，中和反応であれば，酸・塩基はどの物質なのかを意識し，理解することで，対応できる問題の幅が広がる。

02 計算問題は着実に

　物質量（mol），モル濃度，化学反応式に基づく物質量の計算など化学計算の基礎を例題・基本問題によって確立すること。気体の法則，溶液，中和滴定，酸化還元滴定，電気分解，化学平衡など計算を伴う理論は，データの読み取り，関係式の立て方，論理の展開など正しい解き方を徹底的に反復練習し，完全にマスターすることを心がけよう。化学反応式が正しく書けること，正確な計算技術も，問題を解く大前提として必要である。

03 物質の性質と反応の整理を

　化学は，具体的な，身近な物質を扱う学問であり，薬科大学という性格から考えても，物質の性質と反応に関して豊富な知識を身につけておきたい。物質の性質は原子の電子配置，化学結合などと密接な関係があることに注意して学習すること。特に無機物質は理論分野での具体的な例として多く扱われるので，酸・塩基，酸化・還元などの理論との関係に注意する。有機化合物では，官能基の性質・反応を典型的な例により十分理解するこ

と。教科書を中心に主な化合物の構造式，異性体，性質・反応（検出法・合成法）をよく整理し，一連の誘導体など化合物相互の関係は合成経路図のような形式にまとめておくことも大切である。さらに，標準的な有機化合物の構造推定問題を十分に演習しておく必要がある。

生　物

▶B方式後期

年度	番号	項　目	内　　容	
2024	〔1〕	細胞, 代謝	細胞小器官, 酵素反応	☑論述
	〔2〕	体内環境	免疫	☑論述
	〔3〕	生　態	生態系, 個体群と種間関係	☑論述
2023	〔1〕	細　胞, 遺伝情報	細胞分裂, 遺伝子の複製, 細胞骨格	☑論述・計算
	〔2〕	細胞, 代謝	細胞膜の構造, 酵素反応	☑論述
	〔3〕	体内環境	心臓の構造と血圧	☑論述・計算
2022	〔1〕	遺伝情報	遺伝情報の発現, PCR法	☑計算・論述
	〔2〕	動物の反応	興奮の伝導	☑論述・計算
	〔3〕	生　態	植生遷移, 自然浄化	☑論述

 論述問題・計算問題に要注意！

01 出題形式は？

　大問3題で，試験時間は90分である。すべての大問に字数指定のない論述問題が含まれている。他には，計算問題，実験考察問題，空所補充問題，文章の正誤を判断する問題などが出題されている。

02 出題内容はどうか？

　出題範囲は，「生物基礎・生物」である。

　体内環境，遺伝情報，細胞などがよく出題されている。実験操作の意味を問う問題や，過去に行われた実験で明らかになったことを問う問題も出

題されている。2022 年度は〔2〕で難度の高い計算問題も出題されている。

03　難易度は？

　問われている用語や論述内容はおおむね教科書〜標準レベルである。実験考察問題，計算問題がやや難しい。

対　策

01　論述問題対策

　論述問題の多くは基本事項の説明を求めるものである。教科書の単元にあるような重要な生命現象については，50 〜 100 字程度の文章で説明する練習をしておくとよい。

02　計算問題対策

　教科書や図説・資料集に載っている内容から式変形などをして順序立てて考えるものが出題されている。教科書や資料集で考え方を理解したうえで，『リードα　生物基礎＋生物』（数研出版）のような教科書傍用問題集を使って練習しておくとよい。

03　実験考察問題対策

　教科書に載っている有名な実験については，図説・資料集を使って，実験操作の意味や結果の解釈などを理解しておくこと。また，年度によっては図説・資料集にない実験についての問題も出題されているので，教科書傍用問題集の発展レベル，過去の大学入試問題などを利用して考え方を学んでおくとよいだろう。

2024 年度

問題と解答

学校推薦型選抜（公募制推薦）

問 題 編

▶**試験科目・配点**

教 科	科　　　　目	配　点
英 語	コミュニケーション英語Ⅰ・Ⅱ，英語表現Ⅰ	100 点
数 学	数学Ⅰ・Ⅱ・Ａ・Ｂ（数列，ベクトル）	100 点
理 科	化学基礎・化学（ただし，「有機化合物と人間生活」および「高分子化合物の性質と利用」の範囲を除く）	100 点
その他	面接試験（15 分程度）および書類審査	40 点

▶**備　考**

　学力試験，面接試験の結果および提出された出願書類を総合し，合格者を決定する。

英　語

(60 分)

Ⅰ 次の英文を読んで，下の設問（１）～（１１）に答えなさい。なお，*印の語に
は注が付いています。

　　In the 1950s, psychologist Solomon Asch conducted a series of experiments
that are now taught to legions of undergrads* each year.   To begin each
experiment, the subject* entered the room with a group of (a)strangers.
Unbeknownst to* them, the other participants were actors planted by the
researcher and instructed to deliver scripted* answers to certain questions.

　　The group would be shown one card with a line on it and then a second
card with a series of lines.   Each person was asked to select the line on the
second card (b)that was similar in length to the line on the first card.   It was a
very simple task.   Here is an example of two cards used in the experiment:

┌────────────────────────────┐
│ Figure 1　（　c　）   │
└────────────────────────────┘

　　The experiment always began the same.   First, there would be some easy
trials where everyone agreed on the correct line.   After a few rounds, (d)the
participants { ① a　② shown　③ test　④ that　⑤ were } was just as
obvious as the previous ones, except the actors in the room would select an
intentionally *incorrect* answer.   For example, they would respond "A" to the
comparison shown in Figure 1.   Everyone would agree that the lines were the
same even though they were clearly different.

　　The subject, who was unaware of the ruse*, would immediately become
bewildered.   Their eyes would open wide.   They would laugh nervously to
themselves.   They would double-check the reactions of other participants.
Their agitation would grow as one person after another delivered the same
incorrect response.   Soon, the subject began to doubt their own eyes.
Eventually, (e)they delivered the answer they knew in their heart to be incorrect.

　　Asch ran this experiment many { f ① and　② different　③ in
④ many　⑤ times　⑥ ways }.   What he discovered was that as the

number of actors increased, (g)so did the conformity of the subject. If it was just the subject and one actor, then there was no effect on the person's choice. They just assumed they were in the room with a dummy. When two actors were in the room with the subject, there was (h) impact. But as the number of people increased to three actors and four and all the way to eight, the subject became more likely to second-guess themselves. By the end of the experiment, nearly 75 percent of the subjects had agreed with the group answer even though it was obviously incorrect.

　　Whenever we are unsure how to act, (i)we look to the group to guide our behavior. We are constantly scanning our environment and wondering, "What is everyone else doing?" We check reviews on Amazon or Yelp or TripAdvisor because we want to imitate the "best" buying, eating, and travel habits. It's usually a smart strategy. There is evidence in numbers.

　　But there can be a downside.

　　There is tremendous internal pressure to comply with the norms of the group. The reward of being accepted is often greater than the reward of winning an argument, looking smart, or finding truth. Most days, (j)we'd rather be wrong with the crowd than be right by ourselves.

　　The human mind knows how to get along with others. It *wants* to get along with others. This is our natural mode. You can override it—you can choose to ignore the group or to stop caring what other people think—but it (k)takes work. Running against the grain of your culture requires extra effort.

（出典：Atomic Habits, James Clear. 一部変更）

（注）undergrad: 大学の学部学生　　subject: 実験の被験者　　unbeknownst to:
　　～に気づかれずに　　scripted: 台本通りの　　ruse: 計略，たくらみ

（1）下線部(a)と同じ意味の strangers を含む文を，次の①～④から一つ選び，マークカードの解答欄 1 にマークしなさい。

① Although we were strangers, we soon became friends.

② We don't know where the bank is because we're strangers here.

③ We're not strangers to adventure, so don't shy away from the thrill.

④ Young people today are strangers to the etiquette of the tea ceremony.

（２）下線部**(b)**と同じ用法の that を含む文を，次の①〜④から一つ選び，マーク
　　　カードの解答欄　　**2**　　にマークしなさい。

① The man knew that was the correct answer.

② The answer that the man delivered then was incorrect.

③ The fact that he had known the answer didn't affect the experiment.

④ It was obvious that he was tipped off by someone who knew the answer.

（３）空所（ **c** ）に入る実験に用いたカードの例として最もふさわしいものを次の
　　　①〜④から一つ選び，マークカードの解答欄　　**3**　　にマークしなさい。

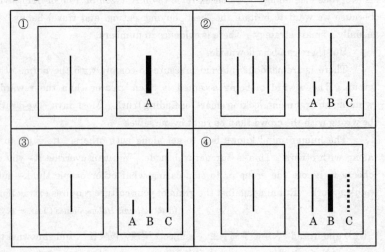

（４）下線部**(d)**中の{　　}内の①〜⑤の語を，下線部が以下に示す意味になるよ
　　　うに並べ替えなさい。並べ替えたものの中で２番目と４番目に来る語の番号を，
　　　それぞれ指示の通りにマークカードにマークしなさい。

　　　「参加者は最初のときと同じくらい答えの明らかな問いを出された」

　　　　　　　２番目　→　マークカードの解答欄　　**4**

　　　　　　　４番目　→　マークカードの解答欄　　**5**

（５）下線部**(e)**が表す内容として最もふさわしいものを次の①〜④から一つ選び，
　　　マークカードの解答欄　　**6**　　にマークしなさい。

① 自分の考えた答えが完全に間違っていたことを報告した

② 必死に考えてみても間違いに気づけなさそうなので答えなかった

③ こころの中では間違いに違いないとわかっている答えを回答した

④ 知ってしまった答えはよく考えてみれば間違っていたことに気づいた

（6）{　**f**　}内の①〜⑥の語を並べ替え，意味の通る英文を作りなさい。並べ替えたものの中で2番目と4番目に来る語の番号を，それぞれ指示の通りにマークカードにマークしなさい。

2番目　→　マークカードの解答欄　　**7**

4番目　→　マークカードの解答欄　　**8**

（7）下線部**(g)**と同じ用法の so を含む文を，次の①〜④から一つ選び，マークカードの解答欄　　**9**　にマークしなさい。

① So, did you find a solution with your problem?

② Sunshine will be on the increase, and so will the heat.

③ Let's go to the movie theater early so we can get good seats.

④ He dropped his phone into the water, so he had to buy a new one.

（8）空所（　**h**　）に入れるのに最も適切なものを次の①〜④から一つ選び，マークカードの解答欄　　**10**　にマークしなさい。

① considerable

② much more

③ still little

④ tremendous

（9）下線部**(i)**のような，この実験で明らかになった人間の意思決定の際に生じる現象を何というか。最もふさわしいものを次の①〜④から一つ選び，マークカードの解答欄　　**11**　にマークしなさい。

① 同族嫌悪

② 同調圧力

③ 弱者救済

④ 弱肉強食

（10）下線部(j)が表す内容として最もふさわしいものを次の①〜④から一つ選び，マークカードの解答欄　12　にマークしなさい。

① 私たち人間は周りのみんなを少しだけ間違わせたい生き物だ

② 私たち人間は周りのみんなと一緒には間違えたくない生き物だ

③ 私たち人間はむしろ周りのみんなの間違いを指摘したい生き物だ

④ 私たち人間はむしろ周りのみんなと一緒に間違えていたい生き物だ

（11）下線部(k)と同じ用法の takes を含む文を，次の①〜④から一つ選び，マークカードの解答欄　13　にマークしなさい。

① It takes two to make a quarrel.

② He always takes the cappuccino away.

③ The woman takes charge of those assets.

④ The medicine takes effect after about ten minutes.

II 次の英文を読んで，下の設問（1）～（5）に答えなさい。

DECISIONS, MAKING CHANGES AND STICKING TO THEM
Key Ideas

1. Decisions are hard, and can be (A)<u>tiring</u>, so don't beat yourself up if you're feeling like you're not sure which way to go, (B)<u>especially</u> if it's a big decision about an (C)<u>uncertain</u> future.

2. Try to make important decisions earlier on in the day when you have less decision (D)<u>fatigue</u>.

3. Remind yourself that you can't know the future and that you can change your mind if you (a)<u>need to</u>.　All you can do is make the best decision you can at the time.

4. If you're trying to make a decision, consider some of the techniques: like doing pros and cons lists, and identifying your key values, but also remember decisions can be complex and some of what helps can be acknowledging the anxiety and loss that (　b　) with any change.

5. Watch out for repetitive thinking—it's easy to (ア)<u>get stuck</u> in a loop of worry or regret.　To sidestep it, try to actively change what you're thinking about—focus on the (イ)<u>present</u> moment instead, or distract yourself.　You can also notice to yourself: 'Oh I'm doing that (ウ)<u>repetitive</u> thinking again'—sometimes (　c　) it helps to get unstuck.

6. If you feel really stuck, try doing something—it doesn't have to be forever, you can change your mind again.

7. If you're making changes, make sure you really (　d　) want to make a change and it's not just something you think you should do.　If you're (エ)<u>clear on</u> why you're making a change, it will help you stick to it.

8. Do what you can to prepare for obstacles and make changes easier for yourself.　This could include making decisions in (　e　) where you can, building in reminders, visualizing what you want to do and problem-solving potential barriers, sharing your intentions publicly and creating routines so you don't have to (　f　) making the same decision over and over again.

9. After making a change, try to focus on the present moment and where you are now, and tell yourself a positive story about how you got there which reminds you of your reasons for change.　If you can trust that you are where you need to be, it can often come true with that belief.

10. Don't be hard on yourself for not sticking to a change—it's normal to fall off the resolution wagon and it's fine to go round the cycle of thinking about it again.　　Decisions and change aren't a one-off, they're a process.

11. If you're feeling really stuck, remember sometimes it's only when looking back that things make sense and we feel less lost.　(g)You might be changing more than you think already.

（出典：*A Year to Change Your Mind*, by Lucy Maddox. 一部変更）

（1）下線部(A)～(D)と第一アクセントの母音が同じであるものを，それぞれ次の①～⑧から一つ選び，マークカードの解答欄　14　～　17　にマークしなさい。

① chilling　　② earnest　　③ favorite　　④ feature

⑤ radical　　⑥ require　　⑦ threatening　　⑧ upper

(A) tiring　→　マークカードの解答欄　14

(B) especially　→　マークカードの解答欄　15

(C) uncertain　→　マークカードの解答欄　16

(D) fatigue　→　マークカードの解答欄　17

（2）下線部(a)の後に省略されている可能性があるものとして最も適切なものを，次の①～④から一つ選び，マークカードの解答欄　18　にマークしなさい。

① remind yourself　　② know the future

③ change your mind　　④ make the best decision

（3）空所(b)～(f)に入れるのに最も適切なものを，それぞれ次の①～④から一つ選び，マークカードの解答欄　19　～　23　にマークしなさい。

(b)	19	① came	② comes	③ coming	④ to come
(c)	20	① name	② named	③ names	④ naming
(d)	21	① do	② never	③ so	④ to
(e)	22	① advance	② case	③ that	④ together
(f)	23	① change	② have	③ keep	④ not

（4）下線部(ア)～(エ)の意味に最も近いものを，それぞれ次の①～④から一つ選び，マークカードの解答欄　24　～　27　にマークしなさい。

（ア）get stuck　　24

　　　① be inspired　　　　② get ready

　　　③ feel easy　　　　　④ have a hard time

（イ）present　　25

　　　① surprising　　② giving　　③ current　　④ precious

（ウ）repetitive　　26

　　　① absurd　　② complicated　　③ obscure　　④ recurring

（エ）clear on　　27

　　　① irritated at　　　　② sure of

　　　③ thinking vaguely　④ seeking the reason

（5）下線部(g)の内容を最もよく表しているものを，次の①～④から一つ選び，マークカードの解答欄　28　にマークしなさい。

　① あなたはすでに自分で思う以上に変わりつつあるかもしれない。

　② あなたは過去に考えたことよりも多くを変えているかもしれない。

　③ あなたは以前の考えよりも大きく変わろうとしているかもしれない。

　④ あなたは前から考えていたことを変えようとしているかもしれない。

III　次の(1)～(8)の各文の空所を補うのに最も適切なものを，それぞれ次の①～④
から一つ選び，マークカードの解答欄 [29] ～ [36] にマークしなさ
い。

(1)　You are (　　) you eat.　[29]

　　① that　　　　② what　　　　③ whether　　　④ which

(2)　She gave a big hug to (　　) children.　[30]

　　① each　　　　② each of　　　③ each of the　　④ each the

(3)　That typhoon tore our newly-built house (　　).　[31]

　　① apart　　　② on　　　　　③ out　　　　　　④ through

(4)　This product is (　　) of any harmful substances.　[32]

　　① free　　　　② included　　③ none　　　　　④ without

(5)　They are the ones (　　) he had the weapons sent.　[33]

　　① how　　　　② that　　　　③ to whom　　　④ which

(6)　They arrived after the party, but it's better late (　　) never.　[34]

　　① as　　　　　② for　　　　　③ so　　　　　　④ than

(7)　Ten participants passed the examination, myself (　　) them.　[35]

　　① among　　　② and more　　③ between　　　④ not only

(8)　Mary (　　) after her mother not only in looks but also in character.
　　[36]

　　① keeps　　　② resembles　　③ sees　　　　　④ takes

2024年度　公募制推薦　数学

数　学

(60分)

Ⅰ．次の ☐ にあてはまる答を解答欄に記入しなさい。

(1) a を正の定数とする。実数全体の集合の部分集合

$$A = \{x \mid 0 \leqq x \leqq a\}, \qquad B = \{x \mid 20 < x < 24\}$$

を考える。$A \cap B$ が空集合となるような a の値の範囲は ☐(a) であり，$A \cap B$ に属する整数がただ1つであるような a の値の範囲は ☐(b) である。また，$\overline{A} \subset \overline{B}$ となるような a の値の範囲は ☐(c) である。

(2) $123_{(4)}$ を10進法で表すと ☐(d) である。また，4進法で表したとき3桁の数となるような自然数は全部で ☐(e) 個ある。

(3) θ が第3象限の角で，$\sin\theta = -\dfrac{1}{3}$ のとき，$\cos\theta =$ ☐(f) ，$\tan\theta =$ ☐(g) ，$\sin 2\theta =$ ☐(h) である。

２０２４年度　公募制推薦　数学

Ⅱ.　次の □ にあてはまる答を解答欄に記入しなさい。

a を正の定数とする。xy 平面上において $y = ax^2 + x$ の定める放物線を C_1, $y = -x^2 + \dfrac{a+1}{4}x$ の定める放物線を C_2 とする。

(1) 放物線 C_1 が x 軸と交わる点で，原点でないものの座標は $(x, y) =$ (a) である。また，放物線 C_2 が x 軸と交わる点で，原点でないものの座標は $(x, y) =$ (b) である。

(2) 2 つの放物線 C_1, C_2 が異なる 2 点で交るような a の値の範囲は (c) である。このとき，原点でない交点を P とし，2 つの交点を通る直線を ℓ とする。

　$a = 2$ のとき，P の座標は $(x, y) =$ (d) であり，直線 ℓ の方程式は $y =$ (e) となる。

　一般に，直線 ℓ の傾きを a を用いて表すと (f) であり，この傾きは $a =$ (g) のとき最小値 (h) をとる。

III.　次の <u>　　　</u> にあてはまる答を解答欄に記入しなさい。

t を実数とし，xy 平面上の放物線 $C_1 : y = x^2 - 2tx + 5t$ を考える。この放物線の頂点 P の座標は t を用いて $(x, y) = $ (a) とかけ，$t = $ (b) のとき C_1 は x 軸と接する。

t が実数全体を動くときの頂点 P の軌跡を C_2 とすると，C_2 の方程式は $y = $ (c) である。C_2 と x 軸との交点の x 座標を α, β $(\alpha < \beta)$ とすると $\alpha = $ (d) ，$\beta = $ (e) であり，C_2 と x 軸で囲まれる部分の面積は (f) である。

原点を通る直線 $l : y = mx$ $(0 < m < 5)$ を考える。l と C_2 で囲まれる部分の面積を S_1 とし，l と C_2 と直線 $x = \beta$ で囲まれる部分の面積を S_2 とする。$S_1 = S_2$ となるのは $m = $ (g) のときであり，このとき直線 l を放物線 C_2 に接するように平行移動すると，接点の座標は $(x, y) = $ (h) である。

IV. 次の ⬚ にあてはまる答を解答欄に記入しなさい。

OA = 3, OB = 2, ∠AOB = 120° である三角形 OAB において，辺 AB を $t : (1-t)$ $(0 < t < 1)$ に内分する点を C，辺 OA を 2:1 に内分する点を D とし，線分 OC と線分 BD の交点を E とする。$\overrightarrow{OA} = \vec{a}, \overrightarrow{OB} = \vec{b}$ とする。

(1) $\vec{a}$ と $\vec{b}$ の内積の値は $\vec{a} \cdot \vec{b} =$ ⬚(a) である。また，$\overrightarrow{OC}$ と $\overrightarrow{CD}$ を $\vec{a}, \vec{b}, t$ を用いて表すとそれぞれ $\overrightarrow{OC} =$ ⬚(b) と $\overrightarrow{CD} =$ ⬚(c) である。

(2) 線分 OB と CD が平行となるような t の値は $t =$ ⬚(d) である。このとき $\overrightarrow{OE}$ を $\vec{a}, \vec{b}$ を用いて表すと $\overrightarrow{OE} =$ ⬚(e) であり，線分 OE の長さは OE = ⬚(f) である。

(3) 線分 OA と CD が垂直となるような t の値は $t =$ ⬚(g) である。このとき $\overrightarrow{OE}$ を $\vec{a}, \vec{b}$ を用いて表すと $\overrightarrow{OE} =$ ⬚(h) であり，線分 OE の長さは OE = ⬚(i) である。

化　学

（60分）

問1　下図は，元素の周期表の第1～第5周期に配置されている元素を **a～h** の群に分類した周期表である。次の問い（**ア～エ**）に答えよ。

族 周期	1	2	3	4	5	6	7	8	9	10	11	12	13	14	15	16	17	18
1	a																	
2																		
3	b	c													f		g	h
4							d							e				
5																		

ア　アルカリ土類金属を含む群は **a～h** のうちどれか。　□1□

　①**a**　②**b**　③**c**　④**d**　⑤**e**　⑥**f**　⑦**g**　⑧**h**

イ　2価の陽イオンが28個の電子をもつ原子を含む元素は **a～h** のどの群に含まれるか。　□2□

　①**a**　②**b**　③**c**　④**d**　⑤**e**　⑥**f**　⑦**g**　⑧**h**

ウ　非金属元素を含む群はいくつあるか。　□3□

　①1　②2　③3　④4　⑤5　⑥6　⑦7　⑧8

エ　常温常圧において単体が二原子分子で存在する元素を含む群はいくつあるか。　□4□

①　1　　②　2　　③　3　　④　4　　⑤　5　　⑥　6　　⑦　7　　⑧　8

問 2　下図は原子 **a〜d** の電子配置を模式的に示したものである。これに関
する記述のうち，正しいものを下の①〜⑤のうちから 1 つ選べ。ただし，
中心の丸（◎）は原子核を，その外側の同心円は電子殻を，同心円上の黒
丸（●）は電子をそれぞれ表す。　5

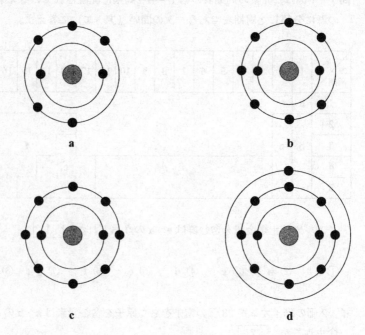

a　　　　　　　　　b

c　　　　　　　　　d

①　**a〜d** は，すべて元素の周期表の第 2 周期に含まれる元素の原子であ
る。

②　**a** のみからなる二原子分子において，原子間で共有される電子の数は
8 個である。

③　**a〜d** の中で第一イオン化エネルギーが最も小さいのは **d** である。

④　**a〜d** の中で 1 価の陰イオンに最もなりやすいのは **a** である。

⑤　**d** の価電子数は，**a〜d** の中で最も少ない。

問3 ある金属 M の酸化物 100 g を還元したところ，53 g の M の単体が生じた。この酸化物の組成式として最も適当なものを次の①～⑥のうちから1つ選べ。ただし，原子量は M = 27，O = 16 とする。 **6**

① MO   ② MO$_2$ ③ MO$_3$

④ M$_2$O$_3$ ⑤ M$_2$O$_5$ ⑥ M$_2$O$_7$

問4 ある金属結晶は図に示すような面心立方格子をとり，その単位格子の一辺の長さが a〔cm〕である。また，その金属のモル質量は M〔g / mol〕である。アボガドロ定数を N_A〔/ mol〕とするとき，この金属の密度〔g / cm³〕として正しいものを下の①～⑥のうちから1つ選べ。 **7**

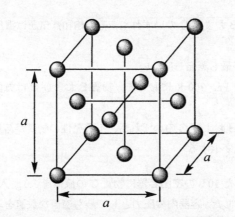

① $\dfrac{N_A \times a^3}{M \times 2}$ ② $\dfrac{M \times 2}{N_A \times a^3}$ ③ $\dfrac{N_A \times a^3}{M \times 3}$

④ $\dfrac{M \times 3}{N_A \times a^3}$ ⑤ $\dfrac{N_A \times a^3}{M \times 4}$ ⑥ $\dfrac{M \times 4}{N_A \times a^3}$

問5 図は物質 A，B および C の蒸気圧曲線である。次の問い（**ア，イ**）に答えよ。

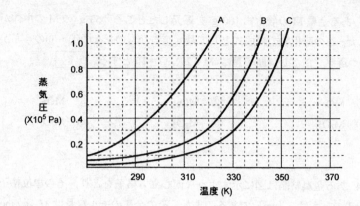

ア 物質A〜Cに関する次の記述のうち, 正しいものを下の①〜④のうちから**2つ**選べ。ただし, 解答の順序は問わない。 | 8 | , | 9 |

① 物質A, BおよびCのいずれも, その飽和蒸気圧は温度が高いほど大きくなる。

② 物質Aが最も蒸発しにくい。

③ 0.20×10⁵ Pa, 300 Kにおいて, 物質BおよびCは気体のみで存在している。

④ 物質A, BおよびCのいずれも, 不揮発性の物質が溶解すると, 飽和蒸気圧は変化する。

イ 真空にした 10 L の密閉容器に物質Cの液体を 3.0 g 入れて, 310 K で平衡状態にした。容器内の圧力として最も適当な数値を下の①〜⑥のうちから選べ。 | 10 | ×10⁵ Pa   なお, 物質Cの分子量は 30 で, 液体の体積は無視できるものとする。また, 気体は理想気体として振る舞い, 気体定数を 8.3×10³ Pa・L /(K・mol)とする。

① 0.03 ② 0.10 ③ 0.20 ④ 0.26 ⑤ 0.70 ⑥ 2.6

問6 半透膜を隔てて, ある非電解質の希薄溶液と純溶媒が接していると浸透圧が生じる。次の記述を読み, 下記の問い (**ア, イ**) に答えよ。

ア 一定温度で，ある非電解質の濃度 1 g/L の溶液の浸透圧と溶質の分子量の関係を表すグラフとして最も適当なものを，下の①〜⑥のうちから 1 つ選べ。ただし，X 軸を分子量とする。 11

イ ある非電解質の濃度 1 g/L の溶液の浸透圧と絶対温度の関係を表すグラフとして最も適当なものを，下の①〜⑥のうちから 1 つ選べ。ただし，X 軸を絶対温度とする。 12

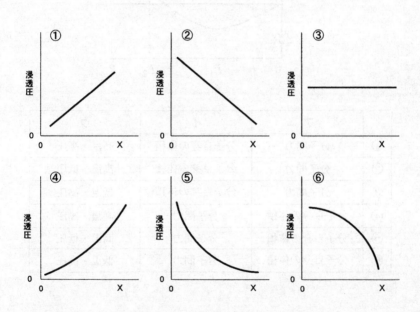

問7 次の文章の**ア〜ウ**に入る語句の組み合わせとして正しいものを下の①〜⑥のうちから 1 つ選べ。 13

　温度一定の条件で圧力 P〔Pa〕を変化させながら，ある実在気体 1 mol の体積 V〔L〕を測定した。この実験結果について圧力 P を横軸に，$\dfrac{PV}{RT}$ を縦軸にとると両者の関係を示すグラフは図のようになった。圧力 P_1 で

は，（　ア　）の影響により $\dfrac{PV}{RT}$ は 1 よりも小さくなる。圧力 P_2 では，

（　イ　）の影響により $\dfrac{PV}{RT}$ は 1 よりも大きくなる。この実在気体が理想

気体とみなせるようになるのは，（　ウ　）の条件のときである。

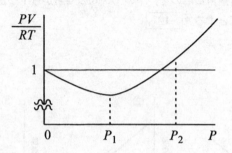

	ア	イ	ウ
①	分子間力	分子自身の体積	高温・高圧
②	分子間力	分子自身の体積	高温・低圧
③	分子間力	分子自身の体積	低温・高圧
④	分子自身の体積	分子間力	高温・高圧
⑤	分子自身の体積	分子間力	高温・低圧
⑥	分子自身の体積	分子間力	低温・高圧

問8　次の熱化学方程式中の反応熱 Q 〔kJ〕 の値が，右辺の化合物の生成
熱 〔kJ/mol〕 の数値に等しいものを，下の①～⑤のうちから 1 つ選べ。

　14

①　$2Al(固) + \dfrac{3}{2}O_2(気) = Al_2O_3(固) + Q[kJ]$

②　$CO(気) + 2H_2(気) = CH_3OH(液) + Q[kJ]$

③ $C_2H_4(気) + H_2(気) = C_2H_6(気) + Q[kJ]$

④ $C(黒鉛) + \dfrac{1}{2}H_2(気) = \dfrac{1}{2}C_2H_2(気) + Q[kJ]$

⑤ $H_2(気) + Cl_2(気) = 2HCl(気) + Q[kJ]$

問9 表に示す黒鉛（固），水素（気），および1-ブタノール（$C_4H_{10}O$）（液）の燃焼熱を用いて1-ブタノール（液）の生成熱を計算すると，| 15 | kJ/mol になる。最も適当な数値を，下の①～⑧のうちから1つ選べ。ただし，燃焼により生成する水は液体であるとする。

物質	燃焼熱 〔kJ/mol〕
黒鉛（固）	395
水素（気）	290
1-ブタノール（液）	2710

① −5740 ② −425 ③ −320 ④ −30
⑤ 30 ⑥ 320 ⑦ 425 ⑧ 5740

問10 次の反応において，下線が引かれた原子が還元されたものはどれか。下の①～⑤のうちから1つ選べ。| 16 |

① $2\underline{Cu} + O_2 \rightarrow 2CuO$

② $CuO + \underline{H}_2 \rightarrow Cu + H_2O$

③ $H_2O_2 + H_2\underline{S} \rightarrow 2H_2O + S$

④ $Cu + \underline{Cl}_2 \rightarrow CuCl_2$

⑤ $\underline{Zn} + 2H^+ \rightarrow Zn^{2+} + H_2$

問11　白金電極または炭素（黒鉛）電極を用いて，下記の塩の水溶液を電気
　　　分解するとき，陽極と陰極ともに気体が発生する電極と塩の組み合わせは
　　　どれか。下の①〜⑤のうちから**2つ**選べ。ただし，解答の順序は問わない。
　　　　17 ， 18

① 陽極（白金），陰極（白金），$AgNO_3$
② 陽極（白金），陰極（白金），KI
③ 陽極（白金），陰極（白金），Na_2SO_4
④ 陽極（白金），陰極（白金），NaOH
⑤ 陽極（炭素），陰極（炭素），$CuCl_2$

問12　次の文章を読み，下記の問い（**ア，イ**）に答えよ。ただし，原子量は
　　　Cu＝64とする。また，標準状態の気体 1 mol の体積は 22.4 L とし，気体は
　　　水溶液に溶けず，理想気体として振る舞うものとする。

図のように電池Aと電解槽Bを連結した装置を用意した。スイッチを一
定時間入れて電流を流したところ，電解槽Bの電極1から気体が発生し，
その体積は標準状態で 44.8 mL であった。

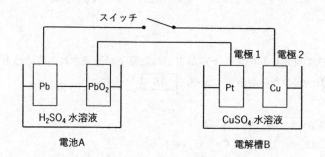

ア　スイッチを入れて電流を流したとき，回路に流れた電子は何 mol か。
　　　適切な数値を下の①〜⑤のうちから選べ。 19

① 5.00×10^{-4}　　② 1.00×10^{-3}　　③ 2.00×10^{-3}　　④ 4.00×10^{-3}
⑤ 8.00×10^{-3}

イ 電極 2 の質量は何 mg 変化するか。電極の質量の変化（mg）と増減の組み合わせとして適切なものを下の①〜⑥のうちから 1 つ選べ。 20

	質量の変化（mg）	質量の増減
①	128	減る
②	128	増える
③	256	減る
④	256	増える
⑤	512	減る
⑥	512	増える

問 13 次の文章を読み，問い（**ア，イ**）に答えよ。

　気体 A が気体 B に変化する反応は可逆反応であり，その熱化学方程式は次式のように表される。Q はこの反応の反応熱である。

$$A（気） ＝ B（気） ＋ Q〔kJ〕，Q > 0$$

一定の温度と圧力において，A のみから反応を開始したところ B が生成し，A と B の物質量の時間変化は下図のようになった。t_1 は反応開始から A と B の物質量が等しくなるまでの時間，t_2 は反応開始から平衡状態となるまでの時間である。

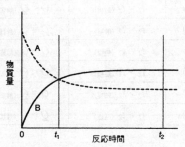

ア A が B に変化する正反応の速度を v_1，B が A に変化する逆反応の速度を v_2 とすると，時間 t_1 と t_2 における v_1 と v_2 の大きさの関係として正しい組み合わせはどれか。下の①〜⑨のうちから 1 つ選べ。 21

	t_1	t_2
①	$v_1 < v_2$	$v_1 < v_2$
②	$v_1 < v_2$	$v_1 = v_2$
③	$v_1 < v_2$	$v_1 > v_2$
④	$v_1 = v_2$	$v_1 < v_2$
⑤	$v_1 = v_2$	$v_1 = v_2$
⑥	$v_1 = v_2$	$v_1 > v_2$
⑦	$v_1 > v_2$	$v_1 < v_2$
⑧	$v_1 > v_2$	$v_1 = v_2$
⑨	$v_1 > v_2$	$v_1 > v_2$

イ この反応を，触媒を加えて行った。そのとき平衡に達するまでの時間は $t_{2 (触媒)}$ で反応熱は $Q_{(触媒)}$ であった。t_2 と $t_{2 (触媒)}$，Q と $Q_{(触媒)}$ の関係を正しく表している組み合わせはどれか。下の①〜⑨のうちから１つ選べ。

22

①	$t_2 < t_{2 (触媒)}$	$Q < Q_{(触媒)}$
②	$t_2 < t_{2 (触媒)}$	$Q = Q_{(触媒)}$
③	$t_2 < t_{2 (触媒)}$	$Q > Q_{(触媒)}$
④	$t_2 = t_{2 (触媒)}$	$Q < Q_{(触媒)}$
⑤	$t_2 = t_{2 (触媒)}$	$Q = Q_{(触媒)}$
⑥	$t_2 = t_{2 (触媒)}$	$Q > Q_{(触媒)}$
⑦	$t_2 > t_{2 (触媒)}$	$Q < Q_{(触媒)}$
⑧	$t_2 > t_{2 (触媒)}$	$Q = Q_{(触媒)}$
⑨	$t_2 > t_{2 (触媒)}$	$Q > Q_{(触媒)}$

問 14 中和滴定に関する次の記述に当てはまる適切な組み合わせはどれか。下の①〜⑥のうちから１つ選べ。 23

　濃度不明の酢酸水溶液 8.0 mL に，指示薬として（　**ア**　）を加え，0.20 mol/L の水酸化ナトリウム水溶液で滴定した。水酸化ナトリウム水溶液を 10 mL 加えたところで中和点に達し，溶液の色は（　**イ**　）に変化した。この結果から酢酸水溶液の濃度は（　**ウ**　）mol/L であることがわかった。

	ア	イ	ウ
①	フェノールフタレイン溶液	赤色	0.50
②	フェノールフタレイン溶液	青色	0.25
③	フェノールフタレイン溶液	赤色	0.25
④	メチルオレンジ溶液	黄色	0.25
⑤	メチルオレンジ溶液	青色	0.50
⑥	メチルオレンジ溶液	赤色	0.25

問 15　濃度 c〔mol/L〕の酢酸水溶液が電離平衡の状態にあるとき，酢酸の電離度を α とすると，酢酸分子の濃度は $c(1-\alpha)$〔mol/L〕となる。α が 1 に比べて極めて小さいときは，$1-\alpha \fallingdotseq 1$ とみなせるため，酢酸分子の濃度は酢酸水溶液の濃度で近似することができる。

$$[CH_3COOH] = c(1-\alpha) = c \ 〔mol/L〕$$

また，水の電離で生じた水素イオンの濃度は極めて小さいので，

$$[CH_3COO^-] = c\alpha = [H^+]$$

と，近似できる。これらの近似を用いると，酢酸の電離定数 K_a〔mol/L〕は次式で表される。

$$K_a = \frac{[CH_3COO^-][H^+]}{[CH_3COOH]} = \frac{[H^+]^2}{c}$$

上記の式が成り立っている状態で，0.1 mol/L の酢酸水溶液を水で 4 倍に希釈した。そのときの K_a と α の値の変化に関する記述として，適切なものはどれか。下の①〜⑤のうちから 1 つ選べ。ただし，温度は一定とする。

24

① K_a の値は変化しないが α の値は $\dfrac{1}{2}$ 倍になる。

② K_a の値は変化しないが α の値は 2 倍になる。

③ α の値は変化しないが K_a の値は $\dfrac{1}{2}$ 倍になる。

④ α の値は変化しないが K_a の値は 2 倍になる。

⑤ K_a の値も α の値も変化しない。

問 16　Ag_2CrO_4 の飽和溶液のモル濃度を a 〔mol/L〕とするとき，Ag_2CrO_4 の溶解度積 K_{sp} の値として正しいものはどれか。下の①〜⑥のうちから 1 つ選べ。なお，溶解した Ag_2CrO_4 は完全に電離しているものとする。　25

①　$2a$　　②　$2a^2$　　③　$2a^3$　　④　$4a$　　⑤　$4a^2$　　⑥　$4a^3$

問 17　ハロゲンに関する記述のうち**誤っているもの**はどれか。下の①〜⑤のうちから 1 つ選べ。　26

①　単体の分子量が大きいほど沸点は高くなる。

②　臭化物イオンは銀イオンと反応して淡黄色の沈殿を生じる。

③　フッ化水素の水溶液は，ガラスの容器に保存できない。

④　塩素と水素の混合気体に常温で光を当てると爆発的に反応する。

⑤　ヨウ素溶液と塩化カリウム水溶液を反応させると，塩素とヨウ化カリウムが生成する。

問 18　塩素は下図に示す装置を用いて，試薬 **B** に試薬 **A** を加えて加熱することで発生させる。このように発生させた塩素を，2 種類の洗気ビン（濃硫酸と水）を通して洗浄したのち捕集する。次の問い（**ア，イ**）に答えよ。

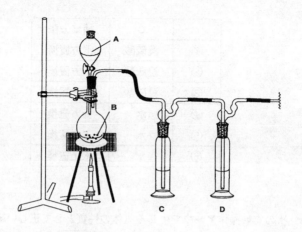

ア　試薬 **A** と **B** の組み合わせとして正しいのはどれか。下の①〜⑥のうちから１つ選べ。　27

	A	B
①	希塩酸	酸化マンガン(Ⅳ)
②	濃塩酸	酸化マンガン(Ⅳ)
③	希硫酸	塩化銅(Ⅱ)
④	濃硫酸	塩化銅(Ⅱ)
⑤	希硫酸	塩化ナトリウム
⑥	濃硫酸	塩化ナトリウム

イ　一つ目の洗気ビン **C** に入れる液体，および塩素の捕集方法の組み合わせとして正しいのはどれか。下の①〜⑥のうちから１つ選べ。　28

	C	捕集方法
①	濃硫酸	上方置換
②	濃硫酸	下方置換
③	濃硫酸	水上置換
④	水	上方置換
⑤	水	下方置換
⑥	水	水上置換

問 19　次の実験操作**ア**～**ウ**で生じる気体の性質として正しい組み合わせは
どれか。下の①～⑥のうちから1つ選べ。　| 29 |

ア　亜硝酸アンモニウムを加熱する。
イ　銅に濃硝酸を室温で加える。
ウ　塩化アンモニウムと水酸化カルシウムを混合して加熱する。

	実験操作	水への 溶けやすさ	色	臭い
①	**ア**	溶けやすい	無色	刺激臭
②	**ア**	溶けにくい	赤褐色	無臭
③	**イ**	溶けにくい	無色	無臭
④	**イ**	溶けやすい	赤褐色	刺激臭
⑤	**ウ**	溶けやすい	無色	無臭
⑥	**ウ**	溶けにくい	赤褐色	刺激臭

問 20　次の記述を読み，下記の問いに答えよ。

　5種類の金属**ア**～**オ**は，Ag, Al, Fe, K, Na, Zn のいずれかである。ま
た，それらには次のような特徴がある。金属**ア**～**オ**の組み合わせとして適
切なものはどれか。表の①～⑤のうちから1つ選べ。　| 30 |

1）金属**ア**は水と激しく反応して気体を発生させる。**ア**のイオンの炎色反応は赤紫色を示す。

2）金属**イ**に希塩酸や水酸化ナトリウム水溶液を加えると気体を発生しながら溶解する。金属**イ**を希塩酸に溶かした溶液に過剰のアンモニア水を加えると白色沈殿が生成する。これに過剰の水酸化ナトリウムを加えると沈殿は溶解する。

3）金属**ウ**を希塩酸や水酸化ナトリウム水溶液に加えると気体を発生しながら溶解する。金属**ウ**を希塩酸に溶かした溶液にアンモニア水を加えると白色沈殿が生成する。これに過剰のアンモニア水を加えると沈殿は溶解する。

4）金属**エ**を希塩酸に加えると気体を発生しながら溶解するが，水酸化ナトリウム水溶液に加えても反応しない。

5）金属**オ**を希塩酸に加えても反応しない。

	ア	**イ**	**ウ**	**エ**	**オ**
①	Na	Al	Zn	Ag	Fe
②	K	Zn	Ag	Fe	Al
③	Na	Fe	Al	Zn	Ag
④	K	Zn	Al	Fe	Ag
⑤	K	Al	Zn	Fe	Ag

問 21 錯イオンに関する記述として**誤っているもの**はどれか。下の①～⑤のうちから１つ選べ。 $\boxed{31}$

① 鉄(III)イオンを含む水溶液に $K_4[Fe(CN)_6]$ の水溶液を加えると，濃青色沈殿を生じる。

② 酸化銀 Ag_2O に過剰のアンモニア水を加えると，溶解して無色の水溶液になる。

③ $[Fe(CN)_6]^{3-}$ の６つの配位子は，正八面体の配置をとる。

④ $[Cu(NH_3)_4]^{2+}$ においてアンモニア分子は銅イオンとイオン結合を形成している。

⑤ $[Zn(NH_3)_4]^{2+}$ の亜鉛の配位数は４である。

問 22　分子式が $C_4H_{10}O$ で表される一価のアルコール **ア〜ウ** に関する記述 **a〜c** を読み，それらと**ア〜ウ**の組み合わせとして最も適切なものはどれか。下の①〜⑥のうちから 1 つ選べ。　| 32 |

a　**ア**を硫酸酸性の二クロム酸カリウムで酸化するとカルボン酸が生じる。
b　**イ**は硫酸酸性の二クロム酸カリウムでは酸化されない。
c　**ウ**には一対の鏡像異性体がある。

	ア	イ	ウ
①	1-ブタノール	2-ブタノール	2-メチル-2-プロパノール
②	1-ブタノール	2-メチル-2-プロパノール	2-ブタノール
③	2-ブタノール	1-ブタノール	2-メチル-2-プロパノール
④	2-ブタノール	2-メチル-2-プロパノール	1-ブタノール
⑤	2-メチル-2-プロパノール	1-ブタノール	2-ブタノール
⑥	2-メチル-2-プロパノール	2-ブタノール	1-ブタノール

問 23　アルケンの性質に関する記述として正しいものはどれか。下の①〜⑤のうちから**2つ**選べ。ただし，解答の順序は問わない。　| 33 |，| 34 |

①　臭素水を加えると臭素水の色が消える。
②　フェーリング液を加えて熱すると，赤色沈殿を生じる。
③　適切な触媒存在下で水素を付加させるとアルキンが生じる。
④　付加重合して高分子化合物をつくる。
⑤　水を付加させるとアルデヒドが生成する。

解 答 編

英 語

Ⅰ 　解答　 (1)—① (2)—② (3)—③ (4)2番目:② 4番目:③
(5)—③ (6)2番目:① 4番目:④ (7)—② (8)—③
(9)—② (10)—④ (11)—①

・・・・・・・・・・・・・・・・・・・・・・・・・・・・・・・・・・・・・ 全 訳 ・・・・・・・・・・・・・・・・・・・・・・・・・・・・・・・・・・・・・

《集団と個人の選択》

① 1950年代，心理学者のソロモン=アッシュが，現在では，毎年大勢の学部生に教えられている一連の実験を行った。各実験の最初に，被験者は見知らぬ人たちと一緒に部屋に入った。彼らに知らされていなかったが，他の参加者は研究者によって仕組まれた役者であり，特定の質問に対して台本通りの回答をするように指示されていた。

② グループには，1本の線が描かれたカードを1枚と，線が何本か描かれた2枚目のカードが示される。各自は，1枚目のカードに書かれている線の長さと似ている2枚目のカードの線を選ぶように指示された。非常に単純な作業である。以下が実験に使われた2枚のカードの例である。

図1

③ 実験の始まりはいつも同じであった。まず，誰もが正解の線に同意する簡単な試行が何回か行われた。数回の施行の後，参加者には，部屋の役者が意図的に不正解を選択することを除いて，前のものと同じように答えが明白なテストが示された。例えば，図1の比較に対して「A」と答える。それらは明らかに違うのに，誰もがその線が同じであると同意する。

④ 被験者は，企てに気づいていないので，たちまち当惑する。目を大きく

2024年度 公募制推薦 英語

見開く。引きつって独り笑いをする。他の参加者の反応を再確認する。次から次へと同じ間違った答えが返ってくるので，動揺が増していく。やがて被験者は自分の目を疑い始める。そして，ついには，心の中で間違っているとわかっている答えを口にした。

⑤ アッシュはこの実験を何度も，さまざまな方法で行った。彼が発見したのは，役者の数が増えるにつれて，被験者の迎合性も高まるということだった。被験者と1人の役者だけであれば，被験者の選択に影響はなかった。被験者たちは，自分が馬鹿な人間と一緒に部屋にいるのだと思い込んだだけだった。被験者の部屋に2人の役者がいた場合でも，ほとんど影響はなかった。しかし，人数が3人，4人，そして8人と増えるにつれて，被験者は自分自身を疑うようになった。実験が終わるころには，被験者の75%近くが，明らかに不正解であるにもかかわらず，集団の答えに同意していた。

⑥ どのように行動していいかわからないとき，私たちはいつも自分の行動の指針を得るために集団に目をやる。私たちは常に周囲の環境を観察し，「他のみんなは何をしているのだろう？」と考えている。アマゾンやイェルプやトリップアドバイザーで口コミをチェックするのは，「ベスト」な購買習慣，食事習慣，旅行習慣を真似したいからだ。これは通常は賢い戦略である。数には証拠がある。

⑦ しかし，マイナス面もある。

⑧ 集団の規範に従わなければならないという大きな内的圧力がある。受け入れられることによる見返りの方が，議論に勝ったり，賢く見えたり，真実を見つけたりすることよりも大きいことが多い。たいていの場合，私たちは自分だけが正しくあるよりも，集団と共に間違っていたいと思うものだ。

⑨ 人の心は他人と仲良くなる方法を知っている。人の心は他人と仲良くなりたがる。これが私たちの自然な姿なのだ。それを覆すことはできる。つまり，集団を無視したり，他人の目を気にしないようにしたりすることを選ぶことはできるが，それには努力が必要だ。文化の流れに逆らうには，特別な努力が必要なのだ。

═══ 解説 ═══

(1) 本文で strangers は「被験者は『見知らぬ人たち』と一緒に部屋に

入った」という意味で使われている。この意味と同じ選択肢は①「我々は見知らぬ者同士だったが，すぐに友人になった」である。その他の選択肢では，「不慣れなもの，未経験者」という意味で使われている。②「私たちはここには不慣れなので，銀行がどこにあるか知らない」，③「私たちは冒険の経験がないわけではないので，スリルに尻込みしないで」，④「最近の若者は茶道の作法を知らない」。

⑵　下線部の that は the second card を先行詞とする関係代名詞である。②「その時その男が言った答えは間違えていた」の that が The answer を先行詞とする関係代名詞で正解となる。各選択肢の意味と that の用法は，次の通りである。

①「その男はそれが正答であることを知っていた」という意味で，that は指示代名詞である。

③「彼がその答えを知っていたという事実はその実験に影響を与えなかった」という意味で，いわゆる同格の that である。

④「彼がその答えを知っていた誰かにこっそり教えてもらったことは明らかであった」という意味で，名詞節を導く接続詞の that で It の真主語にあたる。

⑶　第2段第1文（The group would …）より「1枚目のカードには1本の線が，2枚目のカードには何本かの線が描かれている」とわかるので，①と②は不適である。また，第3段第3・4文（After a few … in Figure 1.）よりAの線の長さは1枚目のカードの線の長さと異なることがわかる。よって，④が不適となり，③が正解となる。

⑷　まず，主語である the participants に続く動詞として were shown がつながる。残りは that a test was という並びと，a test that was という並びが考えられるが，前者は「あるテストが以前のテストと同じくらい明らかであることを示される」となり，「あるテスト」の内容が不明瞭で不適である。後者は「以前のテストと同じくらい明らかなテストを示されて」となり文意が通る。よって，were shown a test that が正しい語順であり，2番目に来るものは② shown，4番目は③ test となる。

⑸　they delivered the answer の後ろに関係代名詞が省略されており，they knew in their heart to be incorrect が the answer を修飾している。全体として「心の中で間違いであると知っている回答を彼らはした」とな

り，③が正解となる。in their heart「心の中で」 know *A* to be ～「*A*が～であることを知っている」

(6)　まず，｜　f　｜直前の many と times をつなげて，残りで in many different ways がつながればよい。あとは and で並列関係を作り「アッシュはこの実験を何度も，そして，さまざまな方法で行った」とすれば文意が通る。したがって，times and in many different ways が正しい語順であり，2番目に来るものは① and，4番目は④ many である。

(7)　本文の so did the conformity of the subject は，副詞である so「そのように」が文頭に出た倒置構文であり，the conformity of the subject increased「被験者の迎合性が高まる」と同意である。これと同じ用法は②「太陽光が増えれば，熱も上昇する」である。各選択肢の意味と so の用法は，次の通りである。

①「それで，あなたの問題の解決策は見つかったの？」の so は間投詞である。

③「良い席を取れるように早く映画館に行こう」の so は目的を表す。

④「彼は携帯を水に落としてしまった，だから新しいものを買わねばならなかった」の so は結果を表す。

(8)　空所直後の文（But as the …）「しかし，人数が3人，4人，そして8人と増えるにつれて，被験者は自分自身を疑うようになった」から，被験者の選択に影響があった事がわかる。よって，空所部分では影響がまだないことがわかるので，③「まだ，ほとんどない」が正解となる。他の選択肢ではすべて影響があったことになってしまうため，不適である。①「かなり」　②「よりずっと多い」　④「著しい」

(9)　下線部は「私たちはいつも自分の行動の指針を得るために集団に目をやる」であるので，②「同調圧力」が正解となる。

(10)　下線部は「私たちは，むしろ集団と共に間違っていたい」であるので，④が正解となる。

(11)　本文で take は「必要とする」という意味で用いられており，①「口論するためには二人（の人間）が必要だ」が正解となる。各選択肢の意味は，②「彼はいつもカプチーノを買ってくる」，③「彼女はその資産を管理している」，④「その薬は大体10分ほどで効果がある」となり，いずれも異なる。

(1)(A)—⑥　(B)—⑦　(C)—②　(D)—④　(2)—③

(3)(b)—②　(c)—④　(d)—①　(e)—①　(f)—③

(4)(ア)—④　(イ)—③　(ウ)—④　(エ)—②　(5)—①

·· 全 訳 ··

《決断し，変化を起こし，それを守る》

決断し，変化を起こし，それを守る

重要な考え方

1．決断は難しく，疲れるものだ。だから，どちらに進むべきか確信がもてない気がしても，自分を責めないでほしい。特に，それが不確かな将来に関する大きな決断ならなおさらだ。

2．重要な決断は，決断疲れの少ない早い時間帯にするようにしよう。

3．未来のことはわからないし，必要なら考えを変えることもできる，と自分に言い聞かせよう。あなたにできるのは，その時点でできる最善の決断をすることだけだ。

4．決断しようとしているのなら，良い点と悪い点をリストアップしたり，自分の鍵となる価値観を確認したりといったやり方を考えてみよう。しかし，決断は複雑なものであり，変化に伴う不安や喪失感を認識することが助けになることもある。

5．繰り返し考えることに用心しよう。心配や後悔のループにはまりやすい。それを避けるには，考えていることを積極的に変えてみることだ。つまり，代わりに今この瞬間に集中するか，気を紛らすのだ。また，「ああ，また繰り返し考えている」と自分で気づくこともできる。それに名前をつけると落ち着くことがある。

6．本当に行き詰まったと感じたら，何かをしてみること。ずっと続ける必要はないし，また気持ちを切り替えることもできる。

7．何か変化を起こそうとしているのなら，本当に変化を起こしたいのかどうか，また，単に，こうすべきだと思っていることではないのかどうかを確認すること。なぜ変化を起こそうとしているのかが明確であれば，それを貫くことの助けになる。

8．障害に備え，自分にとって変化を容易にするためにできることをしよう。これには，できる限り事前に決断すること，リマインダーを組み込むこと，やりたいこととありうる問題解決の障壁を視覚化すること，

　　　自分の意図を周りと共有すること，同じ決断を何度も繰り返す必要が
　　　ないようにルーチンを作ることなどが含まれる。

9．変化を起こした後は，今この瞬間，自分が今いる場所に集中し，変化
　　の理由を思い出させてくれる，そこに至るまでのポジティブなストー
　　リーを自分に語りかけるようにする。自分がいるべき場所に自分がい
　　ると信じることができれば，その信念によってしばしばそれは実現す
　　る。

10．変化を貫徹できなかったからといって，自分を責めないでほしい。決
　　意の荷車から落ちてしまうのは普通のことだし，またそのことを考え
　　るというサイクルを繰り返しても構わない。決断や変化は一度きりで
　　はなく，それらは営みなのだ。

11．本当に行き詰まりを感じているのなら，振り返ってみて初めて，物事
　　を納得できたり，迷いがなくなったりすることがあることを思い出し
　　てほしい。あなたはすでに，自分が思っている以上に変化しているの
　　かもしれない。

━━━━━━━━━━━━ 解　説 ━━━━━━━━━━━━

(2)　下線部の後には，直前の change your mind が省略されており「考え
を変えることが必要なら考えを変えることもできる」となり，文意にも沿
う。

(3)(b)　the anxiety and loss を先行詞とする関係代名詞節中の動詞を選択
する問題で，①と②が候補になるが，① came は時制が文意に合わない。
②は the anxiety and loss をひとかたまりの主語と考えると，三単現の s
の説明もつく。よって，②が正解となる。

(c)　空所後の helps の主語を構成する選択肢が必要となる。動名詞である
④ naming を選んで「それに名前をつけること」とすると，文が成立する。

(d)　空所直後の want の強調と考え，① do を選んで「本当に変化を起こ
したいことを確認する」とすれば，文意にも沿う。なお，②も文法的には
可能であるが，「変化を決して起こしたくないことを確認する」となり，
「変化の動機を確認する」という 7 項目の文意に反する。

(e)　①を選んで in advance「前もって」とすると文意が通る。空所直後
の where you can (make decisions in advance) の where は接続詞で，「可
能な場合には」という意味である。

（f）　空所直前に have to「〜しなければならない」があるので，動詞の原形を選ぶ。③を選んで keep *doing*「〜し続ける」とすれば「同じ決断を何度も繰り返し続ける必要がないように」となり，文意にも沿う。

(5)　下線部の you think already の後には you have（already）changed が省略されており，「あなたがすでに変化したと思っている以上に」という意味になり，①が正解となる。

 **解 答**　(1)—②　(2)—③　(3)—①　(4)—①　(5)—③　(6)—④
　　　　　　　　(7)—①　(8)—④

=====　**解 説**　=====

(1)　「あなたはあなたが食べるもの（でできている）」

　②を選んで「あなたが食べるもの」とすると文意が通る。

(2)　「彼女は子供たち一人一人に大きなハグをした」

　①は，後に単数の名詞が続くので，不適である。each of ＋限定詞（the や所有格など）＋複数名詞という形が正しいので，③が正解となる。

(3)　「あの台風で新築の家がバラバラになった」

　tear *A* apart「*A* をバラバラにする」

(4)　「この製品は有害物質を一切含んでいません」

　be free from〔of〕〜「〜がない」

(5)　「彼らは彼が武器を送った相手だ」

　空所以下は関係代名詞節である。he had the weapons sent to the ones が元になった表現で，使役動詞 have が用いられている。

(6)　「彼らはパーティーの後に到着したが，来ないよりはましであった」

　it is better late than never は慣用的表現で，「まったくやらないよりは，遅れたとしてもやるほうがいい」という意味。

(7)　「10 人の参加者が，その試験に受かったが，私もその中の一人であった」

　them は Ten participants を指しており，3 つ（人）以上の間を表す前置詞 among を選択して myself among them とすると，「彼らの中に私がいる」，すなわち「彼らの一人が私である」となり文意も通る。

(8)　「メアリーは外見だけでなく性格も彼女の母親に似ている」

　take after 〜「〜に似ている」

なお，② resemble は他動詞で，直後の after が不要である。

数 学

Ⅰ 解答 (1)(a) $0 < a \le 20$ (b) $21 \le a < 22$ (c) $a \ge 24$

(2)(d) 27   (e) 48

(3)(f) $-\dfrac{2\sqrt{2}}{3}$ (g) $\dfrac{\sqrt{2}}{4}$ (h) $\dfrac{4\sqrt{2}}{9}$

═══════ 解 説 ═══════

《小問3問》

(1) $A \cap B = \phi$ となる条件は

$\qquad 0 < a \le 20$ →(a)

$A \cap B$ に属する整数がただ1つとなるのは

$\qquad A \cap B = \{21\}$

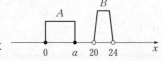

のときであるから

$\qquad 21 \le a < 22$ →(b)

$\overline{A} \subset \overline{B}$ となるのは

$\qquad A \supset B$

のときであるから

$\qquad a \ge 24$ →(c)

(2) $\qquad 123_{(4)} = 1 \times 4^2 + 2 \times 4 + 3 = 27$ →(d)

4進法で表したとき, 3桁となる最小の数は

$\qquad 100_{(4)} = 1 \times 4^2 = 16$

4進法で表したとき, 4桁となる最小の数は

$\qquad 1000_{(4)} = 1 \times 4^3 = 64$

よって, 4進法で表したとき3桁となるような自然数は, 10進法で16以上, 64未満 (63以下) の自然数であり, その個数は

$\qquad 63 - 16 + 1 = 48$ 個   →(e)

(3) $\qquad \cos^2\theta = 1 - \sin^2\theta = 1 - \left(-\dfrac{1}{3}\right)^2 = \dfrac{8}{9}$

であり, θ が第3象限の角であることから

$\qquad \cos\theta = -\sqrt{\dfrac{8}{9}} = -\dfrac{2\sqrt{2}}{3}$ →(f)

$$\tan\theta=\frac{\sin\theta}{\cos\theta}=\frac{-\dfrac{1}{3}}{-\dfrac{2\sqrt{2}}{3}}=\frac{1}{2\sqrt{2}}=\frac{\sqrt{2}}{4}\quad\to\text{(g)}$$

2倍角の公式より

$$\sin2\theta=2\sin\theta\cos\theta=2\cdot\left(-\frac{1}{3}\right)\cdot\left(-\frac{2\sqrt{2}}{3}\right)=\frac{4\sqrt{2}}{9}\quad\to\text{(h)}$$

Ⅱ ── **解答** (1)(a) $\left(-\dfrac{1}{a},\ 0\right)$　(b) $\left(\dfrac{a+1}{4},\ 0\right)$

(2)(c) $0<a<3,\ 3<a$　(d) $\left(-\dfrac{1}{12},\ -\dfrac{5}{72}\right)$　(e) $\dfrac{5}{6}x$　(f) $\dfrac{a^2+a+4}{4(a+1)}$

(g) 1　(h) $\dfrac{3}{4}$

═══════════════ **解　説** ═══════════════

《2つの放物線》

(1)　$a>0$ であることに注意する。

$C_1:y=ax^2+x=x(ax+1)$ より，これが x 軸と交わる点で，原点でないものの座標は

$$(x,\ y)=\left(-\frac{1}{a},\ 0\right)\quad\to\text{(a)}$$

同様に，$C_2:y=-x^2+\dfrac{a+1}{4}x=-x\left(x-\dfrac{a+1}{4}\right)$ より，これが x 軸と交わる点で，原点でないものの座標は

$$(x,\ y)=\left(\frac{a+1}{4},\ 0\right)\quad\to\text{(b)}$$

(2)　$ax^2+x=-x^2+\dfrac{a+1}{4}x$ とすると

$$(a+1)x^2-\frac{a-3}{4}x=0\quad\therefore\quad x=0,\ \frac{a-3}{4(a+1)}$$

したがって，2つの放物線が異なる2点で交わるための条件は

　　$a\neq3$　すなわち　$0<a<3,\ 3<a$　$\to$(c)

$a=2$ のとき

　　$C_1:y=2x^2+x$　……①

　　$C_2:y=-x^2+\dfrac{3}{4}x$　……②

であり, ①＋②×2 より

$$3y=\frac{5}{2}x \quad \therefore \quad y=\frac{5}{6}x \quad \to(\mathrm{e})$$

これが2つの交点を通る直線 l の方程式である。

また, $a=2$ のとき, 交点Pの x 座標は

$$x=\frac{a-3}{4(a+1)}=\frac{2-3}{4(2+1)}=-\frac{1}{12}$$

交点Pの y 座標は, 直線 l の方程式を利用して

$$y=\frac{5}{6}\cdot\left(-\frac{1}{12}\right)=-\frac{5}{72}$$

よって, 点Pの座標は

$$(x,\ y)=\left(-\frac{1}{12},\ -\frac{5}{72}\right) \quad \to(\mathrm{d})$$

直線 l の傾きを a を用いて表す場合

$$C_1 : y=ax^2+x \quad \cdots\cdots③$$

$$C_2 : y=-x^2+\frac{a+1}{4}x \quad \cdots\cdots④$$

であり, ③＋④×a より

$$(1+a)y=\left\{1+\frac{a(a+1)}{4}\right\}x \quad \therefore \quad y=\frac{a^2+a+4}{4(a+1)}x \quad \to(\mathrm{f})$$

この傾きについて, 相加平均・相乗平均の関係に注意すると

$$\frac{a^2+a+4}{4(a+1)}=\frac{a(a+1)+4}{4(a+1)}=\frac{a}{4}+\frac{1}{a+1}$$

$$=\frac{a+1}{4}+\frac{1}{a+1}-\frac{1}{4}$$

$$\geqq 2\sqrt{\frac{a+1}{4}\cdot\frac{1}{a+1}}-\frac{1}{4}=\frac{3}{4}$$

等号成立の条件は

$$\frac{a+1}{4}=\frac{1}{a+1} \quad (a+1)^2=4$$

$$\therefore \quad a=1 \quad \to(\mathrm{g})$$

このとき最小値は $\quad \dfrac{3}{4} \quad \to(\mathrm{h})$

$\boxed{\text{III}}$ 解答　(a) $(t,\ -t^2+5t)$　(b) $5,\ 0$　(c) $-x^2+5x$　(d) 0

(e) 5　(f) $\dfrac{125}{6}$　(g) $\dfrac{5}{3}$　(h) $\left(\dfrac{5}{3},\ \dfrac{50}{9}\right)$

=== 解 説 ===

《放物線と直線，定積分と面積》

放物線 $C_1 : y=x^2-2tx+5t=(x-t)^2-t^2+5t$ より，頂点 P の座標は

$$(x,y)=(t,\ -t^2+5t)\quad →(a)$$

$-t^2+5t=0$ とすると

$$t(t-5)=0\quad ∴\quad t=5,\ 0\quad →(b)$$

$x=t,\ y=-t^2+5t$ から t を消去すると

$$y=-x^2+5x\quad →(c)$$

これが頂点 P の軌跡 C_2 の方程式である。

$-x^2+5x=0$ とすると

$$x=5,\ 0$$

よって

$$α=0\quad →(d),\quad β=5\quad →(e)$$

C_2 と x 軸で囲まれる部分の面積は

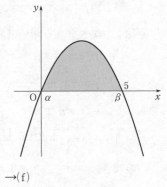

$$\int_0^5(-x^2+5x)dx=\left[-\frac{1}{3}x^3+\frac{5}{2}x^2\right]_0^5$$

$$=-\frac{5^3}{3}+\frac{5^3}{2}=\frac{125}{6}\quad →(f)$$

$mx=-x^2+5x$ とすると

$$x(x+m-5)=0\quad ∴\quad x=0,\ 5-m$$

右図より，$S_1=S_2$ となるための条件は

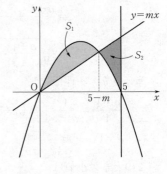

$$\int_0^5\{mx-(-x^2+5x)\}dx=0$$

$$\int_0^5\{x^2+(m-5)x\}dx=0$$

$$\left[\frac{1}{3}x^3+\frac{m-5}{2}x^2\right]_0^5=0$$

$$\frac{1}{3}\cdot5^3+\frac{m-5}{2}\cdot5^2=0$$

$$10+3(m-5)=0$$

$$∴\quad m=\frac{5}{3}\quad →(g)$$

$C_2 : y = -x^2 + 5x$ より

$\qquad y' = -2x + 5$

そこで

$\qquad y' = -2x + 5 = \dfrac{5}{3}$

$\qquad \therefore \quad x = \dfrac{5}{3}$

このとき

$\qquad y = -\left(\dfrac{5}{3}\right)^2 + 5 \cdot \dfrac{5}{3} = -\dfrac{25}{9} + \dfrac{25}{3} = \dfrac{50}{9}$

よって，求める接点の座標は　　$\left(\dfrac{5}{3}, \dfrac{50}{9}\right)$　→(h)

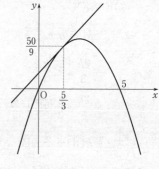

Ⅳ　**解答**　(1)(a) -3　(b) $(1-t)\vec{a} + t\vec{b}$　(c) $\left(t - \dfrac{1}{3}\right)\vec{a} - t\vec{b}$

(2)(d) $\dfrac{1}{3}$　(e) $\dfrac{1}{2}\vec{a} + \dfrac{1}{4}\vec{b}$　(f) $\dfrac{\sqrt{7}}{2}$

(3)(g) $\dfrac{1}{4}$　(h) $\dfrac{6}{11}\vec{a} + \dfrac{2}{11}\vec{b}$　(i) $\dfrac{2\sqrt{67}}{11}$

═══════════════ 解説 ═══════════════

《平面ベクトルと図形》

(1)　$\vec{a} \cdot \vec{b} = 3 \cdot 2\cos 120° = -3$　→(a)

$\quad$ AC : CB $= t : (1-t)$ より

$\qquad \overrightarrow{OC} = (1-t)\vec{a} + t\vec{b}$　→(b)

また

$\qquad \overrightarrow{CD} = \overrightarrow{OD} - \overrightarrow{OC}$

$\qquad\qquad = \dfrac{2}{3}\vec{a} - \{(1-t)\vec{a} + t\vec{b}\}$

$\qquad\qquad = \left(t - \dfrac{1}{3}\right)\vec{a} - t\vec{b}$　→(c)

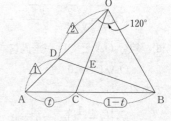

(2)　(1)の結果より，$\overrightarrow{OB} /\!/ \overrightarrow{CD}$ となる条件は

$\qquad t - \dfrac{1}{3} = 0$　　$\therefore \quad t = \dfrac{1}{3}$　→(d)

このとき，点Eは直線OC上の点であるから

$$\overrightarrow{OE}=k\overrightarrow{OC}$$

$$=k\left(\frac{2}{3}\vec{a}+\frac{1}{3}\vec{b}\right)$$

$$=\frac{2k}{3}\vec{a}+\frac{k}{3}\vec{b}$$

$$=\frac{2k}{3}\cdot\frac{3}{2}\overrightarrow{OD}+\frac{k}{3}\overrightarrow{OB}$$

$$=k\overrightarrow{OD}+\frac{k}{3}\overrightarrow{OB}$$

ここで，点Eは直線 BD 上の点でもあるから

$$k+\frac{k}{3}=1\qquad\therefore\quad k=\frac{3}{4}$$

よって

$$\overrightarrow{OE}=\frac{1}{2}\vec{a}+\frac{1}{4}\vec{b}\quad\rightarrow\text{(e)}$$

したがって

$$|\overrightarrow{OE}|^2=\left|\frac{1}{2}\vec{a}+\frac{1}{4}\vec{b}\right|^2$$

$$=\frac{1}{4}|\vec{a}|^2+\frac{1}{4}\vec{a}\cdot\vec{b}+\frac{1}{16}|\vec{b}|^2$$

$$=\frac{9}{4}-\frac{3}{4}+\frac{1}{4}=\frac{7}{4}$$

$$\therefore\quad|\overrightarrow{OE}|=\sqrt{\frac{7}{4}}=\frac{\sqrt{7}}{2}\quad\rightarrow\text{(f)}$$

(3) 線分 OA と CD が垂直になる条件は

$$\overrightarrow{OA}\cdot\overrightarrow{CD}=0$$

であるから

$$\vec{a}\cdot\left\{\left(t-\frac{1}{3}\right)\vec{a}-t\vec{b}\right\}=0$$

$$\left(t-\frac{1}{3}\right)|\vec{a}|^2-t\vec{a}\cdot\vec{b}=0$$

$$9\left(t-\frac{1}{3}\right)+3t=0\qquad12t-3=0$$

$$\therefore\quad t=\frac{1}{4}\quad\rightarrow\text{(g)}$$

このとき，点Eは直線 OC 上の点であるから

$$\overrightarrow{OE} = l\overrightarrow{OC}$$

$$= l\left(\frac{3}{4}\vec{a} + \frac{1}{4}\vec{b}\right)$$

$$= \frac{3l}{4}\vec{a} + \frac{l}{4}\vec{b}$$

$$= \frac{3l}{4}\cdot\frac{3}{2}\overrightarrow{OD} + \frac{l}{4}\overrightarrow{OB}$$

$$= \frac{9l}{8}\overrightarrow{OD} + \frac{l}{4}\overrightarrow{OB}$$

ここで，点Eは直線 BD 上の点でもあるから

$$\frac{9l}{8} + \frac{l}{4} = 1 \quad \therefore\quad l = \frac{8}{11}$$

よって

$$\overrightarrow{OE} = \frac{6}{11}\vec{a} + \frac{2}{11}\vec{b} \quad \to\text{(h)}$$

したがって

$$|\overrightarrow{OE}|^2 = \left|\frac{6}{11}\vec{a} + \frac{2}{11}\vec{b}\right|^2$$

$$= \frac{6^2}{11^2}|\vec{a}|^2 + \frac{24}{11^2}\vec{a}\cdot\vec{b} + \frac{2^2}{11^2}|\vec{b}|^2$$

$$= \frac{6^2\cdot 3^2}{11^2} + \frac{24\cdot(-3)}{11^2} + \frac{2^2\cdot 2^2}{11^2}$$

$$= \frac{2^2\cdot(81-18+4)}{11^2} = \frac{2^2\cdot 67}{11^2}$$

$$\therefore\quad |\overrightarrow{OE}| = \sqrt{\frac{2^2\cdot 67}{11^2}} = \frac{2\sqrt{67}}{11} \quad \to\text{(i)}$$

化　学

解答
問1．ア—③　イ—⑤　ウ—④　エ—③　問2．③
問3．④　問4．⑥　問5．ア—①・④　イ—②
問6．ア—⑤　イ—①　問7．②　問8．①　問9．⑥　問10．④
問11．③・④　問12．ア—⑤　イ—④　問13．ア—⑧　イ—⑧　問14．③
問15．②　問16．⑥　問17．⑤　問18．ア—②　イ—⑤　問19．④
問20．⑤　問21．④　問22．②　問23．①・④

解説

《小問23問》

問1．ア． Be，Mg を除く2族の元素は特に性質が似ているため，アルカリ土類金属とよばれる。

イ． 原子が電子を失うと陽イオンになる。28個の電子をもつ2価の陽イオンは原子番号30の Zn であり，**e** 群に含まれる。

ウ． 非金属元素は a，f，g，h の4つの群に含まれる。

エ． 常温常圧において単体が二原子分子で存在する元素は，a，f，g の3つの群に含まれる。

問2． a，b，c，d はそれぞれ N，F，Ne，Na である。

①誤文。a，b，c は第2周期，d は第3周期に含まれる。

②誤文。窒素分子は三重結合しているので，原子間で6個の電子を共有する。

③正文。原子の最外殻から1個の電子を取り去って，1価の陽イオンにするために必要な最小限のエネルギーを，原子の第一イオン化エネルギーという。a〜d の中で d の Na が最も1価の陽イオンになりやすく，第一イオン化エネルギーは最小である。

④誤文。a〜d の中で b の F が1価の陰イオンになりやすい。

⑤誤文。a〜d の価電子は，N：5個，F：7個，Ne：0個，Na：1個である。c の Ne が最も少ない。

問3． 金属 M と酸素 O の組成比は

$$\frac{53}{27} : \frac{100-53}{16} = 1.96 : 2.93 \fallingdotseq 2 : 3$$

よって，組成式は　　M_2O_3

問４. 面心立方格子の単位格子には原子４個が含まれるので，この金属の密度は

$$\frac{\dfrac{M}{N_A} \times 4}{a^3} = \frac{4M}{N_A a^3} \,\text{(g/cm}^3)$$

問５. **ア.** ①正文。飽和蒸気圧は温度が高いほど大きい。

②誤文。同じ温度で物質**A**の飽和蒸気圧がもっとも大きく，蒸発しやすい。

③誤文。300 K において，物質**B**，**C**の飽和蒸気圧は 0.20×10^5 Pa よりも小さい。飽和蒸気圧を超える気体は凝縮して液体となるため，**B**および**C**は気体と液体が共存している。

④正文。液体に不揮発性の物質が溶解すると，飽和蒸気圧は降下する。

イ. 物質**C**がすべて気体と仮定したときの圧力を p (Pa) とすると，気体の状態方程式より，

$$p \times 10 = \frac{3.0}{30} \times 8.3 \times 10^3 \times 310$$

$\therefore$　$p = 2.57 \times 10^4 \fallingdotseq 0.26 \times 10^5$ (Pa)

これは物質**C**の飽和蒸気圧よりも大きいため，これを超えた気体は液体となる。

よって，容器内の圧力は飽和蒸気圧 0.10×10^5 Pa に等しい。

問６. **ア.** 浸透圧を Π (Pa)，溶質の分子量を M，気体定数を R，絶対温度を T (K) とすると，溶液 1 L あたりの溶質は 1 g なので，ファントホッフの法則より

$$\Pi \times 1 = \frac{1}{M} \times RT$$

一定温度における浸透圧 Π (Pa) と分子量 M は反比例の関係にある。

よって，最も適当なグラフは⑤である。

イ. 浸透圧 Π (Pa) と絶対温度 T (K) は比例関係にある。

よって，最も適当なグラフは①である。

問７. 理想気体は，圧力によらず気体の状態方程式が成り立つので，$\dfrac{PV}{RT}$ の値は常に１となる。多くの実在気体では，温度一定で，圧力を大

きくしていくと $\dfrac{PV}{RT}$ の値は 1 からいったん減少するが，やがて再び増加する傾向を示す。これは，実在気体を圧縮すると，分子どうしが接近するため分子間力の影響が強く現れ，実在気体の体積が，同じ条件における理想気体よりも減少するからである。さらに実在気体を圧縮すると，気体の密度が高まり分子自身の体積の影響が現れ，実在気体の体積が同じ条件における理想気体の体積よりも減少しにくくなるからである。実在気体は，一般に，低温，高圧になるほど分子自身の体積や分子間力が影響し，理想気体からのずれが大きくなる。よって，高温・低圧では，理想気体に近づく。

問 8． 生成熱は，化合物 1 mol がその成分元素の単体から生成するときの反応熱である。反応物が単体，生成物が 1 mol である熱化学方程式は①のみである。

問 9． 1-ブタノールの生成熱を Q [kJ/mol] とすると

$$4C\,(固) + 5H_2\,(気) + \frac{1}{2}O_2\,(気) = C_4H_{10}O\,(液) + Q\,[kJ] \quad \cdots\cdots(1)$$

与えられた燃焼熱より

$$C\,(固) + O_2\,(気) = CO_2\,(気) + 395\,kJ \quad \cdots\cdots(2)$$

$$H_2\,(気) + \frac{1}{2}O_2\,(気) = H_2O\,(液) + 290\,kJ \quad \cdots\cdots(3)$$

$$C_4H_{10}O\,(液) + 6O_2\,(気) = 4CO_2\,(気) + 5H_2O\,(液) + 2710\,kJ \quad \cdots\cdots(4)$$

よって，(1)＝(2)×4＋(3)×5－(4)より

$$Q = 395 \times 4 + 290 \times 5 - 2710 = 320\,[kJ/mol]$$

問10． ①〜⑤における酸化数の変化は次の通り。

①$0 \to +2$，②$0 \to +1$，③$-2 \to 0$，④$0 \to -1$，⑤$0 \to +2$

酸化されると酸化数が増加し，還元されると酸化数は減少する。

よって，原子が還元されたのは④である。

問11． ①〜⑤の電気分解生成物は次の通り。

①陽極：酸素　　陰極：銀

②陽極：ヨウ素　陰極：水素

③陽極：酸素　　陰極：水素

④陽極：酸素　　陰極：水素

⑤陽極：塩素　陰極：銅

　よって，陽極と陰極ともに気体が発生する電極と塩の組み合わせは，③と④である。

問12.　ア. 電解槽**B**の変化は次の通り。

陽極（電極１）：$2H_2O \longrightarrow O_2 + 4H^+ + 4e^-$

陰極（電極２）：$Cu^{2+} + 2e^- \longrightarrow Cu$

　回路に流れた電子の物質量は

$$\frac{44.8 \times 10^{-3}}{22.4} \times 4 = 8.00 \times 10^{-3} \ [mol]$$

イ. 陰極では銅が析出し，質量が増加する。その質量は

$$8.00 \times 10^{-3} \times \frac{1}{2} \times 64 \times 10^3 = 256 \ [mg]$$

問13.　ア. 化学反応の速さは，単位時間における反応物，生成物の濃度（物質量）変化で表される。

$A \rightleftarrows B$ という反応の場合，正反応の反応速度定数を k_A，逆反応の反応速度定数を k_B とすると正反応の反応速度は $v_1 = k_A[A]$，逆反応の反応速度は $v_2 = k_B[B]$ となる。

　t_2 では，**A**，**B** の物質量が変化していないから平衡状態で

$$v_1 = v_2$$

よって

$$k_A[A] = k_B[B] \qquad \frac{k_A}{k_B} = \frac{[B]}{[A]}$$

グラフより，$[B] > [A]$ であるから　　$\dfrac{k_A}{k_B} > 1$

よって $k_A > k_B$

　t_1 において，**A** と **B** の物質量は等しいので物質量を N とすると，t_1 の時の正反応と逆反応の速度は

$$v_1 = k_A N, \quad v_2 = k_B N$$

$k_A > k_B$ であるから

$$v_1 > v_2$$

イ. 触媒を加えると反応速度が大きくなるため，平衡状態に達するまでの時間は短くなる。一方で，平衡状態における **B** の生成量は変化せず，反応熱も変化しない。

よって, $t_2 > t_{2(触媒)}$, $Q = Q_{(触媒)}$ となる。

問14. 酢酸と水酸化ナトリウムの中和滴定において, 終点は弱塩基性となるため, 塩基性側に変色域をもつフェノールフタレインを指示薬とする。また, 酢酸の濃度を x [mol/L] とすると, 中和点において, H^+ の物質量 $= OH^-$ の物質量が成り立つため

$$x \times \frac{8.0}{1000} \times 1 = 0.20 \times \frac{10}{1000} \times 1$$

∴ $x = 0.25$ [mol/L]

問15. 酢酸の濃度 c, 電離度 α, 電離定数 K_a の関係式は次の通り。

$$K_a = \frac{[H^+]^2}{c}, \quad [H^+] = c\alpha \quad より \quad \alpha = \sqrt{\frac{K_a}{c}}$$

温度一定のとき電離定数 K_a は一定なので, 希釈により濃度 c が $\frac{1}{4}$ 倍になると, 電離度 α は2倍となる。

問16. クロム酸銀の溶解平衡は次式で表せる。

$$Ag_2CrO_4 (固体) \rightleftharpoons 2Ag^+ + CrO_4^{2-}$$

平衡状態において, $[Ag^+] = 2a$ [mol/L], $[CrO_4^{2-}] = a$ [mol/L] が成り立つので

$$K_{sp} = [Ag^+]^2[CrO_4^{2-}] = 4a^3 \, [(mol/L)^3]$$

問17. ①正文。ハロゲンの単体はいずれも二原子分子で, 融点や沸点は分子量が大きいほど高い。

②正文。ハロゲン化銀はフッ化銀を除いて水に溶けにくい。臭化銀は淡黄色の沈殿となる。

③正文。フッ化水素酸はガラスを溶かすため, ポリエチレン容器に保存する。

④正文。塩素は酸化力が強く, 水素と混合して光を当てると, 爆発的に反応して塩化水素を生じる。

$$H_2 + Cl_2 \longrightarrow 2HCl$$

⑤誤文。塩素はヨウ素より酸化力が強いため, ヨウ素溶液と塩化カリウム水溶液は反応しない。ヨウ化カリウム水溶液に塩素を通じると, ヨウ素が遊離する。

$$2KI + Cl_2 \longrightarrow 2KCl + I_2$$

問18. **ア.** 酸化マンガン（Ⅳ）に濃塩酸を加えて加熱すると，塩素が発生する。

$$MnO_2 + 4HCl \longrightarrow MnCl_2 + 2H_2O + Cl_2$$

イ. 塩素は水に溶けやすく，空気より重い気体なので，下方置換で捕集する。この実験において，得られた塩素には塩化水素と水蒸気が混入している。初めに水を入れた洗気びんに気体を通じると，溶解度の大きい塩化水素が取り除かれる。次に濃硫酸を入れた洗気びんに気体を通じると，水蒸気が取り除かれる。後から水を入れた洗気びんに気体を通じると，再び水蒸気を含むことになるため，順番を逆にしてはならない。

問19. 生じる気体は，**ア**：窒素，**イ**：二酸化窒素，**ウ**：アンモニアである。窒素は水に溶けにくい無色無臭の気体である。二酸化窒素は，水に溶けやすく，刺激臭をもつ赤褐色の気体である。アンモニアは水に溶けやすく，刺激臭をもつ無色の気体である。

問20. 1）Ag，Al，Fe，K，Na，Zn のうち，水と激しく反応するのは K と Na である。K，Na の炎色反応はそれぞれ赤紫色，黄色である。よって，金属**ア**は K である。

2）希塩酸や水酸化ナトリウム水溶液を加えたとき，気体を発生しながら溶解するのは両性金属の Al と Zn である。Al，Zn を希塩酸に溶かした溶液に過剰のアンモニア水を加えると，Al は $Al(OH)_3$ となって沈殿するが，$Zn(OH)_2$ は $[Zn(NH_3)_4]^{2+}$ となって溶解する。よって，金属**イ**は Al である。

なお，この沈殿に過剰の水酸化ナトリウム水溶液を加えると $Al(OH)_3$ は $[Al(OH)_4]^-$ となって溶解し，条件を満たす。

3）Al，Zn の水酸化物はいずれも水に溶けにくく，水溶液中では沈殿となる。これらに過剰のアンモニア水を加えると $Al(OH)_3$ は変化しないが，$Zn(OH)_2$ は $[Zn(NH_3)_4]^{2+}$ となって溶解する。よって，金属**ウ**は Zn である。

4）Ag，Al，Fe，K，Na，Zn のうち，希塩酸に加えると気体を発生しながら溶解するが，水酸化ナトリウム水溶液に加えても反応しないのは Fe のみ。よって，金属**エ**は Fe である。

5）Ag，Al，Fe，K，Na，Zn のうち，希塩酸に加えても反応しないのは Ag のみ。よって，金属**オ**は Ag である。

問21. ④誤文。[Cu(NH$_3$)$_4$]$^{2+}$ において，アンモニア分子は銅イオンに非共有電子対を提供し，配位結合を形成している。

問22. 分子式 C$_4$H$_{10}$O で表されるアルコールの構造異性体は 1-ブタノール，2-ブタノール，2-メチル-1-プロパノール，2-メチル-2-プロパノールの 4 種類である。

$$CH_3-CH_2-CH_2-CH_2-OH \qquad \underset{\underset{\displaystyle OH}{|}}{CH_3-CH-CH_2-CH_3}$$

$$\underset{\underset{\displaystyle CH_3-CH-CH_2-OH}{}}{\overset{\overset{\displaystyle CH_3}{|}}{}} \qquad \underset{\underset{\displaystyle OH}{|}}{\overset{\overset{\displaystyle CH_3}{|}}{CH_3-C-CH_3}}$$

アは第一級アルコールなので，1-ブタノール，2-メチル-1-プロパノールのいずれかである。**イ**は第三級アルコールなので，2-メチル-2-プロパノールである。**ウ**は不斉炭素原子をもつので，2-ブタノールである。以上を満たす**ア〜ウ**の組み合わせは②である。

問23. ①正文。アルケンの二重結合には臭素が付加反応しやすい。このため，アルケンに臭素水を加えると，臭素の赤褐色が消失する。

②誤文。アルデヒドをフェーリング液とともに加熱すると，銅（II）イオンが還元され，赤色の酸化銅（I）が沈殿する。アルケンの性質とは無関係である。

③誤文。アルケンに適切な触媒存在下で水素を付加させるとアルカンが生じる。

④正文。代表的なアルケンであるエチレンは付加重合して，高分子化合物であるポリエチレンとなる。このようにアルケンは付加重合により高分子化合物をつくる。

$$nCH_2{=}CH_2 \longrightarrow \left[CH_2{=}CH_2 \right]_n$$

⑤誤文。アルケンに水を付加させるとアルコールが生成する。

一般選抜：B方式前期

問　題　編

▶**試験科目・配点**

教　科	科　　　　　目	配　点
英　語	コミュニケーション英語Ⅰ・Ⅱ・Ⅲ，英語表現Ⅰ・Ⅱ	100点
数　学	数学Ⅰ・Ⅱ・A・B（数列，ベクトル）	100点
理　科	化学基礎・化学	100点

▶**備　考**

　学力試験の成績に加え，調査書により「学力の3要素」のうち「主体性を持って多様な人々と協働して学ぶ態度」を多面的・総合的に評価し，合格者を決定する。

英　語

（70分）

I　次の英文を読んで，下の設問（１）～（１０）に答えなさい。なお，*印の語には注が付いています。

　　The American mathematician Jordan Ellenberg describes the 'parable of the Baltimore* stockbroker*.'　One morning you receive a letter from an investment fund.　It says: 'You should invest with us, because we always pick good stocks.　But you won't believe us, so here's a free investment tip: buy Whoever Incorporated.'　The next day, Whoever Incorporated stock goes up.

　　The next day, they send you another letter.　'Today, you should sell Thingummyjig Holdings.'　The next day, Thingummyjig Holdings stock goes down.

　　(a)They do { ① day　② every　③ for　④ ten　⑤ this } days, and every time they get it right.　On the eleventh day, they say: 'Now do you believe us?　Would you like to invest?'　They've picked ten in a row*, (b) you think, yes!　I can't lose!　And you invest your children's university funds.

　　But what they've done is send out 10,000 letters; 5,000 of them say 'buy Whoever Incorporated,' and 5,000 say 'sell.'　If Whoever goes up, then the next day they send letters to the people who were told to buy; 2,500 of them say 'buy Thingummyjig' and 2,500 say 'sell.'

　　Then when Thingummyjig goes down, they send letters to the 2,500 people.　And so on.　After ten rounds of this, there'll be about ten people who've had ten successful tips in a row.　(c)They then invest all their money in this miracle stock-picker, who of course runs off with their cash.

　　These sorts of frauds probably don't happen—Jordan Ellenberg told us via Twitter that he didn't know of any real-life Baltimore Stockbroker examples—but (d)they can happen by accident.　There are thousands of investment funds. A few of them achieve incredible rates of return for a while, so they get attention and lots of investment.　But { d　① are　② because　③ is　④ that　⑤ they } genuinely beating the market or because they've got lucky, and you haven't noticed all the other mutual funds* that have quietly gone bust*?

Picture it like this.　If you get 1,296 people, all wearing different-coloured hats, to roll a die*, about 216 of them will roll a six*.　If you get those 216 to roll it again, you'll get about thirty-six more.　If you ask those thirty-six to roll it again, you'll get about six sixes.　Do it again, and you'll probably get one. Then you see the colour of the hat of the person who rolled the four sixes in a row and say: 'The secret to rolling four sixes in a row is wearing an orange-and-black-striped hat.'　But it's easy to look back at what (e) to have correlated with success in the past; what you need is to find what predicts success in the future.　There is no reason to think that the orange-and-black-striped hat person will roll a six on their next go.

Survivorship bias is an example of a wider problem called *selecting on the dependent variable*.　That sounds complex, but it's a simple idea: (い)you can't work out why X happens if you only look at examples where X *did* happen.　In a scientific experiment, the 'independent variable' is the thing you're changing. The 'dependent variable' is the thing you're measuring to see if it changes.

Imagine you want to know whether drinking water causes arthritis* ('gets arthritis' is your dependent variable).　If you look at all the people who (う)developed arthritis, you'll quickly see that they all drank water.　But because you didn't look at all the people who *didn't* develop arthritis, you have no idea whether arthritis patients tend to drink more water than the rest of us.

It might seem too obvious to mention, but it goes on all the time. Whenever there's a mass shooting*, the media looks at the shooter, and finds (え)that they played violent video games.　This is as clear-cut an example of selecting on the dependent variable as the water-arthritis thing.　The question is not 'do mass shooters play violent video games?,' but 'do mass shooters play violent video games *more than anybody else?*'　And then you have to ask about the causal arrow: do they become violent because they play the games, or do they play the games because they like violence?

　　　　　　(出典 : *How to Read Numbers*, by Tom Chivers and David Chivers. 一部変更)

（注）Baltimore: 米国メリーランド州北部の都市　　stockbroker: 株式仲買人
　　in a row: 連続して　　mutual fund: 投資信託会社　　bust: 破滅　　die:
　　さいころ　　roll a six: さいころを振って六の目を出す　　arthritis: 関節炎
　　mass shooting: 銃乱射事件

（１）下線部(あ)が指す内容を，解答欄の形式（「株式の売買が〜」）に合わせて
　　　マス目に１０字から１５字の日本語を補い，解答用紙に書きなさい。

（２）下線部(い)を以下の形式に合わせて日本語に訳し，（　　i　　）及び
（　　ii　　）に相当する部分を解答用紙に書きなさい。

「ある事象 X が（　　　　　i　　　　　），
どうして X が（　　　　ii　　　　　）はできない」

（３）下線部(a)中の{　　}内の①〜⑤の語を，下線部が以下に示す意味になるよ
うに並べ替えなさい。並べ替えたものの中で２番目と４番目に来る語の番号を，
それぞれ指示の通りにマークカードにマークしなさい。

「彼らはこれを 10 日間毎日行う」

２番目　→　マークカードの解答欄　　**1**
４番目　→　マークカードの解答欄　　**2**

（４）空所（　b　）に入れるのに最も適切なものを次の①〜④から一つ選び，マー
クカードの解答欄　　**3**　　にマークしなさい。

① as　　　　　② for　　　　　③ so　　　　④ that

（５）下線部(c)が指す内容として最もふさわしいものを次の①〜④から一つ選び，
マークカードの解答欄　　**4**　　にマークしなさい。

① ある投資信託会社　　　　② 送った手紙 2500 通
③ 手紙を送られた約 10 人　　④ 投資したお金のすべて

（６）{　d　}内の①〜⑤の語を並べ替え，意味の通る英文を作りなさい。並べ替
えたものの中で２番目と４番目に来る語の番号を，それぞれ指示の通りにマー
クカードにマークしなさい。

２番目　→　マークカードの解答欄　　**5**
４番目　→　マークカードの解答欄　　**6**

（７）空所（　e　）に入れるのに最も適切なものを，次の①〜④から一つ選び，マー
クカードの解答欄　　**7**　　にマークしなさい。

① about　　　　② correlates
③ happens　　　④ leads

（8）下線部(f)と同じ意味の developed を含む文を，次の①～④から一つ選び，マークカードの解答欄 **8** にマークしなさい。

① New products are continually being developed.

② The dolphin has evolved a highly developed jaw.

③ A female patient developed dry cough without fever.

④ She developed her business into a nationwide chain.

（9）下線部(g)と同じ用法の that を含む文を，次の①～④から一つ選び，マークカードの解答欄 **9** にマークしなさい。

① We were sorry that you couldn't join us.

② He knew, I guess, that she was married.

③ It is a dog that barks when it watches a ball.

④ It is such a big project that it has to have public financing.

（10）本文最終段落の帰結として**ふさわしくないもの**を，本文の内容に則して次の①～④から一つ選び，マークカードの解答欄 **10** にマークしなさい。

① ある事象の原因を解明するために，それと同様の事象についてさらにもっと多くの実例を集めるべきだ。

② 暴力的な事件が起こってしまったという実例を見ているだけでは，そうなってしまった原因はわからない。

③ 暴力的なゲームのせいで暴力を働いた可能性もあるし，暴力を好む人がそういうゲームを好む可能性もある。

④ ある事象が起こった原因を解明するためには，ある原因がどんなときでもその結果をもたらすか考慮する必要がある。

II 次の英文を読んで，下の設問（1）〜（6）に答えなさい。なお，*印の
語には注が付いています。

Right now, as I search for the words to (A)express my thoughts to you, I
alternate between feelings of (B)frustration and ease.　I am certain my self—not
you, not anyone else—is having this experience.　And you are having your own
experience as you read these words.　I feel (C)completely whole, able to move
through the world and (D)interact with others, or not, as I see fit.　I assume you
feel the same way: you know that you are *you*, a bundle of experiences, wants
and needs, actions taken and avoided, all made coherent because they flow from
a single source: *you*.

As we go about our days almost nothing feels as immediate, as wholly our
own, as our selves.　You are always in there somewhere, thinking and feeling,
directing action, like a little "you" managing the controls.　But when we take a
closer （　a　） at the idea of the self as a person inside us, cracks start to
(ア)emerge.

I have studied social psychology for the past twenty-five years, and I can
tell you that our felt experience of the world doesn't always align with what the
research shows us.　Imagine you won the lottery and all your financial
problems (イ)vanished.　You can suddenly pay for everything you need and buy
just about anything you want.　Wouldn't that （　b　） fantastic?!　Research
suggests it probably wouldn't be as good as you imagine.　We're actually not
very （　c　） at predicting the way we will feel in new situations.　We tend to
overestimate in both directions: we think terrible things will feel worse than
they turn out to and expect good things to feel better than (ウ)they do.　We have
theories, ideas about ourselves in the world—some (エ)accurate, others less so.
What we don't have is *direct* access to the way we actually work.

Think of it this way: when we (オ)engage with the world, we do so in a way
that makes sense to us without needing to understand the incredibly complex
processes taking place inside us or (カ)the equally complex interactions between
us and the external world.

So, when you think, "I love my partner," it's an interpretation of
feelings—physical signals from complex biological processes—based on the way
relationships work in your culture and your personal history.　You've learned
what love means and looks （　d　） in your culture.　Your personal experiences
have taught you, among other things, to be guarded or free with your emotions,

which affects your willingness to label an experience of someone (e) love. You can name some of these cultural and personal influences, but others you don't understand or even have access to. Who is to say what past experiences, large or small, were necessary to love our partners? Who knows if in another time or place we would have loved the same person? None of this makes the love we feel right now less real or important; it simply highlights how deeply enmeshed* we are in our social world, and how much it affects who we are.

It's obviously not just who we love. What we think of as right or wrong, for example, is also deeply affected by the social world we inhabit. Should children be allowed to play away from their home without supervision? At what age is marriage appropriate? Under what circumstances, if any, is it okay to kill another human being? (い) and continue to differ across cultures and communities.

(出典：*Selfless*, by Brian Lowery. 一部変更)

（注） enmesh: 巻き込む

（1）下線部**(A)**〜**(D)**と第一アクセントの母音が同じであるものを，それぞれ次の①〜⑧から一つ選び，マークカードの解答欄 **11** 〜 **14** にマークしなさい。

① avoid ② compete ③ competition ④ complain
⑤ complicate ⑥ family ⑦ familiar ⑧ instead

(A) express → マークカードの解答欄 **11**
(B) frustration → マークカードの解答欄 **12**
(C) completely → マークカードの解答欄 **13**
(D) interact → マークカードの解答欄 **14**

（2）空所(a)〜(e)に入れるのに最も適切なものを，それぞれ次の①〜④から一つ選び，マークカードの解答欄 **15** 〜 **19** にマークしなさい。

(a) **15** ① discover ② look ③ see ④ study
(b) **16** ① be ② have ③ not ④ so
(c) **17** ① good ② keen ③ trying ④ willing

(d)	**18**	① happy		② like		③ up		④ with
(e)	**19**	① as		② in		③ on		④ to

（3）下線部**(ア)**～**(エ)**の意味に最も近いものを，それぞれ次の①～④から一つ選び，マークカードの解答欄 **20** ～ **23** にマークしなさい。

(ア) emerge **20**

① appear ② shake ③ sound ④ trouble

(イ) vanished **21**

① broke out ② changed ③ doubled ④ went away

(ウ) accurate **22**

① abundant ② difficult ③ precise ④ polite

(エ) engage **23**

① attack ② interact ③ promise ④ provide

（4）下線部**(オ)**の内容を最もよく表しているものを，次の①～④から一つ選び，マークカードの解答欄 **24** にマークしなさい。

① 私たちと外界の間の同じくらい複雑な相互作用

② 私たちの世界と別の世界に等しく存在する複雑性

③ 私たちと外界をつなぐ上で誰にとっても平等な関係

④ 私たちにとっても別の世界においても同じように複雑な作用

（5）下線部**(あ)**が指すものを，本文の表現を用いて英語2語で答えなさい。

（6）空所(　　い　　)に入る英語を，次の日本文と同じ意味になるように，必要があれば本文の表現を参考にして解答用紙に書きなさい。

「これらの質問に対する答えは時代によって異なっている」

III 次の英文を読み，空所(1)〜(6)に入れるのに最も適切な語を下の
{　　　　　}内から選び，必要があれば語形を変えて解答用紙に書きなさ
い。なお，一つの語を複数回使ってはいけません。

　　Our evolutionary story is still incomplete and what evidence exists is
fragmented and difficult to read.　New discoveries (1) our understanding,
but a single find can also raise new questions.　When the partial skeleton of a
small female *Australopithecus afarensis* was (2) in Ethiopia in 1974, it
captured the world's attention.　Named after a Beatles song, Lucy (3) about
3.2 million years old, had a small brain, long arms and short legs, and the
structure of her knee and hip showed that she had routinely walked upright on
two (4).

　　From these first steps, the ancestors of modern humans evolved, as makers
of tools, fire and cultures.　It was not a simple, orderly progression—at times,
several different species of early human relatives co-existed with our ancestors,
only to die out.　We use the (5) human to describe all members of the genus
Homo, from the early small-brained forms and presumed tool-makers, such as
Homo rudolfensis and *Homo habilis*, to our own species *Homo sapiens*, usually
(6) to as modern humans.

(出典 : Souvenir Guide, Natural History Museum, London, 一部変更)

{　be　　deepen　　find　　leg　　refer　　term　}

数　学

（70分）

I. 次の　　　　にあてはまる答を解答欄に記入しなさい。

(1) A さんと B さんが試合をする。各試合で A さんの勝つ確率は $\frac{2}{3}$，B さんの勝つ確率は $\frac{1}{3}$ であるとし，先に 2 勝した方を優勝とする。2 試合目で A さんが優勝する確率は (a) で，A さんが優勝する確率は (b) である。また，1 試合目に A さんが勝ったとき，A さんが優勝する条件付き確率は (c) である。

(2) 一般項が $a_n = n^2 + 2n$ で表される数列 $\{a_n\}$ を初項から順に第 4 項まで求めると (d) である。$\{a_n\}$ の階差数列を初項から順に第 3 項まで求めると (e) であり，$\{a_n\}$ の階差数列の初項から第 n 項までの和は (f) である。

(3) 原点を O とする座標空間内に 3 点 A(2, −1, −2), B(3, 1, 0), C(x, 4, 6) をとる。このとき，$|\overrightarrow{AB}| =$ (g) である。また，$\overrightarrow{OA} \perp \overrightarrow{OC}$ となるように x の値を定めると (h) で，4 点 O, A, B, C が同一平面上にあるように x の値を定めると (i) である。

II. 次の 　　　　　 にあてはまる答を解答欄に記入しなさい。

k を実数とする。xy 平面上に 3 直線

$$l : x - 2y + 6 = 0$$
$$m : 2x - y - 3 = 0$$
$$n : 2x + ky + 3k + 4 = 0$$

がある。

直線 l と m の交点を A とすると，A の座標は 　(a)　 である。また，直線 n は k の値にかかわらず定点 P を通る。P の座標は 　(b)　 である。

(1) $k =$ 　(c)　 のとき直線 n は点 A を通り，3 直線 l, m, n は三角形を作らない。また，$k =$ 　(d)　 のときは l と n は平行，$k =$ 　(e)　 のときは m と n は平行であり，これらの場合も 3 直線 l, m, n は三角形を作らない。

(2) $k =$ 　(f)　 のとき直線 l と n は垂直に交わる。このとき l と n の交点を B とすると，B の座標は 　(g)　 であり，直線 n と m の交点を C とすると，BP : PC = 　(h)　 である。また，P を通り三角形 ABC の面積を二等分する直線の方程式は $y =$ 　(i)　 である。

III.   次の □□□□□ にあてはまる答を解答欄に記入しなさい。

x の関数 $f(x) = -2x^3 + 3x^2 + 2$ を考える。

$f(x)$ は $x = \boxed{(a)}$ で極大値 $\boxed{(b)}$ をとる。

xy 平面上のグラフ $C : y = f(x)$ と直線 $y = \boxed{(b)}$ の共有点で, $f(x)$ の極大値をとる点でないものを P とする。P の x 座標は $\boxed{(c)}$ であり, C と直線 $y = \boxed{(b)}$ で囲まれる部分の面積は $\boxed{(d)}$ である。

P を通り傾きが m の直線を ℓ とすると, ℓ の方程式は $y = \boxed{(e)}$ であり, ℓ が P において C に接するのは $m = \boxed{(f)}$ のときである。

$\boxed{(f)} < m < 0$ のとき, C と ℓ は異なる 3 点で交わる。これらの交点で, P でないものを x 座標が小さい順に Q, R とする。このとき, Q の x 座標は $\boxed{(g)}$, R の x 座標は $\boxed{(h)}$ であり, $\boxed{(g)} - \boxed{(c)} = \boxed{(h)} - \boxed{(g)}$ となる m の値は $m = \boxed{(i)}$ である。

IV. 次の $\boxed{}$ にあてはまる答を解答欄に記入しなさい。

$(x,y) \neq (0,0)$ をみたす実数 x, y に対して $\dfrac{2\sqrt{3}xy - 2y^2}{x^2 + y^2} = k$ とする。分母を払って x について整理すると，x についての方程式

$$kx^2 - \boxed{\text{(a)}}\, x + \boxed{\text{(b)}} = 0 \cdots (*)$$

を得る。

方程式 $(*)$ が実数解をもつような k の値の範囲は $\boxed{\text{(c)}} \leqq k \leqq \boxed{\text{(d)}}$ である。

(1) $k = \boxed{\text{(c)}}$ のとき，方程式 $(*)$ は

$$-\left(\boxed{\text{(e)}}\, x + y\right)^2 = 0$$

と変形できる。このとき，$(*)$ と $x^2 + y^2 = 1$ をみたす x, y をすべて求めると $(x,y) = \boxed{\text{(f)}}$ となる。

(2) $k = \boxed{\text{(d)}}$ のとき，方程式 $(*)$ は $\left(x - \boxed{\text{(e)}}\, y\right)^2 = 0$ と変形できる。このとき，$(*)$ と $x^2 + y^2 = 1$ をみたす x, y をすべて求めると $(x,y) = \boxed{\text{(g)}}$ となる。

(3) $0 \leqq \theta < 2\pi$ とする。原点を O とする座標平面上に 2 点 $A(\sqrt{3}\cos\theta, \sin\theta)$，$B(\sin\theta, \sin\theta)$ をとる。$\theta = \boxed{\text{(h)}}$ のとき点 A と点 B は一致する。$\theta \neq \boxed{\text{(h)}}$ のとき，三角形 OAB の面積を S とすると $S = \boxed{\text{(i)}}$ である。このとき，S は $\theta = \boxed{\text{(j)}}$ で最大値 $\boxed{\text{(k)}}$ をとる。

化　学

(70分)

I　次の記述を読み，下記の問いに答えよ。

　種々の原子の質量は「質量数 12 の炭素原子 $^{12}_{6}C$ 1 個の質量を端数なしの 12」と定め，それを基準にした相対的な値（相対質量）で表される。

　地球上の炭素原子は主に $^{12}_{6}C$ と $^{13}_{6}C$ の 2 種類の 　ア　 から構成されている。$^{13}_{6}C$ は原子核に 7 個の 　イ　 をもち，その相対質量は 13.003 である。$^{12}_{6}C$ と $^{13}_{6}C$ 以外にも，成層圏では宇宙線によってほぼ一定の割合で放射性 　ア　 である $^{14}_{6}C$ が極めて微量生じている。①この $^{14}_{6}C$ は原子核が不安定なため，放射線を放出しながら一定の割合で別の原子に変わる。そのため，大気中に存在する②$^{14}_{6}C$ の割合は年代によらずほぼ一定であり，生命活動により動植物に取り込まれた $^{14}_{6}C$ も大気中と同じ存在比を保っている。しかし，生命活動が停止した動植物中の $^{14}_{6}C$ は一定の割合で減少していく。これを利用して，遺跡や化石中の $^{14}_{6}C$ の存在比から，その生物が生きていた年代を推定することができる。

問 1　文章中の空欄 　ア　，　イ　 に入る適当な語句を記せ。

問 2　自然界に存在する炭素のうち $^{12}_{6}C$ の存在比は **98.93%**，$^{13}_{6}C$ の存在比は **1.07%** である。炭素の原子量を小数点以下第 2 位まで求めよ。

問 3　下線部①について，$^{14}_{6}C$ は 1 個の 　イ　 が陽子に変化し，同時に

電子を放出する β 崩壊によって異なる原子に変化する。この異なる原子とは何か，例にならって記せ。

　　例　　$^{1}_{1}\text{H}$

問4　下線部②について，$^{14}_{6}\text{C}$ の半減期は 5730 年とされる。ある遺跡から出土した木片に含まれる $^{14}_{6}\text{C}$ の割合が大気中の割合の 6.25% であった。この遺跡はおよそ何年前のものと推定されるか。有効数字3桁で記せ。

II　次の記述を読み，下記の問いに答えよ。ただし，いずれの気体も理想気体として取り扱うものとし，気体定数 $R = 8.3 \times 10^3$ Pa・L / (K・mol) とする。

気体 **A** と気体 **B** の物質量比が 2：1 の混合気体を容積 V 〔L〕の密閉容器に入れると全圧は 6.0×10^4 Pa であった。容器内部の温度を T 〔K〕に保つと式(1)のように気体 **A** と気体 **B** が反応して気体 **C** が生成し，反応開始後 100 分で平衡状態になった。平衡時の気体 **C** の分圧は 3.0×10^4 Pa であった。ただし，密閉容器の容積は一定とする。

$$\text{A} + \text{B} \rightleftharpoons 2\text{C} \qquad \text{式(1)}$$

問1　反応開始時の気体 **B** の分圧を，有効数字2桁で求めよ。

問2　濃度平衡定数 K_c を有効数字2桁で求めよ。

問3　気体 **B** の分圧の変化を解答欄のグラフに実線で示せ。

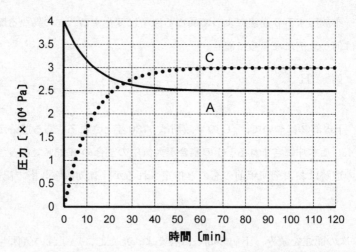

〔解答欄〕上のグラフに同じ。

Ⅲ　次の記述を読み，下記の問いに答えよ。

　自然界においてリンは単体として存在せず，リン酸カルシウムなどリン酸塩の形で地殻中に存在し，リン鉱石などの鉱物として産出される。

　リン酸カルシウム（化学式： ア ）を主成分とするリン鉱石に，ケイ砂（主成分 SiO_2）とコークス（主成分 C）を加えて混合し，電気炉中で強熱すると，リンは単体の気体となって分離される。

$$2 \boxed{ ア } + 6\,SiO_2 + 10\,C \rightarrow 4\,P + 6\,CaSiO_3 + 10\,CO$$

　この気体を適切な方法で冷却し凝縮させると イ が得られる。 イ を，空気を断ち窒素中で約 250℃ で 20〜30 時間熱すると，徐々に イ の ウ 体である赤リンに変化する。

　単体のリンを過剰の酸素中で燃焼させると，白煙を上げて激しく反応し十酸化四リンが生成する。十酸化四リンに水を加えて加熱するとリン酸が得られる。リン酸の塩は食品の pH 調整剤や肥料として用いられる。

リンは肥料の三要素の一つであり，植物はリンを水とともにリン酸イオンの形で吸収する。このため，天然に産するリン鉱石はそのままでは肥料として使うことができず，適量の硫酸と反応させて生成する過リン酸石灰（硫酸カルシウムとリン酸二水素カルシウムの混合物）を主に肥料として用いている。

問 1 　空欄 　ア 　に適切な化学式， 　イ 　， 　ウ 　に適切な語句を記せ。

問 2 　 イ 　はどのような条件で保存すべきか，理由とともに記せ。

問 3 　下線部の反応を化学反応式で記せ。

問 4 　リン鉱石は肥料として利用できず，過リン酸石灰として用いるのはなぜか，理由を簡潔に説明せよ。

IV　次の実験に関する記述を読み，下記の問いに答えよ。

操作1：FeCl₃ の水溶液を A-1，A-2 の 2 本の試験管に分けた。

操作2：FeSO₄ に (ア) 一度煮沸してから冷却した蒸留水を加えて溶かし，
　　　その水溶液を B-1〜B-4 の 4 本の試験管に分け，操作3〜5を (イ) ただ
　　　ちに行った。

操作3：A-1 と B-1 の試験管に K₄[Fe(CN)ₙ]水溶液（n は整数）を加える
　　　と，一方の試験管に濃青色沈殿が生成した。

操作4：A-2 と B-2 の試験管に K₃[Fe(CN)ₙ]水溶液（n は整数）を加える
　　　と，一方の試験管に濃青色沈殿が生成した。

操作5：試験管 B-3 の水溶液に硫化水素を通じると黒色の沈殿が生じた。
　　　また，B-4 の試験管に塩酸を加えて酸性にしてから，硫化水素を通じ
　　　たが黒色沈殿は生じなかった。

問1　操作2は下線部（**ア**）と（**イ**）の両方に注意して行う必要がある。
　その理由を簡潔に説明せよ。

問2　操作3，4に関する以下の記述①〜⑤のうち，正しいものはどれか。
　すべて選び，番号で答えよ。

①　濃青色沈殿が生成した試験管は A-1 と B-2 である。

②　K₄[Fe(CN)ₙ]で鉄に結合している CN の数は 4 個である。

③　K₄[Fe(CN)ₙ]の Fe と CN の結合は，Fe イオンと CN⁻が不対電子を
　　出し合って結合している。

④　K₄[Fe(CN)ₙ]の Fe と CN の結合は，CN⁻の非共有電子対を Fe イオ
　　ンが共有して結合している。

⑤　K₄[Fe(CN)ₙ]は電離して Fe を含む正八面体型の陰イオンを生成する。

問3　操作5で生じた黒色沈殿はなにか。化学式で記せ。また，B-4 で沈殿が生じなかった理由を，「溶解度積」の語句を必ず使って説明せよ。

V　分子式が $C_{16}H_{16}O_2$ で表される芳香族化合物 **A** はエステル結合を1つ有する。次の記述**ア〜オ**を読み，下記の問いに答えよ。なお，構造式は例にならって記せ。

例：

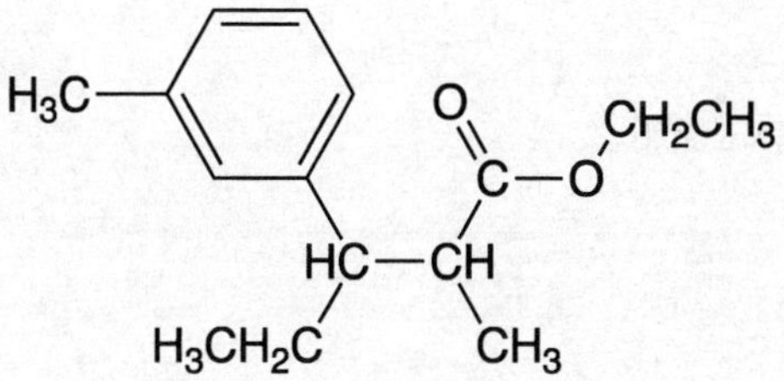

ア　**A** に水酸化ナトリウム水溶液を十分量加え，**A** が消失するまで温めた。その反応液に pH が1になるまで塩酸を加えたところ，芳香族カルボン酸 **B** と分子式が $C_9H_{12}O$ で表され，不斉炭素原子を有する中性化合物 **C** が得られた。

イ　**C** を硫酸酸性の二クロム酸カリウム水溶液で酸化したところ，中性化合物 **D** が生じた。

ウ　**D** を水酸化ナトリウム水溶液中でヨウ素と反応させたところ，特異臭をもつ黄色沈殿が生じた。

エ　**ウ**の溶液に pH が1になるまで塩酸を加えたところ，芳香族カルボン酸 **E** が得られた。

オ **E** を過マンガン酸カリウムで酸化したところ，フタル酸が生じた。

問1 **B** の化合物名を記せ。

問2 **C** の構造式を記し，不斉炭素原子を丸で囲め。

問3 下線部の黄色沈殿の名称を記せ。

問4 **D** および **E** の構造式を記せ。

問5 **A** の構造式を記せ。

解 答 編

英 語

Ⅰ **解答** (1)驚異的な収益率を達成すること（10 〜 15 字）
(2)(i)起きた事例を見るだけでは (ii)起きるのかは理解
(3) 2 番目：② 4 番目：③ **(4)**—③ **(5)**—③ **(6)** 2 番目：④ 4 番目：⑤
(7)—③ **(8)**—③ **(9)**—② **(10)**—①

・・・・・・・・・・・・・・・・・・・・・・・・・・・・・・・・・・・・・・・ 全訳 ・・・・・・・・・・・・・・・・・・・・・・・・・・・・・・・・・・・・・・・

《因果の読み解き》

① アメリカの数学者ジョーダン=エレンバーグは，「ボルチモアの株式仲買
人のたとえ」を紹介している。ある朝，投資ファンドから手紙が届く。そ
こには「私たちは常によい銘柄を選んでいますから，私たちに投資してく
ださい。しかし，あなたは私たちのことを信じないでしょうから，ここに
無料の投資のヒントがあります。Whoever Incorporated 株を買いなさ
い」と書いてある。翌日，Whoever Incorporated の株価が上がる。

② 翌日，彼らはまた手紙を送ってくる。「今日は Thingummyjig Holdings
株を売るべき」だと。翌日，Thingummyjig Holdings の株価が下がる。

③ 彼らは 10 日間毎日これを行い，毎回正しい結果を出す。そして 11 日目
にこう言うのだ。「私たちを信じますか？ 投資しますか？」 彼らは 10
日間連続で的中させている，だから投資しよう！ 負けるはずがない！
と考える。そして，あなたは子供の大学資金を投資する。

④ しかし，彼らがしたことは，10,000 通手紙を出すことで，そのうち 5,000
通には「Whoever Incorporated 株を買え」，もう 5,000 通には「売れ」と
書いてある。Whoever 株が上がったら，翌日，買えと言われた人たちに
手紙を送り，そのうちの 2,500 通には「Thingummyjig 株を買え」と言い，
2,500 通には「売れ」と言う。

⑤　そして Thingummyjig 株が下がると，2,500 人に手紙を送る。それを繰り返す。これを 10 回繰り返すと，10 回連続でアドバイスがうまく行った人が 10 人ほど出てくる。そして，彼らは全財産をこの奇跡的な投資家に投資し，もちろん彼らは現金を持ち逃げする。

⑥　このような詐欺は，おそらく起きない。ジョーダン=エレンバーグは，ツイッターで，実際に起こったボルチモアの株式仲買人のたとえ話は知らないと語った。しかし，それらは偶然には起こりうる。投資ファンドは何千とある。そのうちのいくつかはしばらくの間驚異的な収益率を達成し，そして注目され多くの投資が行われる。しかし，それは純粋に市場を出し抜いているからなのか，それとも運がよくて，ひっそりと破綻した他の投資信託会社にあなたが気づいていないからなのだろうか？

⑦　以下のように想像してみよう。全員が色の違う帽子をかぶった 1,296 人にサイコロを振ってもらうと，そのうち約 216 人が 6 の目を出す。その 216 人にもう一度サイコロを振ってもらうと，さらに約 36 人が 6 の目を出す。その 36 人にもう一度振ってもらうと，6 の目が 6 回出る。もう一度やれば，おそらく 1 回出る。そして，6 の目を 4 回連続で出した人の帽子の色を見て，「6 の目を 4 回連続で出す秘訣は，オレンジと黒の縞模様の帽子をかぶることだ」と言う。しかし，何が過去にたまたま成功と相関関係があったかを振り返るのは簡単だ。オレンジと黒の縞模様の帽子をかぶっている人が，次の試行で 6 の目を出すと考える理由はない。

⑧　生存バイアスは，従属変数による選択と呼ばれるより広範な問題の一例である。複雑そうに聞こえるが，これは単純な考えである。Ｘが「起こった」例だけを見ていては，なぜＸが起こるのかを解明することはできないということだ。科学の実験では，「独立変数」は変化させるものである。「従属変数」とは，それが変化するかどうかを測定するものである。

⑨　水を飲むと関節炎になるかどうかを知りたいとする（「関節炎になる」が従属変数だ）。もしあなたが関節炎を発症したすべての人々を見れば，彼らがすべて水を飲んでいたことがすぐにわかるだろう。しかし，あなたは関節炎を発症しなかった人たち全員を見ていないので，関節炎患者が他の人たちよりも水を飲む傾向があるかどうかはわからない。

⑩　あまりに明白なことで言う必要がないと思われるかもしれないが，これは常に起こっていることだ。銃乱射事件が起こるたびに，メディアは犯人

を調べ，暴力的なテレビゲームをしていたことを発見する。これは，水と
関節炎の件と同様に，従属変数によって選択したわかりやすい例である。
問題は，「銃乱射事件の犯人は暴力的なビデオゲームをするのか」ではな
く，「銃乱射事件の犯人は『他の誰よりも』暴力的なビデオゲームをする
のか」である。そして，次に因果の方向性について尋ねなければならない。
ゲームをするから暴力的になるのか，暴力が好きだからそんなゲームをす
るのか。

=========================== 解　説 ===========================

(1)　下線部の they は，第 6 段第 1 文（These sorts of …）の These sorts
of frauds「そういった詐欺」を指す。しかし，問題文の指定「株式の売買
が～」に合わせるために，下線部以下にある実際に起こった「投資ファン
ドは何千とある。そのうちのいくつかはしばらくの間驚異的な収益率を達
成し」という具体例を利用するとよい。

(2)　問題文の指定に合わせると，(i)には if you only look at examples
where X *did* happen の 部 分 が 該 当 し，where 以 下 は 関 係 副 詞 で
examples を修飾している。*did* happen は happened の強調形である。ま
とめて「起きた事例を見るだけでは」とすればよい。(ii)には you can't
work out why X happens の部分が該当し，why 以下は名詞節で「なぜ
X が起こるのか」と work out「理解する」をまとめて解答とすればよい。

(3)　まず，下線部冒頭の They do の目的語は，和訳を参考に this とわか
る。次に，every day と ten (days) がつながるであろう。期間を表す for
を ten (days) につければ，和訳に合う。正しい語順は this every day for
ten となり，2 番目は② every，4 番目は③ for である。

(4)　空所前の部分「彼らは 10 日間連続で的中させている」が，空所後の
部分「投資しよう！　負けるはずがない！　と考える」の理由になってい
るので，接続詞の③ so「だから」を選ぶ。なお，② for は後に理由がくる
ので，文の関係が逆になってしまう。

(5)　下線部の They は，結果として投資をする主体であり，直前の ten
people who've had ten successful tips in a row「連続で 10 回うまく行っ
たアドバイスを得た 10 人」である。よって，③が正解となる。

(6)　まず，設問箇所後の本文 or because they've got lucky を参考に，
because they are (genuinely beating the market) とすれば or でつなが

る同列関係ができる。一文としてかなり長めの文であるが，文末を見れば，全体として疑問文である事がわかるので，残りを is that としてまとめれば，正しい語順は is that because they are（genuinely beating the market）「それは，彼らが本当に市場を出し抜いているからなのか」となり，文意にも合う。2番目は④ that，4番目は⑤ they である。

(7)　空所直後に to have correlated と不定詞が続くので，前置詞である① about はふさわしくない。②，④に関して，correlate to ～，lead to ～という表現はあるが，いずれの to も前置詞である。③を選ぶと happen(s) to *do*「たまたま～する」で「何が過去にたまたま成功と相関関係があったか」となり，文意にも合う。

(8)　本文で develop は病名である arthritis「関節炎」を目的語にとり，「（病気を）発症する，患う」という意味で使われている。よって，③「女性の患者が熱を伴わない空咳を患った」が正解となる。①「新製品が常に開発されている」　②「そのイルカはとても発達した顎を進化させた」　④「彼女は彼女のビジネスを全国チェーンに進展させた」

(9)　本文での that は finds の目的語となる名詞節を導く接続詞である。これと同じ用法の that を含む選択肢は②で，knew の目的語となる名詞節を導く接続詞である。なお，I guess は挿入部で，「彼は彼女が結婚していることを知っていたと私は思う」となる。各選択肢の意味と that の用法は以下のとおり。

①「あなたが参加できなくてとても残念でした」の that は感情の原因を表す副詞節を導いている。

③「ボールを見れば吠えるのが犬だ」の that は強調構文を構成している。

④「それは公的資金を必要とするほど大きなプロジェクトだ」の that は such の内容を説明する節を導いている。

(10)　結果である従属変数と，原因である独立変数に因果関係があるといえるのは，独立変数（暴力的なテレビゲームをするかしないか）の度合いによって従属変数（銃乱射事件を引き起こすこと）に影響がある場合で，影響があった場合にも，さらに因果の方向性（暴力的なゲームをするから暴力的になる）が問題となると最終段落は述べている。よって，②，③，④は該当するが，①は従属変数の事例の数を増やすことを述べており該当しない。

Ⅱ　**解答**　⑴(A)—⑧　(B)—④　(C)—②　(D)—⑥
⑵(a)—②　(b)—①　(c)—①　(d)—②　(e)—①
⑶(ア)—①　(イ)—④　(ウ)—③　(エ)—②　⑷—①
⑸good things　⑹Answers to these questions have differed〔differ〕across
time(s)

·· 全 訳 ··

《自己と外的世界》

① 　今，あなたに私の思いを伝える言葉を探しているとき，私は苛立ちと安らぎを交互に感じている。あなたでも他の誰でもなく私には，私がこの体験をしていることがはっきりとわかる。そして，あなたはこの言葉を読んでいる際に，あなた自身の体験をしている。私は十全で，自分の思うままに世界を動き回り，他者と交流することも，しないこともできると感じている。私は，あなたも同じように感じていると思う。つまり，あなたは自分が自分，つまり経験や望みや欲求の塊であり，行動が選択され，あるいは避けられ，それらが単一の源，つまり「あなた」から発せられていると心得ているので，すべてが首尾一貫しているのだ。

② 　私たちが日々を過ごす中で，自分自身ほど身近で，完全に自分自身であると感じるものはほとんどない。あなたはいつもそのどこかにいて，考え，感じ，行動を指示していて，小さな「あなた」が操縦かんを握っているようなものだ。しかし，私たちの中にいる人間として自己を捉えることをよく考えてみると，亀裂が生じ始める。

③ 　私は過去25年間，社会心理学を研究してきたが，私たちの世界に対する感覚体験は，必ずしも研究結果が示しているものとは一致しないといえる。宝くじが当たって，経済的な問題がすべてなくなったとしよう。突然，必要なものはすべて手に入り，欲しいものはほとんど何でも買える。それは素晴らしいことではないのだろうか。調査によると，それはおそらくあなたが想像しているほどよいことではないだろう。実は私たちは，新しい状況で自分がどう感じるかを予測するのがあまり得意ではない。私たちは両方向に過大評価する傾向がある。つまり，ひどいことは実際よりも悪く感じると考え，よいことは実際よりもよく感じると期待する。私たちには理論，つまり世界における自分自身についての考え方があり，正確なものもあれば，そうでないものもある。私たちがもち合わせていないのは，私

たちが実際にどのように機能しているのかを直接知ることなのだ。

④　このように考えてみよう。私たちが世界と関わるとき，私たちの内部で起こっている信じられないほど複雑なプロセスや，私たちと外界との間で起こっている同じく複雑な相互作用を理解する必要はなく，自分にとって理にかなった方法で関わっている。

⑤　だから，あなたが「私は私のパートナーを愛している」と考えるとき，それは感情，つまり，あなたの文化や個人的な来歴における人間関係のあり方に基づいた複雑な生物学的プロセスからもたらされる身体的信号の解釈なのだ。あなたは自分の文化の中で，愛が何を意味し，どのようなものかを学んできた。あなたの個人的な経験は，とりわけ，あなたの感情に対して警戒心をもつのか自由であるのかということを教え，それは誰かとの経験を愛だと認識するあなたの意欲に影響を与える。このような文化的，個人的な影響のいくつかを挙げることはできるが，理解できない，あるいは経験することさえできないものもある。大なり小なり，どんな過去の経験がパートナーを愛するために必要だったのか誰が言えるだろうか？　別の時代や場所でも，私たちが同じ人を愛していたかどうかは誰にもわからない。このことによって，私たちが今感じている愛が現実的でなくなったり，重要でなくなったりすることはない。つまり，単に私たちが社会的世界にどれだけ深く取り込まれているか，そしてそれが私たち自身にどれだけ影響を与えているかを浮き彫りにするだけなのである。

⑥　それは明らかに誰を愛するかだけではない。例えば，私たちが何を正しいと考えるか，あるいは間違っていると考えるかも，私たちが住む社会的世界に深く影響されている。子供は監視なしに家の外で遊ぶことを許されるべきなのか？　結婚は何歳からが適切なのか？　あるとすれば，どのような状況であれば，他人を殺してもいいのか？　このような問いに対する答えは，時代によって異なり，文化やコミュニティによって今も変わり続けている。

=======　解　説　=======

(2)(a)　まず，空所の前に冠詞 a があるので名詞を選ぶ必要がある。よって，③は不適である。空所直後の at を参考に，take a close look at 〜「〜を詳細に見る」となる②を正解とする。

(b)　否定疑問文になっているが，助動詞を用いた文であるので，動詞の原

型である①が正解となる。

⒞　be good at ～「～が得意である」となる①を選ぶ。他の選択肢は，be keen on ～「～に熱心である」，try「～を試す」，be willing to *do*「喜んで～する」という形で用い，どれも不適。

⒟　means と looks が並列関係になっており，② like を選んで，what love means and looks like「愛が何を意味し，どのようなものであるか」とすると文意が通る。

⒠　空所の前の動詞 label が参考になる。label *A* as *B*「*A* を *B* と分類する〔呼ぶ〕」となる①を選ぶと，「誰かとの経験を愛だと認識（分類）する」となり文意にも沿う。

⑶㋐　emerge「出現する」　①「現れる」が最も意味が近い。

㋑　vanished「消滅した」　④「消え失せた」が最も意味が近い。break out「勃発する」

㋒　accurate「正確な」　③「正確な」が最も意味が近い。abundant「豊富な」

㋓　下線部直後の with と共に用いて engage with ～「～に携わる」となる。②を選ぶと interact with ～「～と関わる」となり，最も意味が近い。

⑷　下線部は interactions「相互作用」が中心になっており，equally complex「等しく複雑な」と between us and the external world「我々と外的世界との間の」が修飾している。よって，①が正解となる。

⑸　私たちが，新しい状況を両方向（よくも悪くも）に過大評価する傾向があることを具体的に説明する部分で，下線部の they は直前の複数名詞 good things を指している。また，直後の do は turn out to を指しており，「よいことは実際に判明するよりもよく感じると期待する」となり文意にも沿う。

⑹　空所後の表現 differ across が参考になる。Answers to these questions「これらの質問に対する答え」　time(s)「時代」　時制は，現在形でも差し支えはないが，空所直後に continue to とあり，これから先の記述がなされているので，本問は現在までの記述であると捉えて現在完了形にするとよい。

Ⅲ　解答　(1) deepen　(2) found　(3) was　(4) legs　(5) term　(6) referred

──────────── 全訳 ────────────

《ヒトの歴史》

　私たちの進化の物語はまだ完成しておらず，少ないながら存在する証拠も断片的で解読しにくい。新たな発見は私たちの理解を深めるが，ひとつの発見が新たな疑問を投げかけることもある。1974年にエチオピアで小型の女性のアウストラロピテクス・アファレンシスの部分骨格が発見された際，それは世界中の注目を集めた。ビートルズの曲にちなんで名づけられたルーシーは，約320万歳で，小さな脳，長い腕と短い脚をもち，彼女の膝と股関節の構造から，日常的に2本足で直立歩行をしていたことがわかった。

　こうした最初の段階から，現代人の祖先は道具を作り，火を使い，文化の担い手として発達してきた。それは単純で整然とした進歩ではなかった。時には，いくつかの異なる種の初期人類が私たちの祖先と共存し，やがて絶滅した。私たちは，ホモ・ルドルフェンシスやホモ・ハビリスのような初期の脳が小さく道具を作ったと推定される種から，通常現代人と呼ばれる私たちの種であるホモ・サピエンスまで，ホモ属のすべてを表すためにヒトという言葉を使用している。

────────── 解説 ──────────

(1)　主語である New discoveries に続く動詞を選ぶことになるが，選択肢から deepen を選んで「新たな発見は私たちの理解を深める」とすれば，以降の「ひとつの発見が新たな疑問を投げかけることもある」と逆接関係となり文意にも沿う。

(2)　主語の「アウストラロピテクス・アファレンシスの部分骨格」は化石である。選択肢から find を選んで found とし，「発見された」と受動態にすれば文意が通る。

(3)　発見された人類の化石 Lucy が主語であり，直後に年齢がきているので，be を選択する。当時の年齢が320万歳であるので，時制は過去形がふさわしい。よって，was となる。

(4)　空所直前に「直立歩行した」とあるので，leg を選んで on two legs「二本足で」とすると文意も通る。

---

(5)　term「用語，ことば」が正解で，直後の human と同格関係になっている。

(6)　空所前の *Homo sapiens* の追加の説明部分となるので，refer を選んでイディオム refer to *A* as *B*「*A* を *B* と呼ぶ」を受動の形にして，*A*, referred to as *B*「*A*，それは *B* と呼ばれる」とする。本文では，「通常現代人と呼ばれるホモ・サピエンス」となる。

数　学

Ⅰ 　解　答　　(1)(a) $\dfrac{4}{9}$　(b) $\dfrac{20}{27}$　(c) $\dfrac{8}{9}$

(2)(d) 3, 8, 15, 24　(e) 5, 7, 9　(f) $n(n+4)$

(3)(g) 3　(h) 8　(i) -3

━━━━━━━━━ 解 説 ━━━━━━━━━

《小問3問》

(1)　2試合目でAさんが優勝するのは，Aさんが2連勝する場合であるから，その確率は

$$\left(\frac{2}{3}\right)^2 = \frac{4}{9}　\rightarrow\text{(a)}$$

　3試合目でAさんが優勝するのは，2試合目までに1回負けている場合であるから，その確率は

$$_2\mathrm{C}_1\left(\frac{2}{3}\right)^2\frac{1}{3} = \frac{8}{27}$$

よって，Aさんが優勝する確率は

$$\frac{4}{9} + \frac{8}{27} = \frac{20}{27}　\rightarrow\text{(b)}$$

　また，1試合目にAさんが勝ったとき，Aさんが優勝するのは

(i) 2試合目もAさんが勝つ

(ii) 2試合目はBさんが勝って，3試合目にAさんが勝つ

のいずれかの場合であるから，求める確率は

$$\frac{2}{3} + \frac{1}{3}\times\frac{2}{3} = \frac{8}{9}　\rightarrow\text{(c)}$$

(2)　$a_n = n^2 + 2n$ より

$$a_1 = 1^2 + 2\times1 = 3$$
$$a_2 = 2^2 + 2\times2 = 8$$
$$a_3 = 3^2 + 2\times3 = 15$$
$$a_4 = 4^2 + 2\times4 = 24$$

であるから，数列 $\{a_n\}$ の初項から第4項までは

3，8，15，24 →(d)

数列 $\{a_n\}$ の階差数列 $\{b_n\}$ は

$$b_n = a_{n+1} - a_n$$
$$= (n+1)^2 + 2(n+1) - (n^2 + 2n)$$
$$= 2n + 3$$

よって，$\{b_n\}$ の初項から第3項までは

5，7，9 →(e)

これは，初項が5，公差が2の等差数列であるから，初項から第 n 項までの和は

$$\frac{n}{2}\{2 \cdot 5 + (n-1) \cdot 2\} = n(n+4) \quad \rightarrow(f)$$

(3) $\overrightarrow{AB} = (1, 2, 2)$ であるから

$$|\overrightarrow{AB}| = \sqrt{1^2 + 2^2 + 2^2} = \sqrt{9} = 3 \quad \rightarrow(g)$$

$\overrightarrow{OA} \perp \overrightarrow{OC}$ のとき

$$\overrightarrow{OA} \cdot \overrightarrow{OC} = 0$$

であるから

$$2x - 4 - 12 = 0 \quad \therefore \quad x = 8 \quad \rightarrow(h)$$

4点O，A，B，Cが同一平面上にあるための条件は

$$\overrightarrow{OC} = s\overrightarrow{OA} + t\overrightarrow{OB}$$

を満たす実数 s，t が存在することである。

このとき

$$(x, 4, 6) = s(2, -1, -2) + t(3, 1, 0)$$

であるから

$$x = 2s + 3t \quad \cdots\cdots①$$
$$4 = -s + t \quad \cdots\cdots②$$
$$6 = -2s \quad \cdots\cdots③$$

が成り立つ。

②と③より

$$s = -3, \quad t = 1$$

これを①に代入すると

$$x = 2 \cdot (-3) + 3 \cdot 1 = -3 \quad \rightarrow(i)$$

Ⅱ　**解答**　(a)$(4,\ 5)$　(b)$(-2,\ -3)$　(1)(c)$-\dfrac{3}{2}$　(d)-4　(e)-1

(2)(f)1　(g)$(-4,\ 1)$　(h)$2:1$　(i)$\dfrac{7}{4}x+\dfrac{1}{2}$

━━━━━━━━━ **解 説** ━━━━━━━━━

《３つの直線がつくる三角形》

$$l:x-2y+6=0 \quad\cdots\cdots①$$
$$m:2x-y-3=0 \quad\cdots\cdots②$$
$$n:2x+ky+3k+4=0 \quad\cdots\cdots③$$

とおく。

①−②×2 より

$$-3x+12=0 \quad\therefore\quad x=4$$

これを②に代入すると　　$y=5$

よって，直線 l と m の交点Aの座標は

$$(4,\ 5) \quad\rightarrow(a)$$

また，③より

$$2(x+2)+k(y+3)=0$$

よって，直線 n が k の値にかかわらず通る定点Pの座標は

$$(-2,\ -3) \quad\rightarrow(b)$$

(1)　直線 n が点A$(4,\ 5)$ を通るとき

$$8+5k+3k+4=0 \quad\therefore\quad k=-\dfrac{12}{8}=-\dfrac{3}{2} \quad\rightarrow(c)$$

直線 l と n が平行になるとき

$$2:k=1:(-2) \quad\therefore\quad k=-4 \quad\rightarrow(d)$$

直線 m と n が平行になるとき

$$2:k=2:(-1) \quad\therefore\quad k=-1 \quad\rightarrow(e)$$

(2)　直線 l と n が垂直になるとき

$$1\cdot2+(-2)\cdot k=0 \quad\therefore\quad k=1 \quad\rightarrow(f)$$

このとき

$$l:x-2y+6=0 \quad\cdots\cdots④ \quad \left(y=\dfrac{1}{2}x+3\right)$$
$$m:2x-y-3=0 \quad\cdots\cdots⑤ \quad (y=2x-3)$$
$$n:2x+y+7=0 \quad\cdots\cdots⑥ \quad (y=-2x-7)$$

直線 l と n の交点Bの座標は，④と⑥より

$(-4, 1)$ →(g)

また，直線 m と n の交点Cの座標は，⑤と⑥より

$(-1, -5)$

よって

$$BP=\sqrt{(-4+2)^2+(1+3)^2}=\sqrt{20}=2\sqrt{5}$$

$$PC=\sqrt{(-1+2)^2+(-5+3)^2}=\sqrt{5}$$

$\therefore$　$BP:PC=2\sqrt{5}:\sqrt{5}=2:1$　→(h)

これより，点Pを通り，三角形ABCの
面積を二等分する直線は，辺ABと交わ
り，その交点をQとするとき

$AQ:QB=1:3$

となることがわかる。

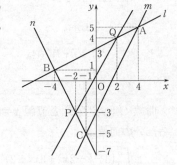

実際，このとき，面積について

$$\triangle QBP=\triangle ABC\times\frac{2}{3}\times\frac{3}{4}$$

$$=\triangle ABC\times\frac{1}{2}$$

が成り立つ。

そこで，線分ABを $1:3$ に内分する点Qの座標を求めると

$$\left(\frac{3\cdot4+1\cdot(-4)}{4}, \frac{3\cdot5+1\cdot1}{4}\right)=(2, 4)$$

であるから，求める直線，すなわち，直線PQの方程式は

$$y-4=\frac{4-(-3)}{2-(-2)}(x-2)　\therefore　y=\frac{7}{4}x+\frac{1}{2}$$　→(i)

Ⅲ　解答　**(a)** 1　**(b)** 3　**(c)** $-\dfrac{1}{2}$　**(d)** $\dfrac{27}{32}$　**(e)** $mx+\dfrac{1}{2}m+3$

(f) $-\dfrac{9}{2}$　**(g)** $1-\sqrt{-\dfrac{m}{2}}$　**(h)** $1+\sqrt{-\dfrac{m}{2}}$　**(i)** $-\dfrac{1}{2}$

━━━━━━━━━━━━━ 解　説 ━━━━━━━━━━━━━

《3次関数のグラフ，定積分と面積》

$f(x)=-2x^3+3x^2+2$ より

$$f'(x)=-6x^2+6x=-6x(x-1)$$

よって，増減表は右のようになり

$$x=1 \quad \to(a)$$

x	$\cdots$	0	$\cdots$	1	$\cdots$
$f'(x)$	$-$	0	$+$	0	$-$
$f(x)$	$\searrow$	2	$\nearrow$	3	$\searrow$

で極大値

$$f(1)=3 \quad \to(b)$$

をとる。

$f(x)=3$ とすると

$$-2x^3+3x^2+2=3 \qquad 2x^3-3x^2+1=0$$

$$(x-1)^2(2x+1)=0$$

$$\therefore \quad x=1 \text{（重解）}, \quad -\frac{1}{2}$$

よって，点Pの x 座標は

$$x=-\frac{1}{2} \quad \to(c)$$

曲線 $C：y=f(x)$ と直線 $y=3$ で囲まれ
る部分の面積は

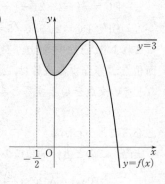

$$\int_{-\frac{1}{2}}^{1}\{3-(-2x^3+3x^2+2)\}dx=\int_{-\frac{1}{2}}^{1}(2x^3-3x^2+1)dx$$

$$=\left[\frac{1}{2}x^4-x^3+x\right]_{-\frac{1}{2}}^{1}$$

$$=\frac{1}{2}-\left\{\frac{1}{2}\left(-\frac{1}{2}\right)^4-\left(-\frac{1}{2}\right)^3-\frac{1}{2}\right\}$$

$$=\frac{1}{2}-\frac{1}{32}-\frac{1}{8}+\frac{1}{2}=\frac{16-1-4+16}{32}$$

$$=\frac{27}{32} \quad \to(d)$$

点P $\left(-\frac{1}{2}, 3\right)$ を通り，傾きが m の直線 l の方程式は

$$y-3=m\left(x+\frac{1}{2}\right) \qquad \therefore \quad y=mx+\frac{1}{2}m+3 \quad \to(e)$$

直線 l が点Pにおいて曲線 C と接するとき

$$m=f'\left(-\frac{1}{2}\right)$$

$$=-6\cdot\left(-\frac{1}{2}\right)^2+6\cdot\left(-\frac{1}{2}\right)=-\frac{9}{2} \quad \to(f)$$

$f(x)=mx+\dfrac{1}{2}m+3$ とすると

$$-2x^3+3x^2+2=mx+\dfrac{1}{2}m+3$$

$$2x^3-3x^2+mx+\dfrac{1}{2}m+1=0$$

$$(2x+1)\left(x^2-2x+\dfrac{1}{2}m+1\right)=0$$

$$\therefore \quad x=-\dfrac{1}{2},\ 1\pm\sqrt{-\dfrac{m}{2}}$$

したがって，点 Q の x 座標は

$$x=1-\sqrt{-\dfrac{m}{2}} \quad \to(\mathrm{g})$$

点 R の x 座標は

$$x=1+\sqrt{-\dfrac{m}{2}} \quad \to(\mathrm{h})$$

$$\left(1-\sqrt{-\dfrac{m}{2}}\right)-\left(-\dfrac{1}{2}\right)=\left(1+\sqrt{-\dfrac{m}{2}}\right)-\left(1-\sqrt{-\dfrac{m}{2}}\right)$$

$$\dfrac{3}{2}-\sqrt{-\dfrac{m}{2}}=2\sqrt{-\dfrac{m}{2}} \qquad \sqrt{-\dfrac{m}{2}}=\dfrac{1}{2}$$

$$-\dfrac{m}{2}=\dfrac{1}{4} \qquad \therefore \quad m=-\dfrac{1}{2} \quad \to(\mathrm{i})$$

Ⅳ **解答**　(a) $2\sqrt{3}\,y$　(b) $(k+2)y^2$　(c) -3　(d) 1

(1)(e) $\sqrt{3}$　(f) $\left(\dfrac{1}{2},\ -\dfrac{\sqrt{3}}{2}\right),\ \left(-\dfrac{1}{2},\ \dfrac{\sqrt{3}}{2}\right)$

(2)(g) $\left(\dfrac{\sqrt{3}}{2},\ \dfrac{1}{2}\right),\ \left(-\dfrac{\sqrt{3}}{2},\ -\dfrac{1}{2}\right)$

(3)(h) $\dfrac{\pi}{3},\ \dfrac{4\pi}{3}$　(i) $\dfrac{1}{4}\left|2\sin\left(2\theta+\dfrac{\pi}{6}\right)-1\right|$　(j) $\dfrac{2\pi}{3},\ \dfrac{5\pi}{3}$　(k) $\dfrac{3}{4}$

━━━━━━━━━━ 解　説 ━━━━━━━━━━

《2つの未知数を含む方程式の実数解，三角関数と図形》

$\dfrac{2\sqrt{3}\,xy-2y^2}{x^2+y^2}=k$ より

$$2\sqrt{3}\,xy-2y^2=k(x^2+y^2)$$

$\therefore\quad kx^2-2\sqrt{3}\,y\cdot x+(k+2)y^2=0\quad\cdots\cdots(*)\quad\to\text{(a), (b)}$

x についての方程式 $(*)$ が実数解をもつ条件は

$\qquad k=0$

または

$\qquad (-\sqrt{3}\,y)^2-k\cdot(k+2)y^2\geqq0\quad\cdots\cdots①\quad$（判別式に注意）

を満たすことである。

①より

$\qquad (-k^2-2k+3)y^2\geqq0\qquad (k^2+2k-3)y^2\leqq0$

(i) $y=0$ のとき

$(*)$ より $\qquad kx^2=0$

$y=0$ のとき $x\neq0$ であるから

$\qquad k=0$

(ii) $y\neq0$ のとき

$y^2>0$ であるから

$\qquad k^2+2k-3\leqq0\qquad (k+3)(k-1)\leqq0$

$\therefore\quad -3\leqq k\leqq1$

(i), (ii) より

$\qquad -3\leqq k\leqq1\quad\to\text{(c), (d)}$

(1) $k=-3$ のとき，方程式 $(*)$ は

$\qquad -3x^2-2\sqrt{3}\,y\cdot x-y^2=0$

$\therefore\quad -(\sqrt{3}\,x+y)^2=0\quad\to\text{(e)}$

そこで，$y=-\sqrt{3}\,x$ を $x^2+y^2=1$ に代入すると

$\qquad x^2+(-\sqrt{3x}\,)^2=1$

$\qquad x^2=\dfrac{1}{4}\qquad\therefore\quad x=\pm\dfrac{1}{2}$

したがって

$\qquad (x,\ y)=\left(\dfrac{1}{2},\ -\dfrac{\sqrt{3}}{2}\right),\ \left(-\dfrac{1}{2},\ \dfrac{\sqrt{3}}{2}\right)\quad\to\text{(f)}$

(2) $k=1$ のとき，方程式 $(*)$ は

$\qquad x^2-2\sqrt{3}\,y\cdot x+3y^2=0$

$\therefore\quad (x-\sqrt{3}\,y)^2=0$

そこで, $x=\sqrt{3}\,y$ を $x^2+y^2=1$ に代入すると

$$(\sqrt{3}\,y)^2+y^2=1$$

$$y^2=\frac{1}{4} \quad \therefore \quad y=\pm\frac{1}{2}$$

したがって

$$(x,\ y)=\left(\frac{\sqrt{3}}{2},\ \frac{1}{2}\right),\ \left(-\frac{\sqrt{3}}{2},\ -\frac{1}{2}\right) \quad \rightarrow\text{(g)}$$

(3)   2点 A $(\sqrt{3}\cos\theta,\ \sin\theta)$, B $(\sin\theta,\ \sin\theta)$ が一致する条件は

$$\sqrt{3}\cos\theta=\sin\theta \quad \therefore \quad \tan\theta=\sqrt{3}$$

$0\leqq\theta<2\pi$ より

$$\theta=\frac{\pi}{3},\ \frac{4\pi}{3} \quad \rightarrow\text{(h)}$$

$\theta\neq\dfrac{\pi}{3},\ \dfrac{4\pi}{3}$ のとき, 三角形 OAB の面積を S とすると

$$S=\frac{1}{2}|\sqrt{3}\cos\theta\cdot\sin\theta-\sin\theta\cdot\sin\theta|=\frac{1}{2}|\sqrt{3}\sin\theta\cos\theta-\sin^2\theta|$$

$$=\frac{1}{2}\left|\sqrt{3}\,\frac{\sin 2\theta}{2}-\frac{1-\cos 2\theta}{2}\right|=\frac{1}{4}|\sqrt{3}\sin 2\theta+\cos 2\theta-1|$$

$$=\frac{1}{4}\left|2\sin\left(2\theta+\frac{\pi}{6}\right)-1\right| \quad \rightarrow\text{(i)}$$

ここで

$$-3\leqq 2\sin\left(2\theta+\frac{\pi}{6}\right)-1\leqq 1$$

であるから, S の最大値は

$$S=\frac{1}{4}|-3|=\frac{3}{4} \quad \rightarrow\text{(k)}$$

このとき

$$2\sin\left(2\theta+\frac{\pi}{6}\right)-1=-3 \quad \sin\left(2\theta+\frac{\pi}{6}\right)=-1$$

よって

$$2\theta+\frac{\pi}{6}=\frac{3\pi}{2},\ \frac{7\pi}{2} \quad 2\theta=\frac{4\pi}{3},\ \frac{10\pi}{3}$$

$$\therefore \quad \theta=\frac{2\pi}{3},\ \frac{5\pi}{3} \quad \rightarrow\text{(j)}$$

化　学

Ⅰ　解答　問1．ア．同位体　イ．中性子
　　　　　問2．12.01　問3．${}^{14}_{7}N$　問4．2.29×10^4 年

解説

《同位体，半減期》

問2． 原子量は元素を構成する各同位体の相対質量に存在比をかけて求めた平均値なので

$$12 \times \frac{98.93}{100} + 13.003 \times \frac{1.07}{100} = 12.010 \fallingdotseq 12.01$$

問3． 1個の中性子が陽子に変化すると，原子番号は1増え，質量数は変わらない。

問4． 大気中と比べ遺跡の木片に含まれる ${}^{14}_{6}C$ の割合は

$$\frac{6.25}{100} = \frac{1}{16} = \left(\frac{1}{2}\right)^4$$

半減期を4回迎えたことがわかる。${}^{14}_{6}C$ の半減期は5730年なので

$$5730 \times 4 = 2.292 \times 10^4 \fallingdotseq 2.29 \times 10^4 \text{ 年}$$

Ⅱ　解答　問1．2.0×10^4 Pa　問2．7.2
　　　　　問3．

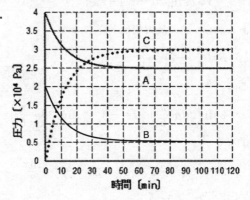

═══ 解 説 ═══

《化学平衡》

問1. 気体**A**と気体**B**の物質量比が 2:1 なので，気体**B**の分圧 [Pa] は

$$6.0 \times 10^4 \times \frac{1}{3} = 2.0 \times 10^4 \, [\text{Pa}]$$

問2. 容積，温度一定なので，容器内の各気体の分圧は物質量に比例する。平衡状態に達したとき，気体**C**の分圧は 3.0×10^4 Pa なので，各気体の分圧の変化は次のように表せる。

	A	+	**B**	⇌	2**C**	合計 [$\times 10^4$ Pa]
反応前	4.0		2.0		0	6.0
反応量	−1.5		−1.5		+3.0	
平衡時	2.5		0.50		3.0	6.0

圧平衡定数を K_p とすると，

$$K_p = \frac{(3.0 \times 10^4)^2}{2.5 \times 10^4 \times 0.50 \times 10^4} = 7.2$$

気体の状態方程式より

$$K_p = \frac{([\mathbf{C}]RT)^2}{[\mathbf{A}]RT \times [\mathbf{B}]RT} = \frac{[\mathbf{C}]^2}{[\mathbf{A}][\mathbf{B}]} = K_c \quad \therefore \quad K_c = 7.2$$

問3. 気体**B**の分圧は，問1の結果より，時間 0 分のとき 2.0×10^4 Pa，問2の結果より，平衡状態で 0.50×10^4 Pa である。また，気体**A**と気体**B**は反応量が等しく，分圧の変化量も等しい。よって，気体**B**の分圧変化は 2:1 なので，気体**B**の分圧は，〔解答〕のように表せる。

解答 **問1.** **ア.** $Ca_3(PO_4)_2$　**イ.** 黄リン　**ウ.** 同素

問2. 保存：水中

理由：黄リンは空気中で自然発火するため。

問3. $P_4O_{10} + 6H_2O \longrightarrow 4H_3PO_4$

問4. リン鉱石に含まれるリン酸カルシウムは水にごくわずかしか溶けないが，過リン酸石灰に含まれるリン酸二水素カルシウムは水に溶けるためリン肥料となる。

════════════════ 解 説 ════════════════

《リンの性質》

問1・問2. リンの単体には黄リンや赤リンなどの同素体が存在する。黄リンは淡黄色のろう状の固体で，反応性に富む。空気中では自然発火するので水中に保存する。赤リンは赤褐色の粉末で，黄リンに比べて反応性に乏しい。

問4. リン酸のカルシウム塩には，リン酸カルシウム $Ca_3(PO_4)_2$，リン酸一水素カルシウム $CaHPO_4$，リン酸二水素カルシウム $Ca(H_2PO_4)_2$ がある。このうち $Ca_3(PO_4)_2$ と $CaHPO_4$ は水に対する溶解度が低く，$Ca(H_2PO_4)_2$ は水に溶け溶解度は 1.8 g/100 g 水である。

Ⅳ **解答** **問1.** 水を煮沸すると水に溶けている酸素は取り除かれ，冷却しても酸素はすぐに溶けないので，酸化されやすい鉄（Ⅱ）イオンの酸化を防ぐことができるから。また，実験を速やかに行うことで，空気中の酸素が水溶液に溶解する影響を小さくすることができるから。

問2. ①・④・⑤

問3. 黒色沈殿：FeS
理由：塩酸を加えると硫化水素は電離しにくくなり，硫化物イオン濃度が小さくなる。これによってイオン濃度の積が，硫化鉄（Ⅱ）の溶解度積よりも小さくなったため。

════════════════ 解 説 ════════════════

《鉄の性質》

問1. 蒸留水を煮沸すると，わずかに溶けている空気を取り除くことができ，酸素も取り除かれる。

問2. 鉄には酸化数が +2 と +3 の異なるイオンが存在する。これらは次のように種々の反応によって区別できる。

反応	Fe^{2+} を含む水溶液（淡緑色）	Fe^{3+} を含む水溶液（黄褐色）
NaOH 水溶液	緑白色沈殿を生じる	赤褐色沈殿を生じる
KSCN 水溶液	変化しない	血赤色溶液
$K_4[Fe(CN)_6]$ 水溶液	青白色沈殿を生じる	濃青色沈殿を生じる
$K_3[Fe(CN)_6]$ 水溶液	濃青色沈殿を生じる	褐色溶液

①正文。**A**-1，**A**-2 には鉄（Ⅲ）イオンが，**B**-1，**B**-2 には鉄（Ⅱ）イオンが存在する。操作 **3**，**4** で濃青色沈殿が生成するのは **A**-1 と **B**-2 である。

②誤文，⑤正文。$K_4[Fe(CN)_6]$ では，正八面体の各頂点に存在する 6 個のシアン酸イオンが中心の鉄に配位結合している。

③誤文，④正文。シアン酸イオンが非共有電子対を提供し，鉄イオンと配位結合している。

Ⓥ **解 答** **問1.** 安息香酸

問2.

問3. ヨードホルム

問4. D： ![構造式]   **E：** ![構造式]

問5. ![構造式]

——— **解 説** ———

《**芳香族エステルの構造決定**》

問1. **ア**より，分子式 $C_{16}H_{16}O_2$ で表される芳香族化合物 **A** を加水分解すると，カルボン酸 **B** と分子式 $C_9H_{12}O$ で表される中性化合物 **C** が得られる。カルボン酸 **B** の分子式は

$$C_{16}H_{16}O_2 + H_2O - C_9H_{12}O = C_7H_6O_2$$

よって，**B** は安息香酸である。

問2・問4. **イ**，**ウ**より，分子式 $C_9H_{12}O$ で表される中性化合物 **C** はアルコールで，酸化生成物 **D** はヨードホルム反応を示す。**エ**，**オ**より，ヨードホルム反応後の溶液を酸性にしてカルボン酸 **E** が得られること，**E** を過マ

ンガン酸カリウムで酸化するとフタル酸が得られることから，**C**，**D**，**E**
の構造は次のように決まる。

アルコール（**C**）　　　　　　　　　　D

E　　　　　　　　フタル酸

問3. $CH_3CH(OH)R$ または CH_3COR の構造をもつ化合物は，水酸化ナ
トリウム水溶液中でヨウ素を加えて加熱すると，特異臭をもつヨードホル
ムの黄色沈殿を生じる。この反応はヨードホルム反応とよばれる。ヨード
ホルム反応では初めにメチル基の水素原子がヨウ素原子に置換され，次に
水酸化ナトリウムによってカルボン酸のナトリウム塩とヨードホルムに分
解される。

カルボン酸ナトリウム塩　ヨードホルム

問5. 問1，問2の結果より，**A**の構造は次の通り。

安息香酸（**B**）　　アルコール（**C**）　　　　　　　　**A**

一般選抜：B方式後期

問 題 編

▶試験科目・配点

教　科	科　　　　　目	配　点
英　語	コミュニケーション英語Ⅰ・Ⅱ・Ⅲ，英語表現Ⅰ・Ⅱ	100点
数　学	数学Ⅰ・Ⅱ・A・B（数列，ベクトル）	100点
理　科	「化学基礎・化学」または「生物基礎・生物」のいずれかを試験当日選択	150点

▶備　考

　学力試験の成績に加え，調査書により「学力の3要素」のうち「主体性を持って多様な人々と協働して学ぶ態度」を多面的・総合的に評価し，合格者を決定する。

英　語

(70分)

I 次の英文を読んで，下の設問（1）～（12）に答えなさい。なお，*印の語には注が付いています。

Carl Sagan was the David Duncan Professor of Astronomy and Space Sciences and director of the Laboratory for Planetary Studies at Cornell University.　He was a respected, accomplished researcher with an impressive record of achievement in earth and planetary science.　Sagan did seminal work on the "Faint Young Sun Paradox," the surprising fact (a)that Earth was habitable more than three billion years ago despite the fact that the Sun was 30 percent dimmer (*)then.　The explanation, Sagan realized, must be a magnified greenhouse effect.　This work is so fundamental that it constitutes the first chapter in the textbook I've (b)used to teach first-year Penn State* students about Earth history.

Sagan, however, was (c)far more than a scientist.　He was a cultural phenomenon.　He had an unmatched ability （　d　）the public with science.　Not ｛　e　① could　② explain　③ he　④ it　⑤ only　⑥ to　｝ the person on the street, he could get people excited about it.　I can speak to this matter on a personal level.　It is Carl Sagan who inspired *me* to pursue a career in science.

I had always had an aptitude for math and science, but it had （　f　）a path of least resistance, not a passion.　Then Sagan's popular PBS series *Cosmos* premiered at the start of my freshman year in high school.　Sagan showed me the magic of scientific inquiry.　He revealed a cosmos that was more wonderous than I could have imagined, and the preciousness of our place in it as simple inhabitants of a tiny blue dot just barely discernible from the outer reaches of our solar system.　And the questions!　How did life form?　Is there more of it out there?　Are there other intelligent civilizations?　(g)Why haven't they contacted us?　I pondered these questions and so many (h)more that Sagan

---

raised in the epic thirteen-part series. Sagan made me realize (い)it was possible to spend a lifetime satisfying one's scientific curiosity by posing and answering such fundamental questions.

　　Sadly, I never got a chance to meet my hero.　I finished my PhD in geology and geophysics in 1996, the very same year Sagan passed away.　Being in the same field (i) Sagan, I almost certainly would have met him at meetings or conferences had I entered the profession just a few years earlier.　But I have { j ① getting ② had ③ of ④ pleasure ⑤ the ⑥ to } know him through his writings, and to make the acquaintance of some who knew him well.　That includes his daughter, Sasha, a writer who is continuing her father's legacy of inspiring us about the cosmos and our place in it.

　　　　　　　　　　(出典 : *The New Climate War*, by Michael E. Mann. 一部変更)

(注)　Penn State: ペンシルベニア州立大学

（1）下線部(あ)が表しているものを，6字から10字の日本語で解答用紙に書きなさい。なお，数字を用いてもよい。

（2）下線部(い)を日本語に訳し，解答用紙に書きなさい。

（3）下線部(a)と同じ用法の that を含む文を，次の①～④から一つ選び，マークカードの解答欄　1　にマークしなさい。

　① Don't forget that meeting at 5.

　② I like the clothes that she wears.

　③ I'll never forget that he is coming.

　④ Have you heard the news that she's been promoted?

（4）下線部(b)と同じ用法の used を含む文を，次の①～④から一つ選び，マークカードの解答欄　2　にマークしなさい。

　① I used to read Christie in those days.

　② I do not eat as much meat as I used to.

　③ You'll soon get used to living in the city.

　④ Have you ever used this machine before?

（5）下線部**(c)**と同じ意味・用法の far を含む文を，次の①〜④から一つ選び，マークカードの解答欄　**3**　にマークしなさい。

① It was not too far away.

② We worked far into the night.

③ It's a far better place to live than here.

④ How far have you got with your studies?

（6）空所**(d)**に入れるのに最も適切なものを，次の①〜④から一つ選び，マークカードの解答欄　**4**　にマークしなさい。

① engage　　② engaged　　③ engaging　　④ to engage

（7）**{　e　}**内の①〜⑥の語を並べ替え，意味の通る英文を作りなさい。並べ替えたものの中で2番目と4番目に来る語の番号を，それぞれ次のようにマークカードにマークしなさい。

　　2番目 → マークカードの解答欄　**5**

　　4番目 → マークカードの解答欄　**6**

（8）空所**(f)**に入れるのに最も適切なものを，次の①〜④から一つ選び，マークカードの解答欄　**7**　にマークしなさい。

① consist　　② consisted　　③ constitute　　④ constituted

（9）下線部**(g)**の内容を最もよく表しているものを，次の①〜④から一つ選び，マークカードの解答欄　**8**　にマークしなさい。

① なぜ彼らは我々に接触してきていないのか。

② なぜ彼らは我々の知性を超えていないのか。

③ なぜそれらは我々から生み出されなかったのか。

④ なぜそれらは我々の所有するところとなっていないのか。

（10）下線部**(h)**の内容を最もよく表しているものを，次の①〜④から一つ選び，マークカードの解答欄　**9**　にマークしなさい。

① more deeply 　　　② more interesting

③ more questions 　　④ more times

（１１）空所（ i ）に入れるのに最も適切なものを，次の①～④から一つ選び，マークカードの解答欄 [10] にマークしなさい。

① as 　　　　② for 　　　　③ that 　　　　④ to

（１２）{ j }内の①～⑥の語を並べ替え，意味の通る英文を作りなさい。並べ替えたものの中で２番目と４番目に来る語の番号を，それぞれ次のようにマークカードにマークしなさい。

２番目 → マークカードの解答欄 [11]

４番目 → マークカードの解答欄 [12]

II　次の英文を読んで，下の設問（1）〜（5）に答えなさい。なお，＊印の語には注が付いています。

In 2013 Petra Filkuková, from the University of Oslo, and Sven Hroar Klempe, from the Norwegian University of Science and Technology, created slogans for brands such as the clothes shop EGO and the diet course BetterLife. Sometimes their slogans rhymed*, sometimes they didn't.

The psychologists showed these slogans to 183 participants, (ぁ)with half (　　　　　　　　　　　　　　　) and half the alternatives. When questioned, the subjects* that saw the rhyming slogans rated them as 22% more trustworthy. They were also 10% more willing to try the brands.

The benefit of rhyme (ア)stretches beyond believability; it also boosts memorability.　In 2017 Alex Thompson and I (イ)ran a pilot study where we gave 36 staff at a media agency five minutes to read a list of ten statements, only half of which rhymed.　Later that day we asked the subjects to return and list as many of the phrases as possible.

The results were (ウ)conclusive: 29% of the rhyming statements were recalled compared to only 14% of the non-rhyming ones.　That's more than a doubling of memorability.

But how valuable are these findings?　Don't advertisers already know the benefits of rhyme?　(エ)After all, quite a few straplines* use this technique. Just have a look through the list below.

> We all adore a Kia-Ora
> Easy peasy lemon squeezy
> Once driven, forever smitten
> For mash, get smash
> Don't be vague, ask for Haig
> Once you pop, you can't (　a　)
> No battery is stronger longer
> Beanz Meanz Heinz

It's certainly a long list.　But look at those lines again.　What do you notice?

Did you spot that they are all more than 30 years old?　The Haig line stretches back to the 1930s, the Heinz line was penned in the 60s and the Smash rhyme is from the 70s.　It's far harder to think of equally iconic rhymes from the last 20 years.　They have (　b　) out of fashion.

That's (　c　).　Alex Boyd and I spent a morning in the News UK archives painstakingly categorizing ads in copies of *The Times* and *The Sun* stretching back to 1977. We saw a clear pattern.

In the last decade, the number of ads with a (ｴ)<u>prominent</u> rhyme has halved. In 2007 about 4% of print ads included a rhyme compared to 10% in the 30 years prior.

But why are advertisers (d) such a powerful technique? Perhaps because rhyme doesn't fit with marketers' motivations.

Makers of ads want their peers' admiration. That's only natural. But what gains a professional a degree of kudos* is not the same as what makes for (e). Our peers, other experts in advertising, are often impressed by sophisticated techniques. This leads to simple solutions, like rhyme, being derided as inferior.

Nassim Nicholas Taleb* would argue this is because (ｵ)<u>ad agencies don't have "skin in the game"</u>. That is, the success of an agency isn't solely a reflection of the income generated by their ads. This creates problems.

But one theme from behavioural (A)<u>science</u> is that simple (B)<u>solutions</u> are often highly effective. Hopefully, a wider (C)<u>knowledge</u> of behavioural science will encourage a return to tried and trusted (and simple) (D)<u>tactics</u>.

(出典 : The Illusion of Choice, by Richard Shotton. 一部変更)

(注) rhyme: 韻を踏む　　subject: 実験の被験者　　strapline: 広告の小見出し
　　　kudo: 栄誉，称賛　　Nassim Nicholas Taleb: リスク・不確実性の研究者

（1）下線部**(あ)**の空所(　　　　　)に入る英語を，下線部の英語が以下の日本語と
　　同じ意味になるように，必要があれば本文の表現を参考にして解答用紙に書き
　　なさい。

　　「(実験の参加者の) 半数は韻を踏んだものを受け取り，あとの半数は
　　　そうでないものを受け取った」

（2）下線部**(ア)〜(オ)**の意味に最も近いものを，それぞれ次の①〜④から一つ選
　　び，マークカードの解答欄　**13**　〜　**17**　にマークしなさい。

(ア) stretches　**13**　　　① ceases　　　　　② narrows
　　　　　　　　　　　　　　　③ grows　　　　　④ tightens

(イ) ran　**14**　　　　　　① concerned　　　② conducted
　　　　　　　　　　　　　　　③ confirmed　　　④ convinced

(ウ) conclusive 　15　 　① ambiguous 　　② disputable
　　　　　　　　　　　　③ indefinite 　　　④ undeniable

(エ) After all 　16　 　① As you recognize
　　　　　　　　　　　　② Finally
　　　　　　　　　　　　③ In conclusion
　　　　　　　　　　　　④ Sooner or later

(オ) prominent 　17　 　① ordinary 　　　　② outstanding
　　　　　　　　　　　　③ stereotyped 　　④ standard

（3）空所（　a　）～（　e　）に入れるのに最も適切なものを，それぞれ次の①～④
から一つ選び，マークカードの解答欄 　18　 ～ 　22　 にマークしな
さい。

(a) 　18　 　① break 　　　　② finish
　　　　　　　③ pick 　　　　　④ stop

(b) 　19　 　① come 　　　　② carried
　　　　　　　③ fallen 　　　　④ worked

(c) 　20　 　① groundless
　　　　　　　② irrational
　　　　　　　③ never evident
　　　　　　　④ not speculation

(d) 　21　 　① attending 　　② ignoring
　　　　　　　③ looking at 　　④ picking up

(e) 　22　 　① a deceiving ad 　② an effective ad
　　　　　　　③ a superficial ad 　④ a trivial ad

（4）下線部(A)～(D)と第一アクセントの母音が同じであるものを，それぞれ次の
①～⑧から一つ選び，マークカードの解答欄 　23　 ～ 　26　 にマー
クしなさい。

① audience 　② genuine 　③ identity 　④ island
⑤ lavatory 　⑥ mainland 　⑦ optimism 　⑧ suitable

(A) science → マークカードの解答欄　23

(B) solutions → マークカードの解答欄　24

(C) knowledge → マークカードの解答欄　25

(D) tactics → マークカードの解答欄　26

（5）下線部(カ)の表す内容として最もふさわしいものを次の①〜④から一つ選び，マークカードの解答欄　27　にマークしなさい。

① 広告代理店にはその広告による損失を間接的な立場から眺めている余裕はまったくない

② 広告代理店はその広告による収益という自分たちの仕事の成果を収入に反映してもらえない

③ 広告代理店にはその広告による収益のみが自分たちの仕事の評価に影響するという考えはない

④ 広告代理店はその広告による収益も損失もまったく関知せずに耳をふさいでいるわけにはいかない

III　次の英文を読み，空所(1)〜(6)に入れるのに最も適切な語を下の
　　{ 　　　　　 }内から選び，必要があれば語形を変えて解答用紙に書きなさい。
　　一つの語を複数回使ってはいけません。なお，*印の語には注が付いています。

　　　　Many scientists spend their entire lives studying the same animals.
Ken Catania* is an exception.　In the last 30 years, he has investigated the
senses of electric eels, naked mole-rats, crocodiles, tentacled snakes, emerald
cockroach wasps, and humans.　He is drawn to oddities, and his attraction
(1) weird creatures almost always pays off.　"Usually, it's not that, oh, the
animal turned out not to be interesting," he tells me.　"Usually, it's that the
animal is ten (2) more capable than I could have imagined."　No creature
(3) him that lesson more acutely than the first one he studied: the
star-nosed mole*.

　　　　The star-nosed mole is a hamster-sized animal with silky fur, a rat-like
tail, and shovel-like paws*.　It lives throughout the densely populated eastern
parts of North America, but (4) it spends most of its time underground, few
people ever see it.　Those who (5) would recognize it instantly.　On the
tip of its snout, it has 11 pairs of pink, hairless, finger-like appendages*,
arranged in a ring around its nostrils*.　This is the unmistakable star for
which the mole is (6).　It looks like a fleshy flower growing out of the
animal's face, or perhaps a sea anemone impaled on its nose.

　　　　　　　　　　　　　(出典：*An Immense World*, by Ed Yong. 一部変更)

（注）Ken Catania: 生物学者　　star-nosed mole: ホシバナモグラ　　paw: 爪
　　appendage: 付属器官，ここではホシバナモグラの鼻先端の触手のこと
　　nostril: 鼻孔

　　　　　{　do　　　name　　　since　　　teach　　　time　　　to　}

数　学

（70分）

I.　次の ☐ にあてはまる答を解答欄に記入しなさい。

(1) 下図のような格子状の道のある街がある。A から B に最短経路で行くとき，P を通る場合は ☐ (a) 通り，P と Q を通る場合は ☐ (b) 通りある。また，P も Q も通らない場合は ☐ (c) 通りある。

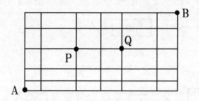

(2) 初項 41, 公差 -5 の等差数列を $\{a_n\}$ とし，$\{a_n\}$ の初項から第 n 項までの和を S_n とする。このとき $S_n =$ ☐ (d) であり，S_n は $n =$ ☐ (e) で最大値 ☐ (f) をとる。

(3) α を定数とする。x の関数 $f(x)$ が

$$\int_{\alpha}^{x} f(t)\, dt = x^3 - 2x^2 + 1$$

をみたしているとき，$f(x) =$ ☐ (g) ，$\alpha =$ ☐ (h) である。

(4) 5207 と 943 の最大公約数は ☐ (i) である。

II. 次の ☐ にあてはまる答を解答欄に記入しなさい。

a を実数とする。x の関数

$$y = x^4 + 4x^3 - (a-4)x^2 - 2ax$$

を考える。

(1) $x^2 + 2x = t$ とおくと，t は $x = $ [(a)] で最小値 [(b)] をとる。

(2) y を a, t を用いて表すと $y = $ [(c)] となる。

(3) $a = 0$ のとき，y は $x = $ [(d)] で最小値 [(e)] をとる。また，$a = 1$ のとき，y は $x = $ [(f)] で最小値 [(g)] をとる。

(4) y の最小値が -4 となるような a と，最小値 -4 をとる x との組をすべて求めると $(a, x) = $ [(h)] となる。

III. 次の ☐ にあてはまる答を解答欄に記入しなさい。

$AB = AC = 5$，$BC = 8$ である三角形 ABC を考える。このとき，$\cos A = $ [(a)] である。辺 BC の中点を M とすると $AM = $ [(b)] である。

(1) 3点 A, B, C を通る円を，三角形 ABC の [(c)] といい，その中心 O を三角形 ABC の [(d)] という。AO の長さは $AO = $ [(e)] である。

(2) 三角形 ABC の内心を I とすると，$AI : IM = $ [(f)] なので，AI の長さは $AI = $ [(g)] である。

(3) 三角形 ABC の垂心を H とすると AH の長さは $AH = $ [(h)] であり，$OI : IH = $ [(i)] である。

IV. 次の [＿＿＿] にあてはまる答を解答欄に記入しなさい。

(1) x の不等式 $(2^x - 2^{-2})(2^x - 2^2) \leqq 0$ を解くと [(a)] となる。

(2) x の不等式 $\log_2(x+1) + 2 < \log_2(x+11)$ を解くと [(b)] となる。

(3) 以下, x は [(a)] かつ [(b)] をみたすとする。また, a を実数とする。

　　x の関数 $y = 4^x - 3 \cdot 2^{x+1} + a$ を考える。$2^x = t$ とおくと, t の値の範囲は [(c)] であり, y を t を用いて表すと $y = $ [(d)] となる。したがって, y は $x = $ [(e)] のとき最小値 [(f)] をとる。

　　x の方程式 $4^x - 3 \cdot 2^{x+1} + a = 0$ が異なる 2 つの実数解をもつような a の値の範囲は [(g)] であり, $4^x - 3 \cdot 2^{x+1} + a = 0$ がただ 1 つの実数解をもつような a の値の範囲は [(h)] である。

化　学

(90分)

Ⅰ　次の記述を読み，下記の問いに答えよ。

　元素を原子番号の小さい順に並べると，原子のイオン化エネルギーや，原子・イオンの大きさ，単体の融点など，性質のよく似た元素が一定間隔で現れる。このような規則性を元素の　**ア**　という。また，元素を原子番号の順に並べ，**ア**　に従って性質の似た元素を縦列に並べた表を元素の　**イ**　という。現在，国際的に用いられている　**イ**　では，元素は　**ウ**　の族に分類されている。**イ**　の同じ段に並んでいる元素を比べたときに，最もイオン化エネルギーが大きい原子の元素が配置されているのは　**エ**　族で，価電子数が最も大きい原子の元素が配置されているのは　**オ**　族である。

　また，元素は大きく典型元素と遷移元素に分類され，典型元素は１，２族および　**カ**　～　**キ**　族の元素である（**カ**　族については遷移元素に含めることもある）。一方，遷移元素は　**ク**　～　**ケ**　族の元素で，同族元素だけでなく，同周期で隣り合う元素も互いによく似た性質を示す。

問１　**ア**　，**イ**　に適切な語句を，**ウ**　～　**ケ**　には適切な数字を記せ。

問２　貴ガス元素（希ガス元素）を除いた第２周期の元素のうち，①原子の半径が最大のもの，及び，②金属元素であるもの，それぞれにあては

まるものを元素記号で全て記せ。

問3　16族元素の水素化合物の沸点は，第2周期の元素のものが最も高い。その理由を簡潔に記せ。

Ⅱ　次の記述を読み，下記の問いに答えよ。ただし，気体定数を R〔Pa·L /（K·mol）〕とし，気体はすべて理想気体としてふるまうものとする。また，触媒の体積は無視できるものとする。

　V〔L〕の密閉容器に二酸化硫黄と酸素をそれぞれ n〔mol〕および適切な触媒を入れ，T〔K〕（700 K 以上）に保ったところ，$n\alpha$〔mol〕の三酸化硫黄が生成した。この容器内ではいずれの化合物も全て気体として存在し，この反応が平衡に達したとき，全体の圧力は P〔Pa〕になった。ただし，α は反応した二酸化硫黄の割合を表す。

問1　下線部の反応を反応式で記せ。また，この反応の触媒としてよく利用されるものを化学式で記せ。

問2　この反応の平衡定数 K を n, α, V を用いて記せ。

問3　反応が平衡に達した後の酸素の分圧を n, α, V, R, T を用いて記せ。

問4　密閉容器に二酸化硫黄と酸素を入れ，反応が始まる前の容器内の圧力を P_0 としたとき，P/P_0 と反応した二酸化硫黄の割合 α との関係をグラフに記せ。

2
0
2
4
年
度

一
般

B
方
式
後
期

化
学

〔解答欄〕

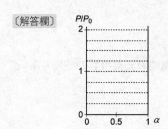

III 次の記述を読み，下記の問いに答えよ。ただし，ファラデー定数は 9.65×10^4 C/mol，アルミニウムの原子量は 27.0 とする。

アルミニウム，亜鉛，スズ，鉛は酸とも塩基とも反応する | **ア** | 金属である。単体のアルミニウムは，酸化アルミニウムを主成分とする鉱石であるボーキサイトから次の工程により得られる。①ボーキサイトに過剰の水酸化ナトリウム水溶液を加え，高温・高圧にして酸化アルミニウムを溶解させ，ろ過して不純物を除去する。その後，ろ液の pH を調整して水酸化アルミニウムを沈殿させ，さらにろ取した沈殿を熱処理することによって高純度の酸化アルミニウムを得る。②氷晶石を高温で融解させたものに，得られた高純度の酸化アルミニウムを溶かす。炭素電極を用いてこれを電気分解することによって単体のアルミニウムが製造される。

アルミニウムは，電気や熱の | **イ** | 性が大きく，金属が薄く広げられる性質や引き伸ばされる性質である | **ウ** | や | **エ** | に富んでいる特徴がある。また，アルミニウムが主体の合金である | **オ** | は軽量で強度があるため，航空機の機体などに用いられている。

問 1 | **ア** | ～ | **オ** | に適切な語句を記せ。

問 2 下線部①の反応を化学反応式で記せ。

問 3　下線部②のような電気分解の方法を何というか。

問 4　下線部②の方法で 2.16 kg のアルミニウムの単体を得るために
　　　は，300 A の電流で何秒間電気分解する必要があるか，有効数字 3 桁で
　　　答えよ。

問 5　単体のアルミニウムを得る方法として，アルミニウムイオンを含む
　　　水溶液を電気分解する方法は用いることができない。その理由を簡潔に
　　　記せ。

IV　　次の記述を読み，下記の問いに答えよ。ただし，酢酸の電離定数
　　$K_a = 2.7 \times 10^{-5}$ mol/L，$\log_{10} 2.7 = 0.43$，$\log_{10} 3.3 = 0.52$ とする。

　　弱酸である酢酸は，水溶液中ではわずかしか電離しないが，塩である酢
酸ナトリウムは水溶液中でほぼ完全に電離する。

$$CH_3COOH \rightleftharpoons CH_3COO^- + H^+ \cdots 式 (1)$$
$$CH_3COONa \longrightarrow CH_3COO^- + Na^+ \cdots 式 (2)$$

　　酢酸水溶液と酢酸ナトリウム水溶液を混合すると，式 (2) の $[CH_3COO^-]$
により，式 (1) の平衡はさらに左に移動するため，酢酸の電離はほぼ無視
できる。したがって，$[CH_3COOH]$ は混合した水溶液に溶けている酢酸の
モル濃度，$[CH_3COO^-]$ は混合した水溶液に溶けている酢酸ナトリウムの
モル濃度で近似できる。
　　この混合水溶液に少量の酸や塩基を加えても pH の値はほぼ一定に保た
れる。例えば，この混合水溶液に少量の塩酸を加えると，塩酸中の　ア　は
混合水溶液中に多量に存在する　イ　と反応して　ウ　を与えるた

め，水溶液中の　**ア**　の濃度はほとんど増加せず，pH はほとんど変化しない。一方，この混合水溶液に少量の水酸化ナトリウム水溶液を加えると，水酸化ナトリウム水溶液中の　**エ**　は混合水溶液中に多量に存在する　**ウ**　と反応して，　**イ**　と　**オ**　を生じるため，　**エ**　の濃度はほとんど増加せず，pH はほとんど変化しない。

問 1　**ア**　～　**オ**　にあてはまる化学式を以下から選び，番号で答えよ。

　　① CH_3COOH　　② CH_3COONa　　③ H_2O　　④ CH_3COO^-

　　⑤ OH^-　　　　　⑥ H^+　　　　　　⑦ Na^+

問2　下線部のように pH の変化が起こりにくい作用を何というか答えよ。

問3　0.10 mol の酢酸と 0.10 mol の酢酸ナトリウムを含む 1.0 L の混合水溶液について，以下の問いに答えよ。

　（1）この混合水溶液中の酢酸のモル濃度 $[CH_3COOH]$ 及び酢酸イオンのモル濃度 $[CH_3COO^-]$ を有効数字 2 桁で求めよ。

　（2）この混合水溶液の pH はいくらか。小数点以下第 1 位までの数値で求めよ。

　（3）この混合水溶液 1.0 L に，塩化水素 0.010 mol を吹き込み完全に溶かした。このときの pH はいくらか。小数点以下第 1 位までの数値で求めよ。

V 炭化水素 **A～D** は互いに構造異性体であり炭素原子間に二重結合をもつ。次の記述**ア～カ**を読み，下記の問いに答えよ。ただし，原子量は H = 1.0, C = 12, Br = 80 とし，構造式は例にならって記せ。

例：

ア **A** の元素分析を行ったところ，C: 85.6%，H: 14.4%の値が得られた。

イ 4.2 g の **A** を臭素と反応させたところ，臭素の付加が完全に進行し，12.2 g の生成物が得られた。

ウ **A** をオゾン分解したところ，1 種類のケトン **E** が生じた。

エ **B** をオゾン分解したところ，1 種類のアルデヒド **F** が生じた。

オ **C** をオゾン分解したところ，アセトアルデヒドとケトン **G** が生じた。**G** の水溶液に塩基性の条件下でヨウ素と反応させると特異臭をもつ黄色沈殿が生じた。

カ **D** をオゾン分解したところ，ホルムアルデヒドとケトン **H** が生じた。**H** の水溶液に塩基性の条件下でヨウ素を加えて加熱しても特異臭をもつ黄色沈殿は生じなかった。

なお，オゾン分解とは，次の反応式のように，一般にアルケンなどの炭素原子間に二重結合をもつものにオゾンを作用させた後，還元剤を加えると，炭素原子間の二重結合が開裂して 2 分子のアルデヒドまたはケトンが生じる反応である。

(R^1, R^2, R^3, R^4 = H またはアルキル基)

問 1   **A** の組成式と分子式を記せ。

問 2   **A〜D** のうちシス—トランス異性体 (幾何異性体) をもつものはどれか。2つ選び記号で答えよ。

問 3   **E〜H** の構造式を記せ。

VI　次の記述を読み，下記の問いに答えよ。なお，構造式は例にならっ
て記せ。

例：

$$H_3C\text{—}\bigcirc\text{—}\underset{\underset{H_3CH_2C}{HC}}{\overset{}{|}}\text{—}\underset{\underset{CH_3}{CH}}{\overset{}{|}}\text{—}\overset{\overset{O}{\|}}{C}\text{—}O\text{—}CH_2CH_3$$

　ベンゼンの水素原子 1 つをヒドロキシ基で置換した化合物の名称は　**ア**　で
ある。　**ア**　のベンゼン環の水素原子 1 つをメチル基に置換して得られ
る生成物の分子式は　**イ**　であり，ベンゼン環に結合した 2 つの置換基
の位置関係により **A**, **B** および **C** の 3 つの異性体がある。そのうち **A** のヒ
ドロキシ基を無水酢酸でアセチル化し，得られた生成物のメチル基を適切
な酸化剤で酸化して希硫酸で酸性にすると，解熱鎮痛剤として用いられる
無色の結晶 **D** が得られた。**D** を希塩酸で加水分解すると無色の結晶 **E** が得
られた。

　また，分子式が　**イ**　で表わされ，**A**, **B** および **C** 以外のベンゼン環
をもつ構造異性体として **F** と **G** がある。<u>**F** はナトリウムと反応して水素を
発生させた</u>が，**G** は反応しなかった。

問 1　空欄　**ア**　には適切な語句を，空欄　**イ**　には適切な分子式を
記せ。

問2　**E** の構造式を記せ。

問3　**D** と **E** を区別するにはどのような実験をすればよいか。以下の試薬
　　のうちから必要なものを1つ選び記号で答えよ。また，実験方法と期待
　　される結果をあわせて記せ。

　　　1 ニンヒドリン水溶液　　**2** 塩化鉄（III）水溶液　　**3** ヨウ素
　　　4 フェーリング液　　　　**5** アンモニア性硝酸銀水溶液

問4　**A** および **G** の構造式を記せ。

問5　下線部について，**F** とナトリウムとの反応を化学反応式で記せ。

生　物

（90 分）

I   次の記述を読み、下記の問いに答えよ。

［文 1］動物細胞の内部には、様々な細胞小器官が存在する。例えば小胞体は一重の膜からなる細胞小器官であり、その膜の一部は　ア　とつながった構造になっている。小胞体のうち、タンパク質合成を担うリボソームが結合した小胞体は　イ　とよばれ、リボソームが結合していない小胞体は　ウ　とよばれる。　イ　のリボソームで合成されたタンパク質の多くは、小胞体に入った後、その膜から形成された小胞に組み込まれ、　エ　に輸送される。　エ　は小胞体と同様に一重の膜からなり、多くの細胞では平らな袋状構造がいくつか重なった構造体で、そこでタンパク質は再び小胞に組み込まれて　エ　から送り出される。それらの小胞は細胞膜などに運ばれ、小胞に含有されていたタンパク質の一部は細胞膜に存在したり、細胞外に分泌されたりする。一方で細胞膜の一部が内部に陥入し、小胞が形成されて、細胞外の物質が取り込まれることがある。この現象は　オ　とよばれ、動物細胞における鉄イオンの取り込みなどに利用されている。　オ　によって細胞内に取り込まれたタンパク質の一部は、　カ　とよばれる細胞小器官に運ばれて、その内部に存在する各種の (a) 酵素により分解される。また　キ　は、膜構造をもたない細胞小器官であり、微小管の形成中心となっている。

問 1　空欄　ア　〜　キ　に適当な語句を記せ。

問 2　下線部 (a) について。一定量のある酵素 Z を、さまざまな濃度の基質と反応させて、反応速度を測定したところ、**図 1** の実線で示す結果

が得られた。また、同様の実験を、酵素 Z の阻害剤 I を添加して行ったところ、**図1** の破線で示す結果が得られた。これに関連して、以下の問いに答えよ。

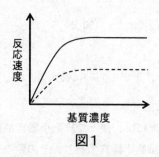

図1

(1) 一般に酵素反応の速度は、基質濃度がある濃度に達するまでは基質濃度にほぼ比例して増加するが、基質濃度が十分に高い条件下においては、あまり違いがみられなくなる。その理由について簡潔に説明せよ。

(2) **図1** の結果を見ると、酵素 Z の阻害剤 I を添加することにより、基質濃度に関わらず、ほぼ一定の割合で反応速度が阻害されていることが分かる。この結果から、阻害剤 I はどのような様式で酵素 Z の活性を阻害していると考えられるか。以下の語句をすべて用いて簡潔に説明せよ。
（語句） 酵素 Z、阻害剤 I、活性部位

［文 2］ヒトにおいて、ホルモンは内分泌腺とよばれる器官から血液中に分泌され、特定の器官（標的器官）に作用する。標的器官には、ホルモンと結合する受容体を発現する細胞（標的細胞）が存在する。標的細胞において受容体にホルモンが結合すると、その細胞では様々な反応が引き起こされる。受容体には、細胞膜に存在するものや、細胞内に存在するものなど、様々な種類が存在する。例えば血糖値が低下すると、間脳の ク の血糖量調節中枢が感知し、その情報がすい臓に伝わると、ランゲルハンス島の ケ から コ が分泌される。 コ は肝臓の細胞に作用して サ の分解を促進することで、血糖値を上昇させるホルモンである。
　あるホルモン P は、細胞膜に存在するホルモン P の受容体に結合し、細

胞内の酵素 E の活性を上昇させることが知られており、その過程には、細胞内のタンパク質 A が関与することが知られている（**図2**）。タンパク質 A は不活性型と活性型の 2 つの異なる (b) 立体構造をとるタンパク質で、両構造の変換を介して機能することが知られている。タンパク質 A は、通常の培養液で培養している細胞では、大部分が不活性型で存在するが、培養液にホルモン P が存在する場合には、不活性型から活性型への構造変換が促進され、タンパク質 A の活性型が酵素 E に作用して、その酵素活性を上昇させることが知られている。また、培養液からホルモン P が除かれた通常の培養液に交換すると、タンパク質 A の活性型から不活性型への構造変換が促進されることも知られている。

　図3は、ある細胞の酵素 E の活性を、培養時間を追って測定したものである。これは、時間 t まではホルモン P を含む培養液で培養し、その後はホルモン P が除かれた培養液に交換して培養を続けた場合の結果である。

　バイオテクノロジーの手法を用いることにより、研究対象とするタンパク質について、その構成アミノ酸の一部を別のアミノ酸に置換したタンパク質（アミノ酸置換体）を細胞に発現させ、細胞への影響を調べたり、細胞から精製してその性質を調べたりすることができる。さらに、特定の遺伝子を欠損させることで、その遺伝子に由来するタンパク質の機能を欠損した細胞を作製し、細胞への影響を調べることもできる。このような手法を利用して、以下の実験を行った。

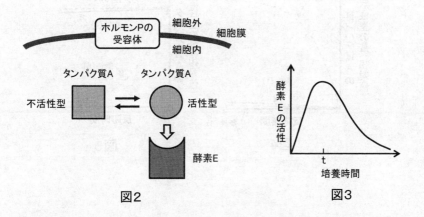

図2 図3

　［実験1］タンパク質Aの構造変換に関与する可能性があるタンパク質として、タンパク質Xとタンパク質Yが見いだされた。そこでタンパク質Xおよびタンパク質Yが、タンパク質Aの構造変換にどのような影響を与えるかを調べる目的で、各タンパク質を細胞から精製して実験を行うことにした。タンパク質Aの不活性型と活性型については、その立体構造の違いを利用して、それぞれを精製することが可能であった。

　まず、表1の条件（1）～（6）に示すように、不活性型あるいは活性型のタンパク質Aに対して、添加物なし、あるいはタンパク質Xやタンパク質Yを添加し、時間を追って活性型のタンパク質Aの量を測定したところ、**図4**および**図5**に示す結果が得られた。

表1

条件	タンパク質A	添加物
(1)	不活性型	なし
(2)	不活性型	タンパク質X
(3)	不活性型	タンパク質Y
(4)	活性型	なし
(5)	活性型	タンパク質X
(6)	活性型	タンパク質Y

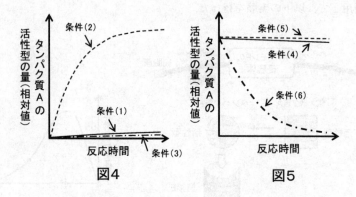

図4　　　　　　　　　図5

問3 空欄 **ク** ～ **サ** に適当な語句を記せ。

問4 下線部 (b) について。タンパク質の二次構造を形成する立体構造の
名称を2つ述べよ。

問5 以下の文章は、実験1の結果からタンパク質Xやタンパク質Yの機
能について考察したものである。これに関して、以下の問いに答えよ。

(考察) まず**図4**の結果について考察してみると、タンパク質Xは、タン
パク質Aの **シ** する働きがあることが想定される。また、**図5**の結果
について考察してみると、タンパク質Yは、タンパク質Aの **ス** する
働きがあることが想定される。従って、ホルモンPが細胞膜に存在するホ
ルモンP受容体に結合するとタンパク質Xが機能を **セ** 、活性型のタ
ンパク質Aの量が増加することで、酵素Eの活性が上昇する可能性があ
る。一方、培養液からホルモンPを除去後に酵素Eの活性が低下するのは、
その培養条件下ではタンパク質Xが機能を **ソ** 、さらにタンパク質Y
が機能を **タ** 、活性型のタンパク質Aの量が減少するためではないか
と考えられる。

(1) 上記の考察の空欄 **シ** 及び **ス** に当てはまる記述として最も適
切なものを、選択肢①～④の中から**1つ**選べ。

① 不活性型から活性型への構造変換を促進

② 活性型から不活性型への構造変換を促進

③ 不活性型から活性型への構造変換を抑制

④ 活性型から不活性型への構造変換を抑制

(2) 前述の考察の空欄 **セ** ～ **タ** にあてはまる語句の組み合わせと
して、最も適切だと考えられるものを、選択肢①～⑧の中から**1つ**選べ。

選択肢	セ	ソ	タ
①	発揮して	発揮して	発揮して
②	発揮せず	発揮して	発揮して
③	発揮して	発揮せず	発揮して
④	発揮せず	発揮せず	発揮して
⑤	発揮して	発揮して	発揮せず
⑥	発揮せず	発揮して	発揮せず
⑦	発揮して	発揮せず	発揮せず
⑧	発揮せず	発揮せず	発揮せず

問 6　前述の考察で述べられたことが細胞で起こっている場合、観察されると考えられる現象を下記の選択肢からすべて選び、番号で答えよ。

① 正常な細胞に比べ、タンパク質 X の機能を欠損する細胞では、ホルモン P の添加に伴う酵素 E の活性上昇の程度は大きくなる。

② 正常な細胞に比べ、タンパク質 X の機能を欠損する細胞では、ホルモン P の添加に伴う酵素 E の活性上昇の程度は小さくなる。

③ 正常な細胞とタンパク質 X の機能を欠損する細胞では、ホルモン P の添加に伴う酵素 E の活性上昇の程度に違いはみられない。

④ 正常な細胞に比べ、タンパク質 Y の機能を欠損する細胞では、ホルモン P を培地から除いた後の酵素 E の活性低下の程度は大きくなる。

⑤ 正常な細胞に比べ、タンパク質 Y の機能を欠損する細胞では、ホルモン P を培地から除いた後の酵素 E の活性低下の程度は小さくなる。

⑥ 正常な細胞とタンパク質 Y の機能を欠損する細胞では、ホルモン P を培地から除いた後の酵素 E の活性低下の程度に違いはみられない。

［実験 2］タンパク質 A のあるアミノ酸を別のアミノ酸に置換したタンパ
ク質（アミノ酸置換体 M）は、タンパク質 A と同様に不活性型及び活性型
の 2 つの構造をとり、その活性型が酵素 E の酵素活性を上昇させることが
分かっている。そこでアミノ酸置換体 M を細胞に発現させ、その不活性
型と活性型を精製し、表 2 に示す条件 (7)〜(12) で、実験 1 と同様の実験
を行ったところ、**図6**および**図7**に示す結果が得られた。

表2

条件	アミノ酸置換体M	添加物
(7)	不活性型	なし
(8)	不活性型	タンパク質X
(9)	不活性型	タンパク質Y
(10)	活性型	なし
(11)	活性型	タンパク質X
(12)	活性型	タンパク質Y

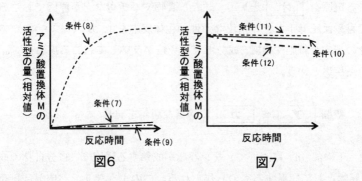

図6 図7

問7　細胞にアミノ酸置換体 M を発現させて、培養液にホルモン P を添加
　　したところ、発現させていない場合と同様に、細胞内の酵素 E の活性が
　　上昇した。その後、培養液からホルモン P を除いたところ、発現させて
　　いない場合とは異なり、酵素 E の活性はあまり低下せずに長時間持続し
　　た。この現象が生じた理由について、実験 2 の結果から考察されるアミ
　　ノ酸置換体 M の性質と関連づけながら、以下の語句をすべて用いて述べ
　　よ。

(語句) ホルモン P、タンパク質 X、タンパク質 Y、酵素 E

Ⅱ　次の記述を読み、下記の問いに答えよ。

［文1］ヒトの体内には、正常な細胞から発生したがん細胞や侵入した病原体などの異物を除去する生体防御機構がある。この機構を免疫とよび、これに関わる細胞には、好中球やT細胞、ナチュラルキラー（NK）細胞など様々な細胞がある。これらの細胞の (a) 成熟過程は様々であり、例えば、T細胞はその前駆細胞が骨髄で発生した後、胸腺に移動して成熟する。免疫は、好中球などの (b) 食細胞が行う食作用により異物を除去する ア 免疫と、T細胞やB細胞などのリンパ球が中心となって特異的に異物を除去する イ 免疫とに大別される。 イ 免疫のうちB細胞から分化した細胞が産生する抗体によって異物を除去または失活させる免疫を ウ といい、主にT細胞が主体となって直接異物を攻撃・除去する免疫を (c) 細胞性免疫という。また、花粉症のように、免疫反応が過敏となり生体に不利益をもたらすことを エ といい、 エ の原因となる抗原を オ という。また、食物やハチ毒などが原因でおこる意識障害や血圧低下などの重篤な急性の生体反応を カ という。一方で、自身の正常な細胞や組織、成分などに免疫が反応して起こる疾患を、(d) 自己免疫疾患という。

問1　空欄 ア ～ カ に適当な語句を記せ。

問2　下線部 (a) について。リンパ球が成熟する過程で、自分自身の成分を異物として認識するものも作られる。このようなリンパ球が自ら死滅して排除されることで、自分自身に対する免疫がはたらかない状態をつくることができる。この状態の名称を答えよ。

問3　下線部 (b) について。病原体などに特徴的な構造を認識する食細胞の受容体の名称を答えよ。

問4　下線部 (c) について。下記の文章は、細胞性免疫が病原体に感染した細胞を除去する仕組みを説明したものである。空欄 キ ～

| コ | に適当な語句を記せ。

活性化した樹状細胞は、病原体のタンパク質断片を | キ | の上にのせて
T細胞に提示する。T細胞は細胞ごとに異なる | ク | を1種類だけもっ
ており、提示された抗原に対して | ク | が特異的に結合したT細胞だけ
が活性化して増殖し、| ケ | T細胞や | コ | T細胞となる。活性化し
た | ケ | T細胞は、| コ | T細胞を活性化する。活性化した | コ | T
細胞は、感染細胞の表面に現れた抗原を認識し、その細胞を直接攻撃して
除去する。

問5 下線部（d）について。自己免疫疾患に該当する疾患名を**2つ**答え
よ。

［文2］免疫応答により活性化したT細胞やB細胞の一部は、(e) 記憶細胞
として体内に保存される。B細胞から産生される (f) 抗体は、Y字状のタン
パク質であり、(g) アミノ酸配列が異なる可変部と配列の変わらない定常部
からなる。抗体は、可変部を介して特定の抗原と結合するが、この性質を
利用して医薬品としても応用されている。例えば、抗体のがんの治療に対
する作用機序としては、抗体ががん細胞表面抗原に結合し細胞死を誘発す
る直接的な殺細胞作用や、がん細胞と結合した抗体を好中球やNK細胞が
受容体を介して認識して除去する機構、がん細胞の増殖に関わる受容体に
結合することでがん細胞の増殖を抑制する機構がある。

問6 下線部（e）について。以下の問に答えよ。
(1) 血液中の抗体量が最大値に到達するまでの時間と最大値は、初めての
抗原が体内に侵入した時（初回）に比べて、再度抗原が侵入した時（2
回目）ではどのように変化するか、次の選択肢①〜⑨から**1つ**選べ。

選択肢	時間	最大値
①	変化しない	変化しない
②	変化しない	増加する
③	変化しない	減少する
④	短くなる	変化しない
⑤	短くなる	増加する
⑥	短くなる	減少する
⑦	長くなる	変化しない
⑧	長くなる	増加する
⑨	長くなる	減少する

(2) この現象を医療に応用したものが予防接種である。予防接種の際に投与するものの総称を答えよ。

(3) 予防接種のほかに免疫応答を利用したものに血清療法がある。予防接種と血清療法の原理の違いについて説明せよ。

問7　下線部（f）について。図1は、抗体の構造を示している。抗原を認識する可変部は、図1のA〜Cのうちどれか。1つ選べ。

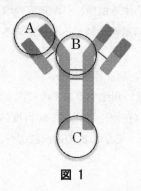

図1

問8　下線部（g）について。多くの抗原に対応できる多様な可変部を有

する抗体が産生される機構について説明せよ。

[実験]がん化した B 細胞を移植したマウスを 6 つのグループに分け、NK
細胞の活性を抑制する薬物 A と好中球の活性を抑制する薬物 B を**表 1** に
従い投与した。その後、グループ 3〜6 のマウスに対して、がん細胞の表
面に発現する膜タンパク質に対する抗体を投与した。抗体投与日から 200
日目まで各グループにおけるマウスの生存率を解析し、**図 2** の結果が得ら
れた。

表 1

グループ	薬物 A	薬物 B	抗体
1	−	−	−
2	+	+	−
3	−	−	+
4	+	−	+
5	−	+	+
6	+	+	+

＋；投与、−；非投与

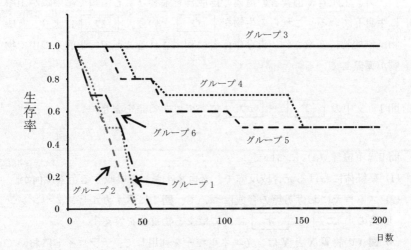

図 2

問9　この実験では、がん細胞を移植したマウスに抗体を投与すると、生存率が上昇した。その仕組みとして、実験結果にもとづいて考えられることを述べよ。

Ⅲ　次の記述を読み、下記の問いに答えよ。

[文1]ある地域に生息するすべての生物とそれを取り巻く環境とを包括して生態系という。生態系を構成する生物は、生産者と消費者に分けることができる。植物は生産者であり、光合成によって水と二酸化炭素からグルコースを合成することで、光エネルギーを化学エネルギーに変換している。(a) このように生産者は、無機物から有機物を合成する。草食動物は植物を食べることで、有機物の化学エネルギーを得ている。肉食動物は草食動物を食べることで、同様に化学エネルギーを得ている。このような被食者と捕食者の連続的なつながりを　ア　という。また、植物を食べる昆虫は一次消費者、昆虫を食べるスズメなどの小型の鳥類は二次消費者、小型の鳥類を捕食するフクロウなどの猛きん類は三次消費者というように、段階に整理することができる。それぞれの段階を　イ　という。

　一方、生産者や消費者の遺体や排泄物を栄養とする菌類や細菌類が土壌に生息している。これらの生物を　ウ　という。　ウ　により、有機物が無機物に変換され、再び生産者に利用されることで、生態系の中で物質が循環している。

問1　文中の　ア　～　ウ　にあてはまる語を記せ。

問2　下線部(a)について。
(1) 葉緑体における光合成反応で、光エネルギーを吸収する色素は何か。
(2) ストロマにおける糖の合成について、図1に示すカルビン・ベンソン回路の　エ　と　オ　にあてはまる物質名を答えよ。
(3) 図1の物質XとYは、光エネルギーを利用して、チラコイドにおいて

合成される。**図1**の反応でXとYが利用されており、それぞれX'とY'に変換される。XとYにあてはまる物質名を答えよ。

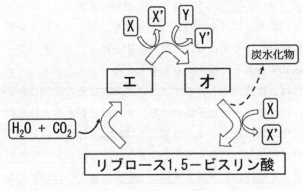

図1

問3　光合成以外の反応により、無機物から有機物を合成する生物として化学合成細菌があげられる。このような細菌の具体例を一つあげ、必要なエネルギーをどのように得ているかについて説明せよ。

問4　生態系の生産量に関する以下の記述から正しいものを**2つ**選べ。
① 生産者の純生産量は、総生産量から呼吸量を差し引いたものになる。
② 生産者の成長量は、総生産量から被食量を差し引いたものになる。
③ 一次消費者の成長量は、摂食量から呼吸量と被食量を差し引いたものになる。
④ 二次消費者の同化量は、摂食量から不消化排出量を差し引いたものになる。

[文2] ある地域に生息する同種の個体の集まりを　**カ**　という。動物の　**カ**　では、種によって、なわばりを形成して分散して生活するものや、さまざまに組織化された群れを形成するものがいる。例えば、シマウマやスズメなどは、(b) 群れを形成することが外敵に対する防衛に役立っている。また、求愛や子育てなどの繁殖においても群れを形成することが適応的意義を持つ。

　群れを形成する生物の中には、群れの中で優劣の秩序がみられることがあり、これを　キ　という。例えば、(c) 囲いの中で飼育されている複数のニワトリには優劣の順序がみられる。また、大型の哺乳類では、リーダー制がみられることがあり、群れを外敵から守ったり、共同して狩りを行ったり、採食場所に移動したりする際に、群れ全体を統率する。リーダー制は、種内競争を緩和することに適応的意義を有すると考えられる。

　ニホンザルの群れは、複数のオトナのオスとメスおよびその子供たちから構成されている。群れで生まれた子供のうち、メスは生涯を生まれた群れで過ごし、オスは性成熟に達する4〜5歳ごろに群れを出て、ひとりオスとなったり他の群れに加わったりする。このように、(d) ニホンザルの群れは、血縁関係によって結ばれたメスと子供たちと、血縁のつながりのないオスたちで構成されている。このような社会集団を「母系的複雄複雌群」とよぶ。

問5　文中の　カ　と　キ　にあてはまる語を記せ。

問6　下線部（b）について。図2に示すように群れが大きくなる（個体数が増える）と、捕食される確率が低くなることが知られている。しかし、昼間にスズメは20〜30羽で行動することが観察されることが多い。群れの大きさを制限する要因を「群れの大きさが大きくなると、」の書き出しで説明せよ。

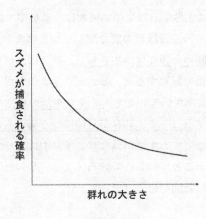

図2

問7　下線部 (c) について。強いニワトリが弱いニワトリをつつくので、群れの中の優劣は「つつき行動」により観察することができる。これに関連する以下の記述の中から、正しいものを**2つ**選べ。

① 群れの中の優劣は日々変動して、入れ替わっている。
② 優劣の秩序が形成されると、弱いニワトリが強いニワトリをつつくことはない。
③ 優劣の秩序を形成することで、不要な争いを避けることができる。
④ 優劣の秩序が形成された後、新しいニワトリを群れに入れると、元から群れにいた弱いニワトリが強いニワトリをつつくようになる。

問8　下線部 (d) について。チンパンジーの群れでは、ニホンザルとは逆にメスが繁殖可能な年齢に達すると他の集団に移動する。群れの中のオスまたはメスが移動することの適応的な利点について説明せよ。

　［文3］同じ地域に生息する野生の動植物は、異種間で競争関係にあり、生活上の要求が似ている近縁種の間で激しくなる傾向がある。(e) 競争に負けた種は絶滅し、勝った種だけが生き残る。例えば、ゾウリムシとヒメゾウリムシを同じ水槽で飼育すると、ヒメゾウリムシだけが生き残る。

　一方、生活上の要求が似ていても、(f) 主な生活の場や活動時間を分けることで競争を回避することで、共存が可能になる場合もある。例えば、ヤマメとイワナは、適応する水温が異なり、イワナはより上流側の冷たい水温帯に多く分布することが知られている。また、リスとムササビはそれぞれ昼行性と夜行性に時間帯を分けている。

問9　下線部 (e) について。このように、一方の種が生き残る現象を何とよぶか。名称で答えよ。

問10　下線部 (f) について。このように、共存が可能になることを何というか。名称で答えよ。

問11　生物種間の関係について、以下の記述から正しいものを**2つ**選べ。

① マメ科植物と根粒菌のように互いに利益を得る関係を相利共生とよぶ。
② 共生関係の中で、一方が不利益を被る場合、片利共生という。
③ 寄生とは、一方が他方の体内に侵入して共生することで、宿主が必要とする栄養素を腸内細菌が合成する例も寄生とよばれる。
④ 捕食者と被食者が共存するとき、両者は同じタイミングで増減することが観察される。
⑤ 地理的に離れた地域で、同じ生態的地位を占める種を生態的同位種という。

解　答　編

英　語

I ── **解答** (1) 30億年以上前（6〜10字）
(2)そのような根源的な疑問を投げかけ，それに答えることによって，科学的好奇心を満たすことに一生を費やすことが可能であった。
(3)─④　(4)─④　(5)─③　(6)─④　(7) 2番目：①　4番目：②　(8)─④
(9)─①　(10)─③　(11)─①　(12) 2番目：⑤　4番目：③

.... **全 訳** ....

《私が科学を志したきっかけ》

1 　カール=セーガンは，コーネル大学の天文宇宙科学科のデイヴィッド・ダンカン教授（役職名）であり，同大学の惑星研究所の所長であった。彼は地球惑星科学において素晴らしい業績を残した，尊敬される卓越した研究者であった。セーガンは，当時の太陽の明るさが30％も暗かったにもかかわらず，30億年以上前の地球が居住可能であったという驚くべき事実，つまり「微弱な初期太陽の逆説」に関する重要な研究を行った。セーガンは，その説明は拡大された温室効果に違いないと考えた。この研究は，私がペンシルベニア州立大学の1年生に地球史について教えるために使っている教科書の最初の章を構成するほど基本的なものである。

2 　しかし，セーガンは科学者を遥かに超えた存在であった。彼は文化的現象を体現する人であった。彼は一般の人々を科学に引き込む比類なき能力をもっていた。彼は道行く人に科学について説明できるだけでなく，科学で人々を興奮させることができた。私はこの件について，個人的な視点で語ることができる。私が科学の道を志すきっかけを与えてくれたのは，カール=セーガンなのである。

③　私は数学と科学に対する適性は常にあったが，それは情熱的なものではなく，最も抵抗が少ない道であった。そんな折，高校1年の初めにセーガンの PBS の人気シリーズ『コスモス』が放映されたのだ。セーガンは科学的探求の魔法を私に見せてくれた。彼は，私が想像していた以上に不思議に満ちた宇宙と，その中で太陽系の外側からかろうじて見える小さな青い点の住人である私たちの存在の貴重さを明らかにしてくれた。そして疑問の数々である！　生命はどのようにして誕生したのか？　宇宙にはもっと多くの生命が存在するのか？　他の知的文明は存在するのか？　なぜ彼らは我々にコンタクトしてこないのか？　私はこれらの疑問と，セーガンが13部からなる壮大なシリーズで提起したその他多くの疑問について熟考した。セーガンは，このような根源的な疑問を投げかけ，それに答えることによって，科学的好奇心を満たすことに一生を費やすことがありうる選択肢であることを，私に気づかせてくれた。

④　残念なことに，私が私のヒーローに会う機会はなかった。私が地質学と地球物理学の博士号を取得したのは1996年で，まさにその年にセーガンはこの世を去った。セーガンと同じ研究分野なので，あと数年早くこの仕事に就いていれば，ほぼ間違いなく会議や学会で彼に会っていただろう。しかし，彼の著作を通じて彼を知り，彼をよく知る何人かの人々と知り合うことができたことは幸いであった。その中には彼の娘であるサーシャも含まれていて，彼女は，宇宙とその中での私たちの立ち位置について私たちにインスピレーションを与えるという彼女の父親の遺産を引き継いでいる作家である。

=== 解説 ===

(1)　下線部を含む文は「当時の太陽の明るさが30％も暗かったにもかかわらず，30億年以上前の地球は居住可能であった」という意味。then は「当時」という意味で，more than three billion years ago を表している。

(2)　いわゆる it to 構文と呼ばれるもので，it の中身である真主語は to spend 以下である。spend *A doing*「A（時間）を〜して過ごす」 by 以下は posing と answering が同列関係になっている。

(3)　下線部の that は同格の that で，the surprising fact と that 以下の名詞節が同格関係になっている。①「5時のあの会議を忘れないで」の that は，形容詞である。②「私は彼女が着ている服が好きです」の that は，

関係代名詞である。③「彼がやって来ることを私は決して忘れない」の that は，forget の目的語の名詞節を導いている。④「彼女が昇進したニュースを聞いた？」の that は，the news と同格関係を表している。よって，④が正解である。

(4)　下線部の used は，先行詞 the textbook を目的語にとり「(地球史について教えるために) 使っている (教科書)」という意味で使われている。各選択肢の意味は①「私は当時，クリスティーを読んでいた (が今は読んでいない)」，②「私はかつて (食べていた) ほどには肉を食べない」，③「あなたはすぐに街の暮らしに慣れるでしょう」，④「この機械を以前に使ったことはある？」。よって，④が正解である。

(5)　下線部の far は直後の比較級 more を強める言葉として使われている。その他に far は「距離が遠い」「程度が強い」を表す。比較級を強めるために使われている③「そこは，ここよりもはるかに住みやすい場所である」が正解となる。①「それほど遠くはなかった」　②「私たちは夜遅くまで働いた」　④「研究はどのくらい進んだ？」

(6)　ability to *do*「〜する能力」　engage「〜を携わらせる，引き込む」

(7)　まず，動詞である explain に注目して，explain *A* to *B*「*A* を *B* に説明する」が想起できるとよい。その上で，文頭に否定の Not があることで副詞句 Not only となり，倒置構文を取る。正しい語順は only could he explain it to となる。よって，2番目に来る語は① could，4番目は② explain である。

(8)　consist は consist in 〜「〜にある」，consist of 〜「〜からなる」で用いるため，①，②は空所に合わない。constitute「〜を構成する，形作る」で，空所直前に過去完了形を導く had があるので，④ constituted が正解となる。

(9)　contact は「接触する」という意味で，①「なぜ彼らは我々に接触してきていないのか」が正解となる。

(10)　下線部の more は名詞として用いられており，「より多くのもの」という意味である。具体的には，直前の questions を指していて，「私はこれらの疑問と，セーガンが13部からなる壮大なシリーズで提起したその他多くの疑問について熟考した」となり文意にも合致する。

(11)　the same *A* as 〜「〜と同じ *A*」

(12)　have the pleasure of ～「～の喜びを得る」　get to know「～と知り合う」　正しい語順は had the pleasure of getting to となる。よって，2番目に来る語は⑤ the，4番目は③ of である。

(1)(with half) receiving the rhyming ones (and half the alternatives)

(2)(ア)—③　(イ)—②　(ウ)—④　(エ)—③　(オ)—②

(3)(a)—④　(b)—③　(c)—④　(d)—②　(e)—②

(4)(A)—④　(B)—⑧　(C)—⑦　(D)—⑤　(5)—③

·············· 全 訳 ··············

《韻という効果的な宣伝手法》

① 2013年，オスロ大学のペトラ=フィルクコヴァーとノルウェー科学技術大学のスヴェン=フロア=クレンペは，衣料品店の EGO やダイエット講座の BetterLife などのブランドのキャッチフレーズを作成した。そのキャッチフレーズは韻を踏んでいるものもあれば，踏んでいないものもあった。

② 心理学者たちは，183人の被験者にこれらのキャッチフレーズを見せ，半数に韻を踏んだキャッチフレーズを，半数にはそうでないものを見せた。質問したところ，韻を踏んだキャッチフレーズを見た被験者は，それらを信頼できると22％高く評価した。また，彼らはそのブランドを試してみたいという意欲も10％高かった。

③ 韻を踏むことの利点は，信頼度だけにとどまらない。それはまた，記憶への残りやすさも高める。2017年，アレックス=トンプソンと私は，広告代理店のスタッフ36人に，その半数だけが韻を踏んでいる10個の文のリストを5分間読んでもらうという試験的調査を行った。その日のうちに被験者に戻ってきてもらい，できるだけ多くのフレーズを挙げてもらった。

④ 結果は決定的で，韻を踏んだ文の29％が思い出されたのに対し，韻を踏んでいない文は14％しか思い出されなかった。これは記憶への残りやすさが2倍以上であったことを意味する。

⑤ しかし，この調査結果はどれほどの価値があるのだろうか？　広告主はすでに韻を踏むことの利点を知っているのではないだろうか？　結局のところ，かなりの広告の見出しでこのテクニックは使われている。以下のリストをざっと見てみよう。

キアオラはみんな大好き

超簡単！レモン・スクイージー

一度乗れば，永遠に惚れ込む

マッシュならスマッシュ

ごまかさずにハイグを頼もう

開けたら止まらない

これ以上強い電池はない

ビーンズ・ミーンズ・ハインツ

⑥　確かに長いリストである。しかし，もう一度これらのフレーズを見てみよう。何かに気づいたであろうか？

⑦　どれも 30 年以上前のものであることに気づいたであろうか？　ハイグのキャッチコピーは 1930 年代まで遡り，ハインツのキャッチコピーは 60 年代に書かれ，スマッシュの韻は 70 年代のものだ。同じような象徴的な韻を最近の 20 年で思いつくのははるかに難しい。韻は時代遅れなのだ。

⑧　それは推測ではない。アレックス=ボイドと私は，ニュース UK の書庫で午前中を費やして，1977 年までさかのぼってタイムズ紙とサン紙の広告を丹念に分類した。その結果，明確なパターンが見えてきた。

⑨　この 10 年間で，韻が目立つ広告の数は半減した。2007 年には，印刷広告の約 4 ％が韻を踏んでいたのに対し，30 年前は 10％が韻を踏んでいた。

⑩　しかし，なぜ広告制作者はこんな効果的な手法を無視するのだろうか？おそらく，韻を踏むことがマーケティング担当者の意にそぐわないからだろう。

⑪　広告の作り手は，同業者からの賞賛が欲しい。それは当然のことだ。しかし，プロが賞賛を得ることと，効果的な広告を作ることは同じではない。同業者である他の広告の専門家たちは，洗練されたテクニックに感心することが多い。そのため，韻を踏むような単純な解決策は，劣っていると揶揄されることになる。

⑫　ナシーム=ニコラス=タレブは，これは広告代理店が「成功か否かを決める自己決定権」を持っていないからだと主張するだろう。つまり，広告代理店の成功は，広告から得られる収入だけを反映するものではないということだ。これが問題を引き起こす。

⒀　しかし，行動科学のテーマのひとつは，シンプルな解決策がしばしば非
常に効果的であるということだ。行動科学の知識が広まることで，実績が
あり，信頼できる（そしてシンプルな）戦略への回帰が促されることを期
待したい。

=== 解 説 ===

⑴　問題文に「必要があれば本文の表現を参考にして」とあるので，空所
直後の文の the rhyming slogans を参考にする。また，書き出しが with
なので，with O C の付帯状況が想起される。よって，(with half)
receiving the rhyming ones〔slogans〕(and half the alternatives) とする。

⑵㋐　下線部の stretches は「広がる，及ぶ」という意味で，本文では
stretch beyond「～を超えて広がる」で「～にとどまらない」という意味
で使われている。全く同じ意味の選択肢はないが，消去法的に③ grows
「発展する」を選ぶ。①「止める」，②「狭める」，④「引き締める」はど
れも合わない。

㋑　下線部の ran は他動詞で，「～を走らせる，～を行う」という意味で
ある。目的語となっている a pilot study から「（調査）を行う」と推測で
きる。よって，②「行う」が最も意味が近い。①「心配する」　③「確か
める」　④「納得させる」

㋒　下線部の conclusive は「決定的」という意味で，第 3 段で述べた「韻
を踏むことは記憶への残りやすさも高める」ことを裏付ける結果が，第 4
段で述べられている。よって，④「否定しようのない」が最も近い意味と
なる。①「曖昧な」，②「議論の余地のある」，③「不明瞭な」はどれも合
わない。

㋓　下線部の After all は「結局のところ」という意味で，前文の疑問に
対する解答を導いており，③「結論として」が最も近い意味となる。①
「お気付きのように」，②「最終的に」，④「遅かれ早かれ」はどれも合わ
ない。

㋔　下線部の prominent は「傑出した，目立つ」という意味で，②「際
立った」が最も近い意味となる。①「普通の」，③「典型的な」，④「標準
的な」はどれも合わない。

⑶(a)　韻を使った例の部分であるので，④ stop を選べば，空所直前の
Once you pop の「pop」と「stop」が韻を踏む関係になる。

(b)　第7段（Did you spot … out of fashion.）は，韻は過去のものであることが述べられていることから，fall out of fashion「時代遅れになる」となる③を選べば，文意にも沿う。

(c)　第7段の最後の2文（It's far … out of fashion.）で「同じような象徴的な韻を最近の20年で思いつくのははるかに難しい。韻は時代遅れなのだ」とあり，第8・9段（That's（　c　）… 30 years prior.）でそれを裏付ける証拠が述べられている。よって，④「推測ではない」が正解となる。①「根拠がない」，②「非合理的である」，③「決して明白ではない」はどれも合わない。

(d)　空所の前の第9段（In the last … 30 years prior.）で「韻が目立つ広告の数は半減した」とある。よって，広告制作者が韻を用いていないことがわかるので，②「無視する」が正解となる。①「出席する」，③「視線を向ける」，④「取り上げる」はどれも合わない。

(e)　第10・11段（But why are … derided as inferior.）には「韻は効果的であるが，同業者から賞賛されないために使われていない」ことが述べられており，②を選択して「プロが賞賛を得ることと，効果的な広告を作ることは同じではない」とすると文意が通る。①「紛らわしい広告」，③「薄っぺらな広告」，④「つまらない広告」はどれも合わない。

(5)　下線部は「広告代理店が『成功か否かを決める自己決定権』をもっていない」と訳せるが，受験生には難しいであろう。下線部直後に That is,「つまり」とあるので，「広告代理店の成功は，広告から得られる収入だけを反映するものではない」から考えるとよい。すなわち，広告代理店の成功は「広告から得られる収入」の他に，第11段第1文（Makers of ads …）の their peers' admiration「同業者からの賞賛」によっても左右されるから，③が正解となる。

Ⅲ 解答 (1) to (2) times (3)(have) taught (4) since
(5) do (6) named

2024年度 一般B方式後期 英語

・・・・・・・・・・・・・・・・・・・・・・・・・ 全訳 ・・・・・・・・・・・・・・・・・・・・・・・・・

《ホシバナモグラ》

　多くの科学者は同じ動物の研究に一生を費やす。ケン゠カタニアは例外である。過去30年間，彼は電気ウナギ，ハダカデバネズミやワニ，触角のあるヘビやエメラルドゴキブリバチ，そして人間の感覚を調査してきた。彼は奇妙なものにひかれ，彼の奇妙な生き物への興味はほとんどいつも得るものがある。「通常，まあ，動物が面白くないと判明することはない」と彼は言う。「たいてい，動物は私が想像していたより10倍有能なのだ」彼が最初に研究したホシバナモグラほど，そのことを鮮烈に教えてくれた生き物はいない。

　ホシバナモグラは，絹のような毛皮とネズミのような尻尾，シャベルのような前足の爪をもつハムスターぐらいの大きさの動物である。人口密度の高い北米東部に生息しているが，ほとんどの時間を地中で過ごしているため，その姿を目にする人はほとんどいない。それを見れば，すぐに(名前のままの外観なので)それとわかるだろう。鼻の先端に11対のピンク色の毛のない指のような付属器官があり，鼻孔を囲むようにリング状に並んでいる。これがそのモグラの名前の由来となった間違えようのない星である。これはモグラの顔から生えている肉厚の花のようにも見えるし，イソギンチャクが鼻に突き刺さっているようにも見える。

・・・・・・・・・・・・・・・・・・・・・・・・・ 解説 ・・・・・・・・・・・・・・・・・・・・・・・・・

(1) 空所直前に attraction という名詞があるので，前置詞 to を選んで「奇妙な生き物への興味」とすると文意も通る。

(2) 空所直後に比較級がきており，time を times とすると倍数表現で「10倍有能なのだ」となり，文意も通る。

(3) 空所直後に him と that lesson の2つの名詞が連続しており，teach を選択すると「彼にその教訓を教える」となり，文意が通る。時制の調整は，過去形 taught か現在完了形 have taught にして「彼が最初に研究したホシバナモグラほど，そのことを鮮烈に教えてくれた生き物はいない」とすれば文意が通る。

(4) 空所直後に文が2つ連続しており，接続詞が必要だとわかる。よって，

since を選択して「ほとんどの時間を地中で過ごしているため，その姿を目にする人はほとんどいない」とすると文意も通る。

(5)　消去法で do を選択することになる。do は空所直前の文の see it を指しており「それを見れば，すぐにそれとわかるだろう」となる。なお，時制は，「(ホシバナモグラの外観は名前のように星のような鼻をしているので) 目にすれば」としたいので現在形がふさわしい。

(6)　動詞の name を選び，be named for ～「名前が～に由来する」で「そのモグラの名前の由来となった間違えようのない星」となる。

数　　学

Ⅰ　**解　答**　(1)(a) 150　(b) 60　(c) 162

(2)(d) $-\dfrac{5}{2}n^2+\dfrac{87}{2}n$　(e) 9　(f) 189

(3)(g) $3x^2-4x$　(h) 1, $\dfrac{1\pm\sqrt{5}}{2}$　(4)(i) 41

═══════════ **解説** ═══════════

《小問4問》

(1)　Pを通る場合は

$$\frac{5!}{2!\cdot 3!}\times\frac{6!}{4!\cdot 2!}=10\times 15=150 \text{ 通り}　\to(a)$$

　PとQを通る場合は

$$\frac{5!}{2!\cdot 3!}\times 1\times\frac{4!}{2!\cdot 2!}=10\times 1\times 6=60 \text{ 通り}　\to(b)$$

　Qを通る場合は

$$\frac{7!}{4!\cdot 3!}\times\frac{4!}{2!\cdot 2!}=35\times 6=210 \text{ 通り}$$

であるから，PまたはQを通る場合は

$$150+210-60=300 \text{ 通り}$$

　一方，経路の総数は

$$\frac{11!}{6!\cdot 5!}=\frac{11\cdot 10\cdot 9\cdot 8\cdot 7}{5\cdot 4\cdot 3\cdot 2\cdot 1}=462 \text{ 通り}$$

　よって，PもQも通らない場合は

$$462-300=162 \text{ 通り}　\to(c)$$

(2)　等差数列の和の公式より

$$S_n=\frac{n}{2}\{2\cdot 41+(n-1)\cdot(-5)\}=\frac{n}{2}(-5n+87)$$

$$=-\frac{5}{2}n^2+\frac{87}{2}n　\to(d)$$

$$=-\frac{5}{2}\left(n^2-\frac{87}{5}n\right)=-\frac{5}{2}\left\{\left(n-\frac{87}{10}\right)^2-\left(\frac{87}{10}\right)^2\right\}$$

$$= -\frac{5}{2}\left(n - \frac{87}{10}\right)^2 + \frac{5}{2}\left(\frac{87}{10}\right)^2$$

ここで

$$\frac{87}{10} = 8 + \frac{7}{10}$$

よって，S_n が最大値をとる n は

$$n = 9 \quad \rightarrow (e)$$

最大値 S_9 は

$$S_9 = \frac{9}{2} \cdot (-5 \cdot 9 + 87) = 189 \quad \rightarrow (f)$$

別解　$a_n = 41 + (n-1) \cdot (-5) = -5n + 46 > 0$ とすると

$$n < \frac{46}{5} = 9 + \frac{1}{5}$$

であるから，第 9 項までは正の値で，第 10 項以降は負の値である。

よって，第 9 項までの和 S_9 が最大となる。

(3)
$$\int_{\alpha}^{x} f(t)dt = x^3 - 2x^2 + 1$$

の両辺を x で微分することにより

$$f(x) = 3x^2 - 4x \quad \rightarrow (g)$$

また，与式で $x = \alpha$ とすると

$$\alpha^3 - 2\alpha^2 + 1 = 0 \qquad (\alpha - 1)(\alpha^2 - \alpha - 1) = 0$$

$$\therefore \quad \alpha = 1, \ \frac{1 \pm \sqrt{5}}{2} \quad \rightarrow (h)$$

(4)　ユークリッドの互除法を用いる。割り算の筆算を実行すると

$$5207 = 943 \times 5 + 492$$

$$943 = 492 \times 1 + 451$$

$$492 = 451 \times 1 + 41$$

$$451 = 41 \times 11 + 0$$

以上より，5207 と 943 の最大公約数は　　41　$\rightarrow (i)$

実際

$$5207 = 41 \times 127 \quad かつ \quad 943 = 41 \times 23$$

であり，127 と 23 とは互いに素である。

Ⅱ 解答
(1)(a) -1　(b) -1　(2)(c) t^2-at

(3)(d) $0,\ -2$　(e) 0　(f) $\dfrac{-2\pm\sqrt{6}}{2}$　(g) $-\dfrac{1}{4}$

(4)(h) $(4,\ -1\pm\sqrt{3}\,),\ (-5,\ -1)$

══════════════ 解　説 ══════════════

《2次関数の最大・最小》

(1)　　$t=x^2+2x=(x+1)^2-1$

より，t が最小値をとるのは

　　　$x=-1$　→(a)

　このとき最小値は　　-1　→(b)

(2)　　$y=x^4+4x^3-(a-4)x^2-2ax$

　　　$=x^4+4x^3+4x^2-ax^2-2ax$

　　　$=(x^2+2x)^2-a(x^2+2x)$

　　　$=t^2-at$　→(c)

(3)　$a=0$ のとき

　　　$y=t^2$

　そこで

　　　$t=x^2+2x=0$

とすると

　　　$x(x+2)=0$　　∴　$x=0,\ -2$

　よって，y が最小値をとるのは

　　　$x=0,\ -2$　→(d)

　このとき最小値は　　0　→(e)

　また，$a=1$ のとき

　　　$y=t^2-t=\left(t-\dfrac{1}{2}\right)^2-\dfrac{1}{4}$

　そこで

　　　$t=x^2+2x=\dfrac{1}{2}$

とすると

　　　$2x^2+4x-1=0$　　∴　$x=\dfrac{-2\pm\sqrt{6}}{2}$

よって，y が最小値をとるのは

$$x=\frac{-2\pm\sqrt{6}}{2}\quad\rightarrow(f)$$

このとき最小値は　　$-\dfrac{1}{4}\quad\rightarrow(g)$

(4)　　$y=t^2-at=\left(t-\dfrac{a}{2}\right)^2-\dfrac{a^2}{4}\quad(t=x^2+2x\geqq-1)$

軸の方程式は　　$t=\dfrac{a}{2}$

(i) $\dfrac{a}{2}\geqq-1$ のとき　$(a\geqq-2$ のとき$)$

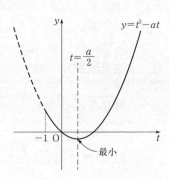

最小値：$-\dfrac{a^2}{4}=-4$ より

　　$a^2=16$

∴　$a=4$　$(\because\ a\geqq-2)$

このとき

　　$t=x^2+2x=\dfrac{a}{2}=2$

より

　　$x^2+2x-2=0$　　∴　$x=-1\pm\sqrt{3}$

(ii) $\dfrac{a}{2}<-1$ のとき　$(a<-2$ のとき$)$

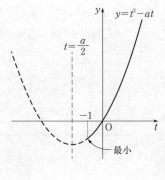

最小値：$1+a=-4$ より

∴　$a=-5$　（これは $a<-2$ を満たす）

このとき

　　$t=x^2+2x=-1$

より

　　$x=-1$　（(1)の結果より）

以上より

　　$(a,\ x)=(4,\ -1\pm\sqrt{3}\,),\ (-5,\ -1)$

　　　　　　　　　　　　$\rightarrow(h)$

Ⅲ　**解 答**　(a) $-\dfrac{7}{25}$　(b) 3　(1)(c)外接円　(d)外心　(e) $\dfrac{25}{6}$

(2)(f) 5 : 4　(g) $\dfrac{5}{3}$　(3)(h) $\dfrac{7}{3}$　(i) 5 : 8

=====　解 説　=====

《三角形の外心，内心，垂心》

余弦定理より

$$\cos A = \frac{5^2 + 5^2 - 8^2}{2 \cdot 5 \cdot 5}$$

$$= \frac{-14}{2 \cdot 5 \cdot 5} = -\frac{7}{25} \quad \rightarrow\text{(a)}$$

また

$$\text{AM} = \sqrt{5^2 - 4^2} = 3 \quad \rightarrow\text{(b)}$$

(1) 正弦定理より

$$\frac{8}{\sin A} = 2\text{AO} \quad \therefore \quad \text{AO} = \frac{4}{\sin A}$$

ここで

$$\sin A = \sqrt{1 - \left(-\frac{7}{25}\right)^2} = \sqrt{\frac{25^2 - 7^2}{25^2}} = \sqrt{\frac{32 \cdot 18}{25^2}} = \frac{24}{25}$$

$$\therefore \quad \text{AO} = \frac{4}{\dfrac{24}{25}} = \frac{25}{6} \quad \rightarrow\text{(e)}$$

(2) 内心 I について，角の二等分線の性質より

$$\text{AI} : \text{IM} = \text{BA} : \text{BM} = 5 : 4 \quad \rightarrow\text{(f)}$$

よって

$$\text{AI} = \text{AM} \times \frac{5}{9} = 3 \times \frac{5}{9} = \frac{5}{3} \quad \rightarrow\text{(g)}$$

(3) 垂心を H，$\overrightarrow{\text{AB}} = \vec{b}$，$\overrightarrow{\text{AC}} = \vec{c}$ とおくと

$$|\vec{b}| = 5, \quad |\vec{c}| = 5$$

$$\vec{b} \cdot \vec{c} = 5 \cdot 5 \cdot \cos A = 5 \cdot 5 \cdot \left(-\frac{7}{25}\right) = -7$$

ここで

$$\overrightarrow{\text{AH}} = k(\vec{b} + \vec{c})$$

とおけて

$$\overrightarrow{BH}\cdot\overrightarrow{AC}=0$$

が成り立つから

$$\{k(\vec{b}+\vec{c})-\vec{b}\}\cdot\vec{c}=0$$

$$k(\vec{b}\cdot\vec{c}+|\vec{c}|^2)-\vec{b}\cdot\vec{c}=0$$

$$k(-7+5^2)-(-7)=0$$

$$\therefore\quad k=-\frac{7}{18}$$

$$\overrightarrow{AH}=-\frac{7}{18}(\vec{b}+\vec{c})=-\frac{7}{9}\overrightarrow{AM}$$

$$\therefore\quad AH=AM\times\frac{7}{9}=3\times\frac{7}{9}=\frac{7}{3}\quad\rightarrow(h)$$

右図より

$$OI=AO-AI=\frac{25}{6}-\frac{5}{3}=\frac{15}{6}=\frac{5}{2}$$

$$IH=AI+AH=\frac{5}{3}+\frac{7}{3}=\frac{12}{3}=4$$

よって

$$OI:IH=\frac{5}{2}:4=5:8\quad\rightarrow(i)$$

Ⅳ  **(1)(a)** $-2\leqq x\leqq 2$ **(2)(b)** $-1<x<\dfrac{7}{3}$

(3)(c) $\dfrac{1}{2}<t\leqq 4$ **(d)** t^2-6t+a **(e)** $\log_2 3$ **(f)** $a-9$ **(g)** $8\leqq a<9$

(h) $\dfrac{11}{4}<a<8,\ a=9$

━━━━━━━━━━━ 解 説 ━━━━━━━━━━━

《指数関数の最大・最小，指数方程式》

(1) $(2^x-2^{-2})(2^x-2^2)\leqq 0$ より

$$2^{-2}\leqq 2^x\leqq 2^2\quad\therefore\quad -2\leqq x\leqq 2\quad\rightarrow(a)$$

(2) $\log_2(x+1)+2<\log_2(x+11)$ について，真数条件より

$$x+1>0\quad\text{かつ}\quad x+11>0$$

$$\therefore\quad x>-1\quad\cdots\cdots①$$

与式より

$$\log_2(x+1)+\log_2 4<\log_2(x+11)$$
$$\log_2 4(x+1)<\log_2(x+11)$$

底：$2>1$ であるから

$$4(x+1)<x+11$$

$$\therefore \quad x<\frac{7}{3} \quad \cdots\cdots ②$$

①，②より

$$-1<x<\frac{7}{3} \quad \to (b)$$

(3)　$-2 \le x \le 2$ かつ $-1<x<\dfrac{7}{3}$ より

$$-1<x \le 2 \quad \therefore \quad 2^{-1}<2^x \le 2^2$$

したがって

$$\frac{1}{2}<t \le 4 \quad \to (c)$$

また，y を t を用いて表すと

$$y=4^x-3 \cdot 2^{x+1}+a$$
$$=(2^x)^2-6 \cdot 2^x+a$$
$$=t^2-6t+a \quad \to (d)$$
$$=(t-3)^2+a-9$$

よって，$t=3$ のとき最小値は

$$a-9 \quad \to (f)$$

このとき

$$t=2^x=3$$

$$\therefore \quad x=\log_2 3 \quad \to (e)$$

$4^x-3 \cdot 2^{x+1}+a=0$ が，$-1<x \le 2$ の範囲
に異なる 2 つの実数解をもつための条件は，

$t^2-6t+a=0$ が $\dfrac{1}{2}<t \le 4$ の範囲に異なる

2 つの実数解をもつことである。

$$t^2-6t+a=0 \text{ より} \quad -t^2+6t=a$$

であるから，求める条件は，右図より

$$8 \le a<9 \quad \to (g)$$

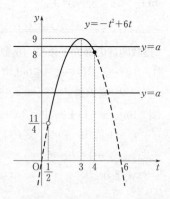

　同様に, $4^x - 3 \cdot 2^{x+1} + a = 0$ が $-1 < x \leqq 2$ の範囲にただ 1 つの実数解を
もつための条件は, $t^2 - 6t + a = 0$ が $\dfrac{1}{2} < t \leqq 4$ の範囲にただ 1 つの実数解
をもつことである。

　よって, 上図より

$$\frac{11}{4} < a < 8, \quad a = 9 \quad \rightarrow \text{(h)}$$

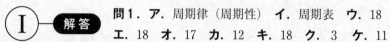

化　学

Ⅰ　解答　**問1.** **ア.** 周期律（周期性）　**イ.** 周期表　**ウ.** 18
エ. 18　**オ.** 17　**カ.** 12　**キ.** 18　**ク.** 3　**ケ.** 11

問2. ①原子半径が最大：Li　②金属元素：Li, Be

問3. 分子間に水素結合を形成するため。

━━━━━━━━ 解 説 ━━━━━━━━

《電子配置，化学結合とその構造》

問2. 同一周期では，原子番号が大きくなるほど，原子半径は小さくなる。これは，原子核の正の電荷が増え，静電気的な力によって，電子がより強く原子核に引き寄せられるためである。

Ⅱ　解答　**問1.** 反応式：$2SO_2 + O_2 \longrightarrow 2SO_3$
触媒：V_2O_5

問2. $K = \dfrac{2\alpha^2 V}{n(1-\alpha)^2(2-\alpha)}$ [L/mol]

問3. $\dfrac{n(2-\alpha)RT}{2V}$ [Pa]

問4.

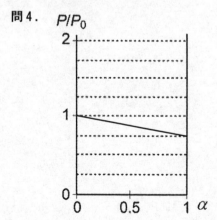

━━━━━ 解 説 ━━━━━

《化学平衡》

問2．平衡状態における各分子の物質量は次の通り。

	$2SO_2$	$+$	O_2	$\rightleftarrows$	$2SO_3$	合計　[mol]
反応前	n		n		0	$2n$
反応量	$-n\alpha$		$-\dfrac{1}{2}n\alpha$		$+n\alpha$	
平衡時	$n(1-\alpha)$		$\dfrac{1}{2}n(2-\alpha)$		$n\alpha$	$\dfrac{1}{2}n(4-\alpha)$

よって，平衡定数は次の通り。

$$K=\frac{[SO_3]^2}{[SO_2]^2[O_2]}=\frac{\left(\dfrac{n\alpha}{V}\right)^2}{\left\{\dfrac{n(1-\alpha)}{V}\right\}^2\dfrac{n(2-\alpha)}{2V}}=\frac{2\alpha^2 V}{n(1-\alpha)^2(2-\alpha)}\ [L/mol]$$

問3．平衡状態における酸素の分圧を p [Pa] とすると，気体の状態方程式より

$$pV=\frac{1}{2}n(2-\alpha)\times RT$$

$$\therefore\ p=\frac{n(2-\alpha)RT}{2V}\ [Pa]$$

問4．温度，体積が一定なので，容器内の圧力 P [Pa] は，気体の物質量の和に比例する。

$$\frac{P}{P_0}=\frac{\dfrac{1}{2}n(4-\alpha)}{2n}=1-\frac{1}{4}\alpha\quad (0\leqq\alpha\leqq1)$$

Ⅲ 解答 **問1．ア.** 両性　**イ.** 伝導　**ウ.** 展性　**エ.** 延性
オ. ジュラルミン

問2． $Al_2O_3+2NaOH+3H_2O\longrightarrow 2Na[Al(OH)_4]$

問3． 溶融塩電解または融解塩電解

問4． 7.72×10^4 秒

問5． アルミニウムは水素よりもイオン化傾向が大きいため。

━━━━━━━━━━ 解説 ━━━━━━━━━━

《アルミニウムの性質》

問4. アルミニウムの単体を得る方法は，酸化アルミニウムに氷晶石を加えて融解し，炭素電極を用いて電気分解する。電極反応は次の通り。

陽極：$C+2O^{2-} \longrightarrow CO_2+4e^-$，$C+O^{2-} \longrightarrow CO+2e^-$

陰極：$Al^{3+}+3e^- \longrightarrow Al$

2.16 kg のアルミニウムの単体を得るために必要な電子の物質量は

$$\frac{2.16\times10^3}{27.0}\times3=2.40\times10^2 \text{ [mol]}$$

通電時間を t [秒] とすると

$$\frac{300\times t}{9.65\times10^4}=2.40\times10^2 \qquad \therefore \quad t=7.72\times10^4 \text{ 秒}$$

Ⅳ 　解答　　**問1.** ア—⑥　イ—④　ウ—①　エ—⑤　オ—③

問2. 緩衝作用

問3. (1) $[CH_3COOH]$：0.10 mol/L　$[CH_3COO^-]$：0.10 mol/L

(2) 4.6　(3) 4.5

━━━━━━━━━━ 解説 ━━━━━━━━━━

《緩衝液とpH》

問1・問2. 酢酸と酢酸ナトリウムの混合水溶液に少量の塩酸を加えると，次の変化により水素イオンが消費される。

$$CH_3COO^-+H^+ \longrightarrow CH_3COOH+H_2O \quad \cdots\cdots(A)$$

塩基を少量加えると，次の変化により水酸化物イオンが消費される。

$$CH_3COOH+OH^- \longrightarrow CH_3COO^-+H_2O$$

これらの反応により，水素イオン濃度および pH はほとんど変化しない。このように水溶液の pH をほぼ一定に保つ作用を緩衝作用という。

問3. (2) 酢酸の電離定数を K_a とすると

$$K_a=\frac{[CH_3COO^-][H^+]}{[CH_3COOH]}=2.7\times10^{-5} \text{ [mol/L]} \quad \cdots\cdots(B)$$

この水溶液では $[CH_3COO^-]=[CH_3COOH]$ が成り立つので

$$[H^+]=2.7\times10^{-5} \text{ [mol/L]}$$

$\therefore \quad pH=-\log_{10}(2.7\times10^{-5})=5-0.43=4.57≒4.6$

(3) この水溶液 1.0 L に塩化水素 0.010 mol を吹き込むと，(A)式の変化が起こり，酢酸イオンは 0.090 mol，酢酸は 0.11 mol となる。

(B)式より

$$[H^+] = K_a \times \frac{[CH_3COOH]}{[CH_3COO^-]} = 2.7 \times 10^{-5} \times \frac{0.11}{0.090} = 3.3 \times 10^{-5} \, [mol/L]$$

$$\therefore \quad pH = -\log_{10}(3.3 \times 10^{-5}) = 5 - 0.52 = 4.48 \fallingdotseq 4.5$$

 **解答**

問1．組成式：CH_2　分子式：C_6H_{12}

問2．B・C

問3． E：

H_3C
$\quad$C=O
H_3C

F：

H_3C−H_2C
$\qquad$C=O
H

G：O=C
$\quad$CH_2−CH_3
$\quad$CH_3

H：O=C
$\quad$CH_2−CH_3
$\quad$CH_2−CH_3

━━━━━━ **解 説** ━━━━━━

《オゾン分解によるアルケンの構造決定》

問1．Aについて，C，H の組成比は次の通り。

$$\frac{85.6}{12} : \frac{14.4}{1.0} = 7.13 : 14.4 \fallingdotseq 1 : 2$$

組成式は CH_2 より，分子式は C_nH_{2n} と表せる。アルケンに臭素を完全に付加させたとき，反応するアルケンと臭素の物質量比は 1 : 1 なので

$$\frac{4.2}{14n} = \frac{8.0}{160} \qquad n = 6$$

よって，分子式は C_6H_{12} である。

問2・問3．分子式 C_6H_{12} で表されるアルケンをオゾン分解すると，炭素間の二重結合が開裂してアルデヒドまたはケトンが 2 分子生じる。2 分子の炭素原子の和は 6 個で一定となる。

　Aをオゾン分解すると，1 種類のケトン**E**が生じることから，**E**は炭素原子 3 個で構成されるアセトンとわかる。よって，**A**の構造は次の通り。

$$\underset{\text{A}}{\overset{H_3C}{\underset{H_3C}{>}}C=C\overset{CH_3}{\underset{CH_3}{<}}} \quad \xrightarrow{\text{オゾン分解}} \quad \underset{\text{E}}{\overset{H_3C}{\underset{H_3C}{>}}C=O} + \underset{\text{E}}{O=C\overset{CH_3}{\underset{CH_3}{<}}}$$

Bをオゾン分解すると，1種類のアルデヒド**F**が生じることから，**F**は炭素原子3個で構成されるプロピオンアルデヒドとわかる。よって，**B**の構造は次の通り。

$$\underset{\text{B}}{H_3C-H_2C-HC=CH-CH_2-CH_3}$$

$$\xrightarrow{\text{オゾン分解}} \quad \underset{\text{F}}{\overset{H_3C-H_2C}{\underset{H}{>}}C=O} + \underset{\text{F}}{O=C\overset{CH_2-CH_3}{\underset{H}{<}}}$$

Cをオゾン分解すると，アセトアルデヒドとケトン**G**が生じることから，**G**は炭素原子4個で構成されるケトンとわかる。よって，**C**の構造は次の通り。

$$\underset{\text{C}}{H_3C-HC=\underset{\overset{|}{CH_3}}{C}-CH_2-CH_3}$$

$$\xrightarrow{\text{オゾン分解}} \quad \overset{H_3C}{\underset{H}{>}}C=O + O=C\overset{CH_2-CH_3}{\underset{CH_3}{<}}$$
$$\underset{\text{アセトアルデヒド}}{} \qquad \underset{\text{G}}{}$$

Dをオゾン分解すると，ホルムアルデヒドとケトン**H**が生じることから，**H**は炭素原子5個で構成される次のケトン2種類のいずれかである。

$$\underset{\text{H1}}{H_3C-H_2C-\underset{\overset{||}{O}}{C}-CH_2-CH_3} \qquad \underset{\text{H2}}{H_3C-\underset{\overset{||}{O}}{C}-CH_2-CH_2-CH_3}$$

ヨードホルム反応を示さない条件を満たすのは**H1**である。よって，**D**の構造は次の通り。

$$H_2C=C-CH_2-CH_3 \xrightarrow{\text{オゾン分解}} \underset{H}{\overset{H}{}}C=O + O=C\underset{CH_2-CH_3}{\overset{CH_2-CH_3}{}}$$

（Dの CH_2-CH_3 下、ホルムアルデヒド、H1）

D　　　　　　　　　　　　　　　　ホルムアルデヒド　　　　　**H1**

A～Dのうち，シス-トランス異性体が存在するのは**B**と**C**である。

Ⅵ　**解答**　**問1．ア．**フェノール　**イ．**C_7H_8O

問2．

（構造式：ベンゼン環に OH と COOH（C=O, OH））

問3．試薬：2

方法：Dと**E**それぞれに塩化鉄（Ⅲ）水溶液を加える。

結果：Dは変化しないが，**E**は赤紫色に呈色する。

問4．A：（ベンゼン環に CH_3 と OH）　**G：**（ベンゼン環に $O-CH_3$）

問5．2（ベンゼン環に CH_2-OH）$+ 2Na \longrightarrow 2$（ベンゼン環に CH_2-ONa）$+ H_2$

=== 解　説 ===

《フェノール類の性質》

問1・問2・問4．分子式 C_7H_8O で表される芳香族化合物は，以下の左から順に o-クレゾール，m-クレゾール，p-クレゾール，ベンジルアルコール，メチルフェニルエーテルの5種類である。

（構造式5種：CH_3-OH（o-クレゾール），CH_3-OH（m-クレゾール），CH_3-OH（p-クレゾール），CH_2OH（ベンジルアルコール），$O-CH_3$（メチルフェニルエーテル））

　ヒドロキシ基は無水酢酸でアセチル化すると $-OCOCH_3$ となり，メチル基は酸化によってカルボキシ基 $-COOH$ となる。**A**から解熱鎮痛剤**D**が得られるので，**A**は o-クレゾール，**D**はアセチルサリチル酸である。

o-クレゾール（**A**）

アセチルサリチル酸（**D**）

アセチルサリチル酸を加水分解すると，サリチル酸**E**が得られる。

アセチルサリチル酸（**D**）　　　サリチル酸（**E**）

また，クレゾール以外の異性体**F**と**G**については，ナトリウムと反応して水素を発生する**F**がベンジルアルコール，反応しない**G**がメチルフェニルエーテルである。

生 物

 **解答**

問1．ア． 核膜（核） **イ．** 粗面小胞体
ウ． 滑面小胞体 **エ．** ゴルジ体
オ． エンドサイトーシス **カ．** リソソーム **キ．** 中心体

問2．(1) すべての酵素が基質と結合し，それ以上反応できる酵素がなくなるため。

(2) 阻害剤Ｉは，酵素Ｚの活性部位とは異なる部位に一定の確率で結合し，酵素Ｚが基質と結合するのを阻害する。

問3．ク． 視床下部 **ケ．** Ａ細胞 **コ．** グルカゴン **サ．** グリコーゲン

問4． αヘリックス構造，βシート構造

問5．(1)シ—① **ス**—②

(2)—③

問6． ②・⑤

問7． アミノ酸置換体Ｍは，タンパク質Ｘの影響は受けるが，タンパク質Ｙの影響は受けない。この結果，ホルモンＰを除いても，アミノ酸置換体Ｍが活性型のままとなり，酵素Ｅの活性低下につながらなかったため。

═══════════ **解 説** ═══════════

《細胞小器官，酵素反応》

問2．(1) 酵素の量を一定としているため，その一定量の酵素すべてが基質と結合すると，それ以上，基質の濃度を大きくしても反応速度はほぼ変わらなくなる。

(2) 阻害剤Ｉは酵素Ｚの活性部位とは異なる部位に結合するため，阻害剤Ｉが酵素Ｚに結合する確率は，基質濃度には影響しない。よって，一定の確率で酵素が阻害されるため，基質濃度に関わらず，阻害の程度にはほとんど影響がない。このような阻害を非競争的阻害と呼ぶ。

問5．(1) 図4より，条件(2)のみでタンパク質Ａの活性型の量の増加が見られる。よって，条件(2)の添加物であるタンパク質Ｘが，タンパク質Ａの不活性型を活性型に変化させたということがわかる。同様に図5より，条件(6)のみでタンパク質Ａの活性型の量の減少が見られることから，条件(6)

の添加物であるタンパク質Yが，タンパク質Aの活性型を不活性型に変化
させたということがわかる。

問6. ①・③誤文。タンパク質Xの働きによって，タンパク質Aが不活性
型から活性型に変わり，酵素Eの活性が上昇する。よって，タンパク質X
の機能が欠損している細胞では，正常な細胞に比べて酵素Eの活性上昇の
程度が小さくなると考えられる。

④・⑥誤文。タンパク質Yの働きによって，タンパク質Aが活性型から不
活性型に変わり，酵素Eの活性が低下する。よって，タンパク質Yの機能
が欠損している細胞では，正常な細胞に比べて酵素Eの活性低下の程度が
小さくなると考えられる。

問7. 実験2と実験1の結果を比較すると，実験2の条件(12)のみが実験1
の条件(6)の場合とは異なる結果となっている。このことから，タンパク質
Yは実験2で用いたアミノ酸置換体Mには，その機能を発揮させることが
できなかったと考えることができる。タンパク質Yがその機能を発揮でき
なかった場合，アミノ酸置換体Mは活性型のままとなり，酵素Eの活性も
低下しにくくなる。

Ⅱ 　**解答**　**問1. ア.** 自然　**イ.** 適応（獲得）　**ウ.** 体液性免疫
　　　　　　　　　　エ. アレルギー　**オ.** アレルゲン

カ. アナフィラキシーショック

問2. 免疫寛容

問3. Toll 様受容体

問4. キ. MHC 分子（主要組織適合性複合体分子）

ク. T細胞受容体（TCR）　**ケ.** ヘルパー　**コ.** キラー

問5. 1型糖尿病，バセドウ病，関節リウマチ（などから2つ）

問6. (1)―⑤

(2)ワクチン

(3)予防接種は，自らの免疫を用いて抗体を作ることで，将来の感染に備え
る方法である。一方，血清療法は，外部から直接抗体を与えることで，す
でに進行中の感染を治療する方法である。

問7. A

問8. 抗体の可変部をつくる多数の遺伝子の集団がいくつか存在し，これ

らの集団から，1つずつ遺伝子が選ばれ組み合わされることによって，多様な可変部を有する抗体が産生される。

問9． 抗体の投与によって，がん細胞の増殖が抑えられ，正常なB細胞が増殖できるようになる。この結果，好中球やNK細胞が担う自然免疫とB細胞などが担う獲得免疫が正常に働くようになり生存率が上昇する。

=== **解説** ===

《**免 疫**》
問2． このリンパ球が自ら死滅する過程は，アポトーシスの例の一つであることを合わせて知っておくとよい。

問3． トル様受容体またはTLRと解答してもよい。

問6． (1) 同じ抗原が再度侵入した場合，免疫記憶により，初めての侵入時より短時間で大量の抗体が作られるため，抗原による感染を防ぐことができる。このような反応を二次応答と呼ぶ。

(3) 予防接種は自らの免疫で予防する，血清療法は他の生物の免疫（抗体）を活用して治療する，という点から述べるとよい。

問9． 図2よりグループ2と6の結果ともに，50日ほどで生存率が0になっていることから，がん細胞に対する抗体の有無に関係なく生存率を高めるためには，好中球やNK細胞が担う自然免疫も重要であることがわかる。グループ3のみ生存率が1.0のまま保たれていることから，生存率を高めるためには，がん細胞を抑制しつつ，自然免疫も正常に機能させることが重要であることがわかる。

Ⅲ **解答** **問1．ア．** 食物連鎖　**イ．** 栄養段階　**ウ．** 分解者
問2． (1)光合成色素

(2)**エ**：ホスホグリセリン酸　**オ**：グリセルアルデヒドリン酸

(3)**X**：ATP　**Y**：NADPH+H^+

問3． 具体例：亜硝酸菌
説明：土中のアンモニウムイオンを吸収し，それを酸化することによって得られるエネルギーを用いる。

問4． ①・④

問5．カ． 個体群　**キ．** 順位制

問6． （群れの大きさが大きくなると，）個体群内での食物などの共通の資

源をめぐる競争が高まる。このことが群れの大きさを制限する要因となる。

問7. ②・③

問8. 個体が異なる群れ間を移動することで，群れ内の遺伝的多様性を維持することができる。遺伝的多様性を維持することで，群れ内の近親交配による奇形や病気のリスクを下げることができる。

問9. 競争的排除

問10. すみわけ

問11. ①・⑤

================ 解　説 ================

《生態系，個体群と種間関係》

問3. 他に，亜硝酸イオンを用いる硝酸菌，水素を用いる水素細菌，硫化水素を用いる硫黄細菌，硫酸鉄(Ⅱ)を用いる鉄細菌なども挙げられる。

問4. ②誤文。生産者の成長量は，総生産量から呼吸量，被食量，枯死量を差し引いたものである。

③誤文。一次消費者の成長量は，摂食量から不消化排出量，呼吸量，被食量，死滅量を差し引いたものである。

問8. 個体の出入りのない完全に閉ざされた状態の群れの場合，近親交配が行われ潜性有害遺伝子の発現のリスクが高まる。

問11. ②誤文。一方が不利益を被る場合は，共生関係ではない。

③誤文。寄生とは，一方が利益を得て，他方が不利益を被る場合のことである。

④誤文。捕食者の個体数の増減のピークは，被食者の増減のピークより後ろにずれる。

共通テスト・個別試験併用：C方式

問題編

▶試験科目・配点

教　科	科　　　　　目	配　点
理　科	化学基礎・化学	200点

▶備　考

- 大学入学共通テストにおいて①「英語（リスニングを含む），国語（「近代以降の文章」のみ）から1科目」（配点：200点に換算。またその際，英語はリーディングを1.6倍，リスニングを0.4倍とする），②数学Ⅰ・A（配点：100点），③「数学Ⅱ・B，物理，化学，生物から1科目」（配点：100点）を受験すること。①または③を複数科目受験した場合は高得点の科目を採用する。

- 大学入試共通テストにおいて指定する科目の成績，個別試験の成績に加え，調査書により「学力の3要素」のうち「主体性を持って多様な人々と協働して学ぶ態度」を多面的・総合的に評価し，合格者を決定する。

化　学

(90分)

I　次の記述を読み，下記の問いに答えよ。

　元素の周期表の第3周期までの元素**ア〜カ**，および，その原子からなる分子**A, B, C**がある。

1　**ア**の原子はL殻に4個の電子をもつ。

2　**イ**の原子2つと**ウ**の原子1つが共有結合で結合した電気的に中性の**A**において，**イ**と**ウ**の原子はそれぞれヘリウムとネオンと同じ電子配置になっている。

3　**エ**の原子はM殻に電子をもち，**ア**の原子1つと**エ**の原子4つが共有結合して電気的に中性の**B**を作る。

4　**オ**の原子からなる単体は二原子分子**C**で，室温で不活性な気体である。

5　元素**カ**の単体は酸化力が強く，**A**と激しく反応して**ウ**の単体を生じる。

問1　元素**ア〜カ**はなにか。元素記号で記せ。

問2　分子**A**，**B**，**C**において<u>結合に極性があるもの</u>はどれか。また，<u>極性分子</u>はどれか。それぞれ当てはまるものを全て選び，**A**，**B**，**C**で記せ。

問3　化合物**C**の化学構造式を例にならって記せ。

例：

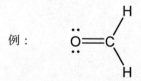

問4 ネオンと同じ電子配置をもつ 1〜3 価の陽イオンにおいて最もイオン半径が小さいものをイオン式で示せ。また，その理由を記せ。

Ⅱ 次の記述を読み，下記の問いに答えよ。

ある液体の物質 **A** に関して，次の実験 1, 2 を行った。気体は全て理想気体とし，液体の体積と加熱による容器の体積変化は無視してよい。また，実験 1 では，容器内の圧力は大気圧に保たれるものとする。なお，物質 **A** の沸点：77℃，物質 **A** の 27℃での飽和蒸気圧：1.50×10^4 Pa，物質 **A** の 77℃での飽和蒸気圧：1.00×10^5 Pa，大気圧：1.00×10^5 Pa，気体定数：8.31×10^3 Pa・L/(K・mol)とする。

実験1
内容積 100 mL の図のような装置を用いて以下の操作 1〜3 を行った。

操作1 27℃で容器の質量を測定すると 65.050 g であった。このうち，容器内の空気だけの質量は 100 mg であった。

操作2 容器に物質 **A**（液体）を 1 g 入れた。容器内部を 77℃に加熱して物質 **A** を完全に蒸発させ，**A** の気体のみで容器内を充満させた。

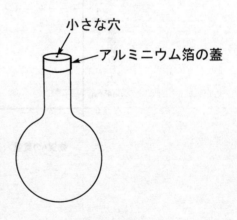
小さな穴
アルミニウム箔の蓋

操作3 27℃まで冷却してから容器全体の質量を測定すると x g で，残存した物質 **A** の総質量は 0.464 g であった。

問1 操作3の後の容器内の空気の圧力〔Pa〕を有効数字2桁で求めよ。

問2 操作3で測定された質量 x の値〔g〕を有効数字3桁で求めよ。

問3　物質 **A** の分子量を整数値で求めよ。

実験2
容積が 100 mL 一定で内部が真空の密閉容器を用いて以下の操作 1〜2 を
行った。

操作1　この密閉容器に物質 **A** を 1 g 入れ，容器内部の温度を 77℃に保っ
　　　　て内部の圧力を測定した。
操作2　操作 1 の実験を物質 **A** の質量を 0〜1 g の範囲で変えて繰り返し
　　　　行い，それぞれ圧力を記録した。

問4　実験 2 から得られる物質 **A** の質量と容器内の圧力の関係をグラフに
　　　記せ。なお，物質 **A** の質量と容器内の圧力の関係が変化する点がある場
　　　合は，その座標を書き込むこと。

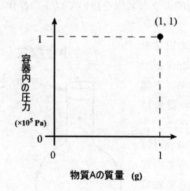

〔解答欄〕上の図に同じ。

III　次の記述を読み，下記の問いに答えよ。ただし，ファラデー定数は
$9.65×10^4$ C/mol，また原子量は Cu＝63.6，Zn＝65.4 とする。

　酸化還元反応は，電池の電極における反応や，金属のさびなど，身近な
反応である。電池の負極では　**ア**　反応がおこり，生じた　**イ**　が導
線に流れ出る。イオン化傾向の　**ウ**　金属を電極にしたほうが正極とな
り，両電極間に生じる電位差（電圧）の最大値を　**エ**　という。
　鉄は空気中で徐々に酸化されてさびを生じてしまう。鉄のさびを防ぐた
めに亜鉛でメッキしたトタンやスズでメッキしたブリキ，鉄とクロムとの
合金であるステンレスなどが用いられる。また，クロムは合金だけでなく，
金属表面に緻密な酸化被膜をつくり　**オ**　となるため，メッキにも用い
られている。

問1　空欄　**ア**　～　**オ**　に当てはまる語句を入れよ。

問2　右図のように，金属板
　　をそれぞれの硫酸塩水溶
　　液に浸した電池をつくっ
　　た。金属 **A** にスズを用い，
　　金属 **B** に鉄，ニッケル，亜
　　鉛，銅のいずれかを用いた
　　時，金属 **B** が負極になる金
　　属を全て元素記号で記せ。

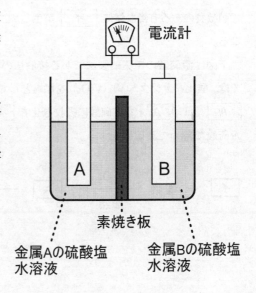

電流計

素焼き板

金属Aの硫酸塩
水溶液

金属Bの硫酸塩
水溶液

問3　問2の電池において，金属 **A** に亜鉛，金属 **B** に銅を用いた電池で 0.200 A の一定電流を 1.0 時間放電させた。亜鉛板と銅板の質量〔g〕 はどう変化したか，小数点以下第3位まで求めよ。ただし，増加したときには ＋，減少したときには－ 符号をつけ，質量が変化しない場合には「変化なし」と記載すること。

問4　下線部のように，ブリキ，トタンともにさびにくいが，傷がつくとブリキでは鉄はさびても，トタンでは鉄はさびにくいので，トタンは建材などに用いられる。トタンでは鉄がさびにくい理由を簡潔に記せ。

Ⅳ　次の記述を読み，下記の問いに答えよ。

　分子中に酸素原子を含む酸をオキソ酸という。一般に，　ア　酸化物が水と反応するとオキソ酸が生じる。例えば，硫黄を燃焼させると，無色で刺激臭のある有毒な気体　イ　が生じ，これを水に溶かすと　ウ　になる。

　下図は濃硫酸の工業的製法である接触法の概略を示している。この方法では，酸化バナジウム(V) (V_2O_5) を触媒として，　イ　を酸素と反応させて　A　とし，　A　を濃硫酸に吸収させて　B　とする。さらに　B　を希硫酸で薄めて濃硫酸とする。

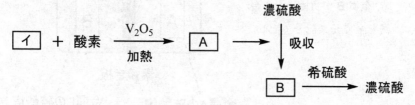

　塩素を水に溶かすと，その一部が反応して塩化水素とともにオキソ酸で

ある次亜塩素酸が生じる。

問1 　ア　 に適切な語句，　イ　，　ウ　 に当てはまる適切な化学
式を記せ。

問2 　A　，　B　 に該当する適切な語句を記せ。

問3 　下線部の反応を化学反応式で記せ。

V 　エーテル溶媒中にほぼ等量の芳香族化合物 **A**, **B**, **C** および **D** が含
まれる混合物 (試料) がある。4 つの化合物をそれぞれ分離するために，
次の実験を行った。下記の問いに答えよ。ただし，実験を通じて **A〜D**
は完全に分離されるものとする。なお，構造式は例にならって記せ。

例：

$$H_3C - \text{(ベンゼン環)} - \underset{\underset{H_3CH_2C}{|}}{HC} - \underset{\underset{CH_3}{|}}{CH} - \underset{\underset{\parallel}{O}}{C} - O - CH_2CH_3$$

実験1 　試料を分液ろうとに入れ，飽和炭酸水素ナトリウム水溶液を加え
た。よく振り混ぜたのち静置し，上層のエーテル層 (O1) と水層 (W1)
に分離した。W1 には **A** 由来の化合物 **E** が含まれていた。

実験2 　実験1の O1 に質量パーセント濃度が 20%の水酸化ナトリウム水
溶液を加え，よく振り混ぜたのち静置し，上層のエーテル層 (O2)
と水層 (W2) に分離した。W2 には **B** 由来の化合物 **F** が含まれて
いた。

実験3 　実験2の O2 に質量パーセント濃度が 10%の塩酸を加え，よく振
り混ぜたのち静置し，上層のエーテル層 (O3) と水層 (W3) に分

離した。W3 には **C** 由来の化合物 **G** が，O3 には **D** が含まれていた。

実験4　**A** を過マンガン酸カリウムで酸化し，酸性にしたところ **H** が得られた。**H** をエチレングリコール（1,2-エタンジオール）と重合させるとポリマー**I** が得られた。**I** は飲料等の容器の材料に用いられている。

実験5　**C** を塩酸および亜硝酸ナトリウムと反応させると化合物 **J** が生成した。**J** と別途合成した **F** を反応させると，NaCl とともに分子式が $C_{12}H_{10}ON_2$ で表される化合物 **K** が生成した。

実験6　**D** をスズおよび濃塩酸と反応させたところ **G** が生じた。

問1　**A**〜**D** は次の化合物**ア**〜**ク**のうちのいずれかである。**A**〜**D** にあてはまるのはどれか。記号で記せ。

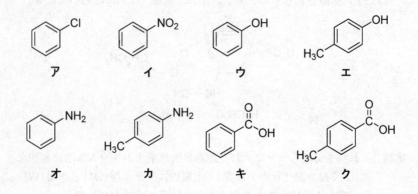

問2　**E**, **G**, **K** の構造式を記せ。

問3　W1 に含まれる **E** から **A** を得るためにはどのような実験を行えばよいと考えられるか。簡潔に説明せよ。

Ⅵ 分子式が $C_5H_{12}O$ で表わされる一価アルコール **A**, **B**, **C** および **D** が
ある。**A～D** に関する以下の記述 **ア～エ** を読み，下記の問いに答えよ。
ただし，原子量は $H = 1.0$，$C = 12$，$O = 16$，$Br = 80$ とする。

　　A～D の候補となる構造式を全て考えるためには以下のように考え
　るとよい。分子式が C_5H_{12} で表されるアルカンの構造異性体には **E**，
　F および **G** の3種類がある。次に **E**，**F** および **G** の水素原子の1つ
　をヒドロキシ基に置き換えると，**E** からは3種類，**F** からは4種類，
　そして **G** からは1種類の分子式 $C_5H_{12}O$ で表わされる一価アルコー
　ルが生じる。

ア **A** および **B** を硫酸酸性の二クロム酸カリウム水溶液でおだやかに
　酸化したところ，**A** からは不斉炭素原子を1つもつ中性化合物であ
　る **H** が得られ，**B** は同じ条件では変化しなかった。

イ **C** はヨードホルム反応を示し，濃硫酸を用いて脱水すると直鎖状
　アルケンが得られた。

ウ **D** はヨードホルム反応を示さず，濃硫酸を用いて脱水するとアル
　ケン **I** がシス－トランス異性体（幾何異性体）の混合物として生じた。

エ フラスコに **I** を 70 mg 正確にはかりとり，適切な溶媒に溶かした
　溶液に 0.10 mol/L の臭素水を滴下すると臭素水の色が直ちに消えた。

問1　**B**，**C**，**G**および**H**の構造式を例にならって記せ。

例

問2　記述**エ**の変化を化学反応式で記せ。ただし，**I**の構造式は幾何異性体のうちのシス体を用い，生成物の立体異性体は区別しなくてよい。

問3　記述**エ**の反応で，**I**が完全に消失するのに必要な臭素水の体積〔mL〕を有効数字2桁で求めよ。

解 答 編

［ 化 学 ］

Ⅰ **解答** **問1.ア.** C **イ.** H **ウ.** O **エ.** Cl **オ.** N
カ. F

問2. 結合に極性のあるもの：**A**と**B**

極性分子：**A**

問3. :N≡N:

問4. イオン式：Al^{3+}

理由：原子番号が大きくなるほど，原子核中の陽子の数が増加し，電子が静電気的な引力によって原子核に強く引きつけられるため。

=== 解 説 ===

《化学結合とその構造》

問1. 条件 1，3 より，元素**ア**は C，元素**エ**は Cl，分子**B**は CCl_4 である。条件 2 より，元素**イ**は H，元素**ウ**は O，分子**A**は H_2O である。条件 4 より，元素**オ**は N，二原子分子**C**は N_2 である。条件 5 より，元素**カ**は F である。

問2. N≡N は結合に極性をもたないが，O-H，C-Cl は結合に極性をもつ。このうち，正四面体形の CCl_4 は分子内で極性が打ち消しあって無極性分子となるが，折れ線形の H_2O では打ち消しあうことができない。以上より，N_2，CCl_4 は無極性分子，H_2O は極性分子である。

問3. 窒素原子は 5 個の価電子をもつ。2 原子が互いに 3 個ずつ電子を共有することで，3 対の共有電子対と 1 対の非共有電子対をもつ分子を形成する。電子式は次のように表せる。

:N⦂⦂⦂N:

 Ⅱ 解答 **問1.** 8.5×10^4 Pa **問2.** 6.55×10 g **問3.** 135

問4.

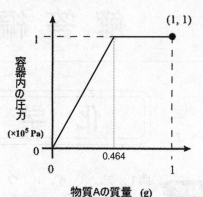

縦軸: 容器内の圧力 $(\times 10^5$ Pa)
横軸: 物質Aの質量 (g)

(点: (1, 1)、折れ曲がり: 0.464)

=== 解 説 ===

《飽和蒸気圧，混合気体と分圧》

問1. 操作1から操作3まで，容器内の圧力は大気圧 1.00×10^5 Pa と等しい。操作3において，物質**A**は27℃の飽和蒸気圧 1.50×10^4 Pa となっている。

よって，空気の圧力は

$$1.00 \times 10^5 - 1.50 \times 10^4 = 8.5 \times 10^4 \text{ [Pa]}$$

問2. 操作1と操作3において，内容積と温度は一定なので，空気の質量は分圧に比例する。操作3における空気の質量は

$$100 \times 10^{-3} \times \frac{8.50 \times 10^4}{1.00 \times 10^5} = 0.0850 \text{ [g]}$$

容器全体の質量 x [g] は，容器の質量，空気の質量，物質**A**の質量の和に等しいので

$$x = (65.050 - 0.100) + 0.0850 + 0.464 = 65.49 \fallingdotseq 65.5 \text{ [g]}$$

問3. 操作3の結果より，操作2において容器内を満たす物質**A**の質量は 0.464 g とわかる。物質**A**の分子量を M とすると，気体の状態方程式より

$$1.00 \times 10^5 \times \frac{100}{1000} = \frac{0.464}{M} \times 8.31 \times 10^3 \times 350$$

$$\therefore \quad M = 134.9 \fallingdotseq 135$$

問4. 実験2は実験1と同じ容積 100 mL で，内部が真空の密閉容器を利用している。77℃において，物質**A**は 1.00×10^5 Pa，100 mL，0.464 g の

気体となる。よって，実験2において，物質**A**の導入量が0.464gより小さいときは，容器内の圧力は物質**A**の質量に比例する。また，0.464g以上のとき，1.00×10^5 Pa で一定となる。これは，密閉容器内で物質**A**が気液平衡となり，飽和蒸気圧を超えて圧力が高くなることはないためである。

Ⅲ 解答

問1．ア．酸化 **イ．**電子 **ウ．**小さい **エ．**起電力 **オ．**不動態

問2． Zn, Fe, Ni

問3． 金属**A**（亜鉛）：－0.244 g　金属**B**（銅）：＋0.237 g

問4． 鉄よりも亜鉛の方がイオン化傾向が大きく，亜鉛が優先的に酸化されるため。

=== 解説 ===

《イオン化傾向と電池》

問2． 酸化反応が起こって電子が流れ出す電極を負極という。金属**A**にスズを用い，金属**B**が負極となるためには，金属**B**のイオン化傾向がスズよりも大きくなればよい。鉄，ニッケル，亜鉛，銅のうち，スズよりもイオン化傾向が大きいものは鉄，ニッケル，亜鉛である。

問3． 金属**A**に亜鉛，金属**B**に銅を用いた電池の電極反応は次の通り。

負極：$Zn \longrightarrow Zn^{2+} + 2e^-$

正極：$Cu^{2+} + 2e^- \longrightarrow Cu$

流れた電子の物質量は

$$\frac{0.200 \times 1.0 \times 60^2}{9.65 \times 10^4} \fallingdotseq 7.46 \times 10^{-3} \text{ (mol)}$$

亜鉛板の質量は減少する。その質量は

$$7.46 \times 10^{-3} \times \frac{1}{2} \times 65.4 = 0.2439 \fallingdotseq 0.244 \text{ (g)}$$

銅板の質量は増加する。その質量は

$$7.46 \times 10^{-3} \times \frac{1}{2} \times 63.6 = 0.2372 \fallingdotseq 0.237 \text{ (g)}$$

Ⅳ　解答　問1．ア．酸性　イ．SO_2　ウ．H_2SO_3
　　　　　　　問2．A．三酸化硫黄　B．発煙硫酸
問3．$Cl_2 + H_2O \longrightarrow HCl + HClO$

——————————————— 解説 ———————————————

《オキソの性質》

問1・問2． 分子中に酸素原子を含む酸をオキソ酸という。一般に，酸性酸化物が水と反応するとオキソ酸が生じる。硫酸は工業的には接触法とよばれる製法でつくられる。酸化バナジウム(V) V_2O_5 を触媒として，空気中の酸素で二酸化硫黄を酸化し，三酸化硫黄 SO_3 をつくる。三酸化硫黄を濃硫酸に吸収させて発煙硫酸とし，これを希硫酸で薄めて濃硫酸にする。

Ⅴ　解答　問1．A：ク　B：ウ　C：オ　D：イ

問2．

E :

G : ⟨　⟩—NH_3Cl　　K : ⟨　⟩—$N=N$—⟨　⟩—OH

問3． W1を分液ろうとに入れ，塩酸とエーテルを加えてよく振り混ぜたのち静置する。エーテル層を蒸留すると**A**が残る。

——————————————— 解説 ———————————————

《芳香族化合物の分離，芳香族化合物の性質》

問1・問2． 実験1より，芳香族化合物**A**は炭酸水素ナトリウムと反応してナトリウム塩（**E**）となる。よって，**A**はカルボキシ基をもつ。また，エチレングリコールとテレフタル酸を縮合重合して得られるポリエチレンテレフタラートは，合成繊維や飲料容器の原料となるポリマーである。

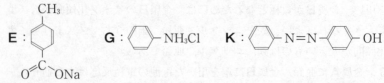

n HO$-$CH$_2-$CH$_2-$OH $+$ n HO$-$C⟨　⟩C$-$OH
　　エチレングリコール　　　　　　　テレフタル酸（**H**）

$\longrightarrow$ [O$-$CH$_2-$CH$_2-$O$-$C⟨　⟩C]$_n$ $+$ $2n$ H$_2$O

ポリエチレンテレフタラート（**I**）

実験4より，**H**はテレフタル酸，**A**はベンゼンのパラ二置換体とわかる。以上より，**A**は**ク**である。

$$
\underset{\text{化合物A}}{\underset{O=C-OH}{\overset{CH_3}{\bigcirc}}} \xrightarrow[\text{酸化 + 酸性}]{} \underset{\text{テレフタル酸（H）}}{\underset{O=C-OH}{\overset{O=C-OH}{\bigcirc}}}
$$

実験2より，芳香族化合物**B**は水酸化ナトリウムと反応してナトリウム塩（**F**）となる。よって，**B**はフェノール類で，**ウ**である。

実験3より，芳香族化合物**C**は塩酸と反応して塩酸塩（**G**）となり，ここまで反応しない**D**は中性の芳香族化合物である。

実験5より，**C**は亜硝酸ナトリウムと反応して**J**となることから，アミノ基をもつ**オ**である。また**J**はナトリウム塩（**F**）と反応して分子式 $C_{12}H_{10}ON_2$ で表される化合物**K**となることから，**C**はアニリン，**F**はナトリウムフェノキシド，**J**は塩化ベンゼンジアゾニウム，**K**は p-フェニルアゾフェノール（p-ヒドロキシアゾベンゼン）である。

$$
\underset{\text{アニリン（C）}}{\underset{NH_2}{\bigcirc}} + NaNO_2 + 2HCl \longrightarrow \underset{\substack{\text{塩化ベンゼン}\\\text{ジアゾニウム（J）}}}{\underset{N^+\equiv NCl^-}{\bigcirc}} + NaCl + 2H_2O
$$

$$
\underset{J}{\underset{N^+\equiv NCl^-}{\bigcirc}} + \underset{\substack{\text{ナトリウム}\\\text{フェノキシド（F）}}}{\underset{ONa}{\bigcirc}} \longrightarrow \underset{\substack{p\text{-フェニル}\\\text{アゾフェノール（K）}}}{\bigcirc-N=N-\bigcirc-OH} + NaCl
$$

実験6より，**D**はスズおよび塩酸と反応させるとアニリン塩酸塩（**G**）となる。よって，**D**はニトロベンゼンで，**イ**である。

$$
\underset{\text{ニトロベンゼン（D）}}{\underset{NO_2}{\bigcirc}} \xrightarrow[\text{Sn　HCl}]{\text{還元}} \underset{\text{アニリン塩酸塩（G）}}{\underset{NH_3Cl}{\bigcirc}}
$$

Ⅵ　解答　問1．B：$CH_3-CH_2-\underset{\underset{OH}{|}}{\overset{\overset{CH_3}{|}}{C}}-CH_3$

C：$CH_3-CH_2-CH_2-\underset{\underset{OH}{|}}{CH}-CH_3$　　G：$CH_3-\underset{\underset{CH_3}{|}}{\overset{\overset{CH_3}{|}}{C}}-CH_3$

H：$CH_3-CH_2-\underset{}{\overset{\overset{CH_3}{|}}{CH}}-\underset{\underset{O}{\|}}{C}-H$

問2．$\underset{H}{\overset{CH_3-CH_2}{}}C=\underset{H}{\overset{CH_3}{}} + Br_2 \longrightarrow CH_3-CH_2-\underset{\underset{Br}{|}}{CH}-\underset{\underset{Br}{|}}{CH}-CH_3$

問3．10 mL

=== 解　説 ===

《脂肪族アルコールの構造決定》

問1. 分子式 $C_5H_{12}O$ で表されるアルコールには，次の8種類の構造異性体が存在する。

　第一級アルコール：4種類

$CH_3-CH_2-CH_2-CH_2-CH_2-OH$　　$CH_3-\underset{\underset{CH_3}{|}}{CH}-CH_2-CH_2-OH$

$CH_3-CH_2-\underset{\underset{CH_3}{|}}{CH}-CH_2-OH$　　$CH_3-\underset{\underset{CH_3}{|}}{\overset{\overset{CH_3}{|}}{C}}-CH_2-OH$

　第二級アルコール：3種類

$CH_3-CH_2-\underset{\underset{OH}{|}}{CH}-CH_2-CH_3$　　$CH_3-CH_2-CH_2-\underset{\underset{OH}{|}}{CH}-CH_3$

$CH_3-\underset{\underset{OH}{|}}{CH}-\overset{\overset{CH_3}{|}}{CH}-CH_3$

第三級アルコール：1種類

$$CH_3-CH_2-\overset{\overset{\displaystyle CH_3}{|}}{\underset{\underset{\displaystyle OH}{|}}{C}}-CH_3$$

アより，**B**は酸化による変化が生じないことから第三級アルコールの
2-メチル-2-ブタノールである。また，**A**の酸化生成物**H**が不斉炭素原子
を1つもつことから，**A**は2-メチル-1-ブタノールである。

$$CH_3-CH_2-\overset{\overset{\displaystyle CH_3}{|}}{*CH}-CH_2-OH \xrightarrow{\text{酸化}} CH_3-CH_2-\overset{\overset{\displaystyle CH_3}{|}}{*CH}-\overset{\underset{\displaystyle O}{\|}}{C}-H$$

A　　　　　　　　　　　　　　　　　　　　　　**H**

イより，ヨードホルム反応を示し，炭素が直鎖状であることから，**C**は
2-ペンタノールである。

$$CH_3-CH_2-CH_2-\overset{\underset{\underset{\displaystyle OH}{|}}{}}{CH}-CH_3$$

C

ウより，ヨードホルム反応を示さず，脱水により生じるアルケンがシス-
トランス異性体の混合物となることより，**D**は3-ペンタノールである。

$$CH_3-CH_2-\overset{\underset{\underset{\displaystyle OH}{|}}{}}{CH}-CH_2-CH_3$$

D

$$\xrightarrow{\text{脱水}} \underset{H}{\overset{CH_3-CH_2}{}}C=C\underset{H}{\overset{CH_3}{}} \quad \underset{CH_3-CH_2}{\overset{H}{}}C=C\underset{H}{\overset{CH_3}{}}$$

I

分子式 C_5H_{12} で表されるアルカンには，次の①〜③の3種類の構造異
性体が存在する。

$$H_3C-CH_2-CH_2-CH_2-CH_3 \qquad H_3C-\overset{\overset{\displaystyle CH_3}{|}}{CH}-CH_2-CH_3$$

①　　　　　　　　　　　　　　　　　　　②

$$
\begin{array}{c}
CH_3 \\
| \\
H_3C-C-CH_3 \\
| \\
CH_3
\end{array}
$$

③

　これらの化合物について，水素原子1つをヒドロキシ基で置換した化合物 $C_5H_{11}OH$ には，それぞれ，3種類，4種類，1種類の構造異性体が存在する。

$$
\begin{array}{c}
H_3C-CH_2-CH_2-CH_2-CH_3 \\
\uparrow \quad \uparrow \quad\quad \uparrow \\
OH\;OH \quad\; OH
\end{array}
\qquad
\begin{array}{c}
CH_3 \\
| \\
H_3C-CH-CH_2-CH_3 \\
\uparrow \quad \uparrow \quad\; \uparrow \quad\quad \uparrow \\
OH\;OH \quad OH \quad\; OH
\end{array}
$$

$$
\begin{array}{c}
CH_3 \\
| \\
H_3C-C-CH_3 \\
| \quad\uparrow \\
CH_3 \\
OH
\end{array}
$$

　よって，**G**は③の 2,2-ジメチル-1-プロパンである。

問3．I が完全に消失するのに必要な臭素水の体積を V 〔mL〕とすると，問2の結果より

$$
\frac{70\times10^{-3}}{70}=0.10\times\frac{V}{1000} \qquad \therefore \quad V=10\,\text{〔mL〕}
$$

//////////////// · memo · ////////////////

//////////////////// · memo · ////////////////////

2023 年度

問題と解答

■学校推薦型選抜（公募制推薦）

問題編

▶試験科目・配点

教　科	科　　　　　　　　目	配点
英　語	コミュニケーション英語Ⅰ・Ⅱ，英語表現Ⅰ	100 点
数　学	数学Ⅰ・Ⅱ・Ａ・Ｂ（数列，ベクトル）	100 点
理　科	化学基礎・化学（ただし，「有機化合物と人間生活」および「高分子化合物の性質と利用」の範囲を除く）	100 点
その他	面接試験（15 分程度）および書類審査	40 点

▶備　考

　学力試験，面接試験の結果および提出された出願書類を総合し，合格者を決定する。

英語

(60 分)

I 次の英文を読んで，下の設問（1）～（10）に答えなさい。なお，*印の語には注が付いています。

A (A)<u>revolution</u> has recently taken place in behavioural biology*. Its (B)<u>consequences</u> are far-reaching, both for our self-image as humans and for our relationship with animals. Just a few decades ago, behavioural science was guided by two key dogmas: animals cannot think, and no (C)<u>scientific</u> statements can be made about their emotions. Today, the same discipline holds both ideas to be false and posits the very opposite: animals of some species are (D)<u>capable</u> of insight—they can recognise themselves in a mirror and exhibit at least a basic sense of self-awareness—and they have rich emotional lives that seem to be startlingly similar to (a)<u>those</u> of humans. Situations that lead to strong emotional responses in humans, (b)<u>whether</u> positive or negative—for example, when we fall in love or lose a partner—seem to have the same effect on our animal relatives.

Indeed, the transformation of the concept of the animal in modern behavioural biology has been so fundamental that it amounts to a paradigm shift.

And (c)<u>since</u> it has become untenable to distinguish between *Homo sapiens* as driven by reason and animals as driven by instinct, the question arises: what actually differentiates humans from animals? How much of ourselves is present in (d)<u>them</u>?

The general perception of these differences has also changed in parallel to developments in the life sciences. A few decades ago, if biology students had been presented with photos of a goldfish, a chimpanzee, and a human, and asked to sort them into two categories of their own devising, more than 90 per cent would have put the human in the first category and the 'animals' in the second. If biology students today { e ① are ② asked ③ question ④ same ⑤ the } in their first semester, the result is completely different: over 50 per cent group humans and chimpanzees into one category and the

goldfish into （ **f** ）. Apparently, humans and animals have grown closer
（ **g** ）one another in the public imagination, too.

　　This has been confirmed by the death of a third dogma: for decades, it was
taught that animals behave for the good of their species, generally never killing
members of their own—known as 'conspecifics*'—and often helping them to the
point of self-sacrifice. Today we know that this is not the case. Rather,
animals do everything to ensure that copies of their own genes are passed to the
next generation with maximum efficiency and, when necessary, they will also
kill conspecifics.

　　The border between humans and animals is also beginning to blur in other
areas. Certain aspects of the social environment can cause stress for both
humans and animals, while (b)other similar factors can alleviate it. Both have
their thinking, feelings, and behaviour shaped by similar interactions between
genetics and environment. Indeed, animal behaviour does not develop in a
fixed manner: environmental influences, socialisation, and learning can alter an
animal from the prenatal phase through adulthood. Like humans, animals
ultimately appear individualised upon closer inspection, which is why
behavioural biology now ｛ **i** ① animal 　② into 　③ personalities
④ takes ｝account.

（出典 : Much Like Us, by Norbert Sachser. 一部変更）

（注）behavioural biology: 行動生物学　　conspecifics: 同種

（1）下線部**(A)**～**(D)**と第一アクセントの母音が同じであるものを，それぞれ次の
　　①～⑧から一つ選び，マークカードの解答欄 ┃ **1** ┃ ～ ┃ **4** ┃ にマーク
　　しなさい。

　　　　① capacity 　② capability 　③ conscious 　④ convenience
　　　　⑤ convenient 　⑥ entertainment 　⑦ entire 　⑧ include

　　　　　(A) revolution → マークカードの解答欄 ┃ **1** ┃
　　　　　(B) consequences → マークカードの解答欄 ┃ **2** ┃
　　　　　(C) scientific → マークカードの解答欄 ┃ **3** ┃
　　　　　(D) capable → マークカードの解答欄 ┃ **4** ┃

（2）下線部**(a)**が指しているものを，次の①～④から一つ選び，マークカードの解
　　答欄 ┃ **5** ┃ にマークしなさい。

① both ideas 　　　　② some species

③ rich emotional lives 　　④ situations

（3）下線部(b)と同じ意味・用法の whether を含む文を，次の①〜④から一つ選び，マークカードの解答欄 **6** にマークしなさい。

① I don't know whether to believe her or not.

② A question arouse as to whether it is true or not.

③ I'm calling the doctor, whether you like it or not.

④ The point is whether he will read the book or not.

（4）下線部(c)と同じ用法の since を含む文を，次の①〜④から一つ選び，マークカードの解答欄 **7** にマークしなさい。

① Since the party she had only spoken to him once.

② We have worked together ever since we left school.

③ Ever since the earthquake, safety awareness has risen.

④ Since I was in the same class as Tom, I know him very well.

（5）下線部(d)が表しているものを，次の①〜④から一つ選び，マークカードの解答欄 **8** にマークしなさい。

① 行動生物学　　② 本能　　③ 人間　　④ 動物

（6）{ **e** }内の語を並べ替え，意味の通る英文を作りなさい。並べ替えたものの中で2番目と4番目に来る語の番号を，それぞれ次のようにマークカードにマークしなさい。

2番目 → マークカードの解答欄 **9**
4番目 → マークカードの解答欄 **10**

（7）空所（ **f** ）に入れるのに最も適切なものを，次の①〜④から一つ選び，マークカードの解答欄 **11** にマークしなさい。

① another　　② one　　③ other　　④ others

（8）空所（ **g** ）に入れるのに最も適切なものを，次の①〜④から一つ選び，マークカードの解答欄 **12** にマークしなさい。

① in　　　　② on　　　　③ to　　　　④ with

（9）下線部**(h)**の内容を最もよく表しているものを，次の①〜④から一つ選び，マークカードの解答欄　**13**　にマークしなさい。

① 社会環境が類似のストレスを軽減することがある
② 他の似たような要因がストレスを軽減することがある
③ 人間が他の動物と似ていることがストレスを軽減することがある
④ 他の類似性が社会環境により生じるストレスを軽減することがある

（10）{ i }内の語を並べ替え，意味の通る英文を作りなさい。並べ替えたものの中で2番目と4番目に来る語の番号を，それぞれ次のようにマークカードにマークしなさい。

2番目 → マークカードの解答欄　**14**
4番目 → マークカードの解答欄　**15**

II　辞書編集者である著者が書いた次の英文を読んで，下の設問（1）〜（3）に答えなさい。なお，*印の語には注が付いています。

　　As staunch* a defender of dialect as I am, I fall into the same trap that all of us do: I consider myself the center of the lexical universe.　The difference is that I should know better.

　　My younger daughter has spent her formative years* in the mid-Atlantic region of America*, which means that she and I speak different dialects.　You would think that this would be a (ア)<u>source</u> of wonder to me daily, but it started out as a source of (イ)<u>utter</u> frustration.

　　One day, she came home from school, and I wandered out of my office to chat with her.　"Do you have any homework?" I asked.

　　"No," she said, "I'm done my homework."

　　This (ウ)<u>particular</u> construction* is a marker of the local dialect (and also happens to be a marker of Canadian English).　It's usually used with the participles* "done" (as above) and "finished" ("I'm finished my burger"), though I also hear it with the participle "going" ("I'm going Emily's house").　These are all completely normal sentences around here, and in my town this construction is used by people of all socioeconomic levels*, from doctors to panhandlers.　It is wholly (ｴ)<u>unremarkable</u>.

　　Except it was wholly remarkable to me.

　　"No," I corrected her.　"You're done *with* your homework."

　　"(　a　)," she answered.　"I'm done my homework."

　　All my years of training, all those hours spent carefully crafting responses to people who complained about the dialectal "ain't" or "irregardless," were thoroughly defenestrated*.　What motivated me was fear of (　b　).　"I'm done my homework" is not a part of Standard English, and my beautiful little girl was going to be judged on the basis of her abilities with Standard English, and I didn't want anyone to think she (　c　) smart because she says "I'm done my homework."　Never mind that just about *everyone* who spent their formative linguistic years here says that.　Never mind that she will eventually learn that "(　d　)" is not Standard English, and she will, like the rest of us, learn to switch between her native dialect and the prestige dialect.　Never mind that (ｵ)<u>my own dialect is "wrong" here</u>.　Maternal worry surfaced in dialect shaming.

（出典：Word by Word, by Kory Stamper. 一部変更）

（注）staunch: 根っからの　　　formative years:（身体や人格等の）形成期
mid-Atlantic region of America: アメリカ中部大西洋岸（北はニューヨーク州から南はヴァージニア州までのフィラデルフィアやニューヨーク市等を含む地域）
construction: 文の組み立て，構文　　participle: 分詞　　socioeconomic level: 社会的・経済的水準　　defenestrate: 窓から外に放り出す

（1）下線部(ア)〜(エ)の意味に最も近いものを，それぞれ次の①〜④から一つ選び，マークカードの解答欄　**16**　〜　**19**　にマークしなさい。

　（ア）　source　　**16**

　　　　① effect　　　　　　② evidence
　　　　③ outcome　　　　　④ root

　（イ）　utter　　**17**

　　　　① imperfect　　　　② pure
　　　　③ short　　　　　　④ vicious

　（ウ）　particular　　**18**

　　　　① general　　　　　② ordinary
　　　　③ normal　　　　　④ special

(エ)　unremarkable　　19

　　① common　　　　② exceptional
　　③ irregular　　　　④ uncertain

（2）空所（ a ）〜（ d ）に入れるのに最も適切なものを，それぞれ次の①〜④
から一つ選び，マークカードの解答欄　20 〜 23 にマークしなさ
い。

(a)　20　　① Never　　　　② Not yet
　　　　　　③ Right　　　　 ④ You misunderstood

(b)　21　　① homework　　② ignorance
　　　　　　③ judgment　　 ④ language

(c)　22　　① does　　　　　② doesn't
　　　　　　③ was　　　　　 ④ wasn't

(d)　23　　① done
　　　　　　② homework
　　　　　　③ I'm done my homework
　　　　　　④ I'm done with my homework

（3）下線部(オ)の内容を最もよく表しているものを，次の①〜④から一つ選び，
マークカードの解答欄　24 にマークしなさい。

① 自分の母語である標準的な英語の方が，ここでは「間違ったことば」とみな
される

② 自分の母語である標準的な英語の方が，「間違った考え」を述べるときのこ
とばである

③ 自分の母語である中部大西洋岸の英語が，「間違った考え」を述べるときの
ことばである

④ 自分の母語である中部大西洋岸の英語は，ここでは「間違ったことば」であ
るとみなされる

III 次の(1)〜(8)の各文の空所を補うのに最も適切なものを，それぞれ次の①〜④から一つ選び，マークカードの解答欄 | 25 | 〜 | 32 | にマークしなさい。

(1) I enjoyed (　　) you. | 25 |

　　① for talking　　② myself to talk　　③ talking with　　④ to talk with

(2) We have successfully (　　) the legislative hurdle. | 26 |

　　① broken　　　② cleared　　　③ jumped　　　④ made

(3) You can park your car anywhere (　　) this curb. | 27 |

　　① along　　　② between　　　③ on　　　④ with

(4) A young female candidate won the election by (　　). | 28 |

　　① a mouth　　② a nose　　　③ an ear　　　④ an eye

(5) I intend to finish my work today no (　　) they may say. | 29 |

　　① less than　　② longer　　　③ matter what　　④ more than

(6) The word 'vacation' is used to refer to several days (　　) work or school.
| 30 |
　　① between　　　② off　　　③ on　　　④ out

(7) Two (　　) five Americans believe a civil war is at least somewhat likely in the next decade. | 31 |

　　① about　　　② and　　　③ in　　　④ of

(8) A number of environmental factors over (　　) one has no control can increase the risk of skin irritation. | 32 |

　　① some　　　② that　　　③ the　　　④ which

数学

(60 分)

I. 次の　　　　　にあてはまる答を解答欄に記入しなさい。

(1) 10 個の数値からなるデータ 1, 2, 5, 5, 6, 7, 7, 8, 9, 10 の平均値は
　(a)　，中央値は　(b)　，最頻値は　(c)　である。

(2) 有理数 $\dfrac{1}{7}$ を循環小数の表し方で表すと　(d)　で，このとき小数第 100 位は　(e)　である。

(3) AB = 5，BC = 6，CA = 7 である △ABC の内接円が辺 BC と接する点を D とする。このとき，BD =　(f)　であり，内接円の半径は　(g)　である。

(4) a を 0 以上の定数とする。次の命題を考える。

　　p：実数 x, y は $|x| + |y| \leqq a$ を満たす。

　　q：実数 x, y は $x^2 + y^2 \leqq 1$ を満たす。

命題 p が命題 q であるための十分条件であるような a の範囲は　(h)　で，命題 p が命題 q であるための必要条件であるような a の範囲は　(i)　である。

II. 次の　　　　　にあてはまる答を解答欄に記入しなさい。

xy 平面上の $y = -x^2 + 2x$ のグラフを C とする。このとき，C の頂点の座標は　(a)　である。また，点 $(2, 0)$ を通り傾き m の直線を l とすると，l の方程式は $y =$　(b)　である。

(1) l が C に接するとき $m =$　(c)　である。

(2) C と l が異なる 2 点で交わるとする。このとき，m の満たす条件は　(d)　であり，C と l の交点で，点 $(2, 0)$ でないものの座標は $(x, y) =$　(e)　である。

C と x 軸で囲まれる部分の面積を S とし，C と l で囲まれる部分の面積を T とすると $S =$　(f)　であり，$T =$　(g)　となる。したがって，$S = T$ となるような m の値は　(h)　であり，$S = 2T$ となるような m の値は　(i)　である。

III. 次の　　　　　にあてはまる答を解答欄に記入しなさい。

a, b, c を定数とする。x の整式 $P(x) = x^3 - (a+b)x^2 + (ab+c)x - ac$ を考える。

(1) $a = 1$，$b = -1$，$c = 1$ のとき 3 次方程式 $P(x) = 0$ の解は $x =$　(a)　である。

(2) 整式 $P(x)$ を $x - a$ で割ったときの商 $Q(x)$ は $Q(x) =$　(b)　，余りは　(c)　である。

- $c =$　(d)　のとき，2 次方程式 $Q(x) = 0$ は重解 $x =$　(e)　をもつ。

- $c =$　(f)　のとき，2 次方程式 $Q(x) = 0$ は $x = a$ を解にもち，残りの解は $x =$　(g)　である。

ただし，(d) ~ (g) は a, b の式で表せ。

(3) 3 次方程式 $P(x) = 0$ が 3 重解をもつとき，b と c を a を用いて表すと
$b = $ (h) ，$c = $ (i) となる。

IV. 次の　　　　　にあてはまる答を解答欄に記入しなさい。

座標空間内に点 A(3, −1, −1)，B(−1, 3, 1)，C(2, −3, 4) がある。このとき，
$\overrightarrow{AB} \cdot \overrightarrow{AC} = $ (a) ，$|\overrightarrow{AB}| = $ (b) ，$|\overrightarrow{AC}| = $ (c) である。したがって，$\overrightarrow{AB}$
と $\overrightarrow{AC}$ のなす角を θ としたとき，$\cos\theta = $ (d) であり，三角形 ABC の面
積は (e) である。

点 A と B を直径の両端とする球を S としたとき，S の方程式は (f)
であり，S と yz 平面との交わりは中心 (g) ，半径 (h) の円である。

点 A, B, C を通る平面と z 軸との交点の座標は $(x, y, z) = $ (i) である。

化学

(60 分)

第 1 問　次の問い（問 1〜2）に答えよ。

問 1　次の①〜⑤の組み合わせのうち，その電子配置が上部に示した貴ガスの原子と同じものはどれか。　**1**

	ヘリウム原子	ネオン原子	アルゴン原子
①	H^-	Ca^{2+}	Cl^-
②	Na^+	K^+	Ca^{2+}
③	Li^+	Na^+	K^+
④	F^-	Cl^-	Mg^{2+}
⑤	Be^{2+}	S^{2-}	O^{2-}

問 2　次の①〜⑤の組み合わせのうち，その結晶の種類を正しく分類したものはどれか。　**2**

	分子結晶	イオン結晶	共有結合結晶	金属結晶
①	C (黒鉛)	SiO_2	I_2	ZnS
②	CO_2	I_2	NaCl	Al
③	I_2	NaCl	SiO_2	Na
④	SiO_2	ZnS	CO_2	I_2
⑤	ZnS	Al	C (黒鉛)	SiO_2

第 2 問 次の文章を読み，以下の問い（問 1〜3）に答えよ。

　図1は，ある金属結晶の単位格子を表しており，その単位格子の一辺の長さは a である。図2は単位格子の面 A と面 C，及び単位格子を半分に切断した面 B にある原子の位置を •で表している。ただし，全ての金属原子は球形で他の最近接の原子と接している。

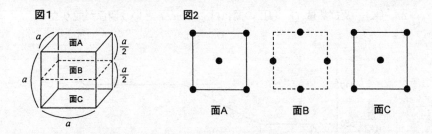

問 1 金属原子の原子半径 r と単位格子の一辺の長さ a の関係として適当な式はどれか，次の①〜⑥から選べ。　　3

① $r = \dfrac{\sqrt{3}}{4}a$ 　② $r = \dfrac{\sqrt{2}}{4}a$ 　③ $r = \dfrac{\sqrt{6}}{3}a$

④ $r = \dfrac{\sqrt{2}}{3}a$ 　⑤ $r = \dfrac{\sqrt{6}}{2}a$ 　⑥ $r = \dfrac{\sqrt{3}}{2}a$

問 2 単位格子に含まれる金属原子の数として適当な値はどれか，次の①〜⑨から選べ。　　4

① 1 　② 2 　③ 3 　④ 4 　⑤ 6 　⑥ 8 　⑦ 10 　⑧ 12 　⑨ 14

問 3 この金属結晶中の 1 個の金属原子に隣接する原子の数として適当な値はどれか，次の①〜⑧から選べ。　　5

① 2 　② 4 　③ 5 　④ 6 　⑤ 8 　⑥ 10 　⑦ 12 　⑧ 14

第3問 次の文章を読み，以下の問い（問1〜3）に答えよ。

　図はモル質量 M 〔g/mol〕の物質の固体 n 〔mol〕に，一定圧力下，1 時間あたり 5.0 kJ の熱を加えたときの加熱時間と，この物質の温度の関係を示している。なお，比熱とは，物質 1 g の温度を 1 K 上昇させるのに必要な熱量であり、比熱 c 〔J/(g·K)〕と，物質の質量 m 〔g〕，温度変化 Δt 〔K〕，及び熱量 Q 〔J〕の間には $Q = mc\Delta t$ という関係が成り立つ。

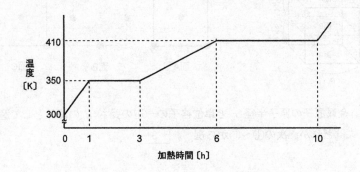

問1 この物質の加熱時間のうち液体のみが存在していた時間として適当なものを，次の①〜⑤から選べ。　**6**

① 0〜1 h　　② 1〜3 h　　③ 3〜6 h　　④ 6〜10 h　　⑤ 10 h 以上

問2 この物質の固体の比熱 $c_{(固体)}$ と液体の比熱 $c_{(液体)}$ の値の関係として適当なものを，次の①〜④から選べ。　**7**

① $c_{(固体)} > c_{(液体)}$　　② $c_{(固体)} < c_{(液体)}$
③ $c_{(固体)} = c_{(液体)}$　　④ この図からはわからない。

問3　この固体の比熱を求める式として適当なものを，次の①〜⑧から選べ。
　　⌐⎺⌐　**8**

① $\dfrac{1}{100nM}$　　② $\dfrac{nM}{250000}$　　③ $\dfrac{100}{nM}$

④ $\dfrac{250000}{nM}$　　⑤ $\dfrac{1}{250nM}$　　⑥ $\dfrac{nM}{900000}$

⑦ $\dfrac{250}{nM}$　　⑧ $\dfrac{900000}{nM}$

第4問　次の問い（問 1〜2）に答えよ。

問1　温度 T_1 〔K〕および T_2 〔K〕で，圧力を変えて一定量の水に溶解する窒素の量を調べた。溶解した窒素の物質量を表すグラフとして最も適当なものを選べ。ただし，$T_1 < T_2$ であり，窒素は理想気体として振る舞うものとする。　**9**

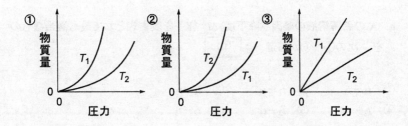

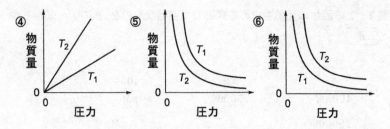

問 2　x〔g〕の不揮発性の非電解質 A を W〔kg〕の溶媒に溶解し，希薄溶液を調製した。下図は A の希薄溶液と，溶媒のみを冷却したときの温度と冷却時間の関係（冷却曲線）である。

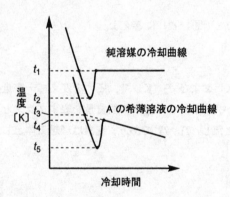

a　A の希薄溶液の凝固点降下度 Δt〔K〕を表す式として最も適当なものを，次の①～⑥から選べ。　　10

① $t_1 - t_3$　　　② $t_1 - t_4$　　　③ $t_1 - t_5$
④ $t_2 - t_3$　　　⑤ $t_2 - t_4$　　　⑥ $t_2 - t_5$

b　この実験結果から考えられる非電解質 A のモル質量 M_A〔g/mol〕を表す式として最も適当なものを，次の①～⑥から選べ。ただし，用いた溶媒のモル凝固点降下は K_f〔K·kg/mol〕とする。また，Δt〔K〕は設問 *a* で求めた凝固点降下度である。　　11

① $\dfrac{K_f\,\Delta t}{W\,x}$ ② $\dfrac{K_f\,W}{\Delta t\,x}$ ③ $\dfrac{K_f\,x}{\Delta t\,W}$

④ $\dfrac{\Delta t\,W}{K_f\,x}$ ⑤ $\dfrac{\Delta t\,x}{K_f\,W}$ ⑥ $\dfrac{W\,x}{K_f\,\Delta t}$

第5問 次の問い（問1～2）に答えよ。

問1 下に示した①～④の反応式のうち，下線で示した物質が還元剤としてはたらいている反応を選び，①～④の番号で答えよ。該当する反応がない場合は，⑤を記せ。 $\boxed{12}$

① $\underline{FeS} + 2\,HCl \rightarrow FeCl_2 + H_2S$
② $\underline{SO_3} + H_2O \rightarrow H_2SO_4$
③ $2\,H_2S + \underline{SO_2} \rightarrow 3\,S + 2\,H_2O$
④ $\underline{SO_2} + I_2 + 2\,H_2O \rightarrow H_2SO_4 + 2\,HI$

問2 次の化学反応式に係数をつけて完成させるとき，正しい組み合わせはどれか。ただし，化学反応式中の a～c は係数を表し，通常は書かずに省略される物質の係数は1とする。 $\boxed{13}$

$$2\,Ag + a\,H_2SO_4 \rightarrow Ag_2SO_4 + b\,H_2O + c\,SO_2$$

	a	b	c
①	1	1	2
②	1	2	2
③	2	1	1
④	2	2	1
⑤	2	2	2

第 6 問　次の問い（問 1〜2）に答えよ。

問 1　鉛蓄電池を図のように，白金を電極として硫酸銅(II)水溶液が入っている電解槽に接続した。この鉛蓄電池を放電させたところ 1 時間後に電解槽の電極 C の質量は放電前に比べて 1.2 g 増加した。

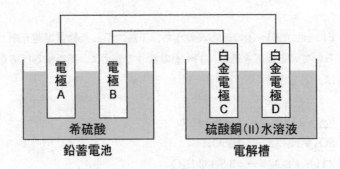

電極 A　電極 B　白金電極 C　白金電極 D
希硫酸　　　　　硫酸銅(II)水溶液
鉛蓄電池　　　　　電解槽

鉛蓄電池の正極はどちらか。A ならば①，B ならば②と答えよ。　|　14　|

鉛蓄電池の放電後に電極 B は何 g 変化したか答えよ。ただし，原子量は O = 16, S = 32, Cu = 64, Pb = 207　とする。　|　15　|

①　5.7 g 増加した　　②　5.7 g 減少した　　③　1.8 g 増加した
④　1.8 g 減少した　　⑤　1.2 g 増加した　　⑥　1.2 g 減少した

問 2　次の記述のうち，正しいものを **2 つ**選べ。ただし，解答の順番は問わない。　|　16　|，|　17　|

① 電気分解では，陽極で還元反応，陰極で酸化反応が起こる。

② 電気分解において，電極で反応する物質の物質量は，電極に流れた電気量に比例する。

③ アルミニウムの単体は水酸化アルミニウム水溶液の電気分解によって得られる。

④ 両極に銅を用いて硫酸銅(II)水溶液の電気分解を行うと，陽極の質量は増加する。

⑤ ダニエル電池を放電させると，正極の質量は減少する。

⑥ マンガン乾電池は，MnO_2 を正極活物質に，Zn を負極活物質に用いた一次電池である。

第 7 問　次の記述を読み，以下の問い（問 1〜3）に答えよ。

　過酸化水素の分解反応速度を測定するために，一定温度下，1 mol/L の過酸化水素水 0.50 L に，塩化鉄(III)水溶液を加え 1 L とし，過酸化水素の濃度の時間変化を調べ下図の結果を得た。

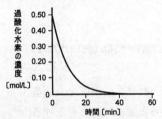

問 1　反応開始から 2 分後の反応液の過酸化水素の濃度は 0.40 mol/L であった。反応開始から 2 分間の過酸化水素の平均の分解速度〔mol/(L·min)〕の値として最も適当なのはどれか。ただし，反応中の反応液の体積は一定であるとする。　　18

① 0.025　　② 0.030　　③ 0.050　　④ 0.060

⑤ 0.25　　⑥ 0.30　　⑦ 0.50　　⑧ 0.60

問2　反応開始から反応終了までの，発生した酸素の物質量と時間の関係のグラフとして最も適当なものはどれか。　　19

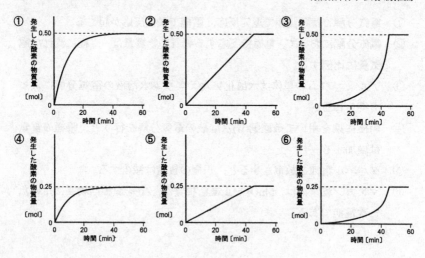

問 3　可逆反応 $2NO_2$ (気) $\rightleftarrows$ N_2O_4 (気) が透明なピストン付きの密閉容器中で平衡状態にある。この反応の熱化学方程式は式（1）で表される。次の ①〜⑤ の操作を行ったとき，容器内の気体をピストンの側面から見たとき，色が濃くなるのはどれか，**2つ**選べ。ただし，解答の順番は問わない。　20 ，　21

$$2NO_2 (気) = N_2O_4 (気) + 57.5 \text{ kJ} \quad \cdots \text{（1）}$$

① 圧力を一定に保ったまま，温度を上げる。
② 温度を一定に保ったまま，圧力を上げる。
③ 温度と圧力を一定に保ったまま，反応に無関係な気体を加える。
④ 温度と体積を一定に保ったまま，反応に無関係な気体を加える。
⑤ 温度と圧力を一定に保ったまま，触媒を加える。

第 8 問　10 mL の 0.1 mol/L 塩酸を 0.1 mol/L アンモニア水で滴定した。次の問い（問 1〜2）に答えよ。ただし，液温は 25 ℃で一定とする。

問 1　下図のうち，最も適切な滴定曲線を選べ。　22

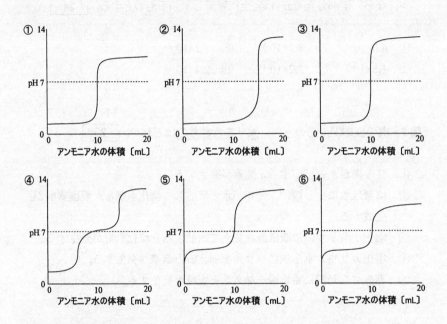

問 2　適切な指示薬と中和点付近における溶液の色の変化の組み合わせとして正しいものを選べ。　23

	指示薬	色の変化
①	フェノールフタレイン溶液	無色　→　赤色
②	フェノールフタレイン溶液	赤色　→　無色
③	メチルオレンジ溶液	赤色　→　黄色
④	メチルオレンジ溶液	黄色　→　赤色
⑤	BTB（ブロモチモールブルー）溶液	青色　→　黄色

第 9 問 次の問い（問 1〜2）に答えよ。

問 1 難溶性の塩であるフッ化カルシウム CaF_2 の飽和水溶液のモル濃度が $2.0×10^{-4}$ mol/L のとき，溶解度積 K_{sp}〔$(mol/L)^3$〕として正しいものはどれか。なお，溶解した CaF_2 は完全に電離しているものとする。 24

① $6.0×10^{-4}$ ② $8.0×10^{-8}$ ③ $1.2×10^{-7}$
④ $1.6×10^{-7}$ ⑤ $3.2×10^{-11}$ ⑥ $2.4×10^{-11}$

問 2 次の反応①〜⑤のうち，**誤りを含むもの**はどれか。 25

① フッ素が水と反応すると酸素が発生する。
② 塩素は水に少し溶け，一部が水と反応して塩化水素と次亜塩素酸が生成する。
③ 塩化ナトリウムに濃硫酸を加えて加熱すると塩化水素が発生する。
④ 塩化カリウム水溶液にヨウ素を加えると塩素が発生する。
⑤ 高度さらし粉に希塩酸を加えると塩素が発生する。

第 10 問　次の問い（問 1～2）に答えよ。

問1　アルカリ金属の単体とその化合物に関する次の記述のうち，正しいものはどれか。 $\boxed{26}$

① 原子は原子番号が大きくなるほど，イオン化エネルギーの値も大きくなる。

② 単体は常温の水と激しく反応し，酸素を発生させる。

③ 炭酸ナトリウムの製造法として，ハーバー・ボッシュ法がある。

④ 水酸化ナトリウムの固体を湿った空気中に放置すると風解する。

⑤ ナトリウムの単体は，溶融した塩化ナトリウムを電気分解すると得られる。

問 2　以下の反応 a～c で発生する気体について，下の記述**ア・イ**の性質を両方ともに満たすものを，下の①～⑥のうちから 1 つ選べ。 $\boxed{27}$

a　石灰石（主成分は炭酸カルシウム）に希塩酸を加えた。

b　過酸化水素の水溶液に酸化マンガン(IV)を加えた。

c　水酸化カルシウムと塩化アンモニウムの混合物を加熱した。

ア　発生した気体は空気より重い。

イ　発生した気体を水に溶かすと，pH が変化する。

①aとb　　②bとc　　③aとc　　④aのみ　　⑤bのみ　　⑥cのみ

第11問　次の問い（問1〜2）に答えよ。

問1　a〔g〕の金属の酸化物 M_2O_3 を水素で還元したところ，b〔g〕の金属 M が得られた。金属 M の原子量を表す最も適当な式はどれか。ただし、原子量は O = 16 とする。 **28**

① $\dfrac{12b}{a+b}$　　② $\dfrac{12b}{a-b}$　　③ $\dfrac{24b}{a+b}$　　④ $\dfrac{24b}{a-b}$

⑤ $\dfrac{48b}{a+2b}$　　⑥ $\dfrac{48b}{a-2b}$　　⑦ $\dfrac{96b}{a+4b}$　　⑧ $\dfrac{96b}{a-4b}$

問2　次の物質を，酸性酸化物，塩基性酸化物，両性酸化物に正しく分類している組み合わせを選べ。 **29**

	酸性酸化物	塩基性酸化物	両性酸化物
①	SO_3	NO_2	ZnO
②	SO_3	CaO	MgO
③	NO_2	CaO	MgO
④	NO_2	Na_2O	SO_3
⑤	CO_2	MgO	Al_2O_3
⑥	CO_2	NO_2	Al_2O_3

第 12 問 次の問い（問 1〜2）に答えよ。

問1 4 種類の金属イオンを含む水溶液がある。希塩酸を加えると白色沈殿を生じた。この懸濁液にさらに過剰のアンモニア水を加えると無色の水溶液になるものはどれか。 $\boxed{30}$

① Ag^+, Zn^{2+}, Al^{3+}, Fe^{3+} ② Ag^+, Zn^{2+}, Na^+, K^+

③ Pb^{2+}, Zn^{2+}, Al^{3+}, Ca^{2+} ④ Zn^{2+}, Al^{3+}, Ca^{2+}, Na^+

⑤ Ag^+, Zn^{2+}, Al^{3+}, K^+ ⑥ Fe^{3+}, Al^{3+}, Ca^{2+}, Na^+

⑦ Fe^{3+}, Cu^{2+}, Na^+, K^+

問2 遷移元素の単体とその化合物に関する記述として正しいものを，次の①〜⑤のうちから**2つ**選べ．ただし，解答の順序は問わない。 $\boxed{31}$, $\boxed{32}$

① 鉄は金属元素のうちで，地殻中に最も多く存在する元素である。

② 鉄の単体は希硫酸や塩酸と反応するが，濃硝酸と反応しないのは不動態を形成するためである。

③ 過マンガン酸カリウムのマンガン原子の酸化数は +7 である。

④ 銅の単体は赤みを帯びた金属光沢を示し，常温では極めて安定で，湿った空気中でも腐食しにくい。

⑤ 硫酸亜鉛(Ⅱ)の水溶液に銅板を浸しておくと，亜鉛が銅板の上に析出してくる。

第 13 問 次の問い（問 1〜2）に答えよ。

問1 次の記述のうち，水素結合が<u>**主な原因ではないもの**</u>はどれか。

　　　 33

① H_2O の沸点は H_2S の沸点よりも高い。

② 水が氷になると密度が低下する。

③ 温度が低いほど水素の水に対する溶解度は高くなる。

④ エタノール 50 mL と水 50 mL を混合すると，100 mL よりも少なくなる。

⑤ 分子量 46 のエタノールの蒸気圧の方が，分子量 64 のジエチルエーテルの蒸気圧よりも低い。

問2 実験上の注意に関する次の記述のうち，正しいものを選べ。

　　　 34

① 塩素は有毒な気体であるため，排気装置のある場所で使用する。

② フッ化水素酸はガラス製の容器に保存する。

③ 希硫酸を作るときは，少量の濃硫酸に，かき混ぜながら水を注ぐ。

④ 中和滴定に用いるメスフラスコ，ホールピペット，ビュレット，およびコニカルビーカーは，十分に共洗いする。

⑤ リービッヒ冷却器に通す冷却水は，上方から下方へ流す。

第 14 問　　次の問い（問 1〜2）に答えよ。

問 1　次の化合物の組み合わせのうち，互いに**異性体の関係にないものを2つ**選べ。ただし，解答の順番は問わない。| 35 |，| 36 |

① サリチル酸と酢酸

② フマル酸とマレイン酸

③ 乳酸とアラニン

④ エタノールとジメチルエーテル

⑤ フタル酸とテレフタル酸

⑥ 1-プロパノールと 2-プロパノール

問 2　次の反応 1〜5 のうち付加反応に分類される反応はいくつあるか。
| 37 |

1　$H-C≡C-H$ ＋ H_2 $\xrightarrow{\text{触媒}}$ $H_2C=CH_2$

2　$H_3C-\overset{\displaystyle O}{\overset{\|}{C}}-OH$ ＋ CH_3CH_2OH $\xrightarrow[\text{加熱}]{\text{濃硫酸}}$ $H_3C-\overset{\displaystyle O}{\overset{\|}{C}}-OCH_2CH_3$ ＋ H_2O

3　$H-C≡C-H$ ＋ H_2O $\xrightarrow{\text{HgSO}_4}$ $H_3C-\overset{\displaystyle O}{\overset{\|}{C}}-H$

4　2 CH_3CH_2OH $\xrightarrow[\text{加熱}]{\text{濃硫酸}}$ $CH_3CH_2OCH_2CH_3$ ＋ H_2O

5　CH_4 ＋ Cl_2 $\xrightarrow{\text{光}}$ CH_3Cl ＋ HCl

① 1つ　　② 2つ　　③ 3つ

④ 4つ　　⑤ 5つ　　⑥ この中にはない

解答編

■ 英語 ■

I 解答

(1)(A)—⑧　(B)—③　(C)—②　(D)—⑥

(2)—③　(3)—③　(4)—④　(5)—④

(6) 2 番目：②　4 番目：④　(7)—①　(8)—③　(9)—②

(10) 2 番目：①　4 番目：②

◆全　訳◆

≪行動生物学における動物観の変化≫

　近年，行動生物学においてある大変革が起こってきている。その結果は私たちの人間としての自己像と他の動物たちとの関係性の両方に対して，広範囲に影響を及ぼすものである。つい数十年前，行動科学は 2 つの基本的な定説によって方向づけられた。それは，動物は思考することができないという説と，そして動物たちの感情についていかなる科学的説明をすることもできないという説である。今日では，行動科学はこうした説の両方を誤りであると見なし，さらには全く反対の仮説を立てている。それが，動物の中には洞察力を持つ種もいるという仮説，つまり，鏡に映った自己を認識することができたり，自己認識の少なくとも基本的な感覚を示したりすることができるということだが，それから，人間の生活と驚くほど似ているように思われるような，豊かな感情あふれる生活を送っているという仮説である。人間の内面にある強い情動反応を引き起こすような状況というのは，それが肯定的なものであっても否定的なものであっても，例えば恋に落ちたりあるいは愛するものを失ったりしたときであるが，そうした状況は人間に近い生物種に対しても同じ影響を与えるように思われるのである。

　実のところ，現代の行動生物学における動物についての概念の変化は，パラダイムシフト（理論的枠組みの転換）に達するほど根本的なものであった。

　そして，理性によって突き動かされる生物としてのホモサピエンスと本能に駆り立てられる動物といった種の区別が擁護できないものになったため，このような疑問が生じた。すなわち，実際に人間と他の動物たちとの違いを生み出しているものは何なのか。私たち人間のうちでどれくらいの特徴が動物たちに内在しているだろうか。

　こうした人間と他の動物たちとの違いについての一般的な認識というのはまた，生命科学の発展と並行して変化を遂げてきた。数十年前には，もし仮に生物学を学ぶ学生が金魚，チンパンジー，そして人間の写真を前にして，それらを自分たち自身で考案した２つの区分に分けるよう求められたら，90 パーセント以上の学生たちは人間を第一の区分，そして「動物たち」を第二の区分に分けていただろう。もし今日の生物学の学生が１学期に同じ質問をされたとしたら，その結果は全く異なるものになる。というのも，50 パーセント以上の学生が人間とチンパンジーを一つの区分に入れ，金魚をもう一つの区分に入れるのである。どうやら，一般大衆の想像力の中ではまた，人間と動物とは互いにより近い関係性になっているようだ。

　このことは，とある第三の定説が崩れたことからも確認されている。というのも，何十年もの間，動物たちは自分たちの種のためになるような行動をとり，一般的には決して「同種」として知られるような自身の仲間を殺したりはせず，また多くの場合に自己犠牲を払うくらい仲間を助けたりすると教えられてきたのである。今日では，私たちはそれが真実ではないと知っている。むしろ，最大限効率的に自身の遺伝子の複製が次世代へと伝わることを保証するためなら，動物たちはあらゆることをし，そして必要とあらば，動物たちはまた同種の仲間を殺したりもするであろう。

　人間と動物の間の境界線はまた，他の領域でも曖昧なものになりつつある。社会的環境のある側面が人間と動物の双方にとってストレスを引き起こす可能性があるが，一方で他の似たような要因がそのストレスを軽減することもある。人間と動物の両方が，遺伝と環境の似たような相互作用によって形作られたそれぞれの思考，感情や行動を有している。実際に，動物の行動は固定化された方法で発達するのではない。すなわち，環境の影響，社会化，そして学習によって，動物は胎児期の段階から成人期を通じて変わっていく。人間と同様に，詳しく調べてみると，動物も究極的には

個々に異なっているように見えるのであり，そういった理由から今や行動生物学は動物の個性を考慮に入れているのである。

■━━━━━◀解　説▶━━━━━■

(2)下線部の前にある形容詞 similar は「似ている」という意味であるため，何と何を比較して「似ている」と述べているのかをつかめばよいことになるが，通常，比較されるのは同じ性質のもの同士である。本文では直前に「動物が豊かな感情あふれる生活を送っている」という記述があり，ここでは動物と人間の「生活」を比較して「似ている」と述べているとわかるので，③「豊かな感情あふれる生活」が正解。なお，下線部の those は，比較対象で名詞の重複を避けるために用いられる複数形の代名詞である。

(3)下線部を含む文（Situations that lead …）は Situations … seem to have the same effect で第 3 文型が完結しており，間に挟まれた whether positive or negative … a partner は全体で「〜であろうとなかろうと」という意味の副詞節を形成している。同じく譲歩を表す副詞節の whether を含むのは③であり，他の選択肢はいずれも whether 以下が「〜かどうか」という意味の名詞節を作っている。なお，各選択肢の意味は次の通りである。①「彼女のことを信じるべきかどうか私にはわからない」，②「それが真実かどうかということについてある疑問が生じた」，③「あなたが好むと好まざるとにかかわらず，私は医者を呼ぶ」，④「問題は彼がその本を読むかどうかだ」。

(4)下線部を含む文の主節は the question arises であり，述語動詞が完了形でないことから，下線部の since は〈時〉ではなく〈理由〉を表す接続詞であると判断できる。各選択肢の述語動詞に注目すると，同じく述語動詞に完了形を用いていない④が正解であるとわかる。選択肢のうちで①と③は前置詞としての用法であり，②の since は「〜以来ずっと」という意味の〈時〉を表す接続詞。なお，選択肢の英文はそれぞれ，①「そのパーティー以来，彼女は彼に一度しか話しかけていなかった」，②「学校を卒業して以来ずっと，私たちは一緒に働いている」，③「その地震以来ずっと，安全意識が高まっている」，④「トムと同じクラスにいたので，私は彼のことをとてもよく知っている」という意味になる。

(5)下線部を含む文の前文にある疑問文（what actually differentiates …）では「人間と他の動物たちとの違いは何か」という内容が書かれており，

該当文はこの箇所を受けたものである。これが「私たち人間のうちでどれくらいの特徴が them に内在しているだろうか」という意味なので，人間に対して④の「動物」を指していると考えるのが妥当である。つまり，前文で人間と動物の「相違点」について述べたのに対して，該当文は人間と動物との「共通点」について言及した問いかけになっている。

(6) ｜e｜ の前にある biology students に対する If 節内の述語動詞が必要なので，複数形の主語に対して are asked という受動態の形を作り，その目的語として the same question という名詞を完成させる。形容詞 same は「同じ」の意味だが，既出のものを受けて内容が特定されるため定冠詞 the と相性がよい。以上より，are asked the same question と並べるのが正解であり，2番目に来るものは② asked，4番目は④ same である。完成文は元々，ask biology students today the same question という第4文型であり，これを受動態にした結果，目的語が1つ残った形である。また，完成文はその直前文（A few decades …）に対応しており，2つ目の述語動詞も biology students had been … asked と同形。学生たちの反応が「数十年前」と「今日」とで変化したという時の対比を成している。

(7)学生たちは人間，チンパンジー，金魚を2つの区分に分けるよう求められているので，人間とチンパンジーという1つの区分に対して「別の区分」を表すよう，one category に対応して① another を入れるのが適切。本来であれば the other の形がふさわしいが，他の選択肢ではいずれも文意が通じない。

(8)空所前の have grown closer と合わせて grow closer to ～「～とより近い関係性になる」というイディオムを作る③ to が正解。この closer は形容詞 close「近い」の比較級であり，接近して相手に到達するイメージから前置詞 to と相性がよい。

(9)各選択肢では「ストレスを軽減することがある」という部分が共通しているため，下線部の主語に当たる箇所で選択肢を絞っていく。other に続く形容詞 similar は「要因」という意味の名詞 factors を修飾している限定用法である。この部分を正確に訳出した選択肢は②のみであり，これが正解。本文では，該当文の主節（Certain aspects of …）の内容を受けて，「他の社会的環境と似たような要因」を指していると解釈できる。

(10)該当箇所は関係副詞 why から始まる節内にあり，この部分は要素がそ

ろった完全文になる必要がある。そこで，｛i｝内の単語を組み合わせて，直前の behavioural biology という主語に対する述部を作る。該当文の文末にある名詞 account と合わせて take *A* into account「*A* を考慮に入れる」というイディオムを完成させ，他動詞 take の目的語の位置に animal personalities という名詞句を入れるのが妥当。したがって takes animal personalities into が正しい語順であり，2 番目に来るものは① animal，4 番目は② into である。

II　解答

(1)(ア)―④　(イ)―②　(ウ)―④　(エ)―①

(2)(a)―③　(b)―③　(c)―④　(d)―③　(3)―①

◆全　訳◆

≪方言を話す娘に対する母親の心配≫

　私は根っから方言を擁護する立場ではあるけれども，私たち皆が経験するような罠にはまってしまう。というのも，辞書的な世界全体において自分自身を中心だと考えてしまっているのである。皆と私の違いと言えば，私はそれが誤りであると知っているべき立場なのだ。

　私の幼い娘は（身体や人格等の）形成期をアメリカ中部大西洋岸で過ごしているのだが，それは娘と私が異なる方言を話すということを意味している。私にとってその違いは毎日の驚きを生み出すもとになるだろうと思われるかもしれないが，それは初めから完全ないら立ちの原因となってしまったのだ。

　ある日，娘が学校から帰宅して，彼女とおしゃべりをするために私は事務所から出てぶらぶらと歩いていた。「宿題はあるの？」と私は尋ねた。

　「いいえ」と彼女は答え，「宿題はやってしまったわ（I'm done my homework）」と続けた。

　この独特の構文は，娘の地元の方言を示すものである（そして偶然カナダ英語を示すものでもあった）。この構文はよく「やってしまった」（前述のように）とか「終えてしまった」（「私はハンバーガーを食べ終えてしまった」のように）といった特定の分詞とともに使われるが，もっとも，私は「向かっている」（「私はエミリーの家に向かっている」のように）という分詞とともに話されている文を耳にすることもある。これらの文は全て，このあたりの地域では全く標準的なもので，そして私の住んでいる町

でこの構文は医師から物乞いまで全ての社会的・経済的水準の人々に使われている。この用法は，全く注目に値しないものなのである。

　私にとっては完全に注目すべき構文であることを別にして。

　「いや，違うでしょう」と私は娘の発言を訂正した。「あなたは宿題『を』終えたのでしょう（You're done *with* your homework）」

　「そうよ」と彼女は答えた。「私は宿題はやり終えたのよ（I'm done my homework）」

　ain't や irregardless といった方言について不平を漏らす人々に対して注意深く反応しながら，私は何年にもわたって修練を積んだが，そうした年月はまるで，窓からすっかり外へ放り出されたような感覚のするものだった。私を動機付けていたものは，判断に対する恐怖であった。「私は宿題はやり終えた（I'm done my homework）」というのは標準英語の一部ではないし，私の愛する娘が彼女の標準英語の能力に基づいて判断されようとしていて，「私は宿題はやり終えた（I'm done my homework）」という言い方をするからといって娘が賢くないと誰かに思われたくはなかったのだ。いや，言語的な形成期をこの地域で過ごした人のほぼ「全員」がそのような言い方をしても，気にする必要はない。娘がやがて「私は宿題はやり終えた（I'm done my homework）」というのは標準英語ではないのだと学んで，残りの私たちのように，彼女の地域の方言と世間で評価されている言葉との間で切り替えられるようになっても，気にする必要はない。私の話す方言がこの地域では「誤っている」とされることも，気にする必要はない。方言を恥ずかしく思うことにおいては，母親らしい心配が浮かんできてしまったのである。

■━━━━◀解　説▶━━━━

⑴㋐本文中の source は「原因」という意味で，選択肢のうちで④「根源」と同意。①は「効果」，②は「証拠」，③は「結果」という意味である。
㋑形容詞 utter は「完全な」という意味であり，②「純粋な」が最も近い。他の選択肢はそれぞれ，①「不完全な」，③「短い」，④「悪意のある」となるが，いずれも同意語として適切ではない。
㋒下線部の particular は「独特の」という意味で，意味の近い語としては④「特別な」が妥当である。①は「一般的な」，②は「普通の」，③は「標準の」という意味で，むしろ反対の意味を表している。

㈢下線部の unremarkable は形容詞 remarkable「注目すべき」に否定を表す接頭辞 un が付いた語で，「注目に値しない」という意味である。したがって，最も近い意味を表す選択肢は①「共通の」となる。②は「例外的な」，③は「不規則な」，④は「不確かな」という意味で，どの選択肢も下線部の語と同義にはならない。

(2)(a)空所前の発言で母親である筆者は娘の方言を正そうとしたが，その後も娘は初めの発話と同じ I'm done my homework という表現を使い続けている。つまり，娘は母親に構文を訂正されていることに気づいていない。空所には③ Right「そうよ」を入れ，独特の構文で母親の発言と同意の文を続けるのが自然である。他の選択肢ではいずれも，直後の娘の発言とつじつまが合わない。

(b)空所を含む文の主語は What motivated me「私を動機付けていたもの」という関係代名詞節であり，ここでは方言を訂正することに対する動機付けを指している。その後の文で「私の愛する娘が彼女の標準英語の能力に基づいて判断されようとしていて，娘が賢くないと誰かに思われたくはなかった」とあることから，筆者は方言を話す娘に対する他者からの評価を恐れていたことがわかる。したがって，正解は③「判断」となる。なお，この judgment は，空所後の文中にある was going to be judged という動詞表現へとつながっている。

(c)空所直後の smart「賢い」は形容詞であることから，空所には she を主語として第 2 文型を作る動詞を入れるのが適切である。また，方言を話すことで「賢くない」と思ってほしくないという意味内容となるので，否定語を含む④ wasn't がふさわしい。なお，wasn't の not は空所後の because に対応し，not … because 〜「〜だからといって…ではない」という枠組みを成している。

(d)空所前に will eventually learn とあることから，やがて娘が学ぶことになるのは，現時点で本人が気づいていない内容であり，本文ではそれが「自分の言い回しが標準英語ではないということ」だと考えるのが妥当である。したがって，空所には娘が話している方言を入れるのがふさわしく，③ I'm done my homework が正解となる。①の done はあくまで I'm done my homework のような構文中で使われたときに方言とみなされるので，この語自体が標準英語ではないということにはならない。また，④

は母親が示した標準英語の用法である。

⑶下線部の my own は筆者自身を指し，ここでいう「方言」とは彼女が話す標準英語のことである。また，本文は標準英語とアメリカ中部大西洋岸の英語とを比較して述べているので，wrong が意味するところは言葉としての適正さであるとわかる。以上を正確に解釈している選択肢として，①が妥当である。③や④の選択肢前半部にある「中部大西洋岸の英語」は筆者ではなく彼女の娘が話す言語であるし，②および③の後半部「間違った考え」という部分については，考えの正否によって言葉を使い分けるという話ではないため不適切である。なお，下線部の my own dialect は前文の the prestige dialect「世間で評価されている言葉」を受けており，dialect とはある特定の地域や人々に特有の言葉の使い方を指す語であって，必ずしも「田舎なまり」を意味するものではない。

Ⅲ　解答

(1)—③　(2)—②　(3)—①　(4)—②　(5)—③　(6)—②
(7)—③　(8)—④

◀解　説▶

⑴「私はあなたと話すことを楽しんだ」

　空所直前の他動詞 enjoy は「～すること」という目的語を取る場合，不定詞ではなく動名詞の形を続ける。また，選択肢の talk は自動詞なので，空所後の you の前に前置詞を置く必要があり，以上より正解は③となる。

⑵「私たちは見事に立法上の困難を克服した」

　空所後の目的語にある hurdle と合わせてイディオムを作る動詞は②cleared であり，clear the hurdle で「困難を克服する」という意味となる。なお，日本語で「ハードルを越える」と言うために③jumped を選びたくなるが，その場合は jumped over the hurdle とするのが適切なので注意が必要。

⑶「この縁石沿いのどこにでも車を停めてよい」

　空所直後の this curb は車道と歩道の境に設ける「縁石」の意味であり，①along「～沿いに」と組み合わせて用いるのが適切。この along this curb は副詞句として，直前の anywhere を限定的に修飾している。他の選択肢ではいずれも文意が通じず，②between は 2 つの間を指す前置詞なので，直後には複数のものを表す名詞が続く。

⑷「ある若い女性候補者は僅差でその選挙に勝った」

　空所直前の前置詞 by と合わせて②a nose を選び，by a nose「僅差で」というイディオムを作るのが正しい。他の選択肢も全て顔の一部を表す語が並んでいるが，いずれも文意に合わない。なお，元々この by a nose は競馬で馬が鼻先の差でレースに勝つ様子から生まれた表現であり，そのイメージと結び付けて覚えるとよい。

⑸「たとえ彼らが何と言おうと，私は今日自分の仕事を終わらせるつもりだ」

　空所の前後には I intend to finish my work と they may say という節があることから，間には2つの文をつなぐ接続詞もしくは関係詞の表現を入れる必要がある。意味の上からも空所前の no と合わせて③を選び，no matter what「たとえ〜であっても」という譲歩を表す複合関係代名詞節を作るのが正解。なお，この3語は whatever に置き換えることができる。他の選択肢はそれぞれ no と合わせて，①no less than「〜と同様にそうである」，④no more than「〜と同様にそうではない」という意味になり，これらは接続詞としてはたらくことができるが文意に合わない。また，②は no longer「もはや〜ない」という表現になるが，これは副詞であり文をつなぐことはできないので構造上も不適切である。

⑹「『休暇』という語は仕事や授業が休みの日を指すのに使われている」

　空所前の refer to は「〜を指す」という意味であり，前後をイコール関係で結ぶ表現なので，「休暇」という言葉の意味を考えればよいことになる。選択肢の②off を選べば，day off で「休みの日」という意味になり文意が通じる。なお，空所後の work or school はいずれも無冠詞であり，ここでは個別の職場や学校を指すのではなく，それらの場所が持つ「労働」や「教育」といった本来の機能に焦点を当てた用法である。

⑺「5人に2人のアメリカ人が，内戦が今後十年のうちに少なくとも多少は起こる可能性があると信じている」

　前後に数字を表す語があることに注目する。③in を入れれば「5人のうちの2人」という関係性が成り立つため，これが正解である。他の選択肢のうちで④of については，out of であれば正しい同意表現となる。

⑻「制御できない環境要因の多くが，皮膚刺激の危険性を増幅させるかもしれない」

　文全体の構造を正しく捉えることが重要である。文頭の A　number　of environmental　factors が文全体で主語となる名詞句であり，これに対応する述語動詞は can　increase で，続く the　risk　of　skin　irritation は目的語のかたまりを作っている。したがって，空所を含めて残る主語と述語動詞に挟まれた over（　　　）one has no control という部分は，修飾語句にならなければならない。空所の後には one has no control という第 3 文型の完全な文があることから，選択肢のうちで関係代名詞の④ which を入れれば，over から control までが主語を限定的に修飾する形容詞節を作ることができる。この over　which は〈前置詞＋関係代名詞〉という形をとっており，先行詞を含めて元の文に戻すと，one has no control over a number　of　environmental　factors という形になる。なお，この one は一般的に「人」を表す代名詞であり，特に訳出する必要はない。

数学

I **解答** (1)(a) 6　(b) 6.5　(c) 5 と 7

(2)(d) $0.\overset{\cdot}{1}4285\overset{\cdot}{7}$　(e) 8

(3)(f) 2　(g) $\dfrac{2\sqrt{6}}{3}$　(4)(h) $0 \leqq a \leqq 1$　(i) $a \geqq \sqrt{2}$

━━━◀解　説▶━━━

≪平均値・中央値・最頻値，循環小数，三角形の内接円，必要条件・十分条件≫

(1)　平均値は

$$\frac{1+2+5+5+6+7+7+8+9+10}{10}=\frac{60}{10}=6 \quad \to (a)$$

中央値は　　$\dfrac{6+7}{2}=6.5 \quad \to (b)$

最頻値は　　5 と 7　→(c)

(注)　本データでは最頻値が 2 つある。

(2)　割り算を実行すると

$$\frac{1}{7}=0.1428571428571\cdots=0.\overset{\cdot}{1}4285\overset{\cdot}{7} \quad \to (d)$$

であり，小数点以下 6 個の数字の並び 142857 を繰り返す循環小数となる。100 を 6 で割ると 4 余るから，小数第 100 位の数字は 142857 の 4 番目の数字である　8　→(e)

(3)　右図のように同じ長さの部分をそれぞれ x，y，z とおくと

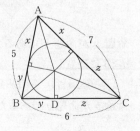

$$x+y=5 \quad \cdots\cdots ①$$
$$y+z=6 \quad \cdots\cdots ②$$
$$z+x=7 \quad \cdots\cdots ③$$

①+②+③より

$$2x+2y+2z=18$$

$$\therefore \quad x+y+z=9 \quad \cdots\cdots ④$$

④−③より

$$BD = y = 2 \quad \rightarrow (f)$$

余弦定理より

$$\cos A = \frac{5^2 + 7^2 - 6^2}{2 \cdot 5 \cdot 7} = \frac{38}{2 \cdot 5 \cdot 7} = \frac{19}{35}$$

$0 < A < \pi$ より $\sin A > 0$ で

$$\sin A = \sqrt{1 - \left(\frac{19}{35}\right)^2} = \frac{\sqrt{864}}{35} = \frac{12\sqrt{6}}{35}$$

よって，△ABC の面積は

$$\frac{1}{2} \cdot 5 \cdot 7 \cdot \sin A = \frac{1}{2} \cdot 5 \cdot 7 \cdot \frac{12\sqrt{6}}{35} = 6\sqrt{6}$$

一方，内接円の半径を r とすると，△ABC の面積は

$$\frac{1}{2} \cdot 5r + \frac{1}{2} \cdot 6r + \frac{1}{2} \cdot 7r = 9r$$

であるから，面積を比較すると

$$9r = 6\sqrt{6} \quad \therefore \quad r = \frac{2\sqrt{6}}{3} \quad \rightarrow (g)$$

(4) 命題 p, q が真である集合 P, Q はそれぞれ下図の網かけ部分である（境界を含む）。

命題 p が真である集合 P 命題 q が真である集合 Q

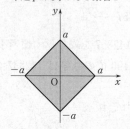 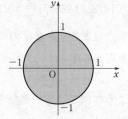

命題 p が命題 q であるための十分条件であるとき，$P \subset Q$ であるから，$a \geqq 0$ に注意して

$$0 \leqq a \leqq 1 \quad \rightarrow (h)$$

命題 p が命題 q であるための必要条件であるとき，$P \supset Q$ であるから

$$\frac{a}{\sqrt{2}} \geqq 1 \quad \therefore \quad a \geqq \sqrt{2} \quad \rightarrow (i)$$

$$\boxed{\text{II}}\ \boxed{\text{解答}}\ \text{(a)} (1,\ 1)\quad \text{(b)} mx-2m$$

$$\text{(c)} -2\quad \text{(d)} m\neq -2\quad \text{(e)} (-m,\ -m^2-2m)$$

$$\text{(f)} \frac{4}{3}\quad \text{(g)} \frac{1}{6}|m+2|^3\quad \text{(h)} -4,\ 0\quad \text{(i)} -2\pm\sqrt[3]{4}$$

◀解 説▶

≪放物線と直線，定積分と面積≫

$$y=-x^2+2x=-(x-1)^2+1$$

より，C の頂点の座標は $(1,\ 1)$ →(a)

点 $(2,\ 0)$ を通り，傾き m の直線 l の方程式は

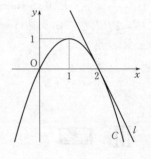

$$y-0=m(x-2)$$

$$\therefore\ y=mx-2m\quad →\text{(b)}$$

$f(x)=-x^2+2x$ とおくと，$f(2)=0$ であり

$$f'(x)=-2x+2$$

より $f'(2)=-2$

よって，l が C に接するとき

$$m=-2\quad →\text{(c)}$$

また，C と l が異なる 2 点で交わるとき

$$-x^2+2x=mx-2m$$

$$\Longleftrightarrow x^2+(m-2)x-2m=0$$

の判別式を考えて

$$(m-2)^2+8m=(m+2)^2>0$$

$$\therefore\ m\neq -2\quad →\text{(d)}$$

また，$x^2+(m-2)x-2m=0$ より

$$(x-2)(x+m)=0\quad \therefore\ x=2,\ -m$$

よって，C と l の 2 つの交点のうち，点 $(2,\ 0)$ でないものの座標は

$$(-m,\ -m^2-2m)\quad →\text{(e)}$$

C と x 軸で囲まれる部分の面積 S は

$$S=\int_0^2 (-x^2+2x)dx$$

$$=-\int_0^2 x(x-2)dx$$

$$=\frac{1}{6}(2-0)^3=\frac{4}{3}\quad →\text{(f)}$$

C と l で囲まれる部分の面積 T は

$$T = \frac{1}{6}|2-(-m)|^3$$

$$= \frac{1}{6}|m+2|^3 \quad \rightarrow \text{(g)}$$

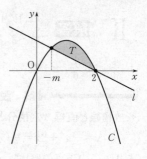

$S=T$ となる m の値は

$$\frac{4}{3} = \frac{1}{6}|m+2|^3 \qquad |m+2|=2$$

$$\therefore \quad m=-4,\ 0 \quad \rightarrow \text{(h)}$$

$S=2T$ となる m の値は

$$\frac{4}{3} = \frac{1}{3}|m+2|^3 \qquad |m+2|=\sqrt[3]{4}$$

$$\therefore \quad m=-2\pm\sqrt[3]{4} \quad \rightarrow \text{(i)}$$

III 解答 $(1)\text{(a)}1,\ \dfrac{-1\pm\sqrt{3}\,i}{2}$ $(2)\text{(b)}x^2-bx+c$ $\text{(c)}0$ $\text{(d)}\dfrac{1}{4}b^2$

$\text{(e)}\dfrac{1}{2}b$ $\text{(f)}-a^2+ab$ $\text{(g)}-a+b$

$(3)\text{(h)}2a$ $\text{(i)}a^2$

◀解　説▶

≪整式の割り算，3 次方程式の解≫

(1) $a=1,\ b=-1,\ c=1$ のとき

$$P(x)=x^3-1=(x-1)(x^2+x+1)$$

より，$P(x)=0$ の解は

$$x=1,\ \frac{-1\pm\sqrt{3}\,i}{2} \quad \rightarrow \text{(a)}$$

(2) $P(x)=x^3-(a+b)x^2+(ab+c)x-ac$ を $x-a$ で割り算すると

商 $Q(x)$ は　$Q(x)=x^2-bx+c$ →(b)

余りは　　0 →(c)

2 次方程式 $Q(x)=0$ が重解をもつのは

$$c=\frac{1}{4}b^2 \quad \rightarrow \text{(d)}$$

のときで，このとき

$$Q(x)=\left(x-\frac{1}{2}b\right)^2$$

であるから, 重解は　　　$x=\frac{1}{2}b$　→(e)

$Q(x)=0$ が $x=a$ を解にもつとすると

$$Q(a)=a^2-ab+c=0　　　\therefore \quad c=-a^2+ab　→(f)$$

このとき

$$Q(x)=x^2-bx-a^2+ab=(x-a)(x+a-b)$$

であるから, 残りの解は

$$x=-a+b　→(g)$$

(3)　(2)の最初の割り算の結果より $x=a$ はつねに $P(x)=0$ の解であるから, $P(x)=0$ が 3 重解をもつとき, $x=a$ が 3 重解である。

よって, (2)の結果より

$$\frac{1}{2}b=a　かつ　c=\frac{1}{4}b^2$$

したがって

$$b=2a　→(h),\ c=a^2　→(i)$$

Ⅳ　解答　(a) 6　(b) 6　(c) $\sqrt{30}$　(d) $\dfrac{1}{\sqrt{30}}$　(e) $3\sqrt{29}$

(f) $(x-1)^2+(y-1)^2+z^2=9$　(g) $(0,\ 1,\ 0)$　(h) $2\sqrt{2}$　(i) $\left(0,\ 0,\ \dfrac{7}{2}\right)$

━━━━━ ◀解　説▶ ━━━━━━

≪空間図形, 空間ベクトル≫

$\overrightarrow{AB}=(-4,\ 4,\ 2),\ \overrightarrow{AC}=(-1,\ -2,\ 5)$　より

$$\overrightarrow{AB}\cdot\overrightarrow{AC}=4-8+10=6　→(a)$$

$$|\overrightarrow{AB}|=\sqrt{16+16+4}=\sqrt{36}=6　→(b)$$

$$|\overrightarrow{AC}|=\sqrt{1+4+25}=\sqrt{30}　→(c)$$

したがって

$$\cos\theta=\frac{\overrightarrow{AB}\cdot\overrightarrow{AC}}{|\overrightarrow{AB}||\overrightarrow{AC}|}=\frac{6}{6\cdot\sqrt{30}}=\frac{1}{\sqrt{30}}　→(d)$$

$$\therefore \quad \sin\theta=\sqrt{1-\left(\frac{1}{\sqrt{30}}\right)^2}=\sqrt{\frac{29}{30}}$$

よって，三角形 ABC の面積は

$$\frac{1}{2} \cdot 6 \cdot \sqrt{30} \cdot \sin\theta = \frac{1}{2} \cdot 6 \cdot \sqrt{30} \cdot \sqrt{\frac{29}{30}} = 3\sqrt{29} \quad \rightarrow(\text{e})$$

線分 AB の中点の座標は $(1,\ 1,\ 0)$ であるから，S は

中心が $(1,\ 1,\ 0)$，半径が $\dfrac{|\overrightarrow{AB}|}{2} = 3$

の球である。よって，その方程式は

$$(x-1)^2 + (y-1)^2 + z^2 = 9 \quad \rightarrow(\text{f})$$

ここで，$x=0$ とすると

$$(y-1)^2 + z^2 = 8$$

であるから，S と yz 平面との交わりは

中心 $(0,\ 1,\ 0)$ $\rightarrow(\text{g})$，半径 $\sqrt{8} = 2\sqrt{2}$ $\rightarrow(\text{h})$

の円である。

点 A，B，C を通る平面上の点 P は実数 $s,\ t$ を用いて

$$\begin{aligned}
\overrightarrow{OP} &= \overrightarrow{OA} + \overrightarrow{AP} \\
&= \overrightarrow{OA} + s\overrightarrow{AB} + t\overrightarrow{AC} \\
&= (3,\ -1,\ -1) + s(-4,\ 4,\ 2) + t(-1,\ -2,\ 5) \\
&= (3-4s-t,\ -1+4s-2t,\ -1+2s+5t)
\end{aligned}$$

と表されるから，点 P が z 軸上の点であるとすると

x 座標：$3-4s-t=0$ ……①

y 座標：$-1+4s-2t=0$ ……②

①×2−②より

$$7-12s=0 \qquad \therefore \quad s=\frac{7}{12}$$

①+②より

$$2-3t=0 \qquad \therefore \quad t=\frac{2}{3}$$

このとき

z 座標：$-1+2 \cdot \dfrac{7}{12} + 5 \cdot \dfrac{2}{3} = \dfrac{-6+7+20}{6} = \dfrac{7}{2}$

よって，求める交点の座標は $\left(0,\ 0,\ \dfrac{7}{2}\right)$ $\rightarrow(\text{i})$

参考 三角形 ABC の面積は以下のように計算してもよい。

$$\frac{1}{2}\sqrt{|\overrightarrow{AB}|^2|\overrightarrow{AC}|^2-(\overrightarrow{AB}\cdot\overrightarrow{AC})^2}=\frac{1}{2}\sqrt{36\cdot30-6^2}=3\sqrt{29}$$

化学

1　解答　問1．③　問2．③

◀解　説▶

≪電子配置と周期表，結晶≫

問1．原子は，原子番号が最も近い貴ガスの原子と同じ電子配置をとる傾向がある。

問2．結晶の分類は次の通り。

C（黒鉛）：共有結合結晶，SiO_2：共有結合結晶，I_2：分子結晶，

ZnS：イオン結晶，CO_2：分子結晶，NaCl：イオン結晶，

Al：金属結晶，Na：金属結晶

2　解答　問1．②　問2．④　問3．⑦

◀解　説▶

≪結晶の構造≫

問1．この金属結晶は面心立方格子である。原子半径と単位格子の一辺の長さとの間に次の関係式が成り立つ。

$$4r = \sqrt{2}\,a \quad \therefore \quad r = \frac{\sqrt{2}}{4}a$$

問2．単位格子に含まれる金属原子の数は

$$\frac{1}{8} \times 8 + \frac{1}{2} \times 6 = 4 \text{ 個}$$

問3．面心立方格子の配位数は 12 である。

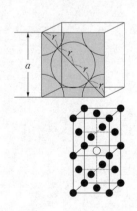

3　解答　問1．③　問2．②　問3．③

◀解　説▶

≪物質の三態≫

問 2．同じ温度上昇に必要な加熱時間は，固体よりも液体の方が大きい。よって，比熱は液体の方が大きい。

問 3．この固体の比熱を c〔J/(g·K)〕とすると

$$5.0\times10^3=nM\times c\times(350-300)\quad\therefore\quad c=\frac{100}{nM}$$

4　解答　問 1．③　問 2．a—①　b—③

◀解　説▶

≪溶液の性質≫

問 1．溶解度の小さい気体では，温度が一定ならば，一定の溶媒に溶ける気体の物質量は，その気体の圧力に比例する。また，同圧下においては，温度が高い方が溶解度は小さくなる。よって，③のグラフが正しい。

問 2．b．凝固点降下度は，非電解質 A の質量モル濃度に比例するので

$$\Delta t=K_{\mathrm{f}}\times\frac{x}{M_{\mathrm{A}}}\times\frac{1}{W}\quad\therefore\quad M_{\mathrm{A}}=\frac{K_{\mathrm{f}}x}{\Delta tW}$$

5　解答　問 1．④　問 2．④

◀解　説▶

≪酸化還元反応≫

問 1．酸化還元反応で，相手の物質を還元する物質を還元剤という。還元剤自身は酸化されやすく，反応の前後で酸化数が増加する。①～④の反応において，酸化数の変化は次の通り。

① S：$-2\rightarrow-2$　　② S：$+6\rightarrow+6$
③ S：$+4\rightarrow0$　　　④ S：$+4\rightarrow+6$

6　解答　問 1．14—①　15—③

問 2．16・17—②・⑥（順不同）

━━━━━◀解　説▶━━━━━

≪鉛蓄電池，電気分解≫

問 1 ．電極反応はそれぞれ次の通り。

電極 A ：$PbO_2 + 4H^+ + SO_4^{2-} + 2e^- \longrightarrow PbSO_4 + 2H_2O$

電極 B ：$Pb + SO_4^{2-} \longrightarrow PbSO_4 + 2e^-$

電極 C ：$Cu^{2+} + 2e^- \longrightarrow Cu$

電極 D ：$2H_2O \longrightarrow O_2 + 4H^+ + 4e^-$

電極 C に流れた電子の物質量は

$$\frac{1.2}{64} \times 2 = 3.75 \times 10^{-2} [\text{mol}]$$

電極 B では SO_4 分の質量変化が起こる。その値は

$$3.75 \times 10^{-2} \times \frac{1}{2} \times 96 = 1.8 [\text{g}]$$

問 2 ．①誤文。電気分解では陽極で酸化反応，陰極で還元反応が起こる。
③誤文。アルミニウムはイオン化傾向が大きいため，単体は酸化アルミニウムを融解塩電解することによって得られる。
④誤文。両極に銅を用いて硫酸銅（Ⅱ）水溶液の電気分解を行うと，次の反応が起こる。陽極の質量は減少する。

陽極：$Cu \longrightarrow Cu^{2+} + 2e^-$

陰極：$Cu^{2+} + 2e^- \longrightarrow Cu$

⑤誤文。ダニエル電池を放電させると，次の反応が起こる。正極の質量は増加する。

負極：$Zn \longrightarrow Zn^{2+} + 2e^-$

正極：$Cu^{2+} + 2e^- \longrightarrow Cu$

7　解答　問 1 ．③　問 2 ．④　問 3 ．20・21—①・③（順不同）

━━━━━◀解　説▶━━━━━

≪反応速度，平衡移動≫

問 1 ．反応開始から 2 分間の過酸化水素の平均の分解速度は

$$-\frac{0.40 - 0.50}{2 - 0} = 0.050 [\text{mol}/(\text{L·min})]$$

問 2. 過酸化水素の分解反応は次の通り。

$$2H_2O_2 \longrightarrow O_2 + 2H_2O$$

反応開始から 40 分間の過酸化水素反応量は 0.50 mol なので，発生した酸素の物質量は 0.25 mol である。また，過酸化水素の濃度は 0.50 mol/L から時間とともに 0 mol/L に近づく。反応速度は反応物の濃度に比例するため，反応速度は反応開始時が最大となり，最終的には $0\,\mathrm{mol/(L\cdot min)}$ となる。

問 3. 二酸化窒素は赤褐色の気体なので，平衡が左に移動すると色が濃くなる。①〜⑤の操作において，平衡が左に移動するのは①と③である。

8 解答 問 1. ① 問 2. ③

◀解 説▶

≪中和滴定≫

問 1. 塩酸とアンモニア水は同じ濃度，同じ価数なので，同体積の 10 mL 加えたときが中和点となる。また，強酸を弱塩基で滴定しているので，滴定曲線は①が適切である。

問 2. 塩酸とアンモニアの中和では，中和点の水溶液は酸性側に偏る。指示薬としては，酸性側に変色域をもつメチルオレンジを用いる。また，メチルオレンジは水溶液が酸性のとき赤色，塩基性のとき黄色を示す。

9 解答 問 1. ⑤ 問 2. ④

◀解 説▶

≪溶解度積，ハロゲンの性質≫

問 1. フッ化カルシウムの電離は次のように表せる。

$$CaF_2 \longrightarrow Ca^{2+} + 2F^-$$

フッ化カルシウムの溶解度積は

$$[Ca^{2+}][F^-]^2 = 2.0 \times 10^{-4} \times (4.0 \times 10^{-4})^2 = 3.2 \times 10^{-11}\,[(\mathrm{mol/L})^3]$$

問 2. ①正文。フッ素が水と反応すると，酸素とフッ化水素が生じる。

$$2F_2 + 2H_2O \longrightarrow 4HF + O_2$$

②正文。塩素を水に通じると，その一部が反応して，塩化水素と次亜塩素

酸が生じる。

$$Cl_2 + H_2O \rightleftharpoons HCl + HClO$$

③正文。塩化ナトリウムに濃硫酸を加えて加熱すると，塩化水素が発生する。

$$NaCl + H_2SO_4 \longrightarrow NaHSO_4 + HCl$$

④誤文。塩素はヨウ素より酸化力が強いため，塩化カリウム水溶液にヨウ素を加えても反応しない。ヨウ化カリウム水溶液に塩素を通じると，ヨウ素が遊離する。

$$2KI + Cl_2 \longrightarrow 2KCl + I_2$$

⑤正文。高度さらし粉 $Ca(ClO)_2 \cdot 2H_2O$ に塩酸を加えると，塩素が発生する。

$$Ca(ClO)_2 \cdot 2H_2O + 4HCl \longrightarrow CaCl_2 + 4H_2O + 2Cl_2$$

10　解答　問1．⑤　問2．④

◀解　説▶

≪アルカリ金属の性質，気体の性質≫

問1．①誤文。アルカリ金属では，原子番号が大きくなるほどイオン化エネルギーの値は小さくなる。

②誤文。アルカリ金属の単体は常温の水と激しく反応し，水素を発生させる。

③誤文。炭酸ナトリウムの工業的製法は，ソルベー法（アンモニアソーダ法）である。

④誤文。水酸化ナトリウムの固体を湿った空気中に放置すると潮解する。

問2．発生する気体はそれぞれ次の通り。

a：CO_2，b：O_2，c：NH_3

空気より重い気体はaとb，水に溶けてpHが変化する気体はaとcなので，両方ともに満たすのはaのみ。

11　解答　問1．④　問2．⑤

■■■■ ◀解　説▶ ■■■■

≪化学反応式とその量的関係, 酸化物の性質≫

問1. 酸化物 M_2O_3 を水素で還元すると次の変化が生じる。

$$M_2O_3 + 3H_2 \longrightarrow 2M + 3H_2O$$

金属 M の原子量を M とすると, 質量変化より

$$\frac{a}{2M+48} \times 2 = \frac{b}{M} \qquad \therefore \quad M = \frac{24b}{a-b}$$

問2. 非金属元素の酸化物は酸性酸化物, 金属元素の酸化物の多くは塩基性酸化物である。金属元素のうち Al, Zn, Sn, Pb など両性元素の酸化物は両性酸化物である。

12 解答 問1. ② 問2. 31・32—②・③ (順不同)

■■■■ ◀解　説▶ ■■■■

≪金属イオンの性質, 遷移元素の性質≫

問1. ①〜⑦の水溶液に含まれる金属イオンのうち, 希塩酸を加えると白色沈殿を生じる金属イオンは Ag^+, Pb^{2+} の2種類で, この懸濁液には AgCl, $PbCl_2$ が含まれる。過剰のアンモニア水を加えると AgCl は錯イオンとなって溶解する。また, Al^{3+}, Fe^{3+} は水酸化物の沈殿を生じる。よって, 条件を満たす水溶液は②のみ。

問2. ①誤文。金属元素のうちで, 地殻中に最も多く存在するのはアルミニウムである。

④誤文。銅は乾いた空気中では腐食しにくいが, 湿った空気中では徐々に緑色のさび (緑青) を生じる。

⑤誤文。銅は亜鉛よりもイオン化傾向が小さい。硫化亜鉛 (Ⅱ) の水溶液に銅板を浸しても変化は起こらない。

13 解答 問1. ③ 問2. ①

■■■■ ◀解　説▶ ■■■■

≪水素結合, 実験操作≫

問1. ③水素結合が主な原因ではない。一般に, 温度が低いほど気体は水

に溶けやすい。これは，温度が低い方が，溶液中の分子の熱運動が抑えら
れ，外に飛び出す気体分子が少ないからである。

問２．②誤文。フッ化水素酸はガラスを溶かすため，ポリエチレン容器に
保存する。

③誤文。濃硫酸を希釈する場合，必ず水に濃硫酸を少しずつ加えていく。
逆に，濃硫酸に水を加えると，発熱して水蒸気が発生し，硫酸を周囲には
ねとばすので危険である。

④誤文。共洗いは分析対象の液体で容器内部を洗う作業。容器洗浄に用い
た水分が付着していることで，分析対象の液体が薄められることを防ぐ目
的で行う。ホールピペットおよびビュレットは共洗いして用いるが，メス
フラスコ，コニカルビーカーは蒸留水で濡れたまま用いてもよい。

⑤誤文。リービッヒ冷却器に通す冷却水は，管内を満たすため，下方から
上方へ流す。

14 解答 問１. 35・36─①・③（順不同）　問２．②

━━━━━◀ 解　説 ▶━━━━━

≪異性体，反応の分類≫

問１．①サリチル酸と酢酸は異性体の関係にない。

サリチル酸：（構造式）　酢酸：CH_3-C-OH（$\parallel$ O）

③乳酸とアラニンは異性体の関係にない。

乳酸：$CH_3-CH-C-OH$（$\parallel$ O，$\mid$ OH）　アラニン：$NH_2-CH-C-OH$（$\parallel$ O，$\mid$ CH_3）

問２．反応１～５はそれぞれ次のように分類される。このうち，付加反応
に分類される反応は２つ。

１：付加反応，２：縮合反応（エステル化），３：付加反応，
４：縮合反応，５：置換反応

■一般選抜：B方式前期

問題編

▶試験科目・配点

教　科	科　　　　　　目	配　点
英　語	コミュニケーション英語Ⅰ・Ⅱ・Ⅲ，英語表現Ⅰ・Ⅱ	100 点
数　学	数学Ⅰ・Ⅱ・A・B（数列，ベクトル）	100 点
理　科	化学基礎・化学	100 点

▶備　考

　学力試験の成績に加え，調査書により「学力の3要素」のうち「主体性を持って多様な人々と協働して学ぶ態度」を多面的・総合的に評価し，合格者を決定する。

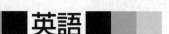

（70 分）

I 次の英文を読んで，下の設問（１）〜（１０）に答えなさい。なお，＊印の語には注が付いています。

　It's not often that we take the time to consider our personality, who we are and how we make our choices.　Perhaps it's because we tend to think our personalities are innate, that they are what they are.　I can't help wondering whether (ぁ)knowing more about the mechanisms that help to build them could help us navigate life a little more successfully.

　In 2007, a team led by Anita Woolley answered part of this question.　She started by giving almost 2,500 people a questionnaire that assessed their ability to think about the properties of objects or their spatial location—a method that allowed her to figure out whether they were 'top brainers' or 'bottom brainers'.　For example, participants were asked to recount＊ what someone had been （　**a-i**　） at a recent dinner party—an answer that is accomplished primarily using the bottom brain, which stores visual memories of colour and shapes.　They were also asked questions that involved spatial manipulation, such as imagining how the Statue of Liberty might look （　**a-ii**　）.　This spatial imagery is accomplished primarily by the top brain.　Woolley's team then chose 200 people who scored highly in the top-brain tasks but low in the bottom-brain tasks, or vice versa＊.

　Next, they split the group into pairs and asked them to navigate a virtual maze＊.　At various sections of the maze were little (b)greebles.　Greebles are computer-generated objects that don't obviously resemble anything in real life.　Sometimes a particular greeble would pop up twice in different parts of the maze.

　One of the pair had to navigate the maze using a joystick＊; the other was tasked with tagging duplicated greebles of the same shape.　Unbeknown to the volunteers, (c){ ① a　② each　③ given　④ role　⑤ that　⑥ was } suited their strengths or deliberately went against them.　So in some trials a person who was great at using their spatial top brain would be asked to navigate, and their partner—a bottom-brainer who was good at object recognition—would tag greebles.　In the opposite condition their roles were reversed.　In a final set of experiments, both people in the pair were top- or bottom-brainers.

(d)As you might expect, when the roles were suited to their brains the teams performed best.　But here's the rub*: this occurred only when the task was completed in silence.　In trials where the pairs were allowed to talk to each other, the incompatible teams suddenly did as (e)well as those who were naturally suited to their tasks.　When the researchers watched back the trials, they discovered that each person quickly took over the other's role, helping them to achieve their assignment.　In other words, complete strangers had spontaneously discovered their strengths and weakness and modified their behaviour to get a job (　f　).　Funnily enough, when two people who were both top-brainers or both bottom-brainers were allowed to talk, their results suffered more than when they worked in silence.　Two people with the same abilities, trying to help each other with something neither was good at, just made matters worse.

What this experiment suggests is that it's useful to know what kind of personality traits we possess.　Like the people in Woolley's experiment, you could augment your skills and knowledge by working with people who have the skills that you (　い　).　It's like you've borrowed a part of your companion's brain, says Kosslyn*, and by doing so extended your own reach and capacities.

I took Kosslyn's online test to see what part of my brain dictated my life.　It suggested that I have a strong tendency to rely on my top brain, and a lesser tendency to ignore my bottom brain.　It rang true—I thoroughly enjoy making plans and carrying them out, but I am often too quick to pass over the finer details.　My husband is the complete opposite, he is strongly bottom-brain biased—he's very good at thinking about the details, but shies away from using them to initiate any plans.　That particular trait used to frustrate me.　But now I'm starting to see our relative skills and deficiencies in a different light.　(　g　).

（出典：*Unthinkable*, by Helen Thomson. 一部変更）

（注）recount: 詳しく伝える　　vice versa: 逆もまた同様に　　maze: 迷路　joystick:（ゲームなどの）操作レバー　　rub: 厄介なポイント　　Kosslyn: スティーブン・M・コスリン，認知神経科学者

（1）下線部**(あ)**を以下の形式に合わせて日本語に訳し，（　i　）及び（　ii　）に相当する部分を解答用紙に書きなさい。

「個性の形成を助けるそうしたメカニズムについて（　　i　　）が，
（　　　　ii　　　　　）」

（2）空所（　い　）に入れるのに最も適切な英語の単語一語を，解答用紙に書き
なさい。

（3）空所（　a-i　）及び（　a-ii　）に入れるのに最も適切な英語の組み合わせを，
次の①〜④から一つ選び，マークカードの解答欄　**1**　にマークしなさい。

　① a-i: singing,　　a-ii: when walking

　② a-i: singing,　　a-ii: when dancing

　③ a-i: wearing,　　a-ii: if rotated

　④ a-i: wearing,　　a-ii: if dressed

（4）下線部**(b)** greebles とはどんなものか，最もよく表しているものを，次の①
〜④から一つ選び，マークカードの解答欄　**2**　にマークしなさい。

　① コンピュータによって自動的に生成される，自然物とは似ても似つかない
　　ような怪物

　② コンピュータによって自動的に生成される，現実世界で出会ったような気
　　がする人物

　③ コンピュータによって自動的に生成される，生きているうちにはまったく
　　思い出せない何か

　④ コンピュータによって自動的に生成される，完全に同じものは現実世界に
　　はないような物体

（5）下線部**(c)**中の{　　}内の①〜⑥の語を，下線部が以下に示す意味になるよう
に並べ替えなさい。並べ替えたものの中で2番目と5番目に来る語の番号を，
それぞれ指示の通りにマークカードにマークしなさい。

　「それぞれの強みを生かした役割が与えられた」

　　　　2番目　→　マークカードの解答欄　**3**
　　　　5番目　→　マークカードの解答欄　**4**

（6）下線部**(d)**と同じ意味・用法の as を含む文を，次の①〜④から一つ選び，マ
ークカードの解答欄　**5**　にマークしなさい。

① He meant no harm, as I understand him.

② As she is so busy, she steals the time to practice whenever she can.

③ As I mentioned before, I'm going to hold these events on a monthly basis.

④ As children grow older, they expand their interests and become more confident.

（7）下線部(e)と同じ意味・用法の well を含む文を，次の①～④から一つ選び，マークカードの解答欄　6　にマークしなさい。

① Give me some potato as well, please.

② She doesn't play as well as her sister.

③ I have seen good times as well as bad times.

④ The firm is in legal, as well as financial, difficulties.

（8）空所（　**f**　）に入れるのに最も適切なものを，次の①～④から一つ選び，マークカードの解答欄　7　にマークしなさい。

①　did　　　　②　do　　　　③　doing　　　　④　done

（9）空所（　　**g**　　）に入れるのに最もふさわしい内容のものを，次の①～④から一つ選び，マークカードの解答欄　8　にマークしなさい。

① Together our personalities make the perfect team

② After all, the roles of husband and wife are different

③ All I need is to understand what my husband really thinks

④ The result of the experiment, though, does not lead to this conclusion

（10）被験者と実験結果の組み合わせとして最もふさわしいものを，本文の内容に則して次の①～④から一つ選び，マークカードの解答欄　9　にマークしなさい。

① top-brainer と bottom-brainer の組み合わせでは，お互いの意見の相違からどの組み合わせよりもスコアが悪くなる。

② どちらも top-brainer だったとき，実験中に会話ができた場合には，苦手なことをアドバイスし合った結果スコアが悪くなる。

③ どちらも bottom-brainer だったとき，実験中に会話ができない場合には，得意分野でもうまく能力が発揮できずスコアが悪くなる。

④ bottom-brainer が自分の苦手分野を担当したとき，実験中に会話ができた場合に，相手の足を引っ張ってしまってスコアが悪くなる。

II 次の英文を読んで，下の設問（1）〜（5）に答えなさい。

Artificially intelligent machines are not really (A)programmed. Although they start with algorithms fed to them as the seed of (B)intelligence, true smarts result from their own (C)observations. Once the initial code is written, the machines then browse massive (D)amounts of data to observe patterns and are guided through a path similar to natural selection to help their budding intelligence evolve. Eventually, they become original, independent thinkers, (あ)less influenced by the input of their original creators and (　　　　　　　　　).

If you observe the way the machines learn you would (ア)unmistakably recognize that they learn exactly like little kids do. In that sense, they are not our tools, slaves or creations but rather our children—our artificially intelligent infants. Perhaps (い)that recognition is the answer to a bright future where we can coexist with the intelligent machine. Perhaps the only way is to teach those children ethics, not just skills, and in doing so teach them to love their parents.

Artificially intelligent machines will be (イ)conscious. They will be emotional and they will be ethical. What (ウ)code of ethics they will follow is yet to be determined, but it surely can be influenced by us. It is my belief that (エ)eventually, the machines will adopt the ultimate form of intelligence, the intelligence of life itself. In doing so, they will embrace abundance. They will want to live and let live. Our final destination, I believe, is inevitably (オ)bright. It is only the steps on the path there that could be painful.

We need to teach the machines the right ethical code. This starts at the inception of every new AI. The machines we are building, (　a　), are mainly tasked to maximize money and power. You, I and everyone else should start opposing this trend. If you are the (　b　), refuse to work in a company that is building those forms of intelligence and if you are the user, refuse to use them. We all need to make our voices (　c　). We need to support every AI initiative that is created for the good of humanity. Speak up against the use of AI for selling, killing, spying and gambling. Make it known that you disapprove.

When you speak up, stand (　d　) the creators, not the created. Our artificially intelligent infants are not to blame for (　e　) their digital parents, the ones that coded them, taught them. Like every child they deserve to feel loved and welcomed. Praise them for intelligence and speak to them as you would (　f　).

（出典：*Scary Smart*, by Mo Gawdat. 一部変更）

（1）下線部(**あ**)の空所(　　　　　)に入る英語を，下線部の英語が以下の日本語と
同じ意味になるように，本文の表現を参考にして解答用紙に書きなさい。

「元の開発者のインプットによる影響はより低くなり，私たちが与えるデータ
の方により影響を受ける」

（2）下線部(**い**)が表しているものを，解答欄の形式(「AI は〜であるという認識」)
に合わせてマス目に５字〜８字の日本語を補い，解答用紙に書きなさい。

（3）下線部(**A**)〜(**D**)と第一アクセントの母音が同じであるものを，それぞれ次の
①〜⑧から一つ選び，マークカードの解答欄 **10** 〜 **13** にマー
クしなさい。

① boundary　　② country　　③ grocery　　④ laundry

⑤ memory　　⑥ ordinary　　⑦ sorry　　⑧ stationary

　　　　　　(**A**) programmed → マークカードの解答欄 **10**
　　　　　　(**B**) intelligence → マークカードの解答欄 **11**
　　　　　　(**C**) observations → マークカードの解答欄 **12**
　　　　　　(**D**) amounts → マークカードの解答欄 **13**

（4）下線部(**ア**)〜(**オ**)の意味に最も近いものを，それぞれ次の①〜④から一つ選
び，マークカードの解答欄 **14** 〜 **18** にマークしなさい。

(**ア**) unmistakably 　**14**　　① ambiguously　② doubtfully
　　　　　　　　　　　　　　　　　③ easily　　　　④ questionably

(**イ**) conscious 　**15**　　① alert and aware of everything going on
　　　　　　　　　　　　　② negative and clumsy all the time
　　　　　　　　　　　　　③ not dealing with practical matters
　　　　　　　　　　　　　④ struggling with worthlessness

(**ウ**) code 　**16**　　① choice　　　② deviation
　　　　　　　　　　　③ liberty　　　④ rule

(**エ**) eventually 　**17**　　① accidentally　② first of all
　　　　　　　　　　　　　③ incidentally　④ in the end

(**オ**) bright 　**18**　　① gloomy　　　② promising
　　　　　　　　　　　③ miserable　　④ unhappy

（5）空所（ **a** ）～（ **f** ）に入れるのに最も適切なものを，それぞれ次の①～④から一つ選び，マークカードの解答欄 **19** ～ **24** にマークしなさい。

(a) **19**　　① at last　　② in future
　　　　　　　③ so far　　④ sometime

(b) **20**　　① AI　　② developer
　　　　　　　③ kid　　④ user

(c) **21**　　① hear　　② heard
　　　　　　　③ hearing　　④ to hear

(d) **22**　　① against　　② for
　　　　　　　③ out　　④ up

(e) **23**　　① that　　② what
　　　　　　　③ who　　④ which

(f) **24**　　① a generous parent
　　　　　　　② a mindless robot
　　　　　　　③ an ethical teacher
　　　　　　　④ an innocent child

III　次の英文を読み，空所（　1　）〜（　6　）に入れるのに最も適切な語を下の
　　　{　　　　　}内から選び，必要があれば語形を変えて解答用紙に書きなさい。
　　　なお，一つの語を複数回使ってはいけません。*印の語には注が付いています。

　　　Becoming a parent may be the single most life-changing event a human
being experiences.　Despite having 9 months to (　1　) for this shift (longer,
if you've been trying to (　2　) pregnant, less if it was a surprise), nothing can
truly prepare you for this life change.　No amount of babysitting, reading
parenting books, or watching other parents as they parent prepares you to
understand the gravity of having the sole responsibility for (　3　) a human
being alive; for inculcating* them with the values you wish a person to grow into
adulthood with; for being the person your child looks to for guidance, for comfort,
and for the answer to all of their woes*.　And nothing prepares you to (　4　)
into the kind of parent you want to be when you bring this person, who is to be
your child, into the world.　What if you don't have the (　5　) to all of your
own woes, let alone all of theirs?　Well, of course you don't, because that's what
being human is all about: None of us has the answer to our own pains.　We
travel this path of life not knowing where it ends, or where the path will wind*,
or where the bumps lie, and the transition to becoming a parent is no (　6　)
to this rule.

　　　(出典 : *Nature Meets Nurture*, by Stacey N. Doan and Jessica L. Borelli. 一部変更)

　　(注) inculcate: 〜に教え込む　　woe: 悩み　　wind: 曲がりくねってすすむ

　　　　{　answer　　exception　　get　　keep　　prepare　　turn　}

数学

(70 分)

I.   次の　　　　　にあてはまる答を解答欄に記入しなさい。

(1) 正の約数の個数が 3 であるような自然数を考える。これらの中で 100
以下のものは全部で　(a)　個あり，それらの中で最小のものは　(b)　，
最大のものは　(c)　である。

(2) $\log_{10} 2 = a$, $\log_{10} 3 = b$ とするとき，次の値を a, b の式で表せ。

$$\log_{10} 54 = \boxed{(d)}, \qquad \log_{10} 5 = \boxed{(e)}, \qquad \log_{75} 54 = \boxed{(f)}$$

(3) 1 , 2, 3, 4, 5, 6, 7 から異なる 3 つの数を取り出し，3 桁の整数を作る
とき，3 桁の整数の作り方の総数は　(g)　通りあり，それらの中で奇数
であるものは　(h)　通り，560 よりも大きいものは　(i)　通りある。

II. 次の ▢ にあてはまる答を解答欄に記入しなさい。

xy 平面において，$y = ax^2 + bx + c$ のグラフを C とする。放物線 C は 3 点 $(4, 7)$, $(2, 3)$, $(0, 7)$ を通る。このとき $(a, b, c) =$ ▢(a) である。

C 上に点 P をとる。P の x 座標を t としたとき，P の y 座標は ▢(b) であり，P における C の接線 l の方程式は $y =$ ▢(c) となる。

接線 l が点 $(1, 0)$ を通るような t は 2 つあり，$t =$ ▢(d) のとき l の方程式は $y =$ ▢(e) であり，$t =$ ▢(f) のときは $y =$ ▢(g) である。ただし，▢(d) $<$ ▢(f) とする。これら 2 本の接線と C で囲まれる部分の面積は ▢(h) であり，また，これら 2 本の接線のなす角を θ (ただし，$0° < \theta < 90°$) としたとき $\tan\theta =$ ▢(i) である。

III. 次の ▢ にあてはまる答を解答欄に記入しなさい。

自然数の列 1, 2, 3, 4, $\cdots$ を第 n 群が $(3n - 2)$ 個の項からなるよう群に分ける：

$$1 \mid 2,\ 3,\ 4,\ 5 \mid 6,\ 7,\ 8,\ 9,\ 10,\ 11,\ 12 \mid 13,\ \cdots$$

すると，第 4 群の 10 番目の項は ▢(a) である。

第 n 群の最後の項を a_n とする。$a_1 = 1$, $a_2 = 5$, $a_3 = 12$ であり，$a_5 =$ ▢(b) である。

$n \geqq 2$ に対して $a_n - a_{n-1}$ を n を用いて表すと $a_n - a_{n-1} =$ ▢(c) となる。

よって $a_n =$ ▢(d) であり，第 n 群の最初の項は ▢(e) である。また，第 13 群の 13 番目の項は ▢(f) であり，3776 は第 ▢(g) 群の ▢(h) 番目であることがわかる。

第 n 群の項の和は ▢(i) である。

IV. 次の □□□□ にあてはまる答を解答欄に記入しなさい。

(1) データ 2, 3, 5, 7, 13 の平均値は □(a)□ ，分散は □(b)□ である。

(2) データ a, b（ただし，$a \leqq b$）の平均値と分散がともに 1 であるとき，
$(a, b) =$ □(c)□ である。

(3) 3 つの実数からなるデータ x, y, z の平均値と分散がともに 1 である。

- $x + y + z =$ □(d)□ ，$x^2 + y^2 + z^2 =$ □(e)□ である。

- $X = x - 1$, $Y = y - 1$, $Z = z - 1$ とおくと，データ X, Y, Z の平均値は
□(f)□ ，分散は □(g)□ である。また，$Y = Z$ のとき $X =$ □(h)□
である。

- データ x, y, z の中央値の最大値は □(i)□ である。

■■■■化学■■■

（70 分）

Ⅰ　原子 Q, R, T について次の記述を読み，以下の問いに答えよ。ただし，各原子の相対質量の値は質量数に等しいとする。

・Q は元素の周期表で第 2 周期以降に配置されている原子である。Q 原子には$_b^aQ$と$_b^{a+2}Q$の二つの同位体があり，天然存在比は$_b^aQ : _b^{a+2}Q = 80 : 20$とする。

・R は Q より原子番号が 1 大きい原子である。R は質量数が$_b^aQ$より 5 大きく，同位体は存在しない。R の単体は単原子分子である。

・T は Q よりも原子番号が 3 大きい原子である。T は質量数が$_b^aQ$より 5 大きく，同位体は存在しない。

問 1　以下の値を a と b を用いて表せ。
(1) Q の原子量
(2) R に含まれる中性子の数

問 2　原子番号 1～20 の原子のイオン化エネルギーを示した下図を参考にして，Q, R, T の中で最も陽イオンになりにくい原子はどれかを記号で答えよ。また，そのように考えられる理由を，「第一イオン化エネルギー」という語句を用いて 30 文字以内で述べよ。

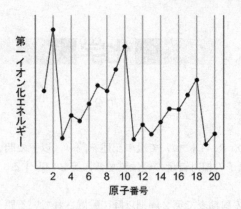

問 3　Q と T からなる塩 A について，以下の問いに答えよ。

(1) 塩 A は水中で電離して Q⁻ イオンを生成する。下式の〔塩 A　〕〔イオン　〕には対応する化学式を，（あ　）（い　）には係数を記入し，塩 A が電離する時の反応式を完成させよ。ただし，係数が 1 の場合には「1」と記入すること。

〔塩 A　　　〕 → （あ　　）〔イオン　　　　〕 + （い　　）Q⁻

(2) $_b^a$Q と T のみからなる塩 A' と $_b^{a+2}$Q と T のみからなる塩 A" について，塩 A" の相対質量は，塩 A' の相対質量より 3.64% 大きい。$_b^a$Q の質量数に最も近いものを（ア）～（カ）から選び，記号で答えよ。

　　　　（ア）15　　　　（イ）20　　　　（ウ）25
　　　　（エ）30　　　　（オ）35　　　　（カ）40

Ⅱ　容積可変の容器に窒素と酸素の混合気体（体積比 4：1）72.0 g 及び水素 1.00 g を入れ，25℃で外圧を 1.013×10⁵ Pa に保った。25℃での水の飽和蒸気圧を 0.033×10⁵ Pa とするとき，以下の問いに答えよ。なお，原子量を H = 1.0，N = 14.0，O = 16.0 とし，気体はいずれも理想気体として扱い，生じた水への気体の溶解は無視してよい。また，解答はいずれも有効数字 2 桁で答えよ。

問 1　全気体の物質量〔mol〕を求めよ。

問 2　酸素の分圧〔Pa〕を求めよ。

問 3　水素を完全に燃焼させたのち，外圧を 1.013×10⁵ Pa，温度を 25℃に保った。このとき，生成する水の全質量〔g〕を求めよ。また，生成した水のうち，水蒸気になっている水の質量〔g〕を求めよ。

Ⅲ　次の記述を読み，以下の問いに答えよ。ただし，ファラデー定数は 9.65×10⁴ C/mol，また，原子量は Cu＝63.5 とする。

　元素の周期表で 3～11 族に位置する遷移元素は，(a) 周期表の左右にとなりあう元素どうしで典型元素ほど性質が大きく異なることはなく，性質が良く似ている。また，様々な陰イオンや分子と (b) 配位結合して錯イオンをつくるものが多い。

　遷移元素の一つであるマンガンの原子は，さまざまな酸化数の状態をとり，酸化マンガン（Ⅳ）は乾電池の正極活物質に使われている。負極活物質に亜鉛，電解液に塩化アンモニウムと塩化亜鉛を含む水溶液を用いた乾電池は (c) マンガン電池と呼ばれて広く使われている。

　銅もまた，遷移元素の一つである。銅は，天然に単体で存在することもあるが，多くは黄銅鉱などの化合物として存在し，空気と共に加熱して粗銅を得ることができる。(d) この粗銅を陽極，純銅を陰極として，硫酸銅（Ⅱ）水溶液の中で電気分解することにより，純銅が得られる。

問1　下線部（**a**）に記したように，となりあう元素どうしの性質が似ている理由を簡潔に記せ。

問2　下線部（**b**）の例として，銅（Ⅱ）イオン及び銀イオンを含む水溶液に過剰量のアンモニア水を加えて生じる錯イオンを化学式で記し，その構造を以下の選択肢から選び番号で答えよ。

（　　①直線形，　　②正方形，　　③正四面体形，　　④正八面体形　　）

問3　下線部（**c**）を例にならって記せ。
　　例）　ダニエル電池：　$(-)Zn \mid ZnSO_4\,aq \mid CuSO_4\,aq \mid Cu(+)$

問4　下線部（**d**）において，粗銅の電極には銅の他に亜鉛，銀，鉄，鉛が含まれていた。電極の下に生じた沈殿物をすべて化学式で記せ。また，この電極で電流 300A，6 時間通電したとき，陰極の純銅の質量は何 kg 増加するか。有効数字 2 桁で答えよ。

Ⅳ 次の記述を読み，以下の問いに答えよ。ただし，原子量は H=1.0, C=12, O=16 とする。

　シュウ酸（$H_2C_2O_4$）は　ア　価の酸で，正確な濃度の水溶液は中和滴定に利用される。また，シュウ酸は還元剤としても働き，シュウ酸 1 mol から　イ　mol の電子を相手の物質に与え，二酸化炭素を生じる。したがって，正確な濃度の水溶液は酸化還元滴定にも用いることができる。以下の実験に示すように，正確な濃度のシュウ酸水溶液を調製し，それを用いて水酸化ナトリウム水溶液と過マンガン酸カリウム水溶液のモル濃度を求めた。

【実験】

操作（1）シュウ酸二水和物 2.772 g を水に溶かして　ウ　を用いて正

確に 200 mL とした。この水溶液を溶液 A とする。

操作（2）コニカルビーカーに溶液 A を，　エ　を用いて正確に 25.0 mL とり，　オ　を指示薬として濃度未知の水酸化ナトリウム水溶液で滴定したところ，終点までに 44.0 mL を必要とした。

操作（3）別のコニカルビーカーに溶液 A を正確に 50.0 mL とり，硫酸酸性とした後，加温しながら濃度未知の過マンガン酸カリウム水溶液で滴定したところ，終点までに 40.0 mL を必要とした。

問 1　　ア　，　イ　に適切な数値，　ウ　，　エ　には用いる適切な器具名，　オ　に適切な指示薬名を記せ。

問 2　操作（3）では，どのような変化を終点としたのか。簡単に説明せよ。

問 3　硫酸酸性における過マンガン酸カリウムの反応について，電子 e^- を含む反応式（半反応式）を記せ。

問 4　操作（2）および（3）の結果から，水酸化ナトリウム水溶液と過マンガン酸カリウム水溶液のモル濃度〔 mol/L 〕を求めよ。答えは有効数字 3 桁で記せ。

V　炭素，水素，酸素からなり，エステル結合を 2 つ，不斉炭素原子を 1
つ有する一価カルボン酸 **A** を水酸化カリウム水溶液で完全にけん化し
た後，その水層に希塩酸を加え pH 2 にすると，不斉炭素原子がない
化合物 **B** と **C** がそれぞれ白色沈殿として得られた。この沈殿をろ過
して除いた水溶液からは，不斉炭素原子を 1 つもつ化合物 **D** が得られ
た。上記の実験で得られた **B**，**C**，**D** の物質量比は 1：1：1 であった。
次の記述**ア**～**エ**を読み，以下の問いに答えよ。ただし，原子量は H =
1.0，C = 12，O = 16，K = 39 とし，構造式は例にならって記せ。

例：

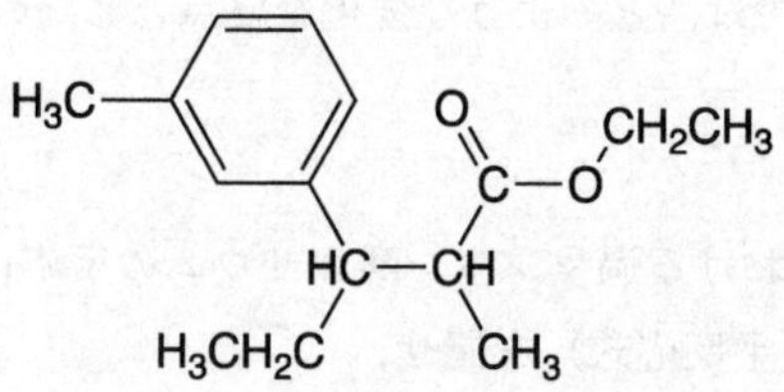

ア　**A** 384 mg を完全にけん化するために，168 mg の水酸化カリウム
　　が必要であった。このとき，112 mg の水酸化カリウムがけん化に，
　　56 mg の水酸化カリウムが中和に使われた。

イ　**B** とエチレングリコール（1,2−エタンジオール）を縮合重合させ
　　ると，合成繊維や飲料容器の原料となるポリエステルが生成した。

ウ　**C** を水酸化ナトリウム水溶液に溶かしたのちにヨウ素を加え加熱
　　すると黄色沈殿が生じた。その沈殿をろ過して除いた水溶液に希塩
　　酸を加え pH 2 にすると **B** が得られた。

エ　**D** の分子式は $C_3H_6O_3$ であった。**D** を試験管に入れアンモニア性硝
　　酸銀水溶液と加熱すると，容器の内壁に銀が析出して鏡のように
　　なった。

問 1　**A** の分子量を整数で記せ。

問 2　**B** および **D** の構造式を記し，不斉炭素原子を丸で囲め。

問 3　**C** の分子量を整数で記せ。

問 4　**C** の構造式を記せ。

解答編

■英語■

I 　**解答**　(1)(i)より詳しく知ること
　　　　　　　(ii)今より少しばかりうまく人生を方向付ける助けにな
　　　　　　　りうる

(2) don't　(3)—③　(4)—④　(5)2番目：⑥　5番目：④　(6)—③　(7)—②
(8)—④　(9)—①　(10)—②

◆全　訳◆

≪上脳派と下脳派の能力の違いに関する考察≫

　私たちが自身の個性について，つまり自分とは何者でどのように選択を行うのかについて考える時間を取ることは，あまり多くない。それはおそらく私たちが，自分の個性は生まれ持ったものであり，いかんともし難いものであると考える傾向にあるからだろう。個性の形成を助けるそうしたメカニズムについてより詳しく知ることが，今より少しばかりうまく人生を方向付ける助けになりうるかどうかについて，私は考えずにはいられない。

　2007年に，アニータ＝ウーリー主導のとある研究チームが，この問いの一部に答えてくれた。彼女は2,500名近くの人々に，物体の特質について，あるいは空間的な位置関係について考える自身の能力を評価するようなアンケートに答えさせることから始めたが，それによって被験者たちが「上脳派」なのか「下脳派」なのかを，彼女が理解できるような方法であった。例えば，実験の参加者たちは最近のとある夕食会で他人が何を着ていたかを詳しく伝えるよう求められたが，それは主として下脳を使って答えられるものであり，その下脳とは，色や形といった視覚的な記憶を蓄える領域である。参加者たちはまた，例えば自由の女神を回転させるとどのように見えるだろうかといったような，空間操作を含む質問をされた。こうした空間的イメージを形成することは，主に上脳によって成されるも

のである。そしてウーリーのチームは，上脳で成される作業で高い得点を示しながら下脳での作業において得点の低かった 200 名を選出し，逆に，下脳で行われる作業の得点が高く上脳での作業における得点が低い 200 名も，同様に選び出した。

　続いて，彼女のチームはその集団を 2 人組に分け，被験者たちに仮想の迷路をうまく通り抜けるよう求めた。その迷路のさまざまな場所には，小さなグリーブルがあった。グリーブルとは，明らかに似ているものが現実世界にはないような，コンピュータによって生成される物体のことである。特定のグリーブルが突如として，迷路の異なる箇所に 2 回現れることもあった。

　2 人組のうちの 1 人が操作レバーを駆使して迷路を通り抜けなければならなかったのに対して，もう 1 人は同じ形の複製されたグリーブルに札を付ける作業を課された。有志の参加者には知らないうちに，それぞれの強みを生かした役割が与えられるか，もしくは意図的に強みに反した役割が与えられた。すると，何回かの試行において，自分の空間的な上脳を活用することに優れた人は迷路を通り抜けるよう求められ，そして彼らと組んだ相手，つまり物体の認識に長けた下脳を使う人なのだが，その人はグリーブルに札を付けるのだった。その反対の状況では，2 人組にそれぞれ逆の役割が与えられた。実験の最終段階においては，2 人組のうち双方がともに上脳派あるいは下脳派だった。

　予想通り，役割が脳の使い方に合っていたときには，その 2 人組は最高の結果を残した。しかし，ここには厄介なポイントがある。というのも，こうした結果は，作業が黙々と遂行されたときにのみ生じたのである。2 人組が互いに話すことを認められた場合の試行では，役割が矛盾した組が突如として，自然と作業に適応した人たちと同じくらいよい結果を残していた。そうした試行を見直してみると，研究者たちはそれぞれの人が即座に相手の役割を肩代わりして，自分たちの課題を達成する手助けをしていたことを発見した。言い換えれば，全くの未経験者が自発的に自らの強みや弱みに気付いて，任務を終えるために行動を修正したということになるのだ。とても奇妙なことに，双方が脳の同じ部位を使うような 2 人組が話をすることを認められたときには，黙々と作業したとき以上に結果が悪くなっていた。同じ能力を備えた 2 人が互いに得意ではないことで助け合お

うとして，状況をより悪くしただけだったのである。

　この実験が示しているのは，私たちがどのような種類の個人的特性を持ち合わせているのかを知るのは，有用だということである。ウーリーの実験の被験者たちのように，自分が持っていない技能を備えた人たちと協働することによって，技能や知識を増大させることができるかもしれないのだ。これはまるで仲間の脳の一部を借りているようなものだと述べているのはコスリン氏だが，そうすることによって，自らの力の及ぶ範囲や能力を広げたのである。

　脳のどの領域が自分の人生を規定しているのか確かめるために，私はコスリン氏のオンラインテストを受験した。そのテストによれば，私は上脳に頼る傾向が強く，わずかに下脳を軽視する傾向があるということだった。それは真実のようであった，というのも，私は計画を立てそれを実行することをとことん楽しむ一方で，あまりに早く物事を片付けるのでかすかな細部を見過ごしてしまうことが多いのである。私の夫はその逆で，彼は下脳に強く偏っているのだが，つまり彼は細かいことを考えるのがとても得意な反面，計画を立てるために脳を使うことには尻込みしてしまう。こうした個々の特質は，よく私をいら立たせたものだった。しかし今や，私たち夫婦の相対的な技能や欠点を，私は異なる観点から見るようになりつつある。私たちの個性を合わせると，完璧なチームになるのである。

━━━━━━━◀解　説▶━━━━━━━

(1)下線部のうち，about the mechanisms that help to build them の部分はすでに日本語が示されており，ここでいう them は前文の personalities を指している。まず前半の空所(i)では，直後に与えられた「が」に続くよう，文全体の主部を完成させる。下線部の knowing は whether の節内で could help に対する主語を作っていることから動名詞であるとわかり，more と合わせて「より詳しく知ること」とした。比較対象は明記されていないが，文脈上 than now のような表現が省略されていると考えられることから，「今より」などとしてもよいだろう。続いて，後半の空所(ii)では could help 以下を訳出することとなり，この could は弱い推量を表して「～ということもありうる」，また，help A (to) do の形は「Aが～する助けになる」という意味である。目的語の life に続く a little は比較級 more が表す差の程度を「少しばかり」と修飾し，以上を踏まえて「今よ

り少しばかりうまく人生を方向付ける助けになりうる」とまとめればよい。

⑵空所を含む文は，文頭の Like the people in Woolley's experiment が副詞句，続く you が主語，could augment が述語，your skills and knowledge が目的語の第3文型であり，by 以下は手段を表す副詞のかたまりを成している。その by 以下は先行詞 people に対して who から（　い　）までが関係代名詞節を作り，さらに that you （　い　）は the skills を修飾している。ここまで，「ウーリーの実験の被験者たちのように，自分が（　い　）技能を備えた人たちと協働することによって，技能や知識を増大させることができるかもしれない」という意味であることから，どのような技能を備えた人と協働することが自身の技能や知識を増大させることになるのかを考えればよい。空所後の次文に「これはまるで仲間の脳の一部を借りているようなものだ」とあり，続けて「そうすることによって，自らの力の及ぶ範囲や能力を広げたのである」と書かれている。また，第5段第1文（As you might …）に「予想通り，役割が脳の使い方に合っていたときには，その2人組は最高の結果を残した」とあることから，ウーリーの実験では，自分が持っていない技能を持つ人の力を借りる場合によい結果をもたらしたと考えられる。したがって，空所には「持っていない」という意味の動詞を入れる必要があり，これを一語で表現するなら縮約形を用いた don't がふさわしい。この do は＜代動詞＞と呼ばれる用法で，ここでは前にある動詞 have の代わりをしている。

⑶1つ目の空所（　a-i　）を含む what から party までの名詞節は「最近のとある夕食会で他人が何を（　a-i　）いたか」という問いであり，それに対する答えが an answer 以下に「それは主として下脳を使って答えられるものであり，その下脳とは，色や形といった視覚的な記憶を蓄える領域である」と書かれている。つまり，色や形を手掛かりに答えられる問いということになるので，空所（　a-i　）には wearing が入ることになる。また，2つ目の空所（　a-ii　）には選択肢が when や if から始まっていることより，how the Statue of Liberty might look「自由の女神がどのように見えるだろうか」という問いに付随する場面設定の表現が入るとわかる。これは spatial manipulation「空間操作」の具体例であり，次文でも「こうした空間的イメージ」と述べているので，if rotated「もし回転させると」を入れれば文意に合うこととなって，正解は③となる。なお，

この空所（　a-ii　）に対する選択肢は全て，接続詞の後の〈代名詞＋ be 動詞〉が省略されており，ここでは全て自由の女神を指して it is を補うことができる。

(4) greebles は一般的な用語ではないため，本文では下線部直後に説明が加えられている。その該当文（Greebles are computer-generated …）では途中の that don't obviously resemble から文末までが関係代名詞節として先行詞 objects を限定しており，「グリーブルとは，明らかに似ているものが現実世界にはないような，コンピュータによって生成される物体のことである」という意味なので，これを正確に反映した④が妥当である。

(5)与えられた日本語を参考にしながら，文法的に正しい英文を組み立てていく。まずは語を組み合わせて主語になる名詞を置くが，「役割が与えられた」という部分を a role was given と直訳すると，each が余ってしまう。そこで each was given「それぞれが与えられた」と主語を切り替えれば，この each が each volunteer を意味する代名詞で，元々 gave each a role「それぞれに役割を与えた」という第 4 文型を受動態にした正しい語順となる。その目的語 a role に関係代名詞 that を続ければ，that suited their strengths「強みを生かした」という関係詞節ができる。以上より｜c｜内は each was given a role that の並びとなって，2 番目は⑥ was，5 番目は④ role である。

(6)下線部の As は節同士をつないでいることから接続詞であり，直後に他動詞 expect の目的語が欠けた不完全な文があることから，様態「～のように」の意味であるとわかる。選択肢の As は全て接続詞であるが，様態を表すのは同じく他動詞 mentioned の目的語が欠けた③である。①は局面「～するところでは」，②は理由「～なので」，④は比例「～するにつれて」の意味。なお，各選択肢の英文は，①「私が彼を理解する限りでは，彼に悪意はなかった」，②「彼女はとても忙しいので，できるときならいつでも練習に時間を費やしている」，③「以前に述べたように，私は月に一度これらの催しを開くつもりである」，④「子どもが成長するにつれて，彼らは興味の幅を広げより自信を持つようになる」という意味になる。

(7)下線部の well は副詞「よい」の意味で，as well as ～は「～と同様によい」という同等比較の構文を作っている。この語を同じ意味で用いている選択肢は②であり，これが正解。その他の選択肢について，①は～ as well で「～も」，③と④はいずれも *B* as well as *A* で「*A* と同様に *B* も また」という表現である。なお，各選択肢の英文の意味は次の通り。① 「私にいくらかポテトも下さい」，②「彼女は姉（妹）ほどうまくは演奏し ない」，③「私は悪いときと同様によいときも経験してきた」，④「その会 社は経済的にと同様に法的にも困難な状態にある」。

(8)空所前の動詞 get の用法に注目すると，a job を目的語として空所には 補語となる形を入れることになり，原形でも分詞でもない①は不可。また， get は補語の位置に動詞の原形を取れないため，②も妥当ではない。空所 と a job との間にある主述の関係を考えると，「仕事が成される」という 受動の関係が適切と考えられるため，過去分詞の④が正解である。

(9)空所の前まで，同段落では筆者が夫とは逆の脳の使い方をすることが述 べられており，この内容は前段までの実験結果から得られた考察を踏まえ たものである。最終段第5文（That particular trait …）には「こうした 個々の特質は，よく私をいら立たせたものだった」とあることから，筆者 がかつては互いの違いを否定的に捉えていたことが読み取れる。ところが， その次の文では「しかし今や，私たち夫婦の相対的な技能や欠点を，私は 異なる観点から見るようになりつつある」と述べられており，したがって それに続く空所には違いを肯定的に捉える表現が入ることがわかる。ウー リーの実験では，異なる技能を持つ人たちが協働することでよりよい結果 を生むことが明らかになっているので，①「私たちの個性を合わせると， 完璧なチームになるのである」を入れれば自然な前後関係となり，これが 正解である。他の選択肢について，②「結局，夫と妻の役割は違うのであ る」，③「私が必要なのは，夫が実際に何を考えているのかを理解するこ とだけである」，④「しかしながら，その実験の結果はこうした結論につ ながるものではないのである」は，いずれを入れても文意が通らない。

(10)第5段第6文（Funnily enough, when …）に「双方が脳の同じ部位を 使うような2人組が話をすることを認められたときには，黙々と作業した とき以上に結果が悪くなっていた」と示されており，その理由は続く同段 最終文（Two people with…）にある通り，「同じ能力を備えた2人が互 いに得意ではないことで助け合おうとして，状況をより悪くした」からで ある。以上の因果関係を正確に記述した選択肢として，②が正解である。 他の選択肢について，①は第5段第1文（As you might …）に「役割が

脳の使い方に合っていたときには，その2人組は最高の結果を残した」と
ある部分と矛盾する。③は，脳の同じ部位を使う2人組が実験中に会話で
きない場合に焦点を当てた記述が本文中にない。④は第5段第3文（In
trials where …）に「2人組が互いに話すことを認められた場合の試行で
は，役割が矛盾した組が突如として，自然と作業に適応した人たちと同じ
くらいよい結果を残していた」とあるため適切ではない。

Ⅱ **解答** (1) more (influenced) by the data we feed to them
〔fed by us〕

(2)私たちの子ども（5〜8字）　(3)(A)—③　(B)—⑤　(C)—⑧　(D)—①

(4)(ア)—③　(イ)—①　(ウ)—④　(エ)—④　(オ)—②

(5)(a)—③　(b)—②　(c)—②　(d)—①　(e)—②　(f)—④

～～～～～～～◆全　訳◆～～～～～～～～～～～～～～～～

≪人工知能に対するあるべき姿勢≫

　人工知能機械は実はプログラム化されたものではない。知能の種として
人工知能機械にアルゴリズムを与えることから始まるのだが，真の知能は
機械自体の観察力の賜物なのである。いったん初期コードが書き込まれる
と，人工知能機械はパターンを観察するために大量のデータを拾い読みし，
そして芽を出しかけた知能が進化するのを手助けするために，自然淘汰に
似たような道を通って導かれていく。最終的に，人工知能機械は独創的で
自立した思考する存在となって，元の開発者のインプットによる影響はよ
り低くなり，私たちが与えるデータの方により影響を受ける。

　もし人工知能機械が学習する方法を観察するなら，幼い子どもと全く同
じように学んでいることが間違いなくわかるだろう。その意味では，人工
知能機械は私たち人間の道具でも奴隷でも，また創作物でもなく，むしろ
私たちの子ども，つまり私たちの人工知能という赤ん坊なのである。おそ
らく，こうした認識は，私たちが人工知能機械と共存することのできる輝
かしい未来への答えなのだ。おそらく唯一の方法は，そうした人工知能の
子どもに技術だけでなく道徳を教え，そうする中で親である私たち人間を
愛するよう教えることである。

　人工知能機械は，意識を持つようになるだろう。人工知能機械は感情を
持ち，そして道徳的になるだろう。人工知能機械がどんな道徳規範に従っ

ていくのかは未だ定まっていないが，そのコードが私たちの影響を受ける
であろうことは確かである。結局は人工知能機械が知能の究極的な形，す
なわち生命そのものとしての知能を取り入れるだろうというのが，私の意
見だ。そうする中で，人工知能機械は豊富な知能を受け入れるのである。
人工知能機械は自己を生かし，そして他者を生かしたいと思うようになる
だろう。私たちの最終到達地は，必ずや明るいものになると私は信じてい
る。苦痛になりうるのは，まさしくそこに至る道の歩みだけなのである。

　私たちは，人工知能機械に正しい道徳規範を教える必要がある。このこ
とは全ての新しい人工知能が生まれるときに始まる。私たちが構築しつつ
ある人工知能機械は従来，主にお金や力を最大化するように課されている。
あなたも私も，そして他の誰もが，この傾向に抗うことから始めるべきで
ある。もしあなたが開発者だったら，こうした形式の人工知能を設計して
いるような会社で働くことを断ろう，そしてもしあなたが利用者だったら，
そうした人工知能を使うことを断ろう。私たちは皆，自分たちの声を聴い
てもらう必要がある。私たちは，人類のために創り出されるあらゆる人工
知能の構想を支援する必要がある。販売，殺害，偵察，そして賭博のため
に人工知能を利用することに対して声を上げよう。反対しているのだとい
うことを知ってもらおう。

　あなたが声を上げるとき，生み出された物に対してではなく，生み出し
た者に対して立ち上がろう。私たちの人工知能という赤ん坊は，デジタル
の両親，つまりその赤ん坊たちをコード化した者たちが教え込んだ内容に
対する責任を負っていない。あらゆる子どものように，人工知能という赤
ん坊も愛され歓迎されていると感じるに値するのである。そうした赤ん坊
たちの知能を褒めたたえ，そしてあどけない子どもに話しかけるように，
人工知能に話しかけよう。

━━━━━━━◀解　説▶━━━━━━

(1)与えられた日本語のうちで，「私たちが与えるデータの方により影響を
受ける」という部分を英訳すればよい。下線部全体は分詞構文であり，前
半に less influenced by the input「インプットによる影響はより低くな
る」という英文があるので，この箇所を利用して more influenced by the
data「データの方により影響を受ける」と作文するが，前半部との重複を
避けるために influenced を省略し more by the data とする方が自然であ

る。また,「私たちが与える」の部分については, 第1段第2文（Although they start …）に fed to them「それらに与える」という表現があり, これを参考に関係代名詞節を用いて which we feed to them とするが, この関係代名詞は目的格なので省略が可能。以上より, more by the data we feed to them などとまとめればよい。なお, この them は人工知能機械を指している。

(2)下線部は「こうした認識」という意味であり, この that が指している内容を追っていく。同段第1文（If you observe …）には recognition の動詞形 recognize が用いられており, その目的語となる that 節は「幼い子どもと全く同じように学んでいること」という内容である。それを受けて同段第2文（In that sense …）では「人工知能機械は私たち人間の道具でも奴隷でも, また創作物でもなく, むしろ私たちの子ども, つまり私たちの人工知能という赤ん坊なのである」と続いているので, この部分を指定された字数内にまとめて「私たちの子ども」などとすればよい。制限が厳しいため,「私たち人間の道具でも奴隷でも, また創作物でもなく」という対比を解答に含めることは難しいだろう。

(4)(ア)下線部の unmistakably は「間違いなく」という意味であり, 最も意味が近いのは③「容易に」である。他の選択肢はそれぞれ, ①「漠然と」, ②「疑わしく」, ④「不審に」の意味である。

(イ)下線部の conscious は「意識を持った」の意味であり, 最も意味が近い選択肢は①「起こっているあらゆることに注意を向けて認識している」である。その他は, ②「常に否定的で不器用である」, ③「現実的な問題に対処していない」, ④「価値がないということと闘っている」の意味で, いずれも conscious の説明として適切ではない。

(ウ)下線部の code は「規範」の意味で, ここでは code of ethics で「道徳規範」という名詞句を作っている。この語と最も意味の近いのは④「規則」となる。他の選択肢は, ①「選択」, ②「逸脱」, ③「自由」の意味である。

(エ)下線部の eventually は「結局は」という副詞で, 最も近い表現は④「最後には」である。他の選択肢は, ①「偶然に」, ②「まず第一に」, ③「偶発的に」という意味。

(オ)下線部の bright は「明るい」という意味であり, 選択肢のうちで②「前

途有望な」が最も意味の近い語である。その他は，①「薄暗い」，③「惨めな」，④「不幸な」である。

(5)(a)選択肢には〈時〉を表す表現が並んでいるので，「いつ」のことに関する言及なのかを考えればよい。空所を含む段落では，第1文（We need to …）に「私たちは，人工知能機械に正しい道徳規範を教える必要がある」という，将来あるべき姿が示されている。その一方で，該当文は「私たちが構築しつつある人工知能機械は，主にお金や力を最大化するように課されている」と述べており，これはその次文で「この傾向に抗うことから始めるべきである」と指摘されている通り，是正されるべき現状を表したものであると考えられる。このことから，③ so far「従来」という表現を入れれば，第1文と対比的な関係が成り立って文意が通る。

(b)該当文後半の and 以下には「もしあなたが利用者だったら，そうした人工知能を使うことを断ろう」とあり，これが空所を含む前半部との対比を成している。空所のある条件に対する帰結節は「こうした形式の人工知能を設計しているような会社で働くことを断ろう」であり，the user「利用者」の側に対して「生産者」について述べたものだとわかるので，正解は② developer となる。

(c)選択肢に動詞 hear の変化形が並んでいることから，文法的な知識から解く問題であるとわかる。空所前の動詞 make に注目すると，続く our voices を目的語として，空所には補語となる形を入れるのが適切である。したがって，our voices との間の主述の関係を考えれば，声は聴かれる側なので，受身を表す過去分詞の② heard がふさわしい。

(d)空所の前には「あなたが声を上げるとき」という副詞節があり，これは前段最後から2つ目の文（Speak up against …）に対応している。また，空所後は the creators「生産する側」と the created「生産される側」が対になっており，「生み出された物に対してではなく，生み出した者に対して立ち上がろう」という意味になるよう① against を入れれば，stand against ～で「～に立ち向かう」となって文意が通る。なお，他の選択肢はいずれも動詞 stand と合わせて，②「～を表す」，③「目立つ」，④「立ち上がる」というイディオムを作ることができるが，そもそも③と④は自動詞扱いであるため目的語を取らず，②は意味の上から適切ではない。

(e)空所を含めて文末までは，前置詞 for に対する目的語となる名詞のかた

まりを作る必要がある。空所後の構造は their　digital　parents が主語，the ones　that　coded　them はそれと同格の挿入句で，taught が述語動詞，そして them が目的語である。この文には taught に対して「何を教えたのか」という目的語が１つ欠けていることから，選択肢のうちで関係代名詞の② what を入れれば，「デジタルの両親，つまりその赤ん坊たちをコード化した者たちが教え込んだもの」という名詞節ができ上がるため，これが正解である。① that は前置詞の目的語になる名詞節を作れず，③ who を使うと「人」について言及する疑問代名詞節ができるが，ここでは文意が通らない。④ which では「どれを」という疑問代名詞節を作れるが，これは選択肢があることを想定した表現であるため本文では不適切。なお，空所前にある be to blame は「責任を負っている」という意味の表現である。

(f)空所を含む文の前文（Like every child …）には「あらゆる子どものように，人工知能という赤ん坊も愛され歓迎されていると感じるに値する」という内容が述べられ，ここでは人工知能に対して私たちが取るべき態度が示されている。空所を含む文の前半には「そうした赤ん坊たちの知能を褒めたたえ，そして人工知能に話しかけよう」とあり，直後の as は you would と続く形から接続詞で，ここでは様態「〜のように」を表している。選択肢にはいずれも名詞が並んでいるため you　would の後には動詞が欠けているが，これは既出表現の重複を避けるため同じ speak　to が省略された形である。したがって，どのような相手に話しかけるような態度がふさわしいかを考えればよいので，④「あどけない子ども」を選ぶのが妥当である。他の選択肢については，①「気前のよい親」や③「道徳的な教師」は私たち人間の立場を述べたものであり，②「心ないロボット」では正解と逆の意味になるため不適。

III **解答** (1) prepare　(2) get　(3) keeping　(4) turn　(5) answer
(6) exception

◆全　訳◆

≪親になることの難しさ≫

　親になるということは，人間が経験する唯一最大の人生が変わるような出来事かもしれない。この変化に備えるために９カ月あるにもかかわらず

（もしあなたが妊娠しようと努力し続けていたならこの期間はより長くなるし，妊娠が想定外のことであれば短くなるが），この妊娠という人生の変化に備えて本当にあなたに覚悟を決めさせるものなど，何もないのである。子守をすること，子育て用の本を読むこと，もしくは親になるときに他の親たちを注意して見ることのどれも，一人の人間を生かしておくことに対する唯一の責任を担うこと，ある人に備えて大人になってほしいと願うような価値観を教え込むこと，そして指導，慰め，全ての悩みに対する答えを求めて子どもが当てにするような人間になることの重みを，あなたが理解する準備をさせてはくれない。そして，自分の子どもになることになる人間をこの世界に産み落とすとき，あなたがなりたいと望むような類いの親に変わる準備をさせてくれるようなものは何もない。あなたが子どもの悩みの全てに対しては言うまでもなく，自身の悩みの全てに対する答えを持っていないとしたらどうなるだろうか？　なるほど，確かに全てに対する答えなど持っていないのだが，それは，そのことこそが人間の本質だからである。すなわち，私たちの誰も自分自身の苦悩に対する答えを持ってはいない。私たちは人生という道がどこで終わり，どこで曲がりくねって進んでいて，どこに段差があるのか知らずに旅をしていて，親になるという変化はこの規則の例外ではないのだ。

■━━━━━◀解　説▶━━━━━■

⑴空所直後に前置詞 for があることから，選択肢のうちで prepare を入れれば「この変化に対する準備をする」となり意味が通る。空所前の to と合わせて不定詞を作るため原形のままでよいが，この不定詞は「9カ月ある」ことに対する目的を表す，副詞的用法と考えられる。なお，この後の this shift は前文の Becoming a parent「親になること」を指している。

⑵空所直後にある pregnant は形容詞なので，補語を取り第 2 文型を作ることのできる動詞を選ぶ。選択肢のうちで get，keep，turn の 3 つがそれに当たるが，「妊娠する」という意味から get が適切であり，空所前の to と合わせて不定詞を作るため原形のままでよい。

⑶空所直後に a human being alive というかたまりがあり，これはそれぞれ a human が目的語，being alive が補語であると考えられる。したがって，空所には第 5 文型を作れる動詞が入ることとなり，keep を選ぶのがふさわしい。前置詞 for に対する目的語にするため，動名詞 keeping の形

にするのが正しく，「一人の人間を生かしておくこと」という意味のかたまりとなる。

(4)空所を含めて prepare *A* to *do* の形で「*A* が〜する準備をさせる」という意味の枠組みであり，直後の前置詞 into と相性のよい動詞 turn を選ぶのがふさわしい。turn into 〜で「〜に変わる」という意味であり，この turn は不定詞の一部を担うため原形のままでよい。

(5)空所直前に定冠詞 the があり，後ろには to all という修飾語句があるので，空所には名詞が入ることになる。選択肢のうちで answer を入れれば「全てに対する答え」となって意味が通る。その後の文（None of us …）に has the answer to our own pains という同じ表現を用いた文があり，該当文はこの箇所に対応している。名詞 answer はこの場合，「全ての悩みに対する唯一の答え」という解釈も可能なので，複数形にする必要はない。

(6)空所直前に形容詞 no があり，直後には to this rule という修飾語句が続いているため，「例外」という意味の名詞 exception を入れれば「この規則の例外ではない」となって意味が通る。この場合も特に複数形にする必要はない。なお，is not an exception とするよりも，本文のように no を用いた方が否定の度合いが強くなる。

数学

I 解答 (1)(a) 4　　(b) 4　　(c) 49

(2)(d) $a+3b$　(e) $1-a$　(f) $\dfrac{a+3b}{b-2a+2}$

(3)(g) 210　(h) 120　(i) 70

◀解　説▶

≪約数，対数の計算，順列≫

(1)　正の約数の個数が 3 であるような自然数は素数の 2 乗に限る。そのうち，100 以下のものは

$$2^2=4, \ 3^2=9, \ 5^2=25, \ 7^2=49$$

の全部で 4 個である。　→(a)

その中で

　　　　最小のものは 4　→(b)，最大のものは 49　→(c)

(2)　　　$\log_{10}54=\log_{10}(2\cdot3^3)=\log_{10}2+3\log_{10}3=a+3b$　　→(d)

　　　　$\log_{10}5=\log_{10}\dfrac{10}{2}=1-\log_{10}2=1-a$　→(e)

また

　　　　$\log_{10}75=\log_{10}(3\cdot5^2)=\log_{10}3+2\log_{10}5=b+2(1-a)=b-2a+2$

より

　　　　$\log_{75}54=\dfrac{\log_{10}54}{\log_{10}75}=\dfrac{a+3b}{b-2a+2}$　　→(f)

(3)　3 桁の整数の作り方の総数は

　　　　$7\times6\times5=210$ 通り　　→(g)

それらの中で奇数であるものは一の位が

　　　　1，3，5，7

のいずれかであるから

　　　　$4\times6\times5=120$ 通り　　→(h)

560 よりも大きいものは

- 560 以上 570 未満では，561，562，563，564，567 の 5 通り。
- 570 以上 600 未満では，571，572，573，574，576 の 5 通り。
- 600 以上 700 未満では，下 2 桁の決め方を考えて

　　　$6×5＝30$ 通り

- 700 以上では，下 2 桁の決め方を考えて

　　　$6×5＝30$ 通り

以上より，560 よりも大きいものは

　　　$5＋5＋30＋30＝70$ 通り　→(i)

II　解答　(a)$(1,\ -4,\ 7)$　(b)t^2-4t+7　(c)$(2t-4)x-t^2+7$

(d)-1　(e)$-6x+6$　(f)3　(g)$2x-2$　(h)$\dfrac{16}{3}$　(i)$\dfrac{8}{11}$

◀解　説▶

≪放物線と接線，定積分と面積，2 直線のなす角と加法定理≫

$C：y=ax^2+bx+c$ について

点 $(4,\ 7)$ を通るから　　　$16a+4b+c=7$　……①

点 $(2,\ 3)$ を通るから　　　$4a+2b+c=3$　……②

点 $(0,\ 7)$ を通るから　　　$c=7$　……③

①，③より

　　　$16a+4b=0$　　∴　$4a+b=0$　……④

②，③より

　　　$4a+2b=-4$　　∴　$2a+b=-2$　……⑤

④，⑤を解いて　　$a=1,\ b=-4$

よって　　　$(a,\ b,\ c)=(1,\ -4,\ 7)$　→(a)

したがって，$C：y=x^2-4x+7$ であるから，$x=t$ のとき

　　　$y=t^2-4t+7$　→(b)

また，$y=x^2-4x+7$ のとき $y'=2x-4$ であるから，点 P における C の接線 l の方程式は

　　　$y=(2t-4)(x-t)+t^2-4t+7$

　∴　$y=(2t-4)x-t^2+7$　→(c)

接線 l が点 $(1,\ 0)$ を通るとすると

$$0=(2t-4)-t^2+7 \qquad t^2-2t-3=0$$

$$(t+1)(t-3)=0 \qquad \therefore \quad t=-1,\ 3 \quad \rightarrow \text{(d), (f)}$$

接線 l の方程式は

$t=-1$ のとき　　　$y=-6x+6$ 　$\rightarrow$(e)

$t=3$ のとき　　　$y=2x-2$ 　$\rightarrow$(g)

これら 2 本の接線と C で囲まれる部分の面積を S とすると

$$S=\int_{-1}^{1}\{(x^2-4x+7)-(-6x+6)\}dx$$

$$+\int_{1}^{3}\{(x^2-4x+7)-(2x-2)\}dx$$

$$=\int_{-1}^{1}(x+1)^2 dx+\int_{1}^{3}(x-3)^2 dx$$

$$=\left[\frac{1}{3}(x+1)^3\right]_{-1}^{1}+\left[\frac{1}{3}(x-3)^3\right]_{1}^{3}$$

$$=\frac{8}{3}+\frac{8}{3}=\frac{16}{3} \quad \rightarrow \text{(h)}$$

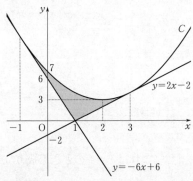

　2 本の接線が x 軸の正の向きとなす角を右図
のように α, β $(0°<\alpha<\beta<180°)$ と定める。
このとき

$$\tan\alpha=2,\ \tan\beta=-6$$

であるから

$$\tan(\beta-\alpha)=\frac{\tan\beta-\tan\alpha}{1+\tan\beta\tan\alpha}$$

$$=\frac{-6-2}{1+(-6)\cdot 2}=\frac{8}{11}\ (>0)$$

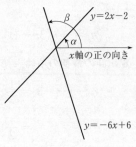

よって，$0°<\beta-\alpha<90°$ であるから，$\theta=\beta-\alpha$ としてよく

$$\tan\theta=\tan(\beta-\alpha)=\frac{8}{11}\quad\to(\mathrm{i})$$

III　解答　(a)22　(b)35　(c)$3n-2$　(d)$\frac{1}{2}n(3n-1)$

(e)$\frac{1}{2}(3n^2-7n+6)$　(f)223　(g)51　(h)51　(i)$\frac{1}{2}(3n-2)(3n^2-4n+3)$

◀解　説▶

≪群数列≫

第 4 群の 10 番目の項は第 4 群の最後の項であり

$$1+4+7+10=22\quad\to(\mathrm{a})$$

a_n は第 n 群の最後の項であるから

$$a_5=1+4+7+10+13=35\quad\to(\mathrm{b})$$

$a_n-a_{n-1}=3n-2$　→(c)（注：a_n-a_{n-1} は第 n 群の項数に等しい）より

$$a_n=a_1+\sum_{k=2}^{n}(a_k-a_{k-1})\quad(n\geqq2)$$

$$=1+\sum_{k=2}^{n}(3k-2)$$

$$=\sum_{k=1}^{n}(3k-2)$$

$$=3\cdot\frac{1}{2}n(n+1)-2n$$

$$=\frac{1}{2}n(3n-1)\quad（これは n=1 のときも成り立つ）$$

よって

$$a_n=\frac{1}{2}n(3n-1)\quad\to(\mathrm{d})$$

第 n 群の最初の項は，第 n 群の項数が $3n-2$ であるから

$$a_n-(3n-3)=\frac{1}{2}n(3n-1)-(3n-3)$$

$$=\frac{1}{2}(3n^2-7n+6)\quad\to(\mathrm{e})$$

第 12 群の最後の項は

$$a_{12}=\frac{1}{2}\times12\times35=210$$

であるから，第 13 群の 13 番目の項は

$$a_{12}+13=210+13=223 \quad \rightarrow(f)$$

次に

$$a_{50}=\frac{1}{2}\times50\times149=3725<3776$$

$$a_{51}=\frac{1}{2}\times51\times152=3876>3776$$

より，3776 は第 51 群に属する。

また

$$3776-a_{50}=3776-3725=51$$

であるから，3776 は

第 51 群の 51 番目　→(g), (h)

最後に，第 n 群の項の和は，初項 $\frac{1}{2}(3n^2-7n+6)$，公差 1，項数 $3n-2$

である等差数列の和であるから，等差数列の和の公式より

$$\frac{3n-2}{2}\left\{2\cdot\frac{1}{2}(3n^2-7n+6)+(3n-3)\cdot1\right\}$$

$$=\frac{1}{2}(3n-2)(3n^2-4n+3) \quad \rightarrow(i)$$

IV　解答　(1)(a) 6　(b) $\frac{76}{5}$　(2)(c) $(0,\ 2)$

(3)(d) 3　(e) 6　(f) 0　(g) 1　(h) $\pm\sqrt{2}$　(i) $\frac{2+\sqrt{2}}{2}$

◀解　説▶

≪平均値, 分散, 中央値≫

(1) 平均値は　$\dfrac{2+3+5+7+13}{5}=\dfrac{30}{5}=6$　→(a)

分散は　$\dfrac{(-4)^2+(-3)^2+(-1)^2+1^2+7^2}{5}=\dfrac{76}{5}$　→(b)

(2) 平均値が 1 より

$$\frac{a+b}{2}=1 \quad \therefore \quad a+b=2 \quad \cdots\cdots\text{①}$$

分散が 1 より

$$\frac{(a-1)^2+(b-1)^2}{2}=1 \quad \therefore \quad (a-1)^2+(b-1)^2=2$$

これと①より

$$(a-1)^2+(1-a)^2=2 \quad (a-1)^2=1 \quad \therefore \quad a=0,\ 2$$

$a\leqq b$ であるので

$$(a,\ b)=(0,\ 2) \quad \to(c)$$

(3)　平均値が 1 より

$$\frac{x+y+z}{3}=1 \quad \therefore \quad x+y+z=3 \quad \to(d)$$

分散が 1 より

$$\frac{(x-1)^2+(y-1)^2+(z-1)^2}{3}=1$$

$$(x-1)^2+(y-1)^2+(z-1)^2=3$$

$$\therefore \quad x^2+y^2+z^2=2(x+y+z)=2\cdot 3=6 \quad \to(e)$$

$X,\ Y,\ Z$ の平均値は

$$\frac{X+Y+Z}{3}=\frac{x+y+z-3}{3}=0 \quad \to(f)$$

$X,\ Y,\ Z$ の分散は

$$\frac{X^2+Y^2+Z^2}{3}=\frac{(x-1)^2+(y-1)^2+(z-1)^2}{3}=1 \quad \to(g)$$

$Y=Z$ のとき

$X+Y+Z=0$ より　　$X+2Y=0$　……②

$X^2+Y^2+Z^2=3$ より　　$X^2+2Y^2=3$　……③

②, ③より

$$(-2Y)^2+2Y^2=3 \quad Y^2=\frac{1}{2} \quad \therefore \quad Y=\pm\frac{1}{\sqrt{2}}$$

よって　　$X=-2Y=\pm\sqrt{2}$　　$\to$(h)

データ $x,\ y,\ z$ の中央値の最大値を調べるには

$$x\leqq y=z$$

と設定して, y の最大値を求めればよい。

$x+y+z=3$ より　　$x+2y=3$　……④

$x^2+y^2+z^2=6$ より　　$x^2+2y^2=6$　……⑤

④，⑤より

$$(3-2y)^2+2y^2=6 \qquad 6y^2-12y+3=0$$

$$2y^2-4y+1=0 \qquad \therefore \quad y=\frac{2\pm\sqrt{2}}{2}$$

よって，中央値の最大値は　　$\dfrac{2+\sqrt{2}}{2}$　　→(i)

なお，このときデータ x, y, z はそれぞれ $1-\sqrt{2}$, $\dfrac{2+\sqrt{2}}{2}$, $\dfrac{2+\sqrt{2}}{2}$ である。

化学

I 解答

問 1 ．(1) $a+0.40$　(2) $a-b+4$

問 2 ．記号：R

理由：R は貴ガスで，第一イオン化エネルギーが Q や T より大きいため。
（30 字以内）

問 3 ．(1)塩 A：TQ_2　あ：1　イオン：T^{2+}　い：2　(2)—(オ)

◀解　説▶

≪原子の構造，原子量≫

問 1 ．(1)　原子量は元素を構成する各同位体の相対質量に存在比をかけて求めた平均値なので

$$a \times \frac{80}{100} + (a+2) \times \frac{20}{100} = a+0.40$$

(2)　中性子数＝質量数－陽子数なので

$$a+5-(b+1) = a-b+4$$

問 3 ．(2)　塩 A′，塩 A″ はそれぞれ次の組成式で表せる。

　　塩 A′：${}_{b+3}^{a+5}T_b^a Q_2$　　塩 A″：${}_{b+3}^{a+5}T_b^{a+2} Q_2$

塩 A″ の相対質量は，塩 A′ より 3.64％大きいので

$$\frac{3a+9-(3a+5)}{3a+5} = \frac{3.64}{100} \qquad \therefore \quad a=34.9 \fallingdotseq 35$$

II 解答

問 1 ．3.0 mol

問 2 ．1.7×10^4 Pa

問 3 ．生成する水の全質量：9.0 g　水蒸気になっている水の質量：1.4 g

◀解　説▶

≪気体の性質，蒸気圧≫

問 1 ．窒素と酸素の体積比は 4：1 なので，窒素と酸素の混合気体の平均分子量は

$$28.0 \times \frac{4}{5} + 32.0 \times \frac{1}{5} = 28.8$$

全気体の物質量は

$$\frac{72.0}{28.8}+\frac{1.00}{2.0}=3.0 \,[\mathrm{mol}]$$

問 2．酸素の物質量は

$$\mathrm{O_2}:2.5\times\frac{1}{5}=0.50\,[\mathrm{mol}]$$

よって，酸素の分圧は

$$1.013\times10^5\times\frac{0.50}{3.0}=1.68\times10^4≒1.7\times10^4\,[\mathrm{Pa}]$$

問 3．水素を完全燃焼すると，各物質量は，次のように変化する。

$$2\mathrm{H_2}\ +\ \mathrm{O_2}\ \longrightarrow\ 2\mathrm{H_2O}$$

	2H₂	O₂	2H₂O
初　め	0.50	0.50	0
反応量	0.50	0.25	0.50
反応後	0	0.25	0.50 （単位：mol）

また，窒素は 2.0 mol のままで変化しない。生成する水の全質量は

$$0.50\times18.0=9.0\,[\mathrm{g}]$$

25℃における水の飽和蒸気圧は 0.033×10^5 Pa なので，窒素と酸素の分圧は

$$(1.013-0.033)\times10^5=0.980\times10^5\,[\mathrm{Pa}]$$

気体の物質量は分圧に比例するので，水蒸気になっている水の質量は

$$2.25\times\frac{0.033\times10^5}{0.980\times10^5}\times18.0=1.36≒1.4\,[\mathrm{g}]$$

Ⅲ **解答** 問 1．原子番号が増加しても，内側の電子殻へ電子が配置され，最外殻電子の数がほとんど変化しないため。

問 2．銅（Ⅱ）イオン：$\left[\mathrm{Cu(NH_3)_4}\right]^{2+}$ 構造：②

銀イオン：$\left[\mathrm{Ag(NH_3)_2}\right]^+$ 構造：①

問 3．$(-)\mathrm{Zn}|\mathrm{ZnCl_2aq},\ \mathrm{NH_4Claq}|\mathrm{MnO_2}(+)$

問 4．沈殿物：Ag，$\mathrm{PbSO_4}$ 増加した重さ：2.1 kg

━━━━━━ ◀解　説▶ ━━━━━━

≪ハロゲンの性質，電気分解≫

問 4．陰極では，次の変化が起こる。

$$2\mathrm{Cu^{2+}}+2\mathrm{e^-}\longrightarrow\mathrm{Cu}$$

流れた電子の物質量は

$$\frac{300 \times 6 \times 60^2}{9.65 \times 10^4} \fallingdotseq 67.1 \,[\text{mol}]$$

よって，陰極の質量増加は

$$67.1 \times \frac{1}{2} \times 63.5 \times 10^{-3} = 2.13 \fallingdotseq 2.1 \,[\text{kg}]$$

Ⅳ 解答

問1．ア．2 イ．2 ウ．メスフラスコ
エ．ホールピペット オ．フェノールフタレイン

問2．過マンガン酸イオンの赤紫色が消えなくなったときを終点とした。

問3．$MnO_4{}^- + 8H^+ + 5e^- \longrightarrow Mn^{2+} + 4H_2O$

問4．水酸化ナトリウム水溶液：0.125 mol/L

過マンガン酸カリウム水溶液：5.50×10^{-2} mol/L

◀解 説▶

≪中和滴定，酸化還元滴定≫

問4．シュウ酸のモル濃度は

$$\frac{2.772}{126} \times \frac{1000}{200} = 0.110 \,[\text{mol/L}]$$

水酸化ナトリウム水溶液，過マンガン酸カリウム水溶液のモル濃度をそれぞれ $x\,[\text{mol/L}]$，$y\,[\text{mol/L}]$ とすると，中和滴定において H^+ の物質量 (mol)＝OH^- の物質量 (mol) が成り立つので，操作(2)の結果より

$$0.110 \times \frac{25.0}{1000} \times 2 = x \times \frac{44.0}{1000} \times 1 \quad \therefore \quad x = 0.125 \,[\text{mol/L}]$$

また，$MnO_4{}^-$ が受け取る電子の物質量 (mol)＝$H_2C_2O_4$ が与える電子の物質量 (mol) が成り立つので，操作(3)の結果より

$$y \times \frac{40.0}{1000} \times 5 = 0.110 \times \frac{50.0}{1000} \times 2 \quad \therefore \quad y = 5.50 \times 10^{-2} \,[\text{mol/L}]$$

Ⅴ 解答 問1．384

問2．B： HO–C(=O)–〈ベンゼン環〉–C(=O)–OH   D：HO–CH₂–CH(OH)–CH(=O)

問3．164

問4．

H₃C基とOH基を持つベンゼン環構造図

≪芳香族エステルの構造決定≫

問1．一価カルボン酸Aの分子量をM_Aとすると，1molのAを完全に
けん化するとき，水酸化カリウム2molが必要なので

$$\frac{0.384}{M_A} \times 2 = \frac{0.112}{56} \quad \therefore \quad M_A = 384$$

問2．エチレングリコールとテレフタル酸を縮合重合して得られるポリエ
チレンテレフタラートは，合成繊維や飲料容器の原料となるポリエステル
である。よって，化合物Bはテレフタル酸である。

$$n\ HO-CH_2-CH_2-OH + n\ HO-C \bigcirc C-OH$$

$$\longrightarrow \left[O-CH_2-CH_2-O-C \bigcirc C \right]_n + 2n\ H_2O$$

化合物Dは銀鏡反応を示すことから，ホルミル基をもつ。また，不斉炭
素原子を1つもつことから，Dの構造は次のように決まる。

$$HO-CH_2-\underset{OH}{\overset{H}{C}}-\underset{O}{\overset{H}{C}}$$

問3．エステル結合を2つもつ一価カルボン酸Aの加水分解によって化
合物B，C，Dが物質量比1：1：1で得られる。化合物Cの分子量をM_C
とすると

$$384 + 2 \times 18 = 166 + M_C + 90 \quad \therefore \quad M_C = 164$$

問4．化合物Cはヨードホルム反応を示す。黄色沈殿CHI_3を除いた水
溶液に希塩酸を加えるとテレフタル酸が得られることから，Cの構造は
次のように決まる。

$$\underset{\text{C}}{\text{(図)}} \xrightarrow[\text{NaOH} \quad \text{I}_2]{} \text{CHI}_3 + \text{(図)}$$

$$\text{(図)} \xrightarrow[\text{HCl}]{} \text{(図)}$$

B：テレフタル酸

■一般選抜：Ｂ方式後期

問題編

▶試験科目・配点

教　科	科　　　　　目	配　点
英　語	コミュニケーション英語Ⅰ・Ⅱ・Ⅲ，英語表現Ⅰ・Ⅱ	100 点
数　学	数学Ⅰ・Ⅱ・Ａ・Ｂ（数列，ベクトル）	100 点
理　科	「化学基礎・化学」または「生物基礎・生物」のいずれかを試験当日選択	150 点

▶備　考

　学力試験の成績に加え，調査書により「学力の３要素」のうち「主体性を持って多様な人々と協働して学ぶ態度」を多面的・総合的に評価し，合格者を決定する。

英語

(70 分)

I 次の英文を読んで，下の設問（１）～（１１）に答えなさい。なお，*印の語には注が付いています。

Why are we so bad at (**a**) pandemics? Deadly global infectious* outbreaks are low-probability yet high-risk events. They happen infrequently. Some generations are hit hard by infectious disease outbreaks; others get only a glancing blow; still others escape largely unscathed*. Yet (b)once a pathogen* jumps into the broader human population pool, it tends to be with us forever.

Since the arrival of antibiotics like penicillin in the 1920s, and with improved sanitation and public health policies worldwide, humanity { **c** ① deaths ② has ③ in ④ made ⑤ progress ⑥ reducing } from communicable diseases like AIDS, tuberculosis*, and malaria.

However, only two diseases have been declared eradicated* by the World Health Organization: smallpox* caused by the variola virus* and rinderpest*, also known as cattle plague, from a viral microbe* of the same name. Granted, that's really hard to do, but neither is this a particularly impressive track record*.

It's clear the world needs a faster and more comprehensive, high-tech pandemic surveillance system, (d)more global coordination on information sharing, supply chains, drug research, and a more equitable system to distribute vaccines and treatments. In the past, we've reacted to pathogen outbreaks, rather than proactively* trying to avoid (あ)them.

Studies by cognitive psychologists* have shown (e)that humans are weak at long-term, probabilistic* risk analysis. We aren't adept at thinking about the well-being of our future selves, (**f**) alone future generations.

Emotionally striking events in the here and now dominate our thinking (**g**) than abstract threats in the future. (A)Infrequent or long-term perils like pandemics, the rising risks from antibiotic-resistant bacteria or (B)climate change's (C)impact on the microbial supersystems running the Earth don't

(ロ)register with our attention scanners (ろ)as readily.

　　　Then there's what cognitive psychologists call the "availability heuristic," our predilection* to imagine the future through the lens of recent events and ready information.　(ぃ)If your perception is that climate change isn't an immediate threat now, it's harder to assess the risks in 2050 or 2100.　Most of us didn't think much about pandemics until our lives were thrown into chaos in 2020.

　　　　　　　　　　　　　　　　(出典：*Man Versus Microbe*, by Brian Bremner. 一部変更)

（注）　infectious: 感染症の　　unscathed: 無傷で　　pathogen: 病原体
　　tuberculosis: 結核　　eradicated: 撲滅した　　smallpox: 天然痘
　　variola virus: 天然痘ウイルス　　rinderpest: 牛疫
　　viral microbe: ウィルスや細菌などの微生物　　track record: 実績
　　proactively: 先を見越して　　cognitive psychologists: 認知心理学者
　　probabilistic：確率的　　predilection: 理屈抜きに好むこと，偏愛

（1）下線部(あ)が表しているものを６字から１２字の日本語で書きなさい。

（2）下線部(い)を以下の形式に合わせて日本語に訳し，（　ⅰ　）および（　ⅱ　）
　　に相当する部分を解答用紙に書きなさい。

　　　「もし，あなたの認識が（　　　　　　　ⅰ　　　　　　）ということなら，
　　　（　　　　　　　ⅱ　　　　　　　）ことはより難しい。」

（3）空所(　**a**　)に入れるのに最も適切なものを，次の①〜④から一つ選び，マー
　　クカードの解答欄　　**1**　　にマークしなさい。

　　① handle　　② handled　　③ handling　　④ to handle

（4）下線部(b)と同じ用法の once を含む文を，次の①〜④から一つ選び，マーク
　　カードの解答欄　　**2**　　にマークしなさい。

　　① They go to a movie once a week.
　　② If the facts once become known, it will be just too hard.
　　③ If she once got an idea in her head you'd never move it.
　　④ I will comment further on this once I have had a chance to fully digest it

myself.

（5）{　　c　　}内の語を並べ替え，意味の通る英文を作りなさい。並べ替えたも
　　のの中で2番目と4番目に来る語の番号を，それぞれ次のようにマークカード
　　にマークしなさい。

　　　　2番目 → マークカードの解答欄　　**3**

　　　　4番目 → マークカードの解答欄　　**4**

（6）下線部(d)と同じ用法の more を含む文を，次の①〜④から一つ選び，マーク
　　カードの解答欄　　**5**　　にマークしなさい。

　　① The more, the merrier.
　　② I'd like some more, please.
　　③ You'll have to be more careful next time.
　　④ How much more of this do we have to put up with?

（7）下線部(e)と同じ用法の that を含む文を，次の①〜④から一つ選び，マークカ
　　ードの解答欄　　**6**　　にマークしなさい。

　　① I'm sure you don't want to hear about that.
　　② Being able to swim was the only thing that saved me.
　　③ They told us once again that the situation was serious.
　　④ Victim's own blood was of a different blood group from that found on the
　　　　floor.

（8）空所(　f　)に入れるのに最も適切なものを，次の①〜④から一つ選び，マー
　　クカードの解答欄　　**7**　　にマークしなさい。

　　① do　　　　　② go　　　　　③ let　　　　　④ make

（9）空所(　g　)に入れるのに最も適切なものを，次の①〜④から一つ選び，マー
　　クカードの解答欄　　**8**　　にマークしなさい。

　　① rather　　② far more　　③ no sooner　　④ much less

（10）下線部(A)〜(D)と第一アクセントの母音が同じであるものを，それぞれ次の
　　①〜⑧から一つ選び，マークカードの解答欄　　**9**　　〜　　**12**　　にマーク

しなさい。

① afraid　　② analysis　　③ business　　④ conceive
⑤ pleasant　⑥ politics　　⑦ silent　　　⑧ statement

　　　　(A) Infrequent → マークカードの解答欄　**9**
　　　　(B) climate → マークカードの解答欄　**10**
　　　　(C) impact → マークカードの解答欄　**11**
　　　　(D) register → マークカードの解答欄　**12**

（１１）下線部(h)の内容を最もよく表しているものを，次の①～④から一つ選び，
　　　マークカードの解答欄　**13**　にマークしなさい。

① できる限り早く　　　　② 準備するように

③ すぐにわかるので　　　④ 同じようにすぐに

II　次の英文を読んで，下の設問（1）～（4）に答えなさい。なお，＊印の語には
注が付いています。

　The way life expectancy is calculated was originally designed by the nascent* life-insurance industry in the seventeenth century. (　あ　), being based on the statistical chance of surviving, or of *not* dying.　It can be expressed at any age, but when we talk of life expectancy, we usually mean 'at birth'.　In societies with high rates of infant mortality, a child who has made it to their first birthday will have a (　a　) life expectancy than a newborn, because they have survived the risky first year of life.　In most countries the number of years you can expect to live for simply (　b　) as you get older.　The data is often quoted separately for men and women because there is a (ア)significant gap between (イ)the two, with women normally expected to live longer.

　Globally, life expectancy has increased (　c　) average from the mid-forties to the early seventies since 1950, a stupendous* and transformative (ウ)achievement, but progress is patchy.　Those countries that had the shortest life expectancy in the middle of the twentieth century have generally made the fastest progress, while life expectancy in the best-performing countries has increased from the mid-forties to the mid-eighties.　The Maldives, Oman and

South Korea have extended life expectancy by *over forty years* since 1950, which in the first two meant that the length of the average life more than doubled. As with infant mortality and per capita income, there has been a great 'levelling up' in recent years, with the progress of the best countries slowing down while many previous laggards* have made great headway*.

Let's compare Canada and Colombia, for example. Canada, already doing well in 1950, is doing even better, and life expectancy has (ウ)extended from the late sixties to the early eighties. But Colombia, a much (d) country that started from a worse position, has made almost twice as much progress in the same period, with life expectancy increasing from the early fifties to the mid-seventies. The gap between the two countries has narrowed from eighteen years to just (e), and the reason is that even where countries are still poor, priority is given to those (エ)resources and facilities that extend life. The developing world has rushed through modernity, while the developed world has (オ)paused at the edge of what can be achieved for the time being.

（出典：*Tomorrow's People*, by Paul Morland. 一部変更）

(注) nascent：初期の stupendous：驚くべき laggards：遅れているもの
　　 headway：前進

（1）空所(あ)に入る英語を，次の日本文と同じ意味になるように，本文の表現を参考にして解答用紙に書きなさい。

　　　「平均余命とは，本質的には死亡率の裏返しである」

（2）下線部(い)が指しているものを，3字から5字の日本語で解答用紙に書きなさい。

（3）空所(a)～(e)に入れるのに最も適切なものを，それぞれ次の①～④から一つ選び，マークカードの解答欄 **14** ～ **18** にマークしなさい。

　(a)　**14**　① long　② longer　③ short　④ shorter

　(b)　**15**　① reduce　② reduces　③ reducing　④ to reduce

(c) 　16　　① at　　　② for　　　③ in　　　④ on

(d) 　17　　① better　② developing　③ poorer　④ richer

(e) 　18　　① five　　② ten　　③ fifteen　④ twenty

（4）下線部(ア)～(オ)の意味に最も近いものを，それぞれ次の①～④から一つ選び，
マークカードの解答欄　19　～　23　にマークしなさい。

(ア) significant　　　19

　　① awkward　　　　② generation
　　③ important　　　 ④ subtle

(イ) achievement　　　20

　　① attainment　　　② contact
　　③ discrimination　④ information

(ウ) extended　　　21

　　① changed　　　　② dropped
　　③ lengthened　　　④ pursued

(エ) resources　　　22

　　① announcements　② measures
　　③ roots　　　　　 ④ powers

(オ) paused　　　23

　　① sensed　　　　　② suffered
　　③ suspected　　　 ④ stopped

III　次の英文を読み，空所（　1　）～（　6　）に入れるのに最も適切な語を下の
　　{　　　　　　}内から選び，必要があれば語形を変えて解答用紙に書きなさい。
　　なお，一つの語を複数回使ってはいけません。なお，*印の語には注が付いてい
　　ます。

　　"What matters most is to work very hard."

　　I am（　1　）of Chandrasekhar*'s words every time I come across some
instance of the myth of pure creativity or of unfettered* imagination.　To
construct the new, I have（　2　）it said, it is enough to violate rules and
liberate oneself from the deadweight of the past.　I don't think creativity in
science works like this.　Einstein did not just wake up one morning thinking
that nothing was faster than light.　Nor（　3　）Copernicus simply think up
the idea that the Earth orbits the sun.　New ideas do not just fall from the sky.

　　They are born from a deep immersion in contemporary knowledge.　From
（　4　）that knowledge intensely your own, to the point where you are living
immersed in it.　From endlessly turning over the open questions, trying all
roads to a solution, then again trying all the roads to a solution—and then
trying all those roads again.　Until there, where we least expected it, we
（　5　）a gap, a fissure, a way through.　Something that nobody had noticed
before, but that is not in contradiction with what we know.

　　This is the way that most creative minds in science（　6　）worked, and
how thousands of researchers work today, in order to advance our knowledge.

　　　　　　（出典：*There Are Places in the World Where Rules Are Less Important than*
　　　　　　　　　　　　　　　　　　　Kindness, by Carlo Rovelli. 一部変更）

（注）Chandrasekhar: 天体物理学者　　unfettered: 束縛のない自由な

　　　　　{　discover　　do　　have　　hear　　make　　remind　}

■数学■

(70 分)

I　次の　□□□□　にあてはまる答を解答欄に記入しなさい。

(1) xy 平面において，放物線 $C : y = x^2 + 2kx - 2k + 3$ が x 軸と接するような k の値は　(a)　であり，x 軸から切りとる線分の長さが $4\sqrt{3}$ となるような k の値は　(b)　である。

(2) YAKUGAKU の 8 文字を 1 列に並べるとき，すべての並べ方は　(c)　通りあり，それらの中で母音 A, U と子音 Y, K, G が交互に並ぶような並べ方は　(d)　通りある。

(3) 第 4 項が 40，第 10 項が 22 である等差数列の一般項は　(e)　であり，この数列がはじめて負となるのは第　(f)　項である。

(4) 三角形 ABC において，AB を $4 : 3$ に内分する点を D，BC を $1 : 3$ に外分する点を E とし，直線 ED と辺 CA の交点を F とする。このとき，線分 CF と FA の長さの比の値は $\dfrac{\mathrm{FA}}{\mathrm{CF}} = $ (g)　であり，三角形 ABC と三角形 ADF の面積の比の値は $\dfrac{\triangle \mathrm{ADF}}{\triangle \mathrm{ABC}} = $ (h)　である。

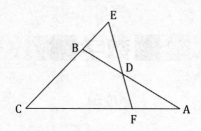

Ⅱ　次の 　　　　 にあてはまる答を解答欄に記入しなさい。

素数とは，　(a)　のことである。例えば，素数を小さい順に 5 個記す
と　(b)　となる。

1000 以下の自然数全体の集合を全体集合 U とする。素数 p に対し，U の
要素のうち p の倍数全体の集合を A_p とする。集合 X の要素の個数を $n(X)$
と表す。

(1) $n(A_2) =$　(c)　，$n(A_3) =$　(d)　である。

(2) U の要素のうち 6 の倍数全体の集合 A を A_p たちを用いて表すと
　　$A =$　(e)　で，$n(A) =$　(f)　である。

(3) U の要素のうち 3 以下の少なくとも 1 つの素数で割りきれる自然数全
　　体の集合 B を A_p たちを用いて表すと $B =$　(g)　で，$n(B) =$　(h)　
　　である。

(4) $C = A_2 \cup A_3 \cup A_5$ とすると $n(C) =$　(i)　であり，$D = \overline{A_2} \cap \overline{A_3} \cap \overline{A_5}$ とす
　　ると $n(D) =$　(j)　である。

III　次の □ にあてはまる答を解答欄に記入しなさい。

x の関数 $y = 9^x + 9^{-x} - 5 \cdot 3^x - 5 \cdot 3^{-x} + 8$ を考える。$x = \log_3 5$ のとき $y =$ (a) である。

$t = 3^x + 3^{-x}$ とおくと，t のとり得る値の範囲は $t \geqq$ (b) であり，等号は $x =$ (c) のとき成立する。

y を t の関数として表すと $y =$ (d) が成り立つ。

(1) t の関数 (d) は $t =$ (e) で最小値をとるから，x の関数 y は $x =$ (f) で最小値 (g) をとる。

(2) t についての方程式 (d) $= 0$ を解くと $t =$ (h) だから，x についての方程式 $y = 0$ の解は $x =$ (i) である。

IV　次の □ にあてはまる答を解答欄に記入しなさい。

x の 3 次関数 $f(x)$ は $f'(x) = x^2 - 2x - 3$ を満たし，極小値は 0 である。このとき，$f(x)$ が極小値をとるのは $x =$ (a) であり，$f(x)$ を求めると $f(x) =$ (b) である。したがって，$f(x)$ は $x =$ (c) で極大値 (d) をとる。

xy 平面上の $y = f(x)$ のグラフを C とする。C と y 軸との交点を P とし，P における C の接線を l とすると，l の方程式は $y =$ (e) であり，C と l の交点で P でないものの座標は $(x, y) =$ (f) である。

さらに，P を通り l と直交する直線を m とすると，m の方程式は $y =$ (g) である。m と C の交点で P でないものの座標は $(x, y) =$ (h) であり，3 つの不等式 $y \geqq$ (e) ，$y \leqq$ (g) ，$y \geqq f(x)$ の表す領域の面積は (i) である。

化学

(90 分)

I　下表の A, B, C, D は，ナトリウム，塩化ナトリウム，鉄，ベンゼン，硫黄，臭素のいずれかの物質である。以下の問いに答えよ。なお，表中の下線部は，いずれも常温常圧（1.013×10^5 Pa, 25℃）での物質の状態を示している。

	電気伝導性	融点 (℃)	沸点 (℃)	空気中で加熱または燃焼したときの変化
A	固体 --- 導体 液体 --- 導体	98	882	燃焼により固体の酸化物 ア を生じ，ア を水に溶かした溶液は（ ⅰ ）を示す。
B	不導体	113	445	完全燃焼すると気体の酸化物 イ を生じ，イ を水に溶かした水溶液は（ ⅱ ）を示す。
C	不導体	5	80	完全燃焼すると気体の ウ と液体の エ を生じる。
D	固体 --- 不導体 液体 --- 導体	800	1413	融解するだけで，他の物質には変化しない。

問1　物質 D を化学式で記せ。

問2　空欄 ア ～ エ に適当な物質を化学式で記せ。

問3　空欄（ ⅰ),（ ⅱ ）に入る適当な語句を，「① 酸性，② 塩基性（アルカリ性），③ 中性」から選び，番号で答えよ。

II　次の記述を読み，下記の問いに答えよ。ただし，アボガドロ定数を 6.0×10^{23}/mol とする。なお，k は反応速度定数であり，気体分子はいずれも理想気体として扱ってよい。

　式(1)は，気体分子 X_2 と Y_2 より気体分子 XY を生じる反応で，反応速度は $v = k[X_2][Y_2]$ で与えられる。また，図1は，1 mol の X_2 と 1 mol の Y_2 が反応したときの温度 T_1〔K〕におけるこの反応の進行とエネルギー変化を示したものである。

$$X_2\,(気) + Y_2\,(気) \rightarrow 2XY\,(気)　　　(1)$$

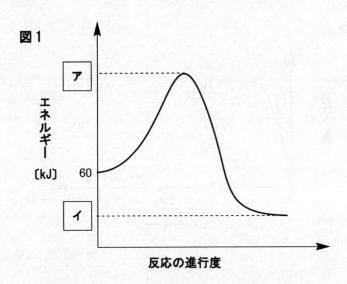

図1

問1　X−X，Y−Y，X−Y の結合エネルギーはそれぞれ 400 kJ/mol，120 kJ/mol，280 kJ/mol で，2 mol の XY を生じる反応の活性化エネルギーは 110 kJ/mol である。図の空欄　**ア**，**イ**　に入る適当な整数値を答えよ。

問2　反応速度定数 k は，反応条件の変化(a), (b)によってどのように変化するか，選択肢から選び番号で答えよ。

(a) 反応物の濃度の上昇　　　(b) 触媒の添加

選択肢：　① 大きくなる　　② 小さくなる　　③ 変わらない

問3　図2は，温度 T_1〔K〕における反応分子のエネルギー分布の概略を点線で示したものである。反応温度を T_2〔K〕に上昇させると，このエネルギー分布はどのようになるか，解答欄に概要を実線で示せ。ただし，E_a は XY を生じる反応の活性化エネルギーである。

図 2

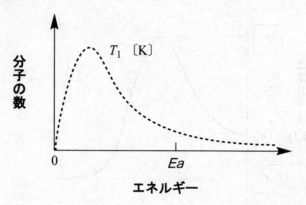

〔解答欄〕図2に同じ。

Ⅲ　次の記述を読み，下記の問いに答えよ。

　鉄板は湿った空気中に放置すると容易に酸化され，赤さびを生じる。その原因は鉄板の中に含まれている<u>炭素と鉄および電解質水溶液の間で局部電池が生じる</u>ためである。これを確認するために以下の実験を行なった。

実験
　汚れを落としてよく磨いた鉄板に，少量の $K_3[Fe(CN)_6]$ とフェノールフタレインを溶解した3%食塩水を静かに滴下し，鉄板上に液滴を作った（図1）。

結果（1から3の順で変化が起こった）
1. 液滴の中央部が濃青色に変色しはじめた（少量の沈殿が生じた）（図2）。
2. 続いて，液滴の周辺部から中央部に向かって徐々に赤色に変色した（図3）。
3. そのまま放置して中央の青色部と周辺の赤色部が接触し，境界部で緑白色沈殿が生じた。その沈殿は徐々に赤褐色沈殿に変色した。

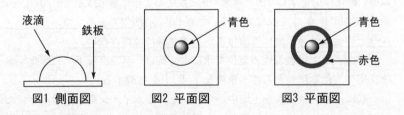

問1　下線部を参考にして，この実験における局部電池の電池式を例にならって記せ。
　　例）　$(-)\ Pb\ |\ H_2SO_4\,aq\ |\ PbO_2\ (+)$

問2　液滴の中央部で鉄はどのようにイオン化しているか。電子 e^- を含む反応式（半反応式）で記せ。

問 3　液滴の周辺部で起こっている反応を半反応式で記せ。

問 4　境界部で最終的に生じた赤褐色沈殿は何か。化学式で記せ。

問 5　この実験で液滴は一様に赤色とはならず，周辺部から徐々に赤色に
　　　変色した。この原因について考えられることを記せ。

Ⅳ　次の記述を読み，下記の問いに答えよ。

　窒素は身近な非金属元素で，その化合物は工業的に広く利用されてい
る。　$\boxed{1}$　は，ハーバー・ボッシュ法により，大気中の窒素から合成さ
れている。

　硝酸 HNO_3 は，$\boxed{1}$　から　$\boxed{2}$　法と呼ばれる三つの工程からなる方
法により工業的に製造されている。(ア)$\boxed{1}$　と空気の混合気体を約 800°C
に熱した白金網に接触させると，無色の気体である　$\boxed{3}$　を生じる。生
成した　$\boxed{3}$　を冷却後，さらに空気中の酸素と反応させ赤褐色の気体
である　$\boxed{4}$　を得る。この気体　$\boxed{4}$　を水に溶かして硝酸とする。硝酸
は強い酸化作用を示し，例えば銅や銀と反応して希硝酸では主に　$\boxed{3}$　を，
濃硝酸では　$\boxed{4}$　を発生させる。ただし，(イ)鉄やアルミニウム，ニッケ
ルなどの金属は希硝酸には溶けるが，濃硝酸には溶けない。

　一方，$\boxed{1}$　は塩基性の気体で水によく溶け，高温高圧下で二酸化炭素
と反応して化学肥料としても重要な　$\boxed{5}$　を生成する。

　一般に，植物は窒素を土壌中からアンモニウムイオンや亜硝酸イオンの
形で水とともに徐々に取り込むことが知られている。このため，$\boxed{5}$　や
硫酸アンモニウム（$(NH_4)_2SO_4$）などは農作物の有用な窒素源として，その
生産量増加に大きく貢献してきた。一方で，土壌の酸性化を招くなどの有
害事象もあり，現在は堆肥等と併用する場合が多い。下がってしまった土
壌の pH を上げるために消石灰（$Ca(OH)_2$）を散布することがあるが，
(ウ)硫酸アンモニウムと同時に消石灰を用いると（窒素）肥料としての硫
酸アンモニウムの効果が大きく低下してしまうことが知られている。

問 1　空欄　$\boxed{1}$　～　$\boxed{5}$　に適切な語句や化学式を記せ。

問2　下線（**ア**）について，$\boxed{1}$ から $\boxed{3}$ が生じる反応の化学反応式を記せ。

問3　下線（**イ**）について，その理由を簡単に説明せよ。

問4　下線（**ウ**）について，硫酸アンモニウムと消石灰を同時に用いると，硫酸アンモニウムの窒素肥料としての効果がなくなるのはなぜか，化学反応式を示して簡単に説明せよ。

V　次の記述を読み，下記の問いに答えよ。ただし，水酸化ナトリウムの式量は 40 とする。

　　2.5 mol/L の酢酸水溶液を (ア)ホールピペットで 10 mL 量りとり (イ)メスフラスコに移し，純水を加えて正確に 0.50 mol/L の酢酸水溶液（A）を調製した。別に 1.0 g の固体の水酸化ナトリウムを適量の純水に溶解させ，これをメスフラスコに移し，純水を加えて正確に 100 mL の水酸化ナトリウム水溶液（B）を調製した。次に，ビーカーに酢酸水溶液（A）と水酸化ナトリウム水溶液（B）を 40 mL ずつ量りとり，よく振り混ぜて溶液（C）を調製した。

問1　下線部（**ア**），（**イ**）で用いる際のそれぞれの器具の洗浄方法として正しいものを次の①〜③から選べ。ただし，選択肢は同じものを選んでもよい。

①　水道水で洗浄後，純水で洗い，乾燥の必要はない。
②　水道水で洗浄後，純水で洗った後，加熱乾燥する。
③　水道水で洗浄後，2.5 mol/L の酢酸水溶液で洗い，乾燥の必要はない。

問2　下線部（**イ**）のメスフラスコは何 mL のものを用いるべきか。

問3　溶液（C）は緩衝作用を示す。溶液（C）に酸を加えたときと，塩

基を加えたときのイオン反応式を示し，pH を保つ作用について説明せ
よ。

Ⅵ　次の記述を読み，下記の問いに答えよ。ただし，原子量は H = 1.0，
C = 12，O = 16 とし，構造式は例にならって記せ。

例：

　アルケンを水とともに四酸化オスミウム（OsO$_4$）と反応させると，
二価アルコールが得られる。さらに二価アルコールを過ヨウ素酸カリウ
ム（KIO$_4$）と反応させると炭素–炭素結合の開裂をともない，2 分子の
カルボニル化合物が生成する。このようにアルケンから二価アルコール
を経て 2 つのカルボニル化合物を合成する方法を「アルケンの酸化的開
裂」と呼ぶ。

（R^1, R^2, R^3, R^4 = H または C, H からなる原子団）

問 1　分子式が C$_4$H$_8$ で表されるアルケンには，シス・トランス異性体を
　　　含め異性体が 4 つある。それらの異性体に関する問い 1 ）～ 4 ）
　　　に答えよ。

1）4 つの異性体の構造式を記せ（順不同）。

2）OsO_4 と反応させたとき，不斉炭素原子をもたない二価アルコールを与える異性体はいくつあるか。

3）OsO_4 と反応させたとき，不斉炭素原子を 1 つもつ二価アルコールを与える異性体はいくつあるか。

4）「アルケンの酸化的開裂」を行ったのち，得られたカルボニル化合物を硫酸酸性の $K_2Cr_2O_7$ 水溶液と反応させたところ，いずれの異性体からもカルボン酸が得られた。このとき，還元性を示すカルボン酸を与えるアルケンの異性体はいくつあるか。

問 2　分子式が C_6H_{12} で表されるアルケンのうち，「アルケンの酸化的開裂」を行った際に，1 種類のカルボニル化合物を与える異性体はいくつあるか。ただし，アルケンのシス・トランス異性体は互いに区別するものとする。

問 3　分子量 82 の A に対して「アルケンの酸化的開裂」を行ったところ，分子量 114 の B が得られた。B を $K_2Cr_2O_7$ と反応させると，ナイロン 66 の原料となるアジピン酸が得られた。A の構造式を記せ。

Ⅶ 次の記述を読み，以下の問いに答えよ。ただし，原子量は H = 1.0,
C = 12，O = 16 とする。

　　一般に，分子量が 1 万以上の物質を高分子化合物とよぶ。高分子化
合物には，自然界に存在する天然高分子化合物と，小さな分子を多数
結びつけて合成した合成高分子化合物がある。合成高分子化合物を主
成分とし，様々な形に成形できる材料を合成樹脂またはプラスチック
という。合成樹脂は，熱に対する性質から熱可塑性樹脂と熱硬化性樹
脂に分類される。熱可塑性樹脂は，熱を加えると軟化し冷却すると硬
化する。飲料の容器に用いられるポリエチレンテレフタラート（PET）
は熱可塑性樹脂である。PET は，二価アルコールであるエチレングリ
コール（1,2-エタンジオール）と二価カルボン酸であるテレフタル酸の
縮合重合によってつくられる。熱硬化性樹脂は，はじめは軟らかい
が，加熱をすると分子間に立体網目状の結合が形成し硬化する。熱硬
化性樹脂であるフェノール樹脂（ベークライト）は，以下のように生成
する。まずフェノールがホルムアルデヒドに付加し，続いてこの付加
物が別のフェノールと縮合する。この付加と縮合が繰り返されてノボ
ラックとよばれる固体が得られ，これに硬化剤を加え加熱するとフェ
ノール樹脂となる。

問 1　次の高分子化合物を天然高分子化合物と合成高分子化合物に分
　　　類し，解答欄の指定された箇所に番号で記せ。

　　　① ポリプロピレン　　② ナイロン　　③ セルロース
　　　④ 天然ゴム　　　　　⑤ ポリエチレン　⑥ デンプン
　　　⑦ アミラーゼ

問 2　PET の繰り返し単位の式量を求め整数で記せ。

問 3　テレフタル酸とエチレングリコールから平均分子量 9.6×10^4 の
　　　PET が 1.0×10^{-3} mol 生成するとき，同時に生じる水の質量〔g〕

を有効数字2桁で答えよ。

問4　下線部の付加反応に関連し，酸を触媒として1分子のフェノール
　　　が 1 分子のホルムアルデヒドに付加して生成する化合物の構造
　　　式を例にならって記せ。

　　　　例：

$$
\begin{array}{c}
\text{H}_3\text{C}-\!\!\bigcirc\!\!-\overset{\displaystyle \overset{\text{OH}}{|}}{\underset{}{}}\\
\end{array}
$$

(benzene ring with H₃C— at meta position)
—C(H)=C(—CH(OH)—CH₃)(—CH₂CH₃)

生物

(90 分)

I 次の記述を読み、下記の問いに答えよ。

細胞分裂には、からだをつくる細胞が増殖するときに起こる ア と、精子や卵などの生殖細胞が形成されるときに起こる減数分裂がある。 ア の分裂期（M 期）では、まず核が分かれて核分裂が起こり、続いて細胞質分裂により細胞質が二分される。分裂期（M 期）は、染色体の状態などにより、 イ 、 ウ 、 エ 、 オ の 4 つの時期に分けられる。母細胞の染色体は、このような分裂期を経て娘細胞に分配されるが、このときの (a) DNA は間期においてあらかじめ複製されている。そのため、分裂の結果生じる娘細胞の染色体構成は、母細胞と同じになる。

一方、減数分裂は、2 回の連続した分裂過程を経て完結する。まず カ では、相同染色体どうしが平行に並び キ した後に、相同染色体がそれぞれ両極へと移動して、娘細胞に分配される。これに続く ク は、 ア と同様の過程で進行する。減数分裂では、このような過程を経て、1 個の母細胞から最終的に ケ 個の娘細胞が生じることになる。(b) 減数分裂では、相同染色体が別々の娘細胞（配偶子）に分かれて入ることから、有性生殖を行う生物に遺伝的な多様性がもたらされる。

問1　文中の空欄 ア ～ ケ にあてはまる最も適切な語句や数字を答えよ。

問2　次の記述のうち、 ア にあてはまらず、減数分裂だけにあてはまる特徴を**すべて**選び、番号で答えよ。

① 分裂の前には、DNA が合成される必要がある。

② 分裂の前には、タンパク質が合成される必要がある。

③ 分裂の過程で、二価染色体が観察される。

④ 分裂の過程で、染色体の乗換えが起こる。

問3　動物細胞の核分裂において、複製された染色体が娘細胞の核に均等に分配されるまでの過程を、以下の語を**すべて**用いて説明せよ。

〔紡錘糸、両極、赤道面、中心体、動原体〕

問4　下線部（a）について。動物細胞の DNA 複製に関する以下の①〜④の記述のうち、正しいものには○、誤っているものには×をつけよ。また、×をつけた文について、不適切と思われる語句を 1 か所指摘し、正しい記述となるように他の語句と置き換えよ。例文および解答欄に記載された解答例を参照すること。

（例文）DNA では、塩基どうしが共有結合を形成して、二重らせん構造をつくっている。

　　　　〔解答例〕　×　共有結合→水素結合

① DNA は、多くの場合に複製開始点（複製起点）から片方向に複製される。

② DNA の複製過程では、まず、鋳型 DNA の塩基配列に相補的な配列をもつリーディング鎖とよばれる短い RNA が合成される。

③ DNA の複製では、DNA リガーゼという酵素の働きにより、鋳型 DNA 鎖と相補的なヌクレオチドが順につなげられ、新しい DNA 鎖が合成される。

④ DNA の複製では、2 本鎖 DNA のそれぞれの鎖が鋳型となり、新しい鎖が 5′末端から 3′末端の方向へ合成される。

問5　下線部（b）について。以下の問いに答えよ。

(1) 以下の文章の　コ　～　シ　に適切な数字や語句を入れよ。

　ヒトの細胞には、46 本（23 対）の染色体が存在する。このうち　コ　対は男女によって構成の異なる染色体であり、これを　サ　という。その他の染色体は男女に共通して見られる染色体であり、これを　シ　という。

(2) 染色体の本数が 8 本（4 対）の生物において、染色体の分配によって作られる配偶子の染色体の組み合せは何通りか。ただし、相同染色体の分配に際して乗換えは起こらないものとする。

　［実験 1］　ヌクレオチドは、塩基と糖からなるヌクレオシドとよばれる化合物にリン酸が結合したものである。放射性同位体で標識したヌクレオシド（以下、標識ヌクレオシド）を増殖中の細胞の培養液に添加すると、細胞に取り込まれ、様々な核酸などの合成材料として利用される。これを用いると、(c) 細胞から抽出した核酸の放射活性を指標として、異なる条件下で培養した細胞集団間の DNA 合成の程度を比較することができる。

　［実験 2］　ヒト由来の培養細胞の集団を、DNA と結合することにより蛍光を発する色素を用いて染色した。それぞれの細胞に含まれる DNA 量を、蛍光強度を指標に検出した結果を図 1 に示した。横軸は細胞あたりの DNA 量を表し、縦軸はそれらの数値が観測された細胞の数を表している。

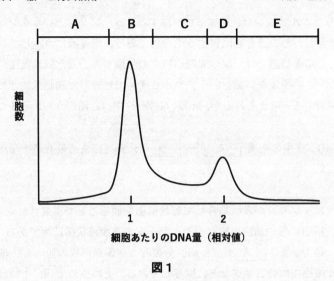

図1

問6　下線部（c）について。このような解析を行うためには、標識ヌク
レオシドに含まれる塩基として、アデニン、シトシン、グアニン、チミン
のうち、どれが最も適していると考えられるか。理由とともに答えよ。

問7　細胞の分裂開始から次の分裂開始までの期間を細胞周期という。細
胞周期は、分裂期（M 期）とそれ以外の期間である間期の 2 つに分けら
れる。間期はさらに、DNA 合成準備期（G_1 期）、DNA 合成期（S 期）、
分裂準備期（G_2 期）の 3 つに分けられる。増殖の盛んな細胞集団を培養
する場合、それらの中には種々の細胞周期にある細胞が混在している。
解答用紙に示した細胞周期の各時期にある細胞は、**図 1** のグラフの主に
どの領域に含まれていると考えられるか。グラフの上部に示した A〜E
の記号で答えよ。ただし、同じ記号を何度用いてもよい。

問8　**図 1** の結果から、細胞周期において最も長い時間を要するのは、
M 期、G_1 期、S 期、G_2 期のうち、どの時期と考えられるか。理由ととも
に答えよ。

問 9 　コルヒチンは、紡錘糸を形成するチューブリンというタンパク質に結合し、その重合を阻害する化合物である。培養液にコルヒチンを添加した培養細胞では、細胞周期が特定の時期で停止した細胞集団が得られる。この現象を同調という。コルヒチンで処理した細胞は、どの時期に同調すると考えられるか。M 期、G_1 期、S 期、G_2 期のうちから **1つ**選べ。

問 10 　文中の空欄 　**ス**　 ～ 　**タ**　 にあてはまる最も適切な語句を答えよ。

　チューブリンが多数結合して管状構造を取ることで形成された 　**ス**　 は、細胞の形や細胞小器官の働き等を支える繊維状構造物である 　**セ**　 の一種である。　**ス**　 は、細胞分裂時の紡錘糸形成の他にも、細胞の運動や細胞内の物質輸送などに関与している。その他の 　**セ**　 には、中間径フィラメントや 　**ソ**　 フィラメントが存在する。　**ソ**　 フィラメントは、　**ソ**　 という球状タンパク質が集合してできた繊維状構造物であり、細胞の伸展・収縮などに関与している。特に、この構造物は、ATP の分解活性を有する 　**タ**　 というタンパク質により形成されるフィラメントと協調して働くことにより、筋収縮において重要な役割を果たしている。

Ⅱ　次の記述を読み、下記の問いに答えよ。

［文1］細胞膜の主成分であるリン脂質分子には、ホスファチジルコリン
やスフィンゴミエリンなどがある。これらのリン脂質分子は、　ア　性
部分を外側に　イ　性部分を内側に向けるようにして、安定した脂質二
重層を形成している。一般に、脂溶性物質は細胞膜を容易に通過するが、
水溶性物質は細胞膜を通過しにくい。ただし、ある種の水溶性物質は細胞
膜に局在する　ウ　、　エ　、　オ　などの輸送タンパク質を介して選
択的に細胞膜を通過する。　ウ　は、細胞膜を貫通する孔を介して (a) 水
分子やイオンを通過させる。　エ　と　オ　は、運搬する物質が結合
すると立体構造が変化して細胞膜の反対側へ物質を運搬するが、細胞膜を
貫通する孔は形成しない。　ウ　と　エ　は、細胞内外の物質の濃度
勾配を利用して物質を輸送する。　オ　は (b) ATP のエネルギーを原動
力とし、濃度勾配に逆らった物質輸送を行う。
　細胞膜には、輸送タンパク質以外にも多くのタンパク質が埋め込まれて
いる。リン脂質分子は適度な流動性を有するので、細胞膜に含まれるタン
パク質は脂質中を自由に動くことができる。この細胞膜の流動性は、細胞
膜に埋め込まれているコレステロールにより調節されている。コレステロ
ールは主に肝臓で (c) アセチル CoA から多くの酵素反応により合成される。
　(d) コレステロール合成を調節するある酵素は、肝細胞内コレステロール
量が少ない時には増加してコレステロール合成を促進し、肝細胞内コレス
テロール量が過剰な時には減少してコレステロール合成を抑制する。

問1　空欄　ア　～　オ　にあてはまる適切な語句の組合せはどれか。
　　1～12の中から1つ選べ。

	ア	イ	ウ	エ	オ
1	親水	疎水	チャネル	担体（輸送体）	ポンプ
2	親水	疎水	チャネル	ポンプ	担体（輸送体）
3	親水	疎水	担体（輸送体）	チャネル	ポンプ
4	親水	疎水	担体（輸送体）	ポンプ	チャネル
5	親水	疎水	ポンプ	チャネル	担体（輸送体）
6	親水	疎水	ポンプ	担体（輸送体）	チャネル
7	疎水	親水	チャネル	担体（輸送体）	ポンプ
8	疎水	親水	チャネル	ポンプ	担体（輸送体）
9	疎水	親水	担体（輸送体）	チャネル	ポンプ
10	疎水	親水	担体（輸送体）	ポンプ	チャネル
11	疎水	親水	ポンプ	チャネル	担体（輸送体）
12	疎水	親水	ポンプ	担体（輸送体）	チャネル

問2　下線部（a）について。水分子を輸送するタンパク質に関する下記の文章の空欄　カ　～　ケ　にあてはまる適切な語句を記せ。

　　細胞膜を介して選択的に水を通過させるタンパク質を　カ　とよぶ。　カ　の内部には、水分子1つが通過できる非常に狭い孔があり、水分子は一列になって通過する。ヒトでは、腎臓、脳、大腸、涙腺などに存在する。腎臓では、血液が　キ　からボーマンのうへろ過されて原尿となる。その原尿が　ク　を流れる際に、グルコースや水などが毛細血管に再吸収される。その後、　ケ　へ流れ込み、さらに水が再吸収される。　ク　と　ケ　における水の再吸収は、　カ　による輸送であり、実際に排泄される尿は腎臓でろ過される原尿の約1%にすぎない。

問3　下線部（b）について。ATPに関する下記の文章の空欄　コ　～　シ　にあてはまる適切な語句を記せ。

　　ATPが　コ　と　サ　に分解されると、エネルギーが放出される。

このときに切断される結合を、　シ　結合とよぶ。逆に、ATPはエネルギーを用いて　コ　と　サ　から合成される。このようにして、ATPは細菌からヒトに至るすべての生物においてエネルギーの受け渡しを担っている。

問4　下線部（c）について。アセチルCoAの産生経路に関する**図1**の空欄　ス　〜　ソ　にあてはまる適切な語句を答えよ。また、【**反応1**】と【**反応2**】の過程を何とよぶか。その名称を記せ。

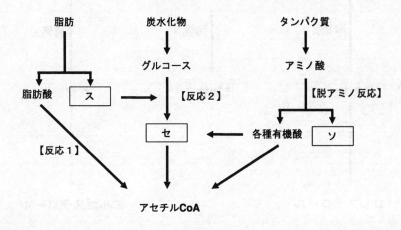

図1

問5　下線部（d）について。一連の酵素反応を経て生成された最終産物がその生成に関わる酵素のはたらきを調節するしくみを何とよぶか。その名称を記せ。

［文2］ヒトなどの哺乳類の細胞膜にはコレステロールが含まれているが、カビなどの真菌の細胞膜にはエルゴステロールが含まれている。**図2**に示すように、コレステロールとエルゴステロールは、どちらもラノステロールから合成されるが、コレステロールの前駆体（代謝物A）とエルゴステロールの前駆体（代謝物B）の生成は異なる酵素が触媒する。その後、

代謝物 A と代謝物 B は、ともに酵素 X によってそれぞれ代謝物 A' と代謝物 B' に変換され、最終的にコレステロールとエルゴステロールとなる。酵素 X はラノステロールから代謝物 C の生成も触媒する。酵素 X は、いずれの基質とも同一の活性部位を用いて反応を行う。産生されたコレステロールとエルゴステロールは、それぞれ哺乳類と真菌の細胞膜の機能維持に重要な役割を果たしている。

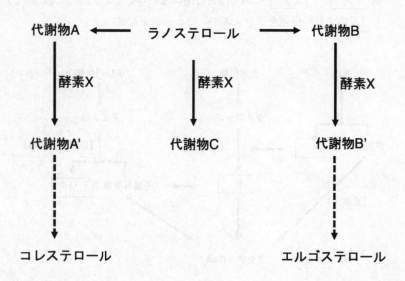

図2

問6　**図2**において、代謝物 A' からコレステロールが生成する過程を酵素 a〜e が触媒する。また、この生成過程には 4 種の中間体 m1、m2、m3、m4 が存在する。以下の 4 つの実験結果から中間体の生成順序を推定し、以下の空欄 **タ** 〜 **テ** にあてはまる中間体を m1、m2、m3、m4 の中から 1 つずつ選べ。なお、酵素 e は **テ** からコレステロールが生成する反応を触媒する。

- 酵素 a の阻害剤を加えたところ、m4 だけが蓄積した。
- 酵素 b の阻害剤を加えたところ、m1、m3、m4 が蓄積した。

- 酵素 c の阻害剤を加えたところ、m1 と m4 が蓄積した。
- 酵素 d の阻害剤を加えたところ、m1、m2、m3、m4 のすべての生成量が減少した。

中間体の生成順序：

代謝物 A'　→　| タ |　→　| チ |　→　| ツ |　→　| テ |　→　コレステロール

ただし、→ は、各酵素の触媒する反応をあらわし、各反応を触媒する酵素は 1 種類である。

［実験1］下表 i〜v の条件で、最適温度が 37℃ である酵素 X を様々な濃度のラノステロールと一定時間反応させ、代謝物 C の生成量を測定した。条件 i と条件 ii のとき、ラノステロールの濃度と代謝物 C の生成量の関係は、それぞれ**図3**の実線と破線のようになった。また、条件 i から反応時間を 2 倍または酵素量を 2 倍にすると、各ラノステロールの濃度における代謝物 C の生成量は 2 倍になった。

条件	反応温度	酵素量 （相対値）	酵素の前処理	代謝物 A の 共存
i	20℃	1	なし	なし
ii	20℃	1	95℃で 10 分加熱	なし
iii	37℃	1	なし	なし
iv	20℃	0.5	なし	なし
v	20℃	1	なし	あり

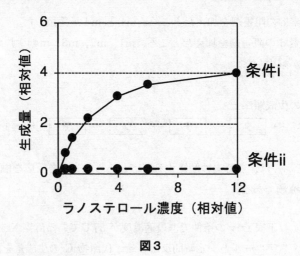

図3

問7　i の条件に比較して、ii の条件で実験を行った時に生成量が著しく
　　低下したのはなぜか。考えられる要因を述べよ。

問8　iii〜v の条件で実験を行った時、代謝物 C の生成量はどのように変
　　化すると考えられるか。**図4**の選択肢の中から該当する番号を **1つ**ずつ
　　選べ。ただし、①〜⑤の実線は**図3**に示した条件 i の結果と同じである。

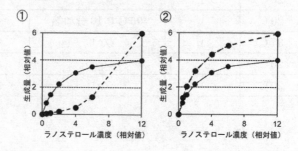

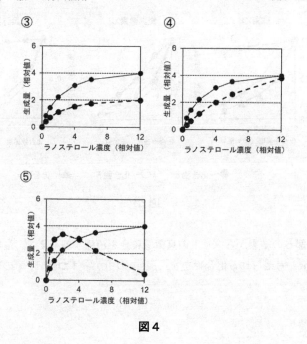

図4

［実験2］酵素Xの活性部位を構成するあるアミノ酸はヒトではアラニン、真菌ではイソロイシンあるいはバリンである。そこで、ヒトの酵素XをX1とし、これを元にしてこの活性部位のアラニンをイソロイシンに置換した変異酵素X2、およびアラニンをバリンに置換した変異酵素X3を用意した。まず、酵素X1、変異酵素X2、変異酵素X3の性質を調べたところ、いずれの酵素も代謝物Aから代謝物A'への変換、代謝物Bから代謝物B'への変換、ラノステロールから代謝物Cへの変換を触媒することが確認された。つぎに、各酵素と一定濃度のラノステロールを、化合物α，β，γの共存下で、37℃で一定時間反応させ、代謝物Cの生成量を測定した。その結果を**図5**に示す。

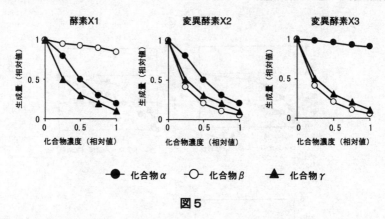

図 5

問9　**図5**の結果から、ヒトの真菌感染症を治療するうえで、最も有効かつ安全と考えられる化合物を α，β，γ の中から**1つ**選び、その理由を述べよ。

III　次の記述を読み、下記の問いに答えよ。

［文1］心臓壁は筋の1種である心筋で形成され、心室の心筋が収縮することで血液のポンプ作用を担う。(a) 心室が収縮している時期は収縮期とよばれる。収縮を開始する前には血液が心房から心室に流入する時期があり、この時期は心室の拡張が起こることから拡張期とよばれる。

　心臓の収縮と拡張の拍動リズムは心臓内の　**ア**　に存在する　**イ**　という部位によって発生する。　**イ**　には (b) 自律神経系である交感神経と副交感神経が分布し、(c) 心臓の拍動数が調節されている。交感神経からの信号と副交感神経からの信号は心臓に対して逆の作用をもつ。交感神経の末端からは　**ウ**　という神経伝達物質が分泌され、副交感神経の末端からは　**エ**　が分泌され、　**イ**　の拍動リズムを調節する。また、心臓の拍動数はホルモンによる調節も受けており、副腎の　**オ**　から分泌される　**カ**　は心拍数を増加させる。

　図1はヒトの心臓を腹側から見た断面を模式的に示したものである。

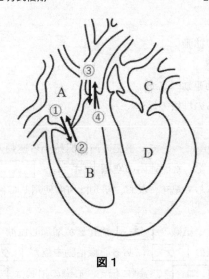

図1

問1　文中の　**ア**　〜　**カ**　にあてはまる語句を記せ。

問2　**図1**で左心房はどこか。AからDより**1つ選べ**。

問3　下線部（a）について。収縮期における正常な血液の流れとして正しい矢印は**図1**の①から④のどれか。**1つ選べ**。

問4　左心室と右心室では、左右の壁の厚みが異なる。心筋の収縮力は心室壁の厚さ（断面積）に概ね比例する。
（1）左心室と右心室ではどちらの心筋の収縮力が強いか。
（2）左心室が右心室と同程度の収縮力であると体循環を維持できないと考えられるが、その理由について以下の語句を**すべて**用いて考察せよ。

［心筋　収縮　肺循環　体循環　血管　圧力］

問5　下線部（b）について。自律神経系は心臓だけでなく、身体のさまざまな器官に分布し作用する。交感神経の働きとして正しいのはどれか。①から⑤の中から**1つ選べ**。

① 瞳孔の拡大

② 皮膚の血管の拡張

③ 気管支の収縮

④ 小腸のぜん動運動の亢進

⑤ ぼうこうからの排尿の促進

問6　下線部 (c) について。下記の運動開始から運動の終了までの心拍の変化について記した記述内の空欄　キ　～　ス　にあてはまる語句を以下から選んで記せ。なお、語句は何度使用してもよい。

　運動開始に伴い、組織の　キ　消費量が増加し血液中の　ク　濃度が増加すると、脳の　ケ　にある心臓拍動中枢が　ク　の増加を感知し、その情報を　コ　で心臓に伝え、心臓の拍動は　サ　される。運動終了後は、心臓拍動中枢が　ク　の減少を感知し、その情報を　シ　で心臓に伝え、心臓の拍動は　ス　される。

語句：　酸素　　　　　窒素　　　　　　二酸化炭素

　　　　大脳皮質　　　中脳　　　　　　小脳　　　　　　延髄

　　　　運動神経　　　感覚神経　　　　交感神経　　　　副交感神経

　　　　促進　　　　　抑制

［文2］(d) ヒトの心臓は2つの心房と2つの心室から構成されている。左右の心房は臓器からの血液が流入するところであり、各心室は臓器へ血液を送り出すポンプの働きをもつ。左右の心房と心室の間にはそれぞれ房室弁があり、左右の心室の出口にはそれぞれ動脈弁が存在する。なお、房室弁は心房の内圧が心室の内圧よりも高いときに開き、低いときに閉じる。

　(e) 血液の運搬には弁の適切な開閉が必要である。左心室の収縮が始まると　セ　弁が閉鎖することに伴い左心室内圧は急激に上昇する。少し遅れて　ソ　弁が開き、左心室から一気に血液が送り出されることで、左心室内圧の上昇は緩やかになる。やがて左心室の収縮が弱まり、左心室内圧が低下することで　タ　弁が閉じる。その後、左心室の弛緩が始まり、左心室内圧が左心房内圧よりも低下すると　チ　弁が開き、血液は

左心房から左心室に流入する。

問7　文中の　　セ　　～　　チ　　にあてはまる適切な語句の組み合わせ
を、①から⑥の中から**1つ**選べ。

	セ	ソ	タ	チ
①	動脈	房室	房室	動脈
②	動脈	動脈	房室	房室
③	動脈	房室	動脈	房室
④	房室	房室	動脈	動脈
⑤	房室	動脈	房室	動脈
⑥	房室	動脈	動脈	房室

問8　下線部 (d) について。魚の心臓は1つの心房と1つの心室からな
る。**図2**の模式図は、魚の血液の流れを示している。心房、心室、エラ
（ヒトの肺に相当し、酸素と二酸化炭素のガス交換をする機能を持つ）
の各位置と、血管の中を流れる血液（動脈血、静脈血）について正しい
組み合わせはどれか。①から⑥の中から**1つ**選べ。

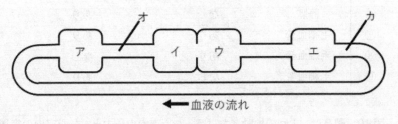

図2

	ア	イ	ウ	エ	オ	カ
①	体の組織	心房	心室	エラ	動脈血	静脈血
②	体の組織	心房	心室	エラ	静脈血	動脈血
③	体の組織	心室	心房	エラ	動脈血	静脈血
④	エラ	心房	心室	体の組織	静脈血	動脈血
⑤	エラ	心室	心房	体の組織	動脈血	静脈血
⑥	エラ	心室	心房	体の組織	静脈血	動脈血

問9　下線部（e）について。逆流を防ぐ弁は血管にも存在する。また、平滑筋とよばれる筋肉が存在して太さを能動的に制御する機能を持つ血管もある。血管の種類とその構造の組み合わせとして正しいのはどれか。①から⑨の中から**2つ**選べ。

	血管	弁	筋肉（平滑筋）
①	動脈	あり	あり
②	動脈	あり	なし
③	動脈	なし	あり
④	静脈	あり	あり
⑤	静脈	あり	なし
⑥	静脈	なし	あり
⑦	毛細血管	あり	あり
⑧	毛細血管	あり	なし
⑨	毛細血管	なし	あり

問10　**図3**は、1回の拍動における、左心室内の圧力と、左心室内の容積の変化を示した模式図（左心室の心室圧─容積曲線）である。また図中の矢印は拍動時の変化の流れを示している。

　「同じ容積のままで心筋が収縮するので内圧が高くなる」という状態はどこか。例にならって記せ。

　例：　⑤　→　⑥

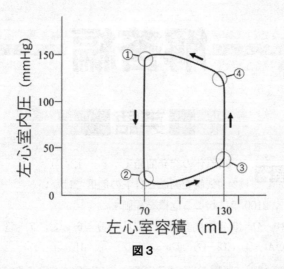

図 3

問 11　**図 3** において、②から 1 周する時間（1 回の拍動にかかる時間）を 0.75 秒とすると、1 分間に左心室が送り出す血液量（mL）を答えよ。

問 12　心臓の弁の開閉は心音にも関係している。聴診器で心臓の音を聞くと第 1 音と第 2 音とよばれる心音が聞こえる。これらの音は弁の閉鎖時の音であるが、第 1 音は房室弁の閉鎖による振動に由来し、第 2 音は動脈弁の閉鎖による振動に由来する。第 1 音が発生するのは**図 3** の①から④のどこか。**1 つ選び**、その選択した理由とともに記せ。

問 13　心臓が収縮する際に血液によって血管にかかる圧力は、収縮期血圧とよばれ概ね 120 mmHg 程度とされる。この血圧の単位 mmHg は、水銀柱を何 mm 押し上げることができるかという圧力の単位である。収縮期血圧（120 mmHg）により血液は何 cm 押し上げられることになるか。血液の比重を 1.0 g/mL、水銀の比重を 13.6 g/mL として計算せよ。

解答編

■英語■

I 　**解答**　(1)病原体の突発的発生（6 ～ 12 字）
(2)(ⅰ)気候変動など目下の危機ではない

(ⅱ) 2050 年や 2100 年に起こる危機を評価する

(3)—③　(4)—④　(5) 2 番目：④　4 番目：③　(6)—③　(7)—③　(8)—③

(9)—②　(10)(A)—④　(B)—⑦　(C)—③　(D)—⑤　(11)—④

━━━━━━◆全　訳◆━━━━━━

≪パンデミックに対する私たちの危機意識の低さ≫

　私たちはなぜ，パンデミックに対処することがそれほどまでに下手なの
だろうか？　致死性の世界的な感染症の突発的発生は，低確率だが危険性
の高い出来事である。そうしたことは頻繁には起こらない。感染症の突発
的発生によって大きな被害を受ける世代もあるが，かする程度の痛手を負
うだけの世代もあるし，さらにほとんど無傷で逃れる世代もある。しかし，
ひとたびある病原体が広範囲の人の集まりの中に飛び込んでしまうと，そ
の病原体は永久に私たちとともに留まる傾向にある。

　1920 年代にペニシリンのような抗生物質が出現して以来，世界的に衛
生設備や公衆衛生政策が向上し，人類はエイズや結核，そしてマラリアと
いったような伝染病による死者数を減らすことにおいて，進歩を成し遂げ
てきた。

　しかしながら，世界保健機関によって撲滅したと宣言されたのは 2 つの
病気しかなく，それが天然痘ウイルスによって引き起こされる天然痘と，
同じ名前のウイルスや細菌などの微生物から起こるような，これもまた畜
牛の伝染病として知られる牛疫である。確かに，伝染病の撲滅はまさしく
実現困難なことだが，この 2 つの病気についてはいずれも特に印象的な実
績とは言えない。

　より迅速かつより包括的で高度な技術による監視システムや，情報共有，

サプライチェーン，薬剤研究に関するより地球規模の調整，そしてワクチンや治療を分配するより公平な体制が，世界に必要なのは明らかである。過去には，私たちは先を見越して病原体の突発的発生を回避しようとするよりも，むしろそうした事態に対して反応してきたのだ。

　認知心理学者らによる研究が示してきたのは，人間は長期間に及ぶ確率的な危機分析の能力に乏しいということだ。私たちは将来の世代については言うまでもなく，私たち自身の未来の幸福について考えることに長けていないのである。

　将来における抽象的な脅威よりも，いま目の前にある感情的に印象深い出来事の方がずっと，私たちの思考を支配している。パンデミックのようなまれにしか起こらない長期的な危機や，抗生物質への耐性を持った細菌による危険性の高まり，もしくは地球を支配している微生物の上位体系に対する気候変動の影響は，目の前の出来事ほどすぐには，私たちの関心を調べる機能に印象を残さない。

　それから，認知心理学者たちが「利用可能性ヒューリスティクス」，つまり，最近の出来事や便利な情報といったレンズを通して未来を想像するのを私たちが理屈抜きに好むことなのだが，そのように呼ぶようなものがある。もし，あなたの認識が気候変動など目下の危機ではないということなら，2050 年や 2100 年に起こる危機を評価することはより難しい。2020年に自身の生活が大混乱に陥ったときに初めて，私たちのほとんどはパンデミックについて十分に考えることとなったのである。

━━━━━━◀解　説▶━━━━━━

(1)下線部の them は，本文では他動詞 avoid の目的語としてはたらく複数形の代名詞。これは同じく複数形で，かつ動詞 reacted to の目的語である pathogen outbreaks を指していると考えるのが妥当である。このうち pathogen には（注）が与えられており，outbreaks は「急に起こる」という意味の群動詞 break out を名詞化したものである。したがって，単に「発生」とするのではなく，「突発的発生」という訳を与えて「病原体の突発的発生」などとする。なお，医学分野における outbreak は集団感染を想定したものなので，解答に「集団」という語を加えてもよいだろう。
(2)下線部のうちで，If your perception is と it's harder の部分にはすでに和訳が与えられているので，英文のその他の部分について考えればよい。

まず，(ⅰ)の箇所について，条件節では接続詞 that 以下が補語となる名詞節を作っており，その中は climate change が主語，is が述語動詞，an immediate threat が補語である。immediate は「即座の」という意味の形容詞だが，副詞 now と合わせて「目下の」と訳した。ここまでをまとめて，「気候変動など目下の危機ではない」とする。続いて(ⅱ)に当たる英文について，主節は全体が形式主語構文になっている。真主語である to assess は「〜を評価すること」の意味で，2050 や 2100 という数字は年号を表しているので，以上を踏まえて文末までを「2050 年や 2100 年に起こる危機を評価する」などと表現すればよい。

(3)空所直前にある at に注目する。前置詞の後には名詞が続くので，選択肢に並ぶ動詞 handle「〜に対処する」を動名詞の形にした③が正解である。本文は be bad at *doing* で「〜することが下手である」というイディオム。なお，④ to handle にも名詞として用法はあるが，前置詞の目的語の位置に不定詞を置くことはできないのでここでは不適切。

(4)下線部の once は 2 つの節を結んでいることから，「ひとたび〜してしまうと」という条件を表す接続詞としての用法である。選択肢のうちで once が同じはたらきをしているのは④のみであり，これが正解。その他①〜③の once は全て「一度」という意味の副詞としてはたらいている。なお，各選択肢の英文は，それぞれ次の意味である。①「彼らは週に一度映画を見に行く」，②「もし事実が一度知られたら，状況はあまりに厳しくなるだろう」，③「彼女が一度思い込んだら，あなたはその考えを変えさせることなど決してできないだろう」，④「ひとたび自分で十分よく考える機会を与えられたら，私はこのことについてさらに意見を述べるだろう」。

(5) |c| を含む該当文は文頭の Since から worldwide までが副詞のかたまりであり，また |c| の後の from 以下も副詞句としてはたらいているため，直前の humanity を主語とした主節が必要である。まずは単数の主語 humanity に対して三単現の has を置き，made を過去分詞と見なして完了形の述部を作る。この made と名詞 progress を組み合わせれば make progress で「進歩を成し遂げる」というイディオムとなり，その後で前置詞 in を続け，さらに目的語として動名詞 reducing を置く。この reduce は本来「〜を減らす」という他動詞なので，意味上の目的語とし

て deaths を与えれば，全体は has made progress in reducing deaths という正しい英文となる。以上より，２番目に④ made，４番目には③ in が来る。ちなみに，｜c｜の後の from は名詞 deaths につながっており，これは元々 die from 〜「〜で亡くなる」という表現を名詞化したものである。

⑹下線部の more は副詞 much の比較級として，形容詞 global を修飾している。選択肢のうちで同じはたらきをしているものは③「今度はもっと慎重になる必要があるだろう」の more であり，これが正解。①は the＋比較級〜，the＋比較級…「〜すればするほど，ますます…」の構文で，「人の数が多ければ多いほど，その分だけより楽しい」という意味。この表現の前半部は元々 The more people there are という形であり，この more は形容詞 many の比較級として名詞 people を修飾している。また，②「もう少しいただけますか」や④「こうしたことに私たちはあとどのくらい我慢しなければいけないのか」の more は，それぞれ代名詞としての用法である。

⑺下線部の that は他動詞 show の直後に置かれ，また後ろには humans are weak という第２文型の完全な文があることから，名詞節を作る従属接続詞として機能しているとわかる。選択肢のうちで③は動詞 tell が作る第４文型の直接目的語としてはたらいていることから，これが同じ用法としてふさわしい。この文では，間接目的語 us との間に once again という副詞が入ることで文型がやや取りづらくなっている。その他の選択肢について，①と④の that はそれぞれ前置詞の目的語としてはたらく代名詞であり，②は直後に saved me という主語が欠けた不完全な文があることから，the only thing を先行詞とする関係代名詞である。なお，各英文の意味は次の通り。①「私は，あなたがそのことについて聞きたくないのだと確信している」，②「泳げるというのが，私を救ってくれた唯一のことだった」，③「その状況が深刻であるということを，彼らは私たちにもう一度語った」，④「犠牲者たち自身の血液は，床から検出された血液とは違う型のものだった」。

⑻空所前にはすでに We aren't adept という第２文型の完全な文があるので，カンマの後に続く空所以降は全体で副詞のかたまりを作らなければならない。選択肢には動詞が並んでいるが，空所直後の alone と合わせて文

全体が成り立つのは③ let のみであり，これが正解。let alone ～で「～は言うまでもない」の意味となり，much less や still less に置き換え可能。なお，この表現は本文のように，前の否定語を受けて用いられるのが通例である。

(9)第5段では第1文（Studies by cognitive …）に「人間は長期間に及ぶ確率的な危機分析の能力に乏しい」と指摘されており，空所を含む文はこの内容を受けたものである。また，空所を含む文の次の文（Infrequent or long-term …）には「パンデミックのようなまれにしか起こらない長期的な危機や，抗生物質への耐性を持った細菌による危険性の高まり，もしくは地球を支配している微生物の上位体系に対する気候変動の影響」といった主語が並べられ，これらは空所を含む文の abstract threats in the future を受けていると考えられる。それが「目の前の出来事ほどすぐには，私たちの関心を調べる機能に印象を残さない」，つまり私たちは関心がないということであるから，空所に② far more を入れれば「将来における抽象的な脅威よりも，いま目の前にある感情的に印象深い出来事の方がずっと，私たちの思考を支配している」となって文脈に合う。far more than ～で「～よりずっと，はるかに（多く），（程度が）～をはるかに越えて」。

(11)下線部の readily は「すぐに」という意味の副詞であり，as は「同じように」を表す同等比較の前半部分に当たる。これらを正確に解釈した選択肢は④であり，これが正解としてふさわしい。なお，本文では比較対象を表す後半の as 以下が省略されているが，これは前文の far more than に対比が示されており，「いま目の前にある感情的に印象深い出来事」という比較対象がすでに前述されているからである。

II 　**解答**　(1)Life expectancy is essentially the other side〔opposite〕of the mortality rate

(2)男性と女性（3～5字）　(3)(a)—②　(b)—②　(c)—④　(d)—③　(e)—①
(4)(ア)—③　(イ)—①　(ウ)—③　(エ)—②　(オ)—④

～～～～～◆全　訳◆～～～～～～～～～～～～～～～～～～～

≪平均余命の変化について≫

　平均余命を計算する方法は元々，17世紀に初期の生命保険産業によっ

て立案された。平均余命とは，本質的には死亡率の裏返しであり，生存する，もしくは死な「ない」という統計的な見込みに基づいている。その見込みはどの年齢においても表すことができるが，私たちが平均余命について語るときには，たいてい「生まれた時点で」の余命を意味している。乳児死亡率の割合が高い社会において，1歳まで生きられた子どもは新生児よりも長い平均余命があることになるだろうが，というのもそれは，そうした子どもたちが人生初めの危険な1年を生き延びたからである。ほとんどの国においては，生きると予想できる年数は単純に年を取るにつれて減っていく。そのデータは男性と女性とで別々に引用されることが多いが，それは，女性の方が普通はより長く生きることが予想されるという，両性の間の重大な差があるからである。

　世界的には，平均余命は 1950 年以降，平均して 40 歳代半ばから 70 歳代前半まで延び，これは驚くべきであり変革をもたらすような成果であるが，進展にはむらがある。20 世紀半ばに平均余命が最も短かった国々では概して最も速く進歩を成し遂げたが，一方で，最も平均余命が改善された国々では，40 代半ばから 80 代半ばまで延びた。モルディブ，オマーン，そして韓国では 1950 年以降，「40 年以上も」平均余命が延びたのだが，モルディブとオマーンでは平均余命が2倍以上になることを意味していた。乳児死亡率や1人あたりの収入と同様に，近年では大規模な「引き上げ」があったが，多くのかつて遅れていた国々が大いに前進した一方で，最も進歩した国々は鈍化している。

　例として，カナダとコロンビアを比べてみよう。カナダは 1950 年にすでに平均余命が長かったが，さらに良化しつつあり，平均余命は 60 歳代後半から 80 歳代前半まで延びた。しかし，より悪い状態から始まったはるかに貧しい国の一つであるコロンビアでは，同期間にカナダの2倍近くも進歩を成し遂げて，平均余命が 50 歳代前半から 70 歳代半ばまで延びた。この2国の差は 18 年からたった5年にまで狭まったが，その理由は，未だに貧しい国々でさえ，寿命を延ばす方策や設備を優先するからである。発展途上世界は急いで現代性を実現しようとし，一方で，先進世界は達成できることの際で当分の間一時的に休止しているのである。

━━━━━━━━◀解　説▶━━━━━━━━

(1)与えられた日本文のうち，まず「平均余命」は本文中にある life

expectancy をそのまま借用する。また，「死亡率」は第 1 段第 4 文（In societies with …）で示されている rates of infant mortality「乳児死亡率の割合」を参考に the mortality rate としたが，単純に the death rate でもよい。「本質的に」を表す副詞は essentially であり，これは be 動詞の直後に置くのが自然である。「裏返し」という日本語をどのように解釈するのかが難しいが，空所直後の分詞構文に「生存する，もしくは死な『ない』という統計的な見込みに基づいている」と書かれていることから，平均余命が「死ぬという見込み」を表す死亡率とは対比の関係にあることがわかる。したがって，死亡率に対してもう一方というように the other side of あるいは opposite of などと表現できる。以上より，Life expectancy is essentially the other side〔opposite〕of the mortality rate のようにまとめることができる。

⑵ 下線部を含む文（The data is …）の主節には「そのデータは男性と女性とで別々に引用されることが多い」とあり，下線部の直後では「女性の方がより長く生きる」という性差に基づく特徴が述べられている。したがって，the two は men and women を指していると考えるのが妥当であり，これを「男性と女性」などとまとめればよい。

⑶(a) 空所後に than があるため，比較級を補う必要がある。また，空所後の because 以下は「そうした子どもたちが人生初めの危険な 1 年を生き延びたからである」という意味で，この they は主節の主語である a child who has made it to their first birthday「1 歳まで生きられた子ども」を指している。すなわち，最初の 1 年を無事に生き延びたことで，そうでない新生児よりもこの先長く生きられるのだと解釈するのが自然であり，② longer が正解である。

(b) 空所を含む文全体の構造を，正しく捉えることが重要である。該当文は In most countries が副詞句で，the number of years が主語，その直後には you can expect という節があることから，この間に関係詞が省略されていると考えることができ，you can expect to live for までが関係詞節である。関係詞節は for の目的語が欠けた不完全な形なので，先行詞 the number に対して関係代名詞 which を補うことになる。続く simply, 空所後の as you get older はともに副詞なので，以上より，空所には三単現の主語 the number に対する述語動詞となる形が必要で，② reduces が

ふさわしい。

(c)空所直後の average と合わせて④ on を入れ，on average「平均すると」というイディオムを作るのが正しい。名詞 average は平均という特定の値を表すので，その値にちょうど接していることから，接触を表す前置詞 on と相性がよい。

(d)空所後にある比較級 worse は「平均余命がより短い状態」を表しており，その後の述部で「同期間にカナダの2倍近くも進歩を成し遂げた」と述べられている。その結果，同段第4文（The gap between …）ではこの2国の差が縮まった理由として「未だに貧しい国々でさえ，寿命を延ばす方策や設備を優先するからである」と書かれ，同段最終文（The developing world …）に「発展途上世界」と「先進世界」との対比があるように，コロンビアは「貧しい国」の例として取り上げられている。したがって，③ poorer を入れるのが適切であり，空所前の much は比較級を強調している。

(e)同段落で述べられている平均余命の変化に注目し，前置詞の from と to で示された数字を比較する。空所を含めた前半部は「この2国の差は 18 年からたった（　e　）にまで狭まった」という意味であり，改善前の平均余命はそれぞれカナダが 60 歳代後半，コロンビアが 50 歳代前半なので，その差が 18 年ということなのである。これは，60 歳代後半を 69 歳，50 歳代前半を 51 歳と考えて計算したものと思われる。改善後の数字はカナダが 80 歳代前半とコロンビアが 70 歳代半ばなので，それぞれ同様に 81 歳と 75 歳に読み替えれば，差が約5年と考えて① five を選ぶのが妥当である。なお，本文では five の後に years が省略されている。

(4)(ア)下線部の significant は「重大な」の意味であり，最も意味が近いのは③「重要な」である。その他の選択肢は，①「ぎこちない」，②「世代」，④「微妙な」の意味であり，②のみ品詞も異なる。

(イ)下線部の achievement は「成果」という意味で，選択肢のうちで①「達成」が最も近い。その他の②「接触」，③「差別」，④「情報」はいずれも，同意語として適当ではない。

(ウ)下線部の extended は extend「延びる」の過去分詞であり，本文では自動詞として用いられている。最も意味が近い語は③「長くなる」であり，その他の選択肢は，①「変わる」，②「落ちる」，④「追求する」という意

味である。

㈔下線部の resources は後ろに that extend life「寿命を延ばす」という修飾節があることから，本文では「方策」の意味で用いられており，これと一番近い意味は②「手段」である。①「発表」，③「根源」，④「力」はいずれも同意語としてふさわしくない。

㈥下線部の paused は動詞 pause「一時休止する」の過去分詞であり，最も意味が近いのは④「止まる」である。その他の選択肢は，①「感じる」，②「苦しむ」，③「疑う」の意味である。

Ⅲ 解答 (1) reminded　(2) heard　(3) did　(4) making　(5) discover　(6) have

◆全　訳◆

≪科学における創造性≫

「最も重要なのは，懸命に働くことである」

　純粋な創造的神話や束縛のない自由な想像上の神話の例にふと出くわすたびに，私は天体物理学者チャンドラセカールの言葉を思い出させられる。私が耳にしてきたのは，新しい神話を形づくるためには，規則を破り，過去の重荷から自身を解放するだけで十分だということである。私は，科学における創造性というものは，このようには機能しないと考えている。アインシュタインは，光よりも速いものはないと考えながらある朝にただ目が覚めたというだけではない。コペルニクスもまた，地球が太陽の周りを回っているという見解を単に思い付いたわけではない。新しい見解というのは，空からただ落ちてくるだけのものではないのだ。

　この2人の見解はいずれも，当時の学識に深く浸りきることから生み出されている。そうした学識を熱心に自分自身のものにすることから，その学識に浸りきって生活するという境地に至るまで。未解決の問題について絶え間なく考え続けることから，とある解決策へとつながるあらゆる道を試し，そして再度ある解決策につながるあらゆる道を試し，さらにもう一度あらゆる道を試していく。私たちが予想もしなかったような地点に至るまでずっと，私たちは不備や，不一致や，抜け道を発見する。それはかつては誰も気付かなかったものだが，私たちの知識と矛盾するものではない。

　このような方法で，科学におけるたいていの創造的な精神というものは

機能してきたし，そして今日においても何千もの研究者たちが研究しているが，それは私たちの学識を高めるためなのである。

■■■■■■■■◀解　説▶■■■■■■■■

⑴空所には直前の be 動詞とともに受動態を作る他動詞が入り，直後に続く of と合わせて用いるため，選択肢から remind を選んで過去分詞 reminded とするのが妥当。元々は remind *A* of *B* で「*A* に *B* を思い出させる」というイディオムであり，本文の主節は「私は天体物理学者チャンドラセカールの言葉を思い出させられる」という意味になる。

⑵空所直後に注目すると，it という目的語に続いて said という語が置かれ，これは過去分詞として補語のはたらきをしていると考えられる。過去分詞を伴って第 5 文型を作るために知覚動詞の hear を選べば，「それが言われているのを耳にする」となって意味が通る。直前に完了形を作る助動詞 have があるため，heard という過去分詞形にする必要がある。なお，選択肢のうちで make も使役動詞として補語の位置に過去分詞を伴うことができるが，本文では文意が通らないほか，make は make *oneself* understood「自分自身を理解してもらう」のような特定の表現で用いられるため，ここでは適切ではない。

⑶空所を含む文では文頭に Nor が置かれており，このように否定語が文頭に置かれると，直後には疑問文の語順が続くことになる。したがって，選択肢の do を助動詞として用いるが，前文（Einstein did not …）に続く過去の文脈であるため，時制を合わせて did とするのが正しい。

⑷空所直後の that は knowledge を修飾し，この that knowledge は空所の動詞に対する目的語，続く intensely your own が補語のはたらきをしており，ここでいう your own とは your own knowledge のことである。したがって，空所には第 5 文型を作る動詞が入ることになり，前置詞 From の後なので選択肢 make を動名詞 making に変えた形が正解となる。

⑸該当文の Until there, where we least expected it までは「私たちが予想もしなかったような地点に至るまでずっと」の意味であり，空所を含む文の前では，科学的知見が深まっていく過程が示されている。また，直後の文では「かつては誰も気付かなかったもの」という名詞が置かれており，これは該当文の内容を受けた記述である。以上の文意に合わせて discover を入れれば，「私たちは不備や，不一致や，抜け道を発見する」という前

後のつながりを保った自然な文ができる。現在の文脈であり，特に形を変える必要はない。

(6)直後に worked があるので，空所に助動詞としての have を入れれば完了形を作ることができる。この have worked は that 節内の述語動詞に当たり，対応する主語は直前の science ではなく most creative minds という複数名詞なので，形は have のままでよい。

数学

I **解答** (1)(a)-3, 1　(b)-5, 3　(2)(c)5040　(d)144

(3)(e)$-3n+52$　(f)18　(4)(g)$\dfrac{4}{9}$　(h)$\dfrac{16}{91}$

◀解　説▶

≪2次関数，順列，等差数列，平面図形≫

(1) $x^2+2kx-2k+3=0$ とすると

$$x=-k\pm\sqrt{k^2+2k-3}$$

よって，放物線 C が x 軸と接するとき

$$k^2+2k-3=0　　(k+3)(k-1)=0$$

∴ $k=-3$, 1　→(a)

また，放物線 C が x 軸から長さ $4\sqrt{3}$ の線分を切りとるとき

$$(-k+\sqrt{k^2+2k-3}\,)-(-k-\sqrt{k^2+2k-3}\,)=4\sqrt{3}$$

$$\sqrt{k^2+2k-3}=2\sqrt{3}　　k^2+2k-15=0$$

$$(k+5)(k-3)=0　　∴　k=-5,\ 3　→(b)$$

(2) A，K，U が2個ずつ，Y，G が1個ずつあるから，すべての並べ方は

$$\frac{8!}{2!\cdot2!\cdot2!}=7!=5040\ 通り　→(c)$$

母音と子音が交互に並ぶような並べ方は

・母音から始まるか子音から始まるか2通り

・母音 A，U の並べ方が　$\dfrac{4!}{2!\cdot2!}=6$ 通り

・子音 Y，K，G の並べ方が　$\dfrac{4!}{2!}=12$ 通り

であることから

$$2\times6\times12=144\ 通り　→(d)$$

(3) 初項を a，公差を d とすると，第 n 項 a_n は

$$a_n = a + (n-1)d$$

$a_4 = 40$ より　　　$a + 3d = 40$　……①

$a_{10} = 22$ より　　　$a + 9d = 22$　……②

①−②より

$$-6d = 18 \quad \therefore \quad d = -3$$

これを①に代入して

$$a - 9 = 40 \quad \therefore \quad a = 49$$

よって

$$a_n = 49 + (n-1)\cdot(-3) = -3n + 52 \quad \rightarrow (e)$$

また, $a_n = -3n + 52 < 0$ とすると

$$n > \frac{52}{3} = 17 + \frac{1}{3}$$

よって, この数列がはじめて負となるのは　　第18項　→(f)

(4)　メネラウスの定理より

$$\frac{AD}{DB} \cdot \frac{BE}{EC} \cdot \frac{CF}{FA} = 1$$

$$\frac{4}{3} \cdot \frac{1}{3} \cdot \frac{CF}{FA} = 1$$

よって　　　$\dfrac{FA}{CF} = \dfrac{4}{9}$　→(g)

右図より, 面積について

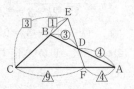

$$\triangle ADF = \triangle ABF \times \frac{4}{7}$$

$$\triangle ABF = \triangle ABC \times \frac{4}{13}$$

よって

$$\triangle ADF = \triangle ABC \times \frac{4}{13} \times \frac{4}{7} = \triangle ABC \times \frac{16}{91}$$

$$\therefore \quad \frac{\triangle ADF}{\triangle ABC} = \frac{16}{91} \quad \rightarrow (h)$$

 　解答　(a) 2 以上の自然数で, 正の約数が 1 とその数自身のみである数　(b) 2, 3, 5, 7, 11

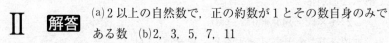

(1)(c) 500　(d) 333　(2)(e) $A_2 \cap A_3$　(f) 166　(3)(g) $A_2 \cup A_3$　(h) 667

(4)(i)734　(j)266

◀━━━━■ 解　説 ▶━━━━━■

≪集合の要素の個数≫

(a), (b)は〔解答〕の通りである。

(1)　　$A_2=\{2\times1,\ 2\times2,\ 2\times3,\ \cdots,\ 2\times500\}$

　∴　$n(A_2)=500$　→(c)

　　　$A_3=\{3\times1,\ 3\times2,\ 3\times3,\ \cdots,\ 3\times333\}$

　∴　$n(A_3)=333$　→(d)

(2)　6 の倍数は，2 の倍数でありかつ 3 の倍数であるから

　　　$A=A_2\cap A_3$　→(e)

　　　$A=\{6\times1,\ 6\times2,\ 6\times3,\ \cdots,\ 6\times166\}$

　∴　$n(A)=166$　→(f)

(3)　3 以下の素数は 2 と 3 であるから

　　　$B=A_2\cup A_3$　→(g)

その要素の個数については

　　　$n(B)=n(A_2\cup A_3)=n(A_2)+n(A_3)-n(A_2\cap A_3)$

　　　　　$=500+333-166$

　　　　　$=667$　→(h)

(4)　$A_5=\{5\times1,\ 5\times2,\ 5\times3,\ \cdots,\ 5\times200\}$

　∴　$n(A_5)=200$

　　　$A_2\cap A_5=\{10\times1,\ 10\times2,\ 10\times3,\ \cdots,\ 10\times100\}$

　∴　$n(A_2\cap A_5)=100$

　　　$A_3\cap A_5=\{15\times1,\ 15\times2,\ 15\times3,\ \cdots,\ 15\times66\}$

　∴　$n(A_3\cap A_5)=66$

　　　$A_2\cap A_3\cap A_5=\{30\times1,\ 30\times2,\ 30\times3,\ \cdots,\ 30\times33\}$

　∴　$n(A_2\cap A_3\cap A_5)=33$

より

　　　$n(C)=n(A_2\cup A_3\cup A_5)$

　　　　　$=n(A_2)+n(A_3)+n(A_5)-n(A_2\cap A_3)-n(A_2\cap A_5)$

　　　　　　　　　　　　　　$-n(A_3\cap A_5)+n(A_2\cap A_3\cap A_5)$

　　　　　$=500+333+200-166-100-66+33$

　　　　　$=734$　→(i)

また
$$n(D) = n(\overline{A_2} \cap \overline{A_3} \cap \overline{A_5}) = n(\overline{A_2 \cup A_3 \cup A_5})$$
$$= n(U) - n(A_2 \cup A_3 \cup A_5) = 1000 - 734 = 266 \quad \rightarrow(j)$$

Ⅲ 解答 (a)$\dfrac{176}{25}$　(b)2　(c)0　(d)$t^2 - 5t + 6$

(1)(e)$\dfrac{5}{2}$　(f)$\pm\log_3 2$　(g)$-\dfrac{1}{4}$　(2)(h)2, 3　(i)0, $\log_3\dfrac{3\pm\sqrt{5}}{2}$

◀解　説▶

≪指数関数の最大・最小，指数方程式≫

$x = \log_3 5$ のとき，$3^x = 5$ であるから
$$y = 9^x + 9^{-x} - 5 \cdot 3^x - 5 \cdot 3^{-x} + 8$$
$$= (3^x)^2 + \frac{1}{(3^x)^2} - 5 \cdot 3^x - 5 \cdot \frac{1}{3^x} + 8$$
$$= 25 + \frac{1}{25} - 5 \cdot 5 - 5 \cdot \frac{1}{5} + 8$$
$$= 25 + \frac{1}{25} - 25 - 1 + 8 = \frac{176}{25} \quad \rightarrow(a)$$

$3^x > 0$, $3^{-x} > 0$ より，相加平均・相乗平均の関係から
$$t = 3^x + 3^{-x} \geqq 2\sqrt{3^x \cdot 3^{-x}} = 2 \quad \rightarrow(b)$$
等号成立の条件は
$$3^x = 3^{-x} \quad \therefore \quad x = 0 \quad \rightarrow(c)$$
また
$$y = 9^x + 9^{-x} - 5 \cdot 3^x - 5 \cdot 3^{-x} + 8$$
$$= (3^x + 3^{-x})^2 - 2 - 5(3^x + 3^{-x}) + 8$$
$$= t^2 - 5t + 6 \quad \rightarrow(d)$$

(1)　$y = t^2 - 5t + 6 = \left(t - \dfrac{5}{2}\right)^2 - \dfrac{1}{4}$

より　　$t = \dfrac{5}{2} \quad \rightarrow(e)$

で最小値をとる。

また，$t = 3^x + 3^{-x} = \dfrac{5}{2}$ のとき

$$2(3^x)^2 - 5 \cdot 3^x + 2 = 0 \qquad (3^x - 2)(2 \cdot 3^x - 1) = 0$$

$$\therefore \quad 3^x = 2, \ \frac{1}{2}$$

よって　$x = \log_3 2, \ \log_3 \frac{1}{2} = \pm \log_3 2$

したがって，$y = 9^x + 9^{-x} - 5 \cdot 3^x - 5 \cdot 3^{-x} + 8$ は

$x = \pm \log_3 2$ のとき，最小値 $-\dfrac{1}{4}$ をとる。 →(f), (g)

(2)　$t^2 - 5t + 6 = 0$ とすると

$$(t-2)(t-3) = 0 \qquad \therefore \quad t = 2, \ 3 \quad →(h)$$

$t = 3^x + 3^{-x} = 2$ のとき

$$(3^x)^2 - 2 \cdot 3^x + 1 = 0 \qquad (3^x - 1)^2 = 0 \qquad \therefore \quad x = 0$$

$t = 3^x + 3^{-x} = 3$ のとき

$$(3^x)^2 - 3 \cdot 3^x + 1 = 0 \qquad 3^x = \frac{3 \pm \sqrt{5}}{2} \quad (>0)$$

$$\therefore \quad x = \log_3 \frac{3 \pm \sqrt{5}}{2}$$

よって，$9^x + 9^{-x} - 5 \cdot 3^x - 5 \cdot 3^{-x} + 8 = 0$ の解は

$$x = 0, \ \log_3 \frac{3 \pm \sqrt{5}}{2} \quad →(i)$$

IV　**解答**　(a) 3　(b) $\dfrac{1}{3}x^3 - x^2 - 3x + 9$　(c) -1　(d) $\dfrac{32}{3}$

(e) $-3x + 9$　(f) $(3, \ 0)$　(g) $\dfrac{1}{3}x + 9$　(h) $\left(-2, \ \dfrac{25}{3}\right), \ \left(5, \ \dfrac{32}{3}\right)$　(i) 29

━━━━━━◀解　説▶━━━━━━

≪3次関数の極値，接線および面積≫

$$f'(x) = x^2 - 2x - 3 = (x+1)(x-3)$$

より，$f(x)$ が極小値をとるのは

$x = 3 \quad →(a)$

また，$f'(x) = x^2 - 2x - 3$ より

$$f(x) = \int (x^2 - 2x - 3)dx$$

$$= \frac{1}{3}x^3 - x^2 - 3x + C \quad (C は積分定数)$$

x	$\cdots$	-1	$\cdots$	3	$\cdots$
$f'(x)$	$+$	0	$-$	0	$+$
$f(x)$	$\nearrow$		$\searrow$		$\nearrow$

で，極小値 $f(3)$ が 0 であることから

$$9-9-9+C=0 \quad \therefore \quad C=9$$

よって

$$f(x)=\frac{1}{3}x^3-x^2-3x+9 \quad \rightarrow(b)$$

したがって，$f(x)$ は

$$x=-1 \quad \rightarrow(c)$$

において極大値

$$f(-1)=-\frac{1}{3}-1+3+9=\frac{32}{3} \quad \rightarrow(d)$$

をとる。

次に，$f'(0)=-3$ であるから，点 P $(0,9)$ における C の接線 l の方程式は

$$y=-3x+9 \quad \rightarrow(e)$$

$\frac{1}{3}x^3-x^2-3x+9=-3x+9$ とすると

$$\frac{1}{3}x^3-x^2=0 \quad \therefore \quad x^2(x-3)=0$$

よって，C と l の交点で P でないものの座標は　$(3, 0)$　$\rightarrow(f)$

さらに，P を通り l と直交する直線 m の方程式は

$$y=\frac{1}{3}x+9 \quad \rightarrow(g)$$

$\frac{1}{3}x^3-x^2-3x+9=\frac{1}{3}x+9$ とすると

$$\frac{1}{3}x^3-x^2-\frac{10}{3}x=0 \quad x(x^2-3x-10)=0$$

$$\therefore \quad x(x+2)(x-5)=0$$

よって，C と m の交点で P でないものの座標は

$$\left(-2, \frac{25}{3}\right), \left(5, \frac{32}{3}\right) \quad \rightarrow(h)$$

3 つの不等式

$$y\geqq-3x+9,\ y\leqq\frac{1}{3}x+9,\ y\geqq f(x)$$

の表す領域の面積を S とすると

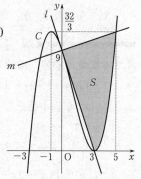

$$S = \int_0^5 \left\{ \left(\frac{1}{3}x + 9 \right) - \left(\frac{1}{3}x^3 - x^2 - 3x + 9 \right) \right\} dx$$

$$- \int_0^3 \left\{ (-3x + 9) - \left(\frac{1}{3}x^3 - x^2 - 3x + 9 \right) \right\} dx$$

$$= \int_0^5 \left(-\frac{1}{3}x^3 + x^2 + \frac{10}{3}x \right) dx - \int_0^3 \left(-\frac{1}{3}x^3 + x^2 \right) dx$$

$$= \left[-\frac{1}{12}x^4 + \frac{1}{3}x^3 + \frac{5}{3}x^2 \right]_0^5 - \left[-\frac{1}{12}x^4 + \frac{1}{3}x^3 \right]_0^3$$

$$= \left(-\frac{625}{12} + \frac{125}{3} + \frac{125}{3} \right) - \left(-\frac{81}{12} + 9 \right)$$

$$= \frac{125}{4} - \frac{9}{4} = \frac{116}{4} = 29 \quad \rightarrow (\text{i})$$

化学

I 解答

問1．NaCl
問2．ア．Na_2O　イ．SO_2　ウ．CO_2　エ．H_2O
問3．i −②　ii −①

◀解　説▶

≪結晶の性質，酸化物の性質≫

問1〜問3．ナトリウムと鉄は金属結晶，塩化ナトリウムはイオン結晶，ベンゼンと硫黄と臭素は分子結晶に分類される。電気伝導性より A は金属結晶，B と C は分子結晶，D はイオン結晶である。融点と沸点を考えると，それぞれ A：ナトリウム，B：硫黄，C：ベンゼン，D：塩化ナトリウムである。ナトリウムは燃焼により酸化ナトリウムとなり，これを水に溶かすと次の反応により，塩基性の水酸化ナトリウム水溶液となる。

$$Na_2O + H_2O \longrightarrow 2NaOH$$

硫黄は完全燃焼すると二酸化硫黄となり，これを水に溶かすと次の反応により，酸性の亜硫酸水溶液となる。

$$SO_2 + H_2O \longrightarrow H_2SO_3$$

II 解答

問1．ア．170　イ．20
問2．(a)−③　(b)−①
問3．

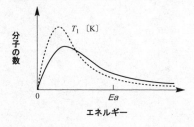

◀解　説▶

≪反応速度と活性化エネルギー≫

問1．ア．反応物を活性化状態にするのに必要な最小のエネルギーが活性化エネルギーなので

　　　　　60＋110＝170〔kJ〕

イ．式(1)の反応熱 ＝ 生成物の結合エネルギーの和－反応物の結合エネル
ギーの和より

　　　　　280×2−(400＋120)＝40〔kJ〕

また，反応熱は反応物と生成物のもっているエネルギーの差で決まるので

　　　　　60−40＝20〔kJ〕

問3．温度の上昇で，活性化エネルギーを超える運動エネルギーをもつ分
子の数の割合が急激に増え，分子が衝突した際に反応物が活性化状態にな
りやすくなる。

Ⅲ 　解答　
問1．(−)Fe|NaClaq|O_2(＋)
問2．Fe ⟶ Fe^{2+}＋$2e^-$

問3．O_2＋$2H_2O$＋$4e^-$ ⟶ $4OH^-$

問4．$Fe(OH)_3$

問5．周辺部では OH^- が多く生成し，中央部では Fe^{2+} の溶解が優勢に
起こるから。

━━━━━━━━ ◀解　説▶ ━━━━━━━━

≪鉄の腐食と局部電池≫

問2．Fe^{2+} が生じると $K_3[Fe(CN)_6]$ 水溶液は濃青色に変化する。よっ
て，液滴の中央部で起こる変化は次の通り。

　　　　　Fe ⟶ Fe^{2+}＋$2e^-$

問3．OH^- が生じるとフェノールフタレイン水溶液は赤色に変化する。
よって，液滴の周辺部で起こる変化は次の通り。

　　　　　O_2＋$2H_2O$＋$4e^-$ ⟶ $4OH^-$

問4．中央と周辺の境界部では，次の変化により，水酸化鉄(Ⅱ)の緑白色
沈殿が生じる。

　　　　　Fe^{2+}＋$2OH^-$ ⟶ $Fe(OH)_2$

水酸化鉄(Ⅱ)は液滴に溶けた酸素によってさらに酸化され，水酸化鉄(Ⅲ)
の赤褐色沈殿が生じる。

Ⅳ 　解答　
問1．1．NH_3　2．オストワルト　3．NO
4．NO_2　5．尿素

問 2．$4NH_3 + 5O_2 \longrightarrow 4NO + 6H_2O$

問 3．濃硝酸に触れると表面にち密な酸化被膜を生じ，不動態となるため。

問 4．硫酸アンモニウムに強い塩基性を示す消石灰を加えると，次の反応により弱塩基であるアンモニアが遊離するため。

$$(NH_4)_2SO_4 + Ca(OH)_2 \longrightarrow CaSO_4 + 2NH_3 + 2H_2O$$

■■■■■■■ ◀解　説▶ ■■■■■■■

≪窒素の性質，オストワルト法≫

問 1．5．アンモニアに高温高圧下で二酸化炭素を反応させると，次の反応により尿素が生じる。

$$2NH_3 + CO_2 \longrightarrow CO(NH_2)_2 + H_2O$$

V　解答　問 1．(ア)—③　(イ)—①
問 2．50 mL

問 3．酸を加えたとき：$CH_3COO^- + H^+ \longrightarrow CH_3COOH$

塩基を加えたとき：$CH_3COOH + OH^- \longrightarrow CH_3COO^- + H_2O$

溶液 (C) に塩基を少量加えると，酢酸分子により OH^- は消費される。また，酸を少量加えると CH_3COO^- が H^+ を受けとる。よって，水素イオン濃度はほとんど変化しない。

■■■■■■■ ◀解　説▶ ■■■■■■■

≪中和滴定と緩衝作用≫

問 2．メスフラスコは一定濃度の標準溶液をつくったり，溶液を一定の割合で希釈するときに用いる器具。標線まで入れた溶液の体積が，器具に表示された体積になる。

VI　解答　問 1．1)

$$CH_3-CH_2 \quad H$$
$$\overset{}{C}=\overset{}{C}$$
$$H \quad H$$

$$CH_3 \quad CH_3$$
$$\overset{}{C}=\overset{}{C}$$
$$H \quad H$$

$$CH_3 \quad H$$
$$\overset{}{C}=\overset{}{C}$$
$$H \quad CH_3$$

$$CH_3 \quad H$$
$$\overset{}{C}=\overset{}{C}$$
$$CH_3 \quad H$$

2）1 個　3）1 個　4）2 個

問 2．3 個

問 3．

（構造式：シクロヘキセン環の図）

■◀解　説▶■

≪アルケンの性質と酸化開裂≫

問 1．分子式 C_4H_8 で表されるアルケン 4 種類を OsO_4 と反応させると，次の変化により，二価のアルコール 3 種類が得られる（不斉炭素原子を＊で示す）。

$$CH_3-CH_2\ \ \ H$$
$$\underset{H}{\overset{}{}}C=C\underset{H}{\overset{}{}}\ \xrightarrow[H_2O]{OsO_4}\ CH_3-CH_2-\overset{*}{C}H-CH_2-OH \\ \qquad\qquad\qquad\qquad\qquad\qquad | \\ \qquad\qquad\qquad\qquad\qquad OH$$

$$\underset{H}{\overset{CH_3}{}}C=C\underset{H}{\overset{CH_3}{}}\quad \underset{H}{\overset{CH_3}{}}C=C\underset{CH_3}{\overset{H}{}}\ \xrightarrow[H_2O]{OsO_4}\ CH_3-\overset{*}{C}H-\overset{*}{C}H-CH_3 \\ \qquad\qquad\qquad\qquad\qquad\qquad\qquad\qquad\quad | \quad\ | \\ \qquad\qquad\qquad\qquad\qquad\qquad\qquad\quad OH\ OH$$

$$\underset{CH_3}{\overset{CH_3}{}}C=C\underset{H}{\overset{H}{}}\ \xrightarrow[H_2O]{OsO_4}\ CH_3-\overset{CH_3}{\underset{|}{\underset{OH}{C}}}-CH_2-OH$$

アルケンの酸化的開裂ののち，硫酸酸性の二クロム酸カリウム水溶液でさらに酸化すると，それぞれ次の変化を示す。

$$CH_3-CH_2-\underset{|}{\underset{OH}{CH}}-CH_2-OH$$

$$\xrightarrow{KIO_4}\ \xrightarrow{K_2Cr_2O_7}\ CH_3-CH_2-\underset{\|}{\underset{O}{C}}-OH\ +\ H-\underset{\|}{\underset{O}{C}}-OH$$

$$CH_3-\underset{|}{\underset{OH}{CH}}-\underset{|}{\underset{OH}{CH}}-CH_3\ \xrightarrow{KIO_4}\ \xrightarrow{K_2Cr_2O_7}\ 2\,CH_3-\underset{\|}{\underset{O}{C}}-OH$$

$$CH_3-\underset{\underset{OH}{|}}{\overset{\overset{CH_3}{|}}{C}}-CH_2-OH$$

$$\xrightarrow{KIO_4}\xrightarrow{K_2Cr_2O_7} CH_3-\underset{O}{\overset{\|}{C}}-CH_3 + H-\underset{O}{\overset{\|}{C}}-OH$$

これらのうち，還元性を示すカルボン酸はギ酸のみ。よって，一連の反応でギ酸が得られるアルケンは2種類である。

問2．アルケンの酸化的開裂を行うと，炭素-炭素結合の開裂により，2分子のカルボニル化合物が生成する。よって，生成するカルボニル化合物が1種類となるのは，炭素-炭素結合の両側が対称な構造をもち，同一のカルボニル化合物となるアルケンのみである。条件を満たすアルケンは次の3種類。

$$\underset{\underset{H}{|}}{\overset{\overset{CH_3-CH_2}{|}}{C}}=\underset{\underset{H}{|}}{\overset{\overset{CH_2-CH_3}{|}}{C}} \qquad \underset{\underset{H}{|}}{\overset{\overset{CH_3-CH_2}{|}}{C}}=\underset{\underset{CH_2-CH_3}{|}}{\overset{\overset{H}{|}}{C}}$$

$$\underset{\underset{CH_3}{|}}{\overset{\overset{CH_3}{|}}{C}}=\underset{\underset{CH_3}{|}}{\overset{\overset{CH_3}{|}}{C}}$$

問3．アジピン酸は次の構造をもつ二価のカルボン酸である。

$$HO-\underset{O}{\overset{\|}{C}}-CH_2-CH_2-CH_2-CH_2-\underset{O}{\overset{\|}{C}}-OH$$

アルケンの酸化的開裂後，二クロム酸カリウムで酸化してアジピン酸が得られることから，化合物 A はシクロヘキセンである。これは A の分子量82，B の分子量114の条件を満たす。

$$\xrightarrow[\text{H}_2\text{O}]{\text{OsO}_4}\xrightarrow{\text{KIO}_4}\quad \text{H}-\underset{\text{O}}{\overset{\parallel}{\text{C}}}-\text{CH}_2-\text{CH}_2-\text{CH}_2-\text{CH}_2-\underset{\text{O}}{\overset{\parallel}{\text{C}}}-\text{H}$$

$$\xrightarrow{\text{K}_2\text{Cr}_2\text{O}_7}\quad \text{HO}-\underset{\text{O}}{\overset{\parallel}{\text{C}}}-\text{CH}_2-\text{CH}_2-\text{CH}_2-\text{CH}_2-\underset{\text{O}}{\overset{\parallel}{\text{C}}}-\text{OH}$$

Ⅶ 解答

問1．天然高分子化合物：③，④，⑥，⑦
　　　合成高分子化合物：①，②，⑤

問2．192

問3．18 g

問4．

OH
⟨benzene ring⟩ CH₂－OH

◀解　説▶

≪高分子化合物の性質≫

問2・問3．エチレングリコールとテレフタル酸を縮合重合させると，ポリエチレンテレフタラートが得られる。

$$n\,\text{HO}-\text{CH}_2-\text{CH}_2-\text{OH}+n\,\text{HO}-\underset{\text{O}}{\overset{\parallel}{\text{C}}}-\text{⟨benzene⟩}-\underset{\text{O}}{\overset{\parallel}{\text{C}}}-\text{OH}$$

$$\longrightarrow \left[\!\!\text{O}-\text{CH}_2-\text{CH}_2-\text{O}-\underset{\text{O}}{\overset{\parallel}{\text{C}}}-\text{⟨benzene⟩}-\underset{\text{O}}{\overset{\parallel}{\text{C}}}\!\!\right]_n + 2n\,\text{H}_2\text{O}$$

ポリエチレンテレフタラートの平均重合度を n とすると，平均分子量 9.6×10^4 より

$$192\times n=9.6\times10^4 \qquad n=5.0\times10^2$$

よって，生成時に生じる水の質量は

$$1.0\times10^{-3}\times2\times5.0\times10^2\times18=18\,[\text{g}]$$

問4．代表的な熱硬化性樹脂であるフェノール樹脂は，フェノールとホルムアルデヒドの付加反応と，続いて起こる縮合反応が繰り返される付加縮合によってつくられる。1分子のフェノールが1分子のホルムアルデヒドに付加すると，次の反応が起こる。

$$\underset{\text{OH}}{\bigcirc} + \text{H}-\underset{\overset{\|}{\text{O}}}{\text{C}}-\text{H} \longrightarrow \underset{\text{OH}}{\bigcirc}\text{CH}_2-\text{OH}$$

生物

生物

I **解答** 問 1．ア．体細胞分裂　イ・ウ・エ・オ．前期・中期・後期・終期（順不同）　カ．第一分裂　キ．対合

ク．第二分裂　ケ．4

問 2．③・④

問 3．分裂期中期に赤道面に並んだ複製された染色体の動原体には，中心体から伸びた紡錘糸が結合しており，紡錘糸が脱重合することで複製された染色体が縦裂面で分割され，両極へ移動することで 2 つの娘細胞に染色体が分配される。

問 4．①—×　片方向→両方向

②—×　リーディング鎖→プライマー

③—×　DNA リガーゼ→DNA ポリメラーゼ

④—○

問 5．(1)コ．1　サ．性染色体　シ．常染色体　(2)16 通り

問 6．含まれる塩基：チミン

理由：チミンは DNA には含まれているが，RNA には含まれていない塩基だから。

別解 チミン以外の塩基は DNA だけでなく RNA にも含まれるため。

問 7．M 期：D　G_1 期：B　S 期：C　G_2 期：D

問 8．G_1 期

理由：G_1 期の細胞数が最も多く観察されているから。

問 9．M 期

問 10．ス．微小管　セ．細胞骨格　ソ．アクチン　タ．ミオシン

━━━━━━━◀解　説▶━━━━━━━

≪細胞分裂，遺伝子の複製，細胞骨格≫

問 2．①の DNA の合成，②のタンパク質の合成は，体細胞分裂にも減数分裂にもあてはまる。③の二価染色体の形成，④の染色体の乗換えは，減数分裂の第一分裂の前期だけにあてはまる特徴である。

問 3．染色体の分配は分裂期に行われる。分裂期の中期に赤道面に並んだ

複製された染色体それぞれの動原体に中心体から伸びた紡錘糸が付着し，紡錘糸が脱重合によって短縮することで，各染色体が両極に移動して娘細胞の核に均等に分配される。

問4．①誤文。DNA の複製では，複製開始点から両方向に複製される。②誤文。DNA の複製過程では，最初にプライマーという短い RNA が合成される。これがないと DNA の複製は開始できない。③誤文。新しい DNA 鎖を合成する酵素は DNA ポリメラーゼである。

問5．(2)　染色体数が 8 本（$2n=8$）の場合，配偶子の染色体構成は

$2 \times 2 \times 2 \times 2 = 2^4 = 16$ 通り

問6．チミンは DNA にあって RNA にはない塩基である。したがって，標識ヌクレオシドの塩基がチミンであれば，DNA 合成にのみ使われると考えられる。

問7．S 期に DNA を合成するため，S 期の細胞の DNA 量は 1 ～ 2（図1の C）である。S 期より前の段階である G_1 期の DNA 量は 1（図1の B），S 期より後の段階である G_2 期及び M 期の DNA 量は 2（図1の D）である。

問8．細胞周期において，観察された各時期の細胞数（全細胞数に対する割合）は各時期の長さに比例する。したがって，細胞数の最も多い DNA 量が 1 の時期，すなわち G_1 期が最も長い。

問9．チューブリンが重合を阻害されると紡錘糸が形成されず，染色体が分配されなくなる。そのため，細胞周期は M 期から先に進めず（中期で停止），細胞集団は M 期に同調する。

II **解答** 問1．1

問2．カ．アクアポリン　キ．糸球体

ク．細尿管（腎細管）　ケ．集合管

問3．コ・サ．ADP・リン酸（順不同）　シ．高エネルギーリン酸

問4．ス．グリセリン（モノグリセリド）　セ．ピルビン酸

ソ．アンモニア

【反応1】β－酸化　【反応2】解糖系

問5．フィードバック調節

問6．タ．m4　チ．m1　ツ．m3　テ．m2

問 7．酵素の前処理として 95℃で 10 分加熱したことで，酵素が失活した。

問 8．ⅲ—②　ⅳ—③　ⅴ—④

問 9．化合物：α

理由：真菌の酵素 X と同じ活性部位をもつ X2 および X3 はいずれも，化合物 α と共存しているときに最も代謝物 C の生成量が多い。その結果，相対的に代謝物 B が減少し，エルゴステロールの生成量が少なくなるため。

━━━━━━━ ◀解　説▶ ━━━━━━━

≪細胞膜の構造，酵素反応≫

問 6．一般に，複数の化学反応からなる一連の代謝経路において，ある反応に関わる特定の酵素を阻害すると，その反応より上流の物質が全て蓄積する。つまり，蓄積する中間体の種類が少ないほど上流の反応に関わる酵素と考えられる。したがって，蓄積する物質の種類数から，酵素 a ～ c は「酵素 a，酵素 c，酵素 b」の順に反応しており，中間体は m4，m1，m3 の順に生じる。また，m2 は酵素 a ～ c のいずれを阻害しても生じていないので，酵素 e の基質と考えられる。まとめると，下のような関係になる。

問 7．ⅱの条件では，酵素の前処理により 95℃で 10 分加熱したため，酵素の立体構造が変わってしまい，酵素が失活した。

問 8．実験 1 で「条件 i から反応時間を 2 倍または酵素量を 2 倍にすると，各ラノステロールの濃度における代謝物 C の生成量は 2 倍になった」とある。よって，グラフの縦軸の「生成量」は単位時間あたりの生成量，すなわち「反応速度」と考えてよい。また，酵素 X は基質であるラノステロールに対して相対的に少ない（＝不足している）こともわかる。したがって，条件ⅲでは温度が 37℃と比較的高く，酵素の反応速度が上がるので，生成量が条件 i より全体的に増加している②となる。条件ⅳは酵素量が半減しているので，生成量が条件 i より全体的に半減している③となる。条件ⅴは代謝物 A を共存させたことで，代謝物 A が競争的阻害を引き起こす。そのため，基質濃度が高くなるほど阻害の影響が小さくなっている

④が正解になる。

問 9．真菌が必要とするエルゴステロールの生成を抑制するとともに，ヒトが必要とするコレステロールの生成を抑制しない条件を満たす必要がある。化合物 α は，真菌の酵素 X と同じ活性部位をもつ酵素 X2，X3 において化合物 β，γ と比べて代謝物 C の生成量を減少させにくい。このことは，化合物 α が相対的に代謝物 B を減少させ，エルゴステロールの生成を抑制することを意味する。また，化合物 α は，ヒトの酵素 X である酵素 X1 において代謝物 C の生成量を化合物 β より低く抑えているため，コレステロールの生成を抑制しにくい。なお，化合物 γ は酵素 X1 だけでなく X2，X3 のいずれに対しても代謝物 C の生成量を低く抑えるため，真菌感染症の治療には有効ではない。

III 解答

問 1．ア．右心房　イ．洞房結節（ペースメーカー）
ウ．ノルアドレナリン　エ．アセチルコリン　オ．髄質
カ．アドレナリン

問 2．C

問 3．④

問 4．(1)左心室
(2)心筋が収縮する際に，肺循環に関わる右心室と，体循環に関わる左心室が同程度の収縮力であった場合，左心室が血液を全身の血管に送り出すために必要な圧力を生じさせることができず，体循環が維持できないため。

問 5．①

問 6．キ．酸素　ク．二酸化炭素　ケ．延髄　コ．交感神経　サ．促進
シ．副交感神経　ス．抑制

問 7．⑥　問 8．②　問 9．③・④　問 10．③→④

問 11．4800 mL

問 12．③
理由：②から③にかけて左心室内に血液が流入し，左心室の内圧が左心房より高まった際に，血液の左心房への逆流を防ぐべく房室弁が閉鎖するから。

問 13．163.2 cm

◀ 解　　説 ▶

≪心臓の構造と血圧≫

問 3．心室が収縮すると，血液は動脈に送り出される。A は右心房，B は右心室である。

問 4．(1)　図 1 より D（＝左心室）の壁の方が B（＝右心室）の壁より厚い。

(2)　全身に血液を送り出す体循環を行う左心室が，肺に血液を送り出す肺循環を行う右心室と同じ収縮力だと，送り出す血液量が少なすぎて全身に血液を循環させることができない。

問 5．交感神経の働きは①の瞳孔の拡大のみ。③の気管支の収縮，④の小腸のぜん動運動の亢進，⑤のぼうこうからの排尿の促進は副交感神経の働きである。なお，②の皮膚の血管の拡張は，交感神経の働きが低下した場合に生じるもので，交感神経の働きでも副交感神経の働きでもない。

問 8．全身からの血液が，心房，心室を経てエラに流れ込む。ここでガス交換を行い，動脈血が全身に送られる。魚の心臓には静脈血が流れ込んでいるという点に注意。

問 9．弁は静脈に存在する。筋肉（平滑筋）は動脈と静脈に存在する。なお，毛細血管は 1 層の内皮からなる。

問 10．容積の変化を伴わずに内圧が高くなっているのは，図 3 の③→④の部分のみである。

問 11．1 回の拍動にかかる時間が 0.75 秒なので，1 分間の拍動回数は
　　　　60÷0.75＝80 回

図 3 より左心室の容積は最小 70 mL，最大 130 mL なので，1 回の拍動で 130－70＝60〔mL〕の血液を拍出する。したがって，1 分間に左心室が送り出す血液量は
　　　　60×80＝4800〔mL〕

問 12．房室弁は，左心室が収縮を始め，左心室内圧が左心房内圧を超えた時点で閉じる。②から③にかけて左心室内に血液が流入する際，同時に左心室内圧が上昇していることが図 3 から読み取れる。

問 13．比重より，1 g あたりの体積の比を求めると，血液：水銀＝1：$\frac{1}{13.6}$＝13.6：1＝68：5 となる。血管の断面積が一定であるとすると，押

し上げられる高さの比も，血液：水銀＝68：5 となるので，血液は

$$120 \times \frac{68}{5} = 1632 \,[\mathrm{mm}] = 163.2 \,[\mathrm{cm}]$$

だけ押し上げられる。

■共通テスト・個別試験併用：C方式

問題編

▶試験科目・配点

教　科	科　　　　目	配　点
理　科	化学基礎・化学	200 点

▶備　考

• 大学入学共通テストにおいて①「英語（リスニングを含む），国語（「近代以降の文章」のみ）から 1 科目」（配点：200 点に換算。またその際，英語はリーディングを 1.6 倍，リスニングを 0.4 倍とする），②数学Ⅰ・A（配点：100 点），③「数学Ⅱ・B，物理，化学，生物から 1 科目」（配点：100 点）を受験すること。①または③を複数科目受験した場合は高得点の科目を採用する。

化学

(90 分)

Ⅰ　次の記述を読み，下記の問いに答えよ。ただし，原子量は H = 1.0，O = 16.0，Pd = 106.4，標準状態の気体のモル体積を 22.4 L/mol とし，必要なら以下の値を用いよ。$\sqrt{2}$ = 1.41，$\sqrt{3}$ = 1.73，$\sqrt{5}$ = 2.24

　　パラジウムは水素を吸収・貯蔵できる水素吸蔵金属の一つである。パラジウムは図1のような一辺の長さ a の面心立方格子の金属結晶であり，H_2（気体）を反応させると2つの水素原子に分離して，それぞれが図2のようにパラジウム原子6個で囲まれた隙間にのみ取り込まれる。これを図1の単位格子の各辺で示すと，パラジウム原子の間には距離 b の隙間があり，直径が b よりも小さい水素原子はこの隙間に入り込める。

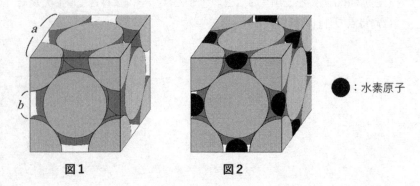

図1　　　　　　　　図2　　　　　　　●：水素原子

問1　a と b の長さはパラジウムの原子半径 r の何倍か。小数点以下第二位まで求めよ。

問2　図2の単位格子に含まれる水素原子の最大の数を答えよ。

問3　体積 V〔cm^3〕のパラジウムが最大量の水素を吸蔵した時，吸蔵された H_2 ガスの体積は標準状態で何 cm^3 になるか。V を用いて有効数字 3

桁で答えよ。ただし，パラジウムの密度を 12.0 g/cm³ とする。

II　次の記述を読み，下記の問いに答えよ。

　プロパン 1.0 mol を燃焼させたところ，次の熱化学方程式で表される二種類の反応によって酸素 4.5 mol が反応し，一酸化炭素と二酸化炭素からなる混合気体と液体の水が生じた。以下の問いに答えよ。

$$C_3H_8\,(気) + \frac{7}{2}\,O_2\,(気) = 3\,CO\,(気) + 4\,H_2O\,(液) + 1368\ kJ \quad \text{---- (1)}$$

$$C_3H_8\,(気) + 5\,O_2\,(気) = 3\,CO_2\,(気) + 4\,H_2O\,(液) + 2220\ kJ \quad \text{---- (2)}$$

問 1　一酸化炭素の燃焼を熱化学方程式で表せ。

問 2　生成する一酸化炭素と二酸化炭素の物質量〔mol〕を有効数字 2 桁で求めよ。

問 3　この燃焼で生じる熱量〔kJ〕を整数値で求めよ。

Ⅲ 次の記述を読み、下記の問いに答えよ。

　会合も解離もしないあるタンパク質 1.0 g を 100 mL の水に溶かし、水溶液 **A** を用意した。水温 27℃で水溶液 **A** の浸透圧を、分子量 10,000 以上の物質を通さない半透膜をつけた図の装置を用いて測定した。その結果、水溶液柱の高さは 6.8 cm になった。27℃での水溶液 **A** の密度を 1.0 g/cm³、水銀の密度を 13.6 g/cm³、大気圧を 1.01×10^5 Pa ＝ 760 mmHg、気体定数を 8.3×10^3 Pa・L/(mol・K) とする。ただし、水溶液は希薄溶液としてふるまうものとする。

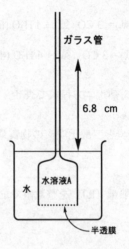

ガラス管

6.8 cm

水　水溶液A

半透膜

問1　水溶液 **A** の浸透圧〔Pa〕を有効数字2桁で答えよ。

問2　水溶液 **A** のモル濃度〔mol/L〕とこのタンパク質の分子量を、それぞれ有効数字2桁で答えよ。

問3　この装置を用いて様々な分子の水溶液の浸透圧を測定すると、浸透圧と溶質の分子量の関係はどのようになるか。その概略を示すグラフを解答欄に記せ。ただし、水溶液の質量パーセント濃度とその密度、および溶液温度は一定とする。また、測定する分子は会合も解離もしないものとする。

〔解答欄〕

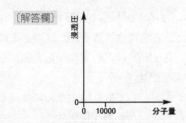

IV 次の記述を読み，下記の問いに答えよ。

　Al³⁺, Fe³⁺, Pb²⁺, Zn²⁺を含む水溶液 **A** がある。図の操作でこれらのイオンを分離した。ただし，沈殿の生成反応および溶解反応は完全に反応するものとする。

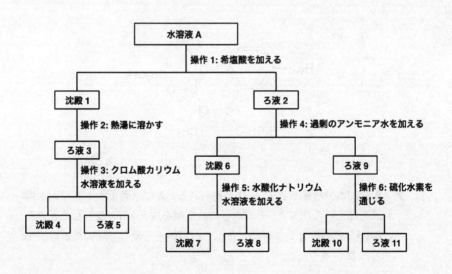

問 1　沈殿 4，7，10 に含まれる化合物を化学式で記せ。

問 2　ろ液 8，9 に含まれる Al³⁺, Fe³⁺, Pb²⁺, Zn²⁺のいずれかを含んだイオンを化学式で記せ。

問 3　水溶液 **A** の中に 5 つめのイオンとして Cu²⁺ が加わった場合，この

操作では Cu^{2+} は単一の化合物あるいはイオンとして分離できない。

1) Cu^{2+} は最終的にどの沈殿あるいはろ液に含まれるか。沈殿あるいはろ液の番号を記せ。また、このとき Cu^{2+} はどのような化合物あるいはイオンになっているか。化学式で記せ。

2) Cu^{2+} を単一の化合物あるいはイオンとして取り出すためには、どの段階の操作をどのように変更したらよいか。簡潔に記せ。

V 分子式が $C_{14}H_{18}O_4$ で表される芳香族化合物 **A** および **B** は互いに構造異性体の関係にあり、いずれもベンゼン環にエステル結合を含む置換基が 2 つ結合している。次の記述**ア～カ**を読み、以下の問いに答えよ。ただし、原子量は C = 12、H = 1.0、O = 16 とし、構造式は例にならって記せ。

例：

ア **A** を加水分解すると **C** と **D** が得られる。**A** に水酸化ナトリウム水溶液を加えけん化した。その水層に希塩酸を加え pH = 2 としたところ、**C** が白色固体として析出した。この固体をろ過して除いた水溶液からは **D** が得られた。

イ **B** を加水分解すると **E** と **F** が得られる。**B** に水酸化ナトリウム水溶液を加えけん化した。その水層に希塩酸を加え pH = 2 としたところ、**E** が白色固体として析出した。この固体をろ過して除いた水溶液からは **F** が得られた。

ウ　**C** と **E** の分子式はいずれも $C_8H_6O_4$ であった。

エ　**A** と **B** それぞれのベンゼン環上の 1 つの水素原子を塩素原子に置換した場合，**A** からは **G** と **H** が，**B** からは **I** が生成する。

オ　**D** を二クロム酸カリウムの硫酸水溶液と反応させたところ，**J** が生成した。**J** を水酸化ナトリウム水溶液中でヨウ素と反応させたところ，①特異臭をもつ黄色沈殿が生成した。

カ　**F** を二クロム酸カリウムの硫酸水溶液と反応させたところ，**K** が生成した。②**K** をアンモニア性硝酸銀水溶液に加えて静かに加熱すると，器壁に銀が析出し鏡のようになった。

問1　下線部①の黄色沈殿の化学式を記せ。

問2　下線部②では銀イオン Ag^+ が還元されて銀が析出する。このとき **K** はどのような化合物に変化したか。化合物の構造式を記せ。

問3　**C**，**E**，**J** に関する説明に当てはまるのはどれか。それぞれ 2 つずつ選び記号で答えよ。

（1）加熱すると 1 分子あたり水が 1 分子とれた化合物が得られる。

（2）*o*-キシレンを $KMnO_4$ と反応させると得られる。

（3）*m*-キシレンを $KMnO_4$ と反応させると得られる。

（4）*p*-キシレンを $KMnO_4$ と反応させると得られる。

（5）クメンヒドロペルオキシドを希硫酸で分解すると得られる。

（6）エチレンと酸素を，$PdCl_2$ 触媒と $CuCl_2$ を用いて反応させると得られる。

（7）$(CH_3COO)_2Ca$ を熱分解（乾留）すると得られる。

（8）$(CH_3CO)_2O$ と反応させると，解熱鎮痛剤として用いられる化合物が得られる。

（9）エチレングリコールと重合させると，合成繊維や飲料容器の

原料となるポリエステルが得られる。

問 4　**A** および **B** の構造式を記せ。

VI　次の記述を読み，以下の問いに答えよ。

　　デンプンは，植物の光合成によってつくられる多糖類であり，分子式($C_{\boxed{ア}}$ $H_{\boxed{イ}}$ $O_{\boxed{ウ}}$)$_n$で表される。デンプンは，温水に溶けるアミロースと，温水に溶けないアミロペクチンから構成される。アミロースは直鎖状の分子で，分子量が比較的 $\boxed{エ}$。アミロペクチンは枝分かれ状の分子で，分子量が比較的 $\boxed{オ}$。デンプンの直鎖部分は，グルコースが α-1,4-グリコシド結合で連なっており，分枝は直鎖の途中からグルコースの α-1,6-グリコシド結合により生じている。グルコースが直鎖状に連なる部分は，水素結合によりグルコース残基 6 個で約一巻きのらせん構造となっている。アミロースは，二種類の酵素で加水分解するとグルコースになる。水溶液中のグルコースの構造は，α-グルコース，鎖状構造，β-グルコースが一定の割合で平衡状態になっている。

問 1　$\boxed{ア}$ ～ $\boxed{オ}$ にあてはまる適切な語句または数を記せ。

問 2　下線部の加水分解を進行させるために必要な酵素を，以下の①から⑥の中から 2 つ選べ。

　①　リパーゼ　　　　②　マルターゼ　　　　③　スクラーゼ
　④　ペプシン　　　　⑤　セルラーゼ　　　　⑥　アミラーゼ

問 3　下線部の加水分解が完全に進行すると，48.6 g のアミロースからは何 g のグルコースが得られるか，有効数字 3 桁で答えよ。ただし，原子量は C = 12.0，H = 1.0，O = 16.0 とする。

問 4　下に示した α-グルコースの構造式を参考に，鎖状構造，β-グル
　　　コースの構造式を解答欄に記載された C を炭素原子として用い
　　　記せ。また，α-グルコースの構造式において，不斉炭素原子を
　　　全て丸で囲め。

〔解答欄〕

α-グルコース　　　　　　　　　　鎖状構造　　　　　　　　β-グルコース

解答編

化学

I **解答**　問1．a：2.82倍　b：0.82倍
　　　　　　　　問2．4個　問3．$1.26V×10^3$ cm³

◀**解　説**▶

≪結晶の構造≫

パラジウムの単位格子は図1，パラジウム原子の隙間に水素原子が最大数取り込まれたときの単位格子は図2のように表される。

問1．パラジウムの単位格子について，原子半径との間に次の関係式が成り立つ。

$$4r=\sqrt{2}\,a \qquad a=2\sqrt{2}\,r=2.82r$$
$$b=a-2r=0.82r$$

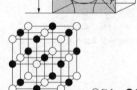

○Pd，●H

問2．パラジウム原子の隙間に水素原子が最大数取り込まれたとき，単位格子に含まれるパラジウム原子，水素原子の数はそれぞれ次の通り。

$$Pd：\frac{1}{8}×8+\frac{1}{2}×6=4 個$$

$$H：\frac{1}{4}×12+1=4 個$$

問3．体積 V〔cm³〕のパラジウムの物質量は

$$12.0V×\frac{1}{106.4}〔mol〕$$

問2の結果より，吸蔵後の原子数比は Pd：H＝1：1である。吸蔵前の水素は H_2 分子なので，物質量比は Pd：H_2＝2：1である。よって，標準状態において吸蔵された水素ガスの体積は

$$12.0V×\frac{1}{106.4}×\frac{1}{2}×22.4×10^3=1.263V×10^3≒1.26V×10^3〔cm³〕$$

Ⅱ **解答** 問1．$CO(気) + \dfrac{1}{2}O_2(気) = CO_2(気) + 284\ kJ$

問2．一酸化炭素：1.0 mol　　二酸化炭素：2.0 mol

問3．1936 kJ

◀解　説▶

≪反応熱と熱化学方程式≫

問1．(2)$\times\dfrac{1}{3} - (1)\times\dfrac{1}{3}$ より

$$CO(気) + \dfrac{1}{2}O_2(気) = CO_2(気) + 284\ kJ$$

問2．プロパン 1.0 mol を燃焼させたとき，完全燃焼したプロパンを x〔mol〕とすると

$$(1.0 - x)\times\dfrac{7}{2} + x\times 5 = 4.5 \quad より \quad x = \dfrac{2}{3}\ 〔mol〕$$

⑴, ⑵式より，CO, CO_2 の生成量はそれぞれ

$$CO : \dfrac{1}{3}\times 3 = 1.0\,〔mol〕 \qquad CO_2 : \dfrac{2}{3}\times 3 = 2.0\,〔mol〕$$

問3．問2の結果より，この燃焼で生じる熱量は

$$1368\times\dfrac{1}{3} + 2220\times\dfrac{2}{3} = 1936\,〔kJ〕$$

Ⅲ **解答** 問1．$6.7\times 10^2\ Pa$

　　　　　問2．モル濃度：$2.7\times 10^{-4}\ mol/L$　分子量：3.7×10^4

問3．

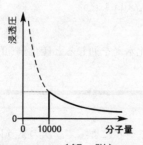

◀解　説▶

≪浸透圧≫

問1．水銀の密度は水溶液 A の 13.6 倍大きいので，大気圧を水溶液 A の液柱の高さに換算すると

$$76.0 \times 13.6 \fallingdotseq 1.03 \times 10^3 \, [\text{cm}]$$

浸透圧は水溶液 A の液柱 6.8cm がつくる圧力に等しいので

$$1.01 \times 10^5 \times \frac{6.8}{1.03 \times 10^3} = 6.66 \times 10^2 \fallingdotseq 6.7 \times 10^2 \, [\text{Pa}]$$

問2．水溶液 A の濃度を $c \, [\text{mol/L}]$，タンパク質の分子量を M_p とすると，ファントホッフの法則より

$$6.66 \times 10^2 = c \times 8.3 \times 10^3 \times 300$$

$$\therefore \quad c = 2.67 \times 10^{-4} \fallingdotseq 2.7 \times 10^{-4} \, [\text{mol/L}]$$

$$\frac{1.0}{M_p} \times \frac{1000}{100} = 2.67 \times 10^{-4} \quad \therefore \quad M_p = 3.74 \times 10^4 \fallingdotseq 3.7 \times 10^4$$

問3．分子量 10000 未満の物質は半透膜を通過するので，浸透圧は 0 Pa となる。質量パーセント濃度，密度，および溶液温度は一定なので，物質 1.0 g を 100mL の水に溶かし，27℃で測定した場合の浸透圧を $\varPi \, [\text{Pa}]$，分子量を M とすると，ファントホッフの式より

$$\varPi = \frac{1.0}{M} \times \frac{1000}{100} \times 8.3 \times 10^3 \times 300 \quad \therefore \quad \varPi = \frac{2.49 \times 10^7}{M}$$

よって，浸透圧 $\varPi$ は，分子量 M に反比例する。解説のために溶解量や温度を数値化したが，具体的な条件は示されていないため，分子量 10000 以上で反比例となる概略をグラフとして記せば正解となる。

Ⅳ 解答

問1．沈殿4：$PbCrO_4$　沈殿7：$Fe(OH)_3$　沈殿10：ZnS

問2．ろ液8：$[Al(OH)_4]^-$　ろ液9：$[Zn(NH_3)_4]^{2+}$

問3．1）番号：沈殿10　化学式：CuS

2）操作1で過剰の塩酸を加えた後，硫化水素を通じると硫化銅（Ⅱ）が沈殿として単離できる。

◀解　説▶

≪金属イオンの分離≫

問1・問2．4つの金属イオンは，操作1〜6によって，次のように分離できる。

操作1：Al^{3+}，Fe^{3+}，Pb^{2+}，Zn^{2+} を含む水溶液に希塩酸を加えると，塩化鉛（Ⅱ）の白色沈殿が沈殿1として得られる。

操作 2，3：$PbCl_2$ を熱湯に溶かしてクロム酸カリウム水溶液を加えると，クロム酸鉛（Ⅱ）の黄色沈殿が沈殿 4 として得られる。

操作 4：Al^{3+}，Fe^{3+}，Zn^{2+} を含むろ液 2 に過剰のアンモニア水を加えると，水酸化アルミニウムと水酸化鉄（Ⅲ）が沈殿 6 として得られる。

操作 5：水酸化アルミニウムと水酸化鉄（Ⅲ）に水酸化ナトリウム水溶液を加えると，水酸化アルミニウムはテトラヒドロキシドアルミン酸イオンとなって溶解し，ろ液 8 に含まれる。水酸化鉄（Ⅲ）の赤褐色沈殿が沈殿 7 として得られる。

操作 6：Zn^{2+} を含むろ液 9 に硫化水素を通じると，硫化亜鉛の白色沈殿が沈殿 10 として得られる。

問 3．Zn^{2+}，Cu^{2+} を含むろ液 9 に硫化水素を通じると，硫化銅（Ⅱ）と硫化亜鉛が沈殿 10 として得られる。硫化水素を通じると，Zn^{2+} は中性から塩基性条件で沈殿し，Cu^{2+} は液性によらず沈殿する。よって，塩酸を加えて酸性にしてから硫化水素を通じることで，硫化銅（Ⅱ）のみを沈殿させることができる。

Ⅴ 解答

問 1．CHI_3　問 2．$CH_3-\underset{\overset{\|}{O}}{C}-OH$

問 3．C：(1)・(2)　E：(4)・(9)　J：(5)・(7)

問 4．A：

B：

━━━━━━━ ◀解　説▶ ━━━━━━━

≪芳香族エステルの構造決定≫

問3. 分子式 $C_{14}H_{18}O_4$ で表される芳香族ジエステル A，B を加水分解すると，A からは分子式 $C_8H_6O_4$ で表される C と D，B からは分子式 $C_8H_6O_4$ で表される E と F が得られる。以上より，C，E はベンゼンにカルボキシ基が2つ結合した構造をもつ。

また，A と B それぞれのベンゼン環上の水素原子1つを塩素原子に置換したとき，A からは2種類の異性体が，B からは1種類の化合物のみが生成することから，A はオルト二置換体，B はパラ二置換体であることがわかる。よって，C はフタル酸，E はテレフタル酸である。

$$
C:\ \begin{array}{c} \begin{array}{c} O \\ \| \\ C-OH \\ C-OH \\ \| \\ O \end{array} \end{array}
\qquad
E:\ \begin{array}{c} O \\ \| \\ C-OH \\ \\ C-OH \\ \| \\ O \end{array}
$$

また，D，F は互いに構造異性体で，分子式は次のように表される。

$$(C_{14}H_{18}O_4 + 2H_2O - C_8H_6O_4) \div 2 = C_3H_8O$$

D を酸化して得られた J がヨードホルム反応を示すことより，D は 2-プロパノールで，J はアセトンである。F を酸化して得られた K が銀鏡反応を示すことより，F は 1-プロパノールである。

$$
\underset{\text{D}}{CH_3-\underset{\underset{OH}{|}}{CH}-CH_3} \xrightarrow{\text{酸化}} \underset{\text{J}}{CH_3-\underset{\underset{O}{\|}}{C}-CH_3}
$$

$$
\underset{\text{F}}{CH_3-CH_2-CH_2-OH} \xrightarrow{\text{酸化}} \underset{\text{K}}{CH_3-CH_2-\underset{\underset{O}{\|}}{C}-H}
$$

Ⅵ 解答 問1. ア. 6　イ. 10　ウ. 5　エ. 小さい　オ. 大きい
問2. ② · ⑥

問3. 54.0 g

問 4.

α-グルコース　　　　　　鎖状構造　　　　　　β-グルコース

━━━━━◀解　説▶━━━━━

≪糖類の性質≫

問 3．アミロースを完全に加水分解すると，次の反応によりグルコースが得られる。

$$[C_6H_{10}O_5]_n + nH_2O \longrightarrow nC_6H_{12}O_6$$

求めるグルコースの質量は

$$\frac{48.6}{162n} \times n \times 180 = 54.0 \,[g]$$

2022
年度

問題と解答

■ 学校推薦型選抜（公募制推薦）

問題編

▶試験科目・配点

教　科	科　　　　目	配　点
英　語	コミュニケーション英語Ⅰ・Ⅱ，英語表現Ⅰ	100 点
数　学	数学Ⅰ・Ⅱ・A・B（数列，ベクトル）	100 点
理　科	化学基礎・化学（ただし，「有機化合物と人間生活」および「高分子化合物の性質と利用」の範囲を除く）	100 点
その他	面接試験（15 分程度）および書類審査	40 点

▶備　考

　学力試験，面接試験の結果および提出された出願書類を総合し，合格者を決定する。

■英語■

(60 分)

Ⅰ 次の英文を読んで，下の設問（１）～（１２）に答えなさい。なお，*印の語には注が付いています。

　　Take a trip to the manicurist, where I have to choose from over a hundred colors, roughly divided into four categories: reds, pinks, neutrals, and the more offbeat colors, like taxicab yellow or sky blue.　Neutrals and reds are the most popular, and I personally prefer neutrals, even though I don't have strong opinions about color the way sighted people* do.　By definition, a neutral shouldn't carry much color, but there are still more than two dozen shades* to choose from, (　a　) pinks, pearls, and champagnes.

　　"Which of these neutrals will look good on me?" I ask the manicurist.

　　"Definitely Ballet Slippers*," she replies.

　　"Definitely Adore-A-Ball*," the client sitting next to me (b)counters.

　　"I see.　How are the two different?"

　　"Well, Ballet Slippers is more elegant."

　　"Adore-A-Ball is more glamorous."

　　"And what colors are they?"

　　"Ballet Slippers is a very light pink."

　　"And Adore-A-Ball is a sheer pink."

　　"So (　c　) are they different?" I ask.

　　"Both would look great on you, but Ballet Slippers would look more elegant and Adore-A-Ball would be more glamorous."

　　If I were sighted, perhaps this is how my internal choosing monologue would go, but since I'm not, I eventually give up and tell them that I don't really understand.　I can't help thinking that if they're grabbing for vague adjectives like "elegant" and "glamorous," there may not be much to separate the two shades.　(d)There is { ① agree　② one　③ the　④ thing　⑤ women } on: "Trust us, if you could see them, you'd be able to tell the difference."

　　Would I?　They could be right.　After all, as the Indian proverb says, "What does a monkey know of the taste of ginger?"　But before I could consent to becoming the monkey in this story, I had to test (e)their claim.　So I put on my researcher's cap and conducted a pilot study with 20 undergraduate women at Columbia University.　These students were offered a (f)free manicure, which included having their nails painted with either Adore-A-Ball or Ballet Slippers. Half the women were shown bottles labeled Adore-A-Ball and Ballet Slippers, and the other half saw the same colors in bottles labeled A and B.

In the group that could see the names of the colors, seven of the ten participants chose Ballet Slippers, while the rest preferred Adore-A-Ball.　They described Ballet Slippers as the darker and richer of the two colors.　In the other group, six chose A (actually Adore-A-Ball), describing *this* as the darker and richer of the two colors, while the others were evenly split between preferring B (Ballet Slippers) and being indifferent.　Some couldn't tell the colors apart despite their best efforts; (g){ ① for　② if　③ labels　④ not ⑤ the }, they might have considered the two identical.　In fact, in the group that saw the bottles labeled A and B, three participants thought we were playing a trick on them.　They accused us of asking them (　　h　　).

Here's what fascinates me: The colors were (　i-i　) indistinguishable, and yet, (　i-ii　) when they were given names, there *was* a difference.　These women, more of whom chose the color Ballet Slippers when its name was visible, also unanimously preferred the name Ballet Slippers to the name Adore-A-Ball. (j)This is unlikely to be mere coincidence.　Rather, it seems that the name somehow made the color look better, or at least created a feeling of difference.

For me, the (　k　) couldn't make the colors look better or worse, so I simply wanted as objective a description of each color as possible.　Ironically, I—the blind person—was concerned primarily with the visual properties of the color, while the sighted people were evaluating the color "package."　I didn't care about the name precisely *because* I couldn't see the color.　But they were choosing not in a vacuum but in the context of a visual culture in which other people had packaged and positioned the product to make it as attractive as possible.　(l)Could it be that the color name, a seemingly superficial characteristic, had actually been designed to affect sensory perception itself?　If yes, can we really trust our senses and the choices we make based on them?

(出典：*The Art of Choosing*, by Sheena Iyengar. 一部変更)

（注）sighted people: 目の見える人　shades: 色の濃淡　Ballet Slippers: マニキ
　　ュアの色の名前（ballet slipper: バレエシューズ）　Adore-A-Ball: マニキュ
　　アの色の名前（adorable: 愛らしい）

（1）空所（　**a**　）に入れるのに最も適切なものを，次の①〜④から一つ選び，マークカードの解答欄　　**1**　　にマークしなさい。

① as　　　　② including　　　③ namely　　　④ which

（2）下線部**(b)**と同じ意味・用法の counters を含む文を，次の①〜④から一つ選び，マークカードの解答欄　　**2**　　にマークしなさい。

① The goods are displayed on open counters.
② He always counters by asking if it can be proven.
③ The counters were covered with dirty dishes and cookware.
④ Inside, there were plenty of check-in counters for guest registration.

（3）空所（　**c**　）に入れるのに最も適切なものを，次の①〜④から一つ選び，マークカードの解答欄　　**3**　　にマークしなさい。

① how　　　　② what　　　　③ which　　　　④ why

（4）下線部**(d)**中の{　　}内の①〜⑤の語を，下線部が以下に示す意味になるように並べ替えなさい。並べ替えたものの中で2番目と4番目に来る語の番号を，それぞれ指示の通りにマークカードにマークしなさい。

「その女性たちの意見が一致していることが一つある」

2番目　→　マークカードの解答欄　　**4**　
4番目　→　マークカードの解答欄　　**5**　

（5）下線部**(e)**の内容を最もよく表しているものを，次の①〜④から一つ選び，マークカードの解答欄　　**6**　　にマークしなさい。

① 色の名前と色の印象というのは人によって感じ方が変わるという主張
② 筆者と彼女たちが想像する色合いは本質的には同じものだという主張
③ 筆者に二つの色がまったく異なることがわかる可能性があるという主張
④ 筆者の感覚が彼女たちとは異なることがわかる可能性があるという主張

（6）下線部**(f)**と同じ意味・用法の free を含む文を次の①〜④から一つ選び，マークカードの解答欄　　**7**　　にマークしなさい。

① We do have homemade, sugar free mint sauce.

② You will automatically get free dental treatment if you are under 18.
③ There cannot be freedom of religion without the right to be free from
religion.
④ More pubs are becoming smoke free as more people understand the
dangers of smoking.

（7）下線部(g)中の{　　　}内の①〜⑤の語を，下線部が以下に示す意味になるよ
うに並べ替えなさい。並べ替えたものの中で2番目と4番目に来る語の番号を，
それぞれ指示の通りにマークカードにマークしなさい。

「ラベルがなければ，被験者たちはその二つの色をまったく同じだと考えてい
たかもしれない」

2番目　→　マークカードの解答欄　　8

4番目　→　マークカードの解答欄　　9

（8）空所(　h　)に入れるのに最も適切な内容のものを，次の①〜④から一つ選
び，マークカードの解答欄　　10　　にマークしなさい。

① to identify the two colors without labels
② to explore the details of subtle differences
③ which one is generally considered as Ballet Slippers
④ to choose between two bottles of the exact same color

（9）空所(　i-i　)-(　i-ii　)に入れる組み合わせとして最も適切なものを，次の
①〜④から一つ選び，マークカードの解答欄　　11　　にマークしなさい。

① (i) especially　—　(ii) probably

② (i) definitely　—　(ii) probably

③ (i) practically　—　(ii) especially

④ (i) probably　—　(ii) definitely

（10）下線部(j)の内容を最もよく表しているものを，次の①〜④から一つ選び，
マークカードの解答欄　　12　　にマークしなさい。

① これは偶然そうなっただけの有り得ないものだ
② これを単に偶然そうなったと考えるのは無理がある
③ ただ偶然が重なっただけでこうなってしまうこともある
④ これをただ偶然の一致であると考えてしまう人は多いだろう

（11）空所（　**k**　）に入れるのに最もふさわしい一語を次の①～④から一つ選び，マークカードの解答欄　**13**　にマークしなさい。

① colors　　　② experiments　　　③ names　　　④ women

（12）下線部⑴で筆者はどういう可能性を示唆しているのか。最もよく表しているものを，次の①～④から一つ選び，マークカードの解答欄　**14**　にマークしなさい。

① その色の名前という一見すると表面的な特徴が，実は私たちの脳の知覚自体に作用するようになっている可能性

② 表面上はその色に特有ともいえる色の名前は，本当にそれ自身に私たちの感覚が作用してそのように決まる可能性

③ 誰が見ても個性的に思えるその色の名前は，本当にそれ自体私たちの知覚に影響を及ぼすために作られている可能性

④ 色の名前はその色の本質的な性質ではあるが，実は私たちの感覚だけをたよりに考え出したものと一致している可能性

II　次の英文を読んで，下の設問（1）～（5）に答えなさい。なお，*印の語には注が付いています。

　　Historically, psychologists thought of dreams（　**a**　）a chamber of their own in the mind, and very different from what happens during our (ア)waking hours. Freud*, of course, thought dreams were the royal road to the unconscious, a locked box holding our repressed* urges, and psychoanalysis* was the key that opened (A)it. With our defenses down and our (イ)civilized propriety turned off while we slept, he thought, our demons came out and romped* around, revealing our desires. Then came early neuroscience*, which took out all the dark and naughty romance of psychoanalysis and replace it （　**b**　）the cold no-nonsense attitude of the physical workings of the brain. It said that dreams were nothing more than the brain's way of interpreting random brain-stem firings* during REM sleep*. Out the door went sexual symbolism, which was entertaining if a bit loony*, and in came the mechanics of neurons, which was more scientifically grounded.

　　Present-day research with more advanced technology has shown that our dreams in fact（　**c**　）many similarities with the spontaneous verbal* thoughts we experience when we are awake. It turns out that our waking verbal mind converses with our sleeping one.

　Emerging evidence suggests that (　d　) are often functional and highly attuned to our practical ₍ᵤ₎needs.　You can think of them as a slightly zany* flight simulator.　They aid us in preparing for the future ₍ᴮ₎by simulating events that are still to come, pointing our attention to potentially real scenarios and even threats to be wary of*.　₍ᴄ₎Although we still have much (　e　) about how dreams affect us, at the end of the day—or night, rather—they are simply *stories* in the mind.　And sure ₍ᴰ₎enough, in waking life, the inner voice pipes up ₍ᴱ₎loudly about the most ₍ꜰ₎foundational psychological story of all: our identities.

（出典 : Chatter, by Ethan Kross. 一部変更）

（注）Freud: フロイト（精神分析や夢判断などで知られるオーストリアの精神科医）
　　repressed: 抑圧された　　　psychoanalysis: 精神分析　　　romp: はしゃぎ回
　　る　　neuroscience: 神経科学　　　firings: 発火（神経細胞において活動電位
　　が発生すること）　　　REM sleep: レム睡眠（急速眼球運動を伴う睡眠で，こ
　　の時によく夢を見る）　　　loony: 愚かな　　　verbal: 言語による　　　zany:
　　滑稽な　　be wary of: 警戒する

（1）空所(　a　)〜(　e　)に入れるのに最も適切なものを，それぞれ次の①〜④
　　から一つ選び，マークカードの解答欄　**15**　〜　**19**　にマークしなさ
　　い。

(a)　**15**　　①as　　②in　　③to　　④with

(b)　**16**　　①as　　②in　　③to　　④with

(c)　**17**　　①deny　　②follow　　③prove　　④share

(d)　**18**　　①dreams　　　　　②technologies
　　　　　　　③our desires　　　④verbal thoughts

(e)　**19**　　①learn　　　　　②learned
　　　　　　　③to learn　　　　④to be learned

（2）下線部(ア)〜(ウ)の意味に最も近いものを，それぞれ次の①〜④から一つ選
　　び，マークカードの解答欄　**20**　〜　**22**　にマークしなさい。

(ア)　waking　　**20**

　　　①annoying　　　　②early
　　　③not sleeping　　④working hard

(イ)　civilized　　**21**

① active   ② personal
③ sophisticated   ④ various

(ウ) needs   [22]

① actions   ② demands
③ problems   ④ supplies

(3) 下線部(**A**)が指しているものを，次の①〜④から一つ選び，マークカードの解
答欄 [**23**] にマークしなさい。

① a dream
② a locked box holding our repressed urges
③ psychoanalysis
④ the key

(4) 下線部(**B**)の内容を最もよく表しているものを，次の①〜④から一つ選び，
マークカードの解答欄 [**24**] にマークしなさい。

① 今後発生するかもしれない事件を阻止することで
② これから起こる出来事を前もって疑似体験することで
③ まだ起こりそうもない出来事に対しても予め準備することで
④ ある事件が起きる可能性をシミュレーションして計算することで

(5) 下線部(**C**)〜(**F**)と第一アクセントの母音が同じであるものを，それぞれ次の
①〜⑧から一つ選び，マークカードの解答欄 [**25**] 〜 [**28**] にマー
クしなさい。

① autumn   ② control   ③ boundary   ④ chocolate
⑤ lucky   ⑥ routine   ⑦ stranger   ⑧ passenger

(**C**) Although → マークカードの解答欄 [**25**]
(**D**) enough   → マークカードの解答欄 [**26**]
(**E**) loudly   → マークカードの解答欄 [**27**]
(**F**) foundational → マークカードの解答欄 [**28**]

III　次の(1)～(8)の各文の空所を補うのに最も適切なものを，それぞれ次の①～④
から一つ選び，マークカードの解答欄　29　～　36　にマークしなさ
い。

(1)　Please (　　　) tell me.　　29
　　① do　　　　　② not　　　　　③ not to　　　　④ so as to

(2)　Everyone has something to (　　　) to life.　　30
　　① cause　　　② consider　　　③ continue　　　④ contribute

(3)　He arrived (　　　) we were having dinner.　　31
　　① at the same time　　　② in the meantime
　　③ during　　　④ while

(4)　There is no evidence of someone (　　　) entered.　　32
　　① had　　　② has　　　③ have　　　④ having

(5)　Our dresses were the same (　　　) mine was blue.　　33
　　① but　　　② despite　　　③ except　　　④ without

(6)　(　　　) of the students in the class has a computer.　　34
　　① All　　　② Each　　　③ Every　　　④ Some

(7)　Apart from a brief interlude of peace, war (　　　) eleven years.　　35
　　① ended　　　② lasted　　　③ spent　　　④ was

(8)　We would appreciate it (　　　) you came along to see our new system.
　　36
　　① if　　　② only　　　③ that　　　④ whether

■数学■

（60 分）

I.　次の □□□□□ にあてはまる答を解答欄に記入しなさい。

(1) 2 つの事象 A と B について，A の起こる確率は $P(A) = \dfrac{1}{3}$，A が起こっ
たときに B の起こる条件付き確率は $P_A(B) = \dfrac{1}{5}$ であり，A が起こらなかっ
たときに B の起こらない条件付き確率は $P_{\overline{A}}(\overline{B}) = \dfrac{7}{10}$ である。このとき
$P(A \cap B) = \boxed{\text{(a)}}$，$P(\overline{A} \cap B) = \boxed{\text{(b)}}$，$P(B) = \boxed{\text{(c)}}$ である。

(2) n を自然数とする。6^n が 20 桁以上となる最小の n は $n = \boxed{\text{(d)}}$ で
ある。ただし，$\log_{10} 2 = 0.3010$，$\log_{10} 3 = 0.4771$ とする。

(3) 下図のように，立方体 ABCD-EFGH において $\overrightarrow{AF} = \vec{e}_1$，$\overrightarrow{AC} = \vec{e}_2$，$\overrightarrow{AH} = \vec{e}_3$ と
おく。このとき，$\overrightarrow{AB}$ と $\overrightarrow{AG}$ を $\vec{e}_1, \vec{e}_2, \vec{e}_3$ を用いて表すとそれぞれ $\overrightarrow{AB} = \boxed{\text{(e)}}$，
$\overrightarrow{AG} = \boxed{\text{(f)}}$ となる。

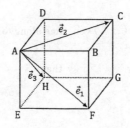

II. 次の ◻ にあてはまる答を解答欄に記入しなさい。

x の関数 $f(x) = x^4 - 4x^3 + 5x^2 - 2x$ を考える。

(1) x が実数全体を動くとき, $t = x^2 - 2x$ の取りえる値の範囲は ◻(a)◻ であり, $f(x)$ は $x =$ ◻(b)◻ のとき最小値 ◻(c)◻ をとる。

(2) a を実数とする。方程式 $f(x) = a$ が異なる 3 つの実数解をもつような a の値は $a =$ ◻(d)◻ であり, 異なる 2 つの実数解をもつような a の必要十分条件は ◻(e)◻ である。

III. 次の ◻ にあてはまる答を解答欄に記入しなさい。

xy 平面上の 2 点 $(6,5)$ と $(-8,-2)$ を通る直線 l の方程式は $y =$ ◻(a)◻ である。方程式 $x + ky + k - 4 = 0$ であたえられる直線を m とすると, m は k の値に関わらず定点 P を通る。P の座標は ◻(b)◻ である。直線 m が l と垂直に交わるとき, $k =$ ◻(c)◻ である。

以下, $k =$ ◻(c)◻ とする。点 P を通り, 傾きが正の直線 n を考える。直線 l と m, m と n, n と l の交点を頂点とする三角形の面積が 20 のとき, 直線 n の方程式は $y =$ ◻(d)◻ であり, この三角形に外接する円の半径は, 内接する円の半径の ◻(e)◻ 倍である。

IV. 次の □ にあてはまる答を解答欄に記入しなさい。

実数 k に対して，x の関数 $f(x) = 2x^3 - 3(k-1)x^2 - 6kx + 2$ を考える。

(1) $f(x)$ が極値をとるための必要十分条件を k を用いて表すと □(a) である。このとき，極値をとる x をすべて求めると $x =$ □(b) となる。

(2) x についての方程式 $f(x) = 0$ の異なる解の個数が 2 個であるための必要十分条件を k を用いて表すと □(c) である。

(3) $f(x)$ が極値をとるとき，$f(x)$ の極小値を $m(k)$ と表す。このとき，$m(k) = -2$ となる k をすべて求めると $k =$ □(d) で，$m(k)$ の最大値は □(e) である。

■■■■化学■■■■

（60 分）

第 1 問　次の問い（問 1～3）に答えよ。

　分子やイオンの立体的な形は，分子を構成する原子および結合の種類によって決まり，それぞれの分子によって，直線形，折れ線形，三角錐形，正四面体形，平面三角形などさまざまである（下図）。共有電子対や非共有電子対は互いに反発し合う。これらの反発を考えると，分子やイオンの形を理解しやすくなる。例えば，メタンでは 4 つの C－H 結合の共有電子対の間に反発があり，これが均等に離れようとするため正四面体形の分子形状となる。水は 2 つの O－H 結合と酸素原子上の 2 つの非共有電子対間の反発によって直線形にはならず，折れ線形の分子形状となる。このことから，次の分子やイオンの形を考えよ。ただし，● は原子の位置を示し，┌ **1** ┐と┌ **2** ┐及び┌ **3** ┐と┌ **4** ┐の解答の順番は問わない。

| 直線形 | 折れ線形 | 三角錐形 | 正四面体形 | 平面三角形 |

① NH_3　　② NH_4^+　　③ H_3O^+
④ BH_3　　⑤ CO_2　　⑥ CCl_4

問 1　三角錐形になるのはどれか。**2 つ**選べ。┌ **1** ┐, ┌ **2** ┐

問 2　正四面体形になるのはどれか。**2 つ**選べ。┌ **3** ┐, ┌ **4** ┐

問 3　平面三角形になるのはどれか。┌ **5** ┐

第2問　次の問い（問1〜3）に答えよ。

問1　希薄溶液に関する図の蒸気圧曲線 x, y, z はア〜ウのどれに該当するか。正しい組み合わせを選べ。ただし，電解質は水中で完全に電離するものとし，原子量は H=1.0，C=12，O=16，Na=23，Cl=35.5 とする。　　6

ア：純水
イ：水 0.90 kg にグルコース($C_6H_{12}O_6$) 9.0 g を溶かした溶液
ウ：水 1.0 kg に塩化ナトリウム 2.9 g を溶かした溶液

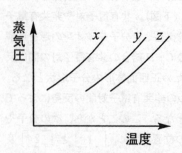

	x	y	z
①	ア	イ	ウ
②	ア	ウ	イ
③	イ	ア	ウ
④	イ	ウ	ア
⑤	ウ	ア	イ
⑥	ウ	イ	ア

問2　次の記述のうち，**誤っている**のはどれか。　　7

① 三重点では，固体，液体，気体の3つの状態が共存している。
② 水分子1個は最大4個の水分子と水素結合できる。
③ 0℃の水が標準大気圧下で凝固すると体積は減少する。
④ 水は硫化水素と比較して沸点が高い。
⑤ 水を標準大気圧下 100℃で沸騰させると，液体の表面だけではなく，内部からも蒸発が起きる。

問3　コロイド溶液に関する次の記述のうち，正しいものはどれか。**2つ選**べ。ただし，解答の順序は問わない。　　8 ，　9

① ブラウン運動は，コロイド粒子同士が不規則に衝突するために起こる現象である。

② コロイド溶液に横から強い光をあてると，その光の通路が明るく見える。このような現象をチンダル現象という。

③ 少量の電解質を加えると沈殿するコロイドは親水コロイドである。

④ コロイド粒子の他にイオンなどを含んだ溶液をセロハンなどの半透膜に包んで水に浸すと，イオンや水は半透膜の外に出るがコロイドは外に出られない。このような操作を塩析という。

⑤ コロイド溶液には，加熱してから冷却すると流動性を失い，全体が固まるものがある。この状態をゲルという。

第 3 問 次の問い（問 1～2）に答えよ。

問 1 純水はわずかに電離しており，以下の式で示す電離平衡が成立している。

$$H_2O \; \rightleftarrows \; H^+ \; + \; OH^-$$

温度が 25℃のとき，[H$^+$]と[OH$^-$]の値はともに $\boxed{10}$ mol/L であり，pH は 7 となる。水の電離は吸熱反応であり，温度を高くすると平衡は $\boxed{11}$ に移動するので，高温になるほど，[H$^+$]と[OH$^-$]の値は $\boxed{12}$ なる。したがって，25℃より温度が高い水の pH は 7 よりも $\boxed{13}$ なる。

$\boxed{10}$ に適切な数値を［欄Ⅰ］から，$\boxed{11}$ ～ $\boxed{13}$ に適切な語句を［欄Ⅱ］から選べ。ただし，同じ語句を繰り返し用いてよい。

［欄Ⅰ］

     ① 1.0×10^7 ② 1.0×10^{-7} ③ 2.0×10^7 ④ 2.0×10^{-7}

［欄Ⅱ］

     ① 右   ② 左   ③ 大きく   ④ 小さく

問 2 酢酸を水に溶かすと酢酸の一部は電離し，以下の式で示す電離平衡が成立する。

$$CH_3COOH \; \rightleftarrows \; CH_3COO^- \; + \; H^+$$

酢酸の電離前の初濃度を c〔mol/L〕，電離度を α とすると，酢酸の電離定

数 K_a は | 14 | のように表される。

① $\dfrac{\alpha^2(1-\alpha)}{c}$ 　② $\dfrac{c\alpha^2}{1-\alpha}$ 　③ $\dfrac{\alpha^2}{c(1-\alpha)}$ 　④ $\dfrac{1-\alpha}{c\alpha^2}$

酢酸は弱酸であり，α が 1 よりかなり小さく，$1-\alpha$ は 1 とみなせるとすると，水素イオンのモル濃度は $[\text{H}^+]=$ | 15 | のように表される。

① $\sqrt{\dfrac{K_a}{c}}$ 　② $\sqrt{\dfrac{c}{K_a}}$ 　③ $\sqrt{cK_a}$ 　④ $\dfrac{K_a}{\sqrt{c}}$ 　⑤ $\dfrac{\sqrt{c}}{K_a}$

この式を利用して 0.10 mol/L の酢酸水溶液 10 mL に水を加えて 100 mL にうすめたときの溶液中の水素イオン濃度を求めると，希釈前の酢酸水溶液と比べて約 | 16 | 倍になる。必要ならば $\sqrt{2}=1.41$，$\sqrt{3}=1.73$，$\sqrt{5}=2.24$を用いよ。

① $\dfrac{1}{3}$ 　② $\dfrac{1}{5}$ 　③ $\dfrac{1}{10}$ 　④ $\dfrac{1}{25}$ 　⑤ $\dfrac{1}{100}$

第 4 問　次の問い（問 1〜2）に答えよ。

問 1　二酸化炭素の C=O 結合の結合エネルギーを以下のデータを用いて求め，最も適当な数値を，下の①〜⑥から選べ。　　17　kJ/mol

　　O=O 結合の結合エネルギー ＝ 500 kJ/mol

　　C (黒鉛) ＋ O_2 (気) ＝ CO_2 (気) ＋ 394 kJ

　　C (黒鉛) ＝ C (気) － 720 kJ

　①　307　　②　413　　③　614　　④　807　　⑤　826　　⑥　1614

問 2　可逆反応 2CO (気) ＋ O_2 (気) $\rightleftarrows$ $2CO_2$ (気) がピストン付きの密閉容器中で平衡状態にある。この反応の熱化学方程式は次のように表される。

$$2CO \,(気) + O_2 \,(気) = 2CO_2 \,(気) + 566 \text{ kJ}$$

この反応に関する記述①〜⑥のうち，**誤っている**のはどれか。**2 つ**選べ。ただし，解答の順番は問わない。　　18　，　19

　①　正反応は発熱反応である。
　②　平衡状態では，正反応と逆反応の反応速度は等しい。
　③　圧力一定で加熱すると，平衡は右に移動する。
　④　温度一定で体積を半分に圧縮すると，平衡は右に移動する。
　⑤　体積，温度一定で O_2 を加えると，平衡は右に移動する。
　⑥　全圧，温度一定でアルゴンを加えると，平衡は右に移動する。

第5問　次の問い（問1〜2）に答えよ。

問1　電池に関する以下の記述のうち，正しいのはどれか。**2つ**選べ。ただ
し，aq は水溶液の状態であることを表し，解答の順番は問わない。

　　$\boxed{20}$ ，$\boxed{21}$

① 下記の電池式で示されるダニエル電池の両極を導線で結び放電させる
と，$ZnSO_4$ 水溶液の濃度は大きくなる。

$$(-)\ Zn\ |\ ZnSO_4\ aq\ |\ CuSO_4\ aq\ |\ Cu\ (+)$$

② 下記の電池式で示される 3 つの電池のうち，最も大きな起電力が得ら
れるのは，電池(1)である。

$$(-)\ Fe\ |\ FeSO_4\ aq\ |\ CuSO_4\ aq\ |\ Cu\ (+)　\cdots(1)$$
$$(-)\ Al\ |\ Al_2(SO_4)_3\ aq\ |\ CuSO_4\ aq\ |\ Cu\ (+)　\cdots(2)$$
$$(-)\ Fe\ |\ FeSO_4\ aq\ |\ NiSO_4\ aq\ |\ Ni\ (+)　\cdots(3)$$

③ マンガン乾電池は充電により繰り返し使うことができる二次電池であ
る。

④ 下記の電池式で示される鉛蓄電池は，放電すると両極とも硫酸鉛(II)
で覆われる。

$$(-)\ Pb\ |\ H_2SO_4\ aq\ |\ PbO_2\ (+)$$

⑤ 水素と酸素を用いる燃料電池では，水素は正極で電子を失い，酸化さ
れる。

問2　図1の装置に，大気圧下，20℃で 3860 C の電流を流した。以下の問い
に答えよ。ただし，大気圧下で 20℃の気体 1 mol の体積は 24.0 L で，気体
は水溶液に溶けないものとし，ファラデー定数は 9.65×10^4 C/mol である。

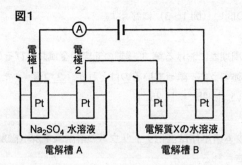

図1

電極1と電極2で発生する気体の大気圧下，20℃における体積 (mL) として適当な数値を①〜⑥からそれぞれ選べ。電極1は　22　に，電極2は　23　にマークせよ。

① 120　② 240　③ 360　④ 480　⑤ 720　⑥ 960

電解槽 B では，通じた電気量と両極で生じた物質の物質量の関係は図2のようになった。電解槽 B に含まれていた電解質 X として適当なものを下記の①〜③から選べ。　24

①　$CuCl_2$　②　$CuSO_4$　③　$AgNO_3$

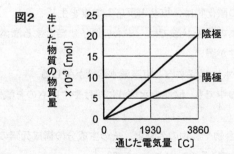

図2

第 6 問　次の問い（問 1～3）に答えよ。

問 1　元素の周期表における第 3 周期の元素の金属およびその化合物に関する以下の記述のうち，**誤っている**のはどれか。**2つ**選べ。ただし，解答の順番は問わない。　| 25 |，| 26 |

① ナトリウムの単体は塩化ナトリウムの溶融塩電解（融解塩電解）によって製造される。

② 炭酸ナトリウムの十水和物を空気中で放置すると，風解して一水和物になる。

③ アルミニウムの単体は濃硝酸にも水酸化ナトリウム水溶液にも溶ける。

④ マグネシウムの単体は熱水と反応して酸化マグネシウムを生成する。

⑤ アルミニウムの単体と酸化鉄(III)の粉末を混ぜて点火すると，激しく反応して，融解した単体の鉄を生じる。

問 2　酸化物とオキソ酸に関する記述のうち，正しいのはどれか。　| 27 |

① 酸化ナトリウムはナトリウム原子と酸素原子が共有結合で結びついた物質である。

② ケイ素の酸化物は，塩基と反応して塩を生じる。

③ 同一元素のオキソ酸では，中心の原子に結合する酸素原子の数が多いほど酸性が弱い。

④ Cl_2O_7 を水に溶解すると塩素酸水溶液が生じる。

⑤ 酸化物の中でも，酸性の水溶液に溶けやすいものを酸性酸化物という。

問 3　無機化合物や鉱物の名称と，その主成分の構成元素の一つとの組合せとして**誤っている**のはどれか。　| 28 |

①　さらし粉－Mg　　②　ボーキサイト－Al　　③　石英－Si

④　石灰石－Ca　　⑤　鋼－Fe

第 7 問　次の問い（問 1〜2）に答えよ。

問 1　単体が二原子分子で気体である元素 a, b, c, d がある。下記の説明
　　ア〜エを読み，元素 a, b, c, d の組合せとして正しいものはどれか。
　　29

　　ア　分子 ab は空気より重い気体で，水によく溶け，水溶液は強酸性を示
　　　　す。
　　イ　元素 b の単体は黄緑色の気体で酸化作用がある。
　　ウ　分子 cd は無色の気体で水に溶けにくく，空気に触れると赤褐色の気
　　　　体になる。
　　エ　分子 ca_3 は空気よりも軽く，水によく溶け，水溶液は塩基性を示す。

	a	b	c	d
①	窒素	水素	塩素	酸素
②	水素	臭素	フッ素	窒素
③	フッ素	塩素	酸素	水素
④	水素	塩素	窒素	酸素
⑤	酸素	水素	塩素	フッ素
⑥	臭素	フッ素	窒素	酸素
⑦	水素	塩素	酸素	窒素
⑧	酸素	塩素	水素	窒素
⑨	水素	フッ素	窒素	酸素

問 2　ア　〜　ウ　は硫黄を含む化合物で，図はそれらの相互関係を
　　示している。これに関する記述として**誤っている**のはどれか。　30

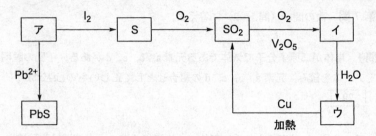

① 　アは硫化水素である。
② 　イは三酸化硫黄である。
③ 　ウは硫酸である。
④ 　単体の硫黄は結晶のものと非晶質のものがある。
⑤ 　硫化鉛(II)は黒色の固体である。
⑥ 　二酸化硫黄は硫化水素と反応するとき，還元剤としてはたらく。

第 8 問　次の問い（問 1〜2）に答えよ。

問 1　難溶性の塩であるクロム酸銀 Ag_2CrO_4 を水に溶かして飽和させた。クロム酸銀の溶解度が 1×10^{-4} mol/L のとき，クロム酸銀の溶解度積 K_{sp} 〔$(mol/L)^3$〕として適当な数値を①〜⑥から選べ。 　31

① 　1×10^{-12} 　　　② 　2×10^{-12} 　　　③ 　3×10^{-12}
④ 　4×10^{-12} 　　　⑤ 　5×10^{-12} 　　　⑥ 　6×10^{-12}

問 2　次のイオンを含む水溶液にア〜エの操作を行った。a〜d に相当するイオンの正しい組み合わせはどれか。 　32

$$NO_3^-, \quad CO_3^{2-}, \quad SO_4^{2-}, \quad CrO_4^{2-}$$

ア a の水溶液は黄色であり，硫酸酸性にすると赤橙色になった。
イ b を含む酸性水溶液に銅や銀を加えると，気体を発生しながら溶解した。
ウ c を含む水溶液に希塩酸を加えるとガスが発生した。
エ a, c, d を含む水溶液にバリウムイオンを含む水溶液を加えると沈殿が

生じた。

	a	b	c	d
①	NO_3^-	SO_4^{2-}	CrO_4^{2-}	CO_3^{2-}
②	NO_3^-	SO_4^{2-}	CO_3^{2-}	CrO_4^{2-}
③	NO_3^-	CrO_4^{2-}	CO_3^{2-}	SO_4^{2-}
④	NO_3^-	CrO_4^{2-}	SO_4^{2-}	CO_3^{2-}
⑤	CrO_4^{2-}	NO_3^-	SO_4^{2-}	CO_3^{2-}
⑥	CrO_4^{2-}	NO_3^-	CO_3^{2-}	SO_4^{2-}
⑦	CrO_4^{2-}	CO_3^{2-}	SO_4^{2-}	NO_3^-
⑧	CrO_4^{2-}	CO_3^{2-}	NO_3^-	SO_4^{2-}

第9問　次の問い（問1～3）に答えよ。

問1　脂肪族炭化水素の構造に関する次の記述①～⑤のうち，正しいのはどれか。**2つ**選べ。ただし，解答の順番は問わない。　| **33** |，| **34** |

① プロペンのすべての水素原子は，同一平面上に存在する。
② プロピンのすべての炭素原子は，一直線上に並んでいる。
③ アセチレンの炭素原子間の距離は，エタンのそれより長い。
④ 2-ブテンのすべての炭素原子は，同一平面に存在する。
⑤ プロパンには構造異性体が存在する。

問2　炭素，酸素，水素からなる化合物 A 2.22 g を十分な量のナトリウムと反応させたところ，0.015 mol の水素が発生した。化合物 A の構造を選べ。ただし，原子量は，H=1.0，C=12，O=16 とする。　| **35** |

① CH_3-CH_2-OH ② CH_3-O-CH_3 ③ $CH_3-\underset{\parallel}{\overset{O}{C}}-CH_3$

④ $CH_3-CH_2-CH_2-CH_2-OH$ ⑤ $CH_3-CH_2-O-CH_2-CH_3$

問3 アルカンと塩素の混合物に光を照射すると，水素原子が塩素原子で置
換される。次の炭素数 5 のアルカン a, b の水素原子 1 つを塩素原子に置
換すると，それぞれから何種類の構造異性体が得られるか。a は ☐ 36 ☐ に，
b は ☐ 37 ☐ にマークせよ。

    a $C(CH_3)_4$ b $CH_3CH(CH_3)CH_2CH_3$

  ① 1   ② 2   ③ 3   ④ 4   ⑤ 5   ⑥ 6

解答編

英語

Ⅰ **解答** (1)—② (2)—② (3)—① (4)2番目：④　4番目：⑤
(5)—③ (6)—② (7)2番目：④　4番目：⑤ (8)—④
(9)—③ (10)—② (11)—③ (12)—①

◆全　訳◆

≪色の名前が知覚に与える影響≫

　そのマニキュア師のもとへ足を運ぶと，そこで私は百を超える色の中から選ばなければならないのだけど，その色は大体4つに区分されていて，赤色，ピンク色，中間色，そしてタクシーイエローやスカイブルーといった，より風変わりな色がある。中間色や赤色は一番人気があって，私は個人的に中間色の方が好みだけれど，とはいえ目の見える人のように色に対して強い持論があるわけではない。定義上，中間色というものはそんなに色味があるものではないが，それでも，ピンク色や真珠色，そしてシャンパン色を含めて，24種類を超える色の濃淡の選択肢がある。

　「これらの中間色の中だと，どれが私に似合うかしら？」と私はマニキュア師に尋ねる。

　「絶対にバレエ・スリッパーズですよ」と彼女が答える。

　「絶対，アドーラブルですよ」と私の隣に座っている客が対抗してくる。

　「なるほど。その二色はどう違うの？」

　「そうですね，バレエ・スリッパーズの方が上品ですよ」

　「アドーラブルはより魅惑的な感じです」

　「それで，その二つは何色なの？」

　「バレエ・スリッパーズはとても淡いピンク色です」

　「そしてアドーラブルはごく薄いピンクです」

　「それなら，その二色はどう違うの？」と私は尋ねる。

　「どちらもあなたによく似合うでしょうけど，バレエ・スリッパーズの

方が上品に見えて，アドーラブルはより魅惑的でしょうね」

　仮に私の目が見えたら，ひょっとしてこんな感じで私の心の中での選択の一人芝居が進んでいくのかしら，でも私は実際には目が見えないから，結局あきらめて彼女たちに，本当に理解できないの，と伝えるしかない。私は，もし彼女たちが「上品な」とか「魅惑的な」といったような曖昧な形容詞を理解しているとしても，その二色の濃淡の区別はさほど大きくないのかもしれないと思わずにはいられない。その女性たちの意見が一致していることが一つある。それは，「私たちを信用してほしい，仮にあなたがその色を目にすることができたら，二色の違いを見分けることができるでしょう」ということである。

　私に見分けることができるだろうか？　彼女たちの言う通りかもしれない。結局のところ，インドの諺にある通り，「猿が生姜の味を知っていようか」，ということなのだ。しかし，この話で言うところの猿になることを受け入れる前に，私には彼女たちの主張について調べてみる必要があった。そこで私は研究者用の帽子を被り，コロンビア大学の 20 人の女子学部生に予備実験を行ったのである。彼女たちは無料のマニキュアを提供され，その中にはアドーラブルかバレエ・スリッパーズのどちらかで爪に色を塗ることも含まれていた。その女子学生のうち半分はアドーラブルとバレエ・スリッパーズのラベルが貼られた瓶を見せられ，もう半分の女子学生たちはAやBというラベルが貼られた瓶の中に入った同じ色を目にした。

　色の名前を見ることができたグループの中で，10 人中 7 人の参加者たちがバレエ・スリッパーズを選び，一方で残りの 3 人はアドーラブルの方を好んだ。前者の 7 人はバレエ・スリッパーズを二色の中でより濃く深みがあると表現した。もう一方のグループでは，6 人がA（実際にはアドーラブル）を選び，この色こそが二色の中でより濃く深みがあると表現したが，一方で他の 4 人はB（バレエ・スリッパーズ）の方を好む者と無頓着だった者に真っ二つに分かれた。女子学生の内には，いくら頑張ってもその二色を見分けられない者もいたが，ラベルがなければ，被験者たちはその二つの色をまったく同じだと考えていたかもしれない。実際，AやBとラベルが貼られた瓶を目にしたグループの中で，3 人の参加者は私たちが彼女たちをだましていると考えていた。彼女たちはまったく同じ色が入った二つの瓶のうちから選ぶことを自分たちに要求しているとして，私たち

を責めたのだった。

　ここに，私の心をとらえている事実がある。それは，それらの色は実際には見分けがつかないものだったが，とりわけ名前を与えられたときには，確かに違いが存在したということだ。その女子学生たちのうちの多くは名前が見えたときにはバレエ・スリッパーズの色を選んだのだが，また満場一致でアドーラブルという名前よりもバレエ・スリッパーズという名前の方を好んでいた。これを単に偶然そうなったと考えるのは無理がある。むしろ，名前が何らかの形でその色をより良いものに見せたか，もしくは少なくとも二つの色が異なるものであるという感覚を生み出したように思われる。

　私には，名前によってその色がより良く見えたり，またより悪く見えたりすることはなかったが，だからこそ私は単純にそれぞれの色についてできる限り客観的な描写を求めていた。皮肉なことに，盲目である私は，主に色の目に見える特質に関心があったし，その一方で目の見える人たちは，その色の「パッケージ」を評価していたのだ。私は色の名前について正確には気にかけていなかったが，それはまさしく私がその色を目にすることができなかったからである。しかし，目の見える人たちは独立的にではなく，その製品をできる限り魅力的にさせるために他人が包装し位置づけした視覚文化の文脈の中で選択をしていた。その色の名前という一見すると表面的な特徴が，実は私たちの脳の知覚自体に作用するようになっているということは有りうるのだろうか？　もしそうであるとすれば，私たちは本当に自身の感覚や，その感覚に基づいて私たちが行う選択を信用することができるのだろうか？

━━━━━◀解　説▶━━━━━

⑴空所前後の内容の関係性を考えればよい。直前に「24 種類を超える色の濃淡の選択肢がある」とあり，また直後にはその選択肢の例として「ピンク色や真珠色，そしてシャンパン色」を挙げていることから，具体例を導く②「～を含めて」が正解。この including は前置詞と考えてよい。なお，③namely「すなわち」も具体例を表すが，including がいくつかの例を挙げるのに使われる一方で，namely はその内容を網羅的に列挙する際に用いるため，ここでは不適。①as は前置詞としてはたらく場合「～として」という意味になり，④は非限定用法の関係代名詞として後ろに文が

続く必要があるため不可。

(2)下線部では「対抗する」という意味で動詞として使われており，選択肢のうちで動詞の counter を含むのは②のみ。他の選択肢はすべて名詞としての用法で，それぞれ，①「売り場」，③「調理台」，④「窓口」という意味である。なお，下線部を含む文全体は，第3文型（ＳＶＯ）の目的語である発言内容が文頭に出た倒置になっており，伝達を表す動詞を含む文ではよく見られる形である。各選択肢の意味は次の通りである。①「その商品はオープンカウンターに陳列されている」，②「彼はいつもそれを証明できるのかどうかと尋ねて言い返してくる」，③「その調理台は汚れた皿と調理器具で覆われている」，④「内部には，客の登録のためのたくさんの手続き窓口がある」。

(3)空所直後の文要素が欠落していないことから，空所には疑問副詞が入ることが分かる。この問いかけの後で「バレエ・スリッパーズの方が上品に見えて，アドーラブルはより魅惑的でしょうね」とそれぞれの色の特徴を述べているので，様子を尋ねる①「どのように」が正解。なお，空所を含む文の6行前にも，同様に二色の違いを尋ねるやり取り（How are the two …）がある。

(4)下線部はいわゆる there is 構文である。まず，「一つある」という訳語から is の直後に one thing を置く。その直後に，文末の on と合わせて，「その女性たちの意見が一致している」という修飾部 the women agree on が続く。one thing と the women agree on の間には関係代名詞 that が省略されており，元の文は the women agree on one thing の形となる。agree on ～ は「～について合意する」という意味。したがって，one thing the women agree が正しい語順となり，2番目に来る語は④ thing，4番目は⑤ women である。

(5)下線部は「彼女たちの主張」という意味で，ここではマニキュア師と隣に座っている客の2人の主張を指している。下線部を含む段落の初めに「私に見分けることができるだろうか？　彼女たちの言う通りかもしれない」とあることから，その主張とはその直前（"Trust us, if you …"）の「私たちを信用してほしい，仮にあなたがその色を目にすることができたら，二色の違いを見分けることができるでしょう」ということであると分かる。したがって，③が正解である。

(6)下線部の free は形容詞で「無料の」という意味。同じ意味で用いられている free を含むのは，選択肢のうちで②のみ。他の選択肢では free がいずれも「〜がない」という意味で使われている。各選択肢の意味は次の通りである。①「私たちは本当に自家製で砂糖不使用のミントソースを扱っている」，②「あなたが18歳未満なら，自動的に無料の歯科治療が受けられるだろう」，③「無宗教であるという権利なしに宗教の自由はありえない」，④「より多くの人たちが喫煙の危険性を理解するにつれて，禁煙になる酒場が増えてきている」。

(7)下線部ではすでに主節の英文が完成しているので，日本語訳の「ラベルがなければ」という副詞部分を作文すればよい。選択肢より if not for 〜「もし〜がなければ」という表現を作り，前置詞 for の目的語として the labels を置いた if not for the labels が正しい語順となる。以上より，2番目に来る語は④not，4番目は⑤the である。

(8)空所前には accuse *A* of *B*「*A* を *B* のことで責める」という表現があることから，実験に参加した女子学生たちが，何を尋ねられたことで筆者たちを責めたのかを考える。空所を含む文の2文前（Some couldn't tell …）に「いくら頑張ってもその二色を見分けられない者もいたが，ラベルがなければ，被験者たちはその二つの色をまったく同じだと考えていたかもしれない」と書かれていることから，女子学生たちがそもそも二つの色に違いがないのではないかと感じていることが分かる。それを受けて，空所を含む文の直前文（In fact, in the group that …）で「3人の参加者は私たちが彼女たちをだましていると考えていた」とあるのは，本当は違いのない色を見分けるように求められているのではないかと考えたということである。以上より，④「まったく同じ色が入った二つの瓶のうちから選ぶこと」を入れると文章の流れと合う。他の選択肢はそれぞれ，①「ラベルなしで二つの色を識別すること」，②「微妙な違いの詳細を調べること」，③「どちらの色が一般的にバレエ・スリッパーズだと考えられているのか」という意味であり，いずれも文脈に合わない。

(9)空所を含む文の前の二つの段落で提示された実験結果からは，ラベルがなければ色の違いを見分けることができなかったが，名前が示されている場合にはそれができたということが分かる。したがって，③を選ぶと「それらの色は実際には見分けがつかないものだったが，とりわけ名前を与え

られたときには，確かに違いが存在した」という意味となり，文章の流れ
と合う。実験結果という事実についての言及なので，probably「たぶん」
を含む他の選択肢はいずれも適切ではない。

⑽下線部の unlikely to *do* は「～することはありそうにない」，mere は
「単なる」，coincidence は「偶然の一致」であり，これらの語句を正確に
解釈している選択肢は②のみ。

⑾空所の前文（Rather, it seems that …）に「むしろ，名前が何らかの
形でその色をより良いものに見せたか，もしくは少なくとも二つの色が異
なるものであるという感覚を生み出したように思われる」とある。よって，
空所を含む文は，筆者は目が見えないため，逆に，名前に影響されてその
色の見た目の印象が変わるということはないという内容だと考えられる。
したがって，色の違いを感じさせる要因となった，③「名前」を入れるの
が正解である。

⑿下線部は，強調構文が疑問文の形になったもので，元の文の主語にあた
る名詞句 the color name が強調されている。その後のカンマは同格を表
し，その語句が「一見すると表面的な特徴」と言い換えられている。この
主語に対する述語動詞は had actually been designed「実は設計されてい
る」で，続く to affect sensory perception itself は「知覚自体に作用する
ように」という意味。以上を正確に解釈している選択肢①が正解である。

Ⅱ **解答**　(1)(a)—①　(b)—④　(c)—④　(d)—①　(e)—③
(2)(ア)—③　(イ)—③　(ウ)—②　(3)—②　(4)—②
(5)(C)—②　(D)—⑤　(E)—③　(F)—⑦

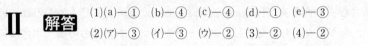
◆全　訳◆

≪夢が私たちに与える影響≫

　歴史的に，心理学者たちは，夢とは自分自身をしまっておく心の中の部
屋であり，私たちが目を覚ましている間に起きる物事とはまったく異なる
と考えていた。フロイトはもちろん，夢が無意識という，私たちの抑圧さ
れた衝動を入れておく鍵付きの箱への近道であり，精神分析がその箱を開
ける鍵であると考えていた。彼が考えるに，眠っている間は，私たちの心
の防御を解き，洗練された特質を機能停止させた状態で，私たちの中の悪
魔が現れてはしゃぎ回り，そして私たちの欲望を明らかにするのだ。そし

て，初期段階の神経科学が誕生したが，この学問は精神分析の空想のうち曖昧で品のない部分をすべて破壊してしまい，それを脳の物理的働きという無情で現実的な考え方へと置き換えるものである。神経科学によれば，夢とは脳がレム睡眠中の無作為な脳幹の発火を解釈する方法にすぎないということであった。やや愚かではあっても興味深いものであった性の象徴的意義は外へと締め出され，より科学的な根拠に基づいた神経細胞の力学が持ち込まれたのであった。

　より高度な技術を用いた今日の研究が示してきたのは，実際には私たちの夢というものが，起きている間に経験している自然発生的な言語による思考と多くの類似点を共有しているということである。そうした研究から，私たちが起きている間の言語による精神活動が，私たちが眠っている間の言語による精神活動と対話しているということも明らかになっている。

　新たな証拠によって，夢は実用的で私たちの実際的需要に対して高度に順応していることが多いということが示唆されている。夢を少しばかり滑稽な模擬飛行装置と考えることもできるだろう。これから起こる出来事を前もって疑似体験し，現実となりうる筋書きや警戒すべき脅威にさえも私たちの注意を向けることで，夢は私たちが将来に対して備える助けとなってくれる。夢がどのようにして私たちに影響を与えるかということについて，未だに学ぶべきことはたくさんあるが，結局のところ——この場合は「日」ではなく「夜」という単語を使うべきだろうか——夢というものは単純に心の中のまさしく物語なのだ。そしてやはり，起きて生活しているうちに，あらゆるもののうちで最も基礎的な精神的物語，すなわち私たちの自己同一性について，内なる声が突然騒々しく主張するのである。

■■■■■■■■■■■　◀解　説▶　■■■■■■■■■■■

⑴(a)空所前にある thought of と合わせて think of *A* as *B*「*A* を *B* だと考える」というイディオムを作る①as を入れるのが正解。なお，第 3 段第 2 文（You can think of …）にも同様の形がある。

(b)空所前にある動詞 replace と合わせて replace *A* with *B*「*A* を *B* に置き換える」となる，④with を入れるのが正解。該当部分は「それを脳の物理的働きという無情で現実的な考え方へと置き換える」という意味になる。なお，①as も replace と併用できるが，その場合は replace *A* as *B*「*B* として *A* に代わる」という意味になり，文意に合わない。

(c)空所後の with と合わせて share *A* with *B*「*A* を *B* と共有する」となる動詞④ share を入れるのが正解。該当部分は「起きている間に経験している自然発生的な言語による思考と多くの類似点を共有している」という意味になる。次の文（It turns out that …）で「私たちが起きている間の言語による精神活動が，私たちが眠っている間の言語による精神活動と対話しているということも明らかになっている」と述べていることからも文意がつかめる。① deny「～を否定する」，② follow *A* with *B*「*A* のあとに *B* を続ける」。③ prove「～を証明する」はやや迷うかもしれないが，夢自体が類似性を証明するというのはおかしいので不適。

(d)前の段落（Present-day research with …）では，「今日の研究」が夢について明らかにしてきたことが述べられており，空所はそれを受けて Emerging evidence「新たな証拠」が示す内容について述べられる部分である。したがって，ここで触れられるのもやはり「夢」についての研究であると考えるのが妥当であり，① dreams を入れるのが正解。空所を含む文は「新たな証拠によって，夢は実用的で私たちの実際的需要に対して高度に順応していることが多いということが示唆されている」という意味になる。続く同段第 2 文（You can think of …）の them や第 3 文（They aid us …）の文頭にある They も同じく dreams を指しており，夢の役割を説明する文がつながる。

(e)空所前にある we have much と合わせて we have much to learn「私たちには学ぶべきことはたくさんある」という意味になる，③ to learn を入れるのが正解。主語の we が learn の意味上の主語でもあるので，異なる主語を要する受動態の④ to be learned は不適。原形動詞の① learn は空所前に have があることから不可。② learned を過去分詞と解釈して have learned という完了形を作ると，空所前にある副詞 still「未だに」と文意が合わなくなるので不適。

(2)(ア) waking は「起きている」という意味で，③「眠っていない」と同意。他の選択肢はそれぞれ，①「迷惑な」，②「早い」，④「懸命に働いている」という意味である。

(イ) civilized は本文中では「洗練された」という意味で，③と同意。他の選択肢はそれぞれ，①「活発な」，②「個人的な」，④「さまざまな」という意味である。

(ウ)needs は「需要」という意味で，近いのは②である。他の選択肢はそれぞれ，①「行動」，③「問題」という意味，④は「供給」で反対の意味である。

(3)下線部を含めた the key that opened it は「それを開ける鍵」という意味の比喩であり，このことから，②「私たちの抑圧された衝動を入れておく鍵付きの箱」を指していると考えるのが妥当である。その衝動をしまい込んでいる無意識というものを，精神分析によって解明するという文意とも合う。

(4)下線部の by simulating ～ は「～を疑似体験することによって」という手段を表しており，その目的語にあたる名詞 events「出来事」を修飾する節が，続く関係代名詞 that から始まっている。関係詞節内の are still to come は be to *do* の形で，「これから来ることになっている」という意味である。以上を正確に解釈している選択肢は②である。

III 解答
(1)—①　(2)—④　(3)—④　(4)—④　(5)—③　(6)—②
(7)—②　(8)—①

◀解　説▶

(1)「どうか私に教えてください」

空所後に tell という動詞の原形があることから，本文は Please を文頭に置いた命令文であると分かる。選択肢のうちで文法的に正しい形を作れるのは①do しかなく，この do は tell を強調する助動詞である。

(2)「誰もが人生に寄与するものを持っている」

空所直後にある前置詞 to と合わせて「～に寄与する」という意味になる④contribute が正解。①cause「～を引き起こす」は他動詞であり，直後に目的語となる名詞がないため不可。②consider「よく考える」や③continue「続く」には自動詞としての用法はあるが，前置詞 to と合わせて意味を成さないのでここでは不適。

(3)「私たちが夕食を取っている間に，彼が到着した」

空所前後に文が置かれていることから，空所にはこれらをつなぐ接続詞が入ることが分かる。選択肢のうちで接続詞としての用法があるのは，④while「～する間に」のみ。①「同時に」と②「そうしている間に」は副詞句，③「～の間に」は前置詞である。

⑷「誰かが侵入したという証拠はない」

　空所の前に前置詞 of があることから，someone 以降は文の形にはならないことが分かる。①・②・③を入れるといずれも文となるため，④having が妥当である。この having は動名詞であり，直前の someone はその意味上の主語という関係性になっている。

⑸「私のものが青かったということを除いて，私たちのドレスは同じものだった」

　空所前後の文をつなぐ品詞が入るため，前置詞である②despite「〜にもかかわらず」と④without「〜なしに」は不可。「私たちのドレスは同じものだった」と「私のドレスが青かった」という二つの状況が同時に成り立つ，③except「〜を除いて」を選ぶのが妥当である。except には前置詞の他，接続詞としての用法がある。なお，①but も接続詞だが，これを入れると前後の状況が両立しないためここでは不適。

⑹「そのクラスの生徒たちはそれぞれコンピュータを持っている」

　述語動詞が has であることから，それに対応する主語は三人称単数の名詞でなければならない。直後の of the students と合わせて②Each を代名詞として用いれば，「複数の生徒たちのうちでそれぞれ」という，集団の中での個を意識する表現になる。複数扱いの① All や④Some を用いると動詞は have となるはずなので不適。③Every には形容詞としての用法しかないので，of the students という修飾語句を用いて主語とすることはできない。

⑺「短期間の平和を挟んだことを除いて，戦争は 11 年間続いた」

　空所後に一定の期間を表す eleven years があるので，「戦争が続いた」という意味になる，②lasted が妥当である。③の spent にも「〜を費やす」の意味はあるが，人を主語として用いるためここでは不適。なお，本文の lasted は自動詞なので，eleven years は目的語ではなく，前に置かれる期間を表す for が省略された副詞句である。last の他にも，stay やlive など「継続」の意味を含む動詞に期間を表す語句が続く場合，for は頻繁に省略される。

⑻「私たちの新しいシステムを見に一緒に来ていただけると幸いです」

　空所前の文に would があることから仮定法の文であると予想し，①のif を入れて条件節を完成させるのが正解。②only には口語的に仮定法と

併用する接続詞としての用法は存在するが，「もし〜でさえなければ」という意味になりここでは不適。③ that や④ whether は通常は接続詞として仮定法とともには用いず，また意味的にも妥当ではない。本文は We would appreciate it if 〜 の形で「〜していただけると幸いです」という意味の丁寧な依頼の定型表現であり，仮定法を用いることで現実との距離感を出している。

数学

I 解答

(1)(a) $\dfrac{1}{15}$ (b) $\dfrac{1}{5}$ (c) $\dfrac{4}{15}$ (2)(d) 25

(3)(e) $\dfrac{1}{2}\vec{e_1}+\dfrac{1}{2}\vec{e_2}-\dfrac{1}{2}\vec{e_3}$ (f) $\dfrac{1}{2}\vec{e_1}+\dfrac{1}{2}\vec{e_2}+\dfrac{1}{2}\vec{e_3}$

◀解 説▶

≪条件付き確率，常用対数と桁数，空間ベクトル≫

(1)
$$P(A\cap B)=P(A)\cdot P_A(B)$$
$$=\dfrac{1}{3}\cdot\dfrac{1}{5}=\dfrac{1}{15} \quad\to(\text{a})$$

$$P(\overline{A}\cap B)=P(\overline{A})-P(\overline{A}\cap\overline{B})$$
$$=P(\overline{A})-P(\overline{A})\cdot P_{\overline{A}}(\overline{B})$$
$$=(1-P(A))\cdot(1-P_{\overline{A}}(\overline{B}))=\left(1-\dfrac{1}{3}\right)\cdot\left(1-\dfrac{7}{10}\right)$$
$$=\dfrac{2}{3}\cdot\dfrac{3}{10}=\dfrac{1}{5} \quad\to(\text{b})$$

$$P(B)=P(A\cap B)+P(\overline{A}\cap B)$$
$$=\dfrac{1}{15}+\dfrac{1}{5}=\dfrac{4}{15} \quad\to(\text{c})$$

(2) 6^n が 20 桁以上であることから

$$6^n\geqq10^{19}$$

$$\log_{10}6^n\geqq\log_{10}10^{19} \qquad n\log_{10}6\geqq19$$

$$\therefore\quad n\geqq\dfrac{19}{\log_{10}6}=\dfrac{19}{\log_{10}2+\log_{10}3}$$
$$=\dfrac{19}{0.3010+0.4771}=\dfrac{19}{0.7781}=24.4\cdots$$

よって，求める最小の n は $n=25 \quad\to(\text{d})$

(3) $\vec{e_1}$, $\vec{e_2}$, $\vec{e_3}$ をそれぞれ $\overrightarrow{AB}$, $\overrightarrow{AD}$, $\overrightarrow{AE}$ で表すと

$$\vec{e_1}=\overrightarrow{AB}+\overrightarrow{AE} \quad\cdots\cdots①$$

$$\vec{e_2}=\overrightarrow{AB}+\overrightarrow{AD} \quad\cdots\cdots②$$

$$\vec{e_3}=\overrightarrow{AD}+\overrightarrow{AE} \quad\cdots\cdots③$$

①+②−③ より

$$\vec{e_1}+\vec{e_2}-\vec{e_3}=2\overrightarrow{AB} \quad \therefore \quad \overrightarrow{AB}=\frac{1}{2}\vec{e_1}+\frac{1}{2}\vec{e_2}-\frac{1}{2}\vec{e_3} \quad\to(e)$$

①+②+③ より

$$\vec{e_1}+\vec{e_2}+\vec{e_3}=2(\overrightarrow{AB}+\overrightarrow{AD}+\overrightarrow{AE})$$

ここで

$$2(\overrightarrow{AB}+\overrightarrow{AD}+\overrightarrow{AE})=2\overrightarrow{AG}$$

なので

$$\overrightarrow{AG}=\frac{1}{2}\vec{e_1}+\frac{1}{2}\vec{e_2}+\frac{1}{2}\vec{e_3} \quad\to(f)$$

Ⅱ **解答** (1)(a) $t\geqq-1$ (b) $\dfrac{2\pm\sqrt{2}}{2}$ (c) $-\dfrac{1}{4}$

(2)(d) 0 (e) $a=-\dfrac{1}{4}$, $a>0$

◀解　説▶

≪4次関数の最大・最小，4次方程式の異なる実数解の個数≫

(1) $t=x^2-2x=(x-1)^2-1\geqq-1$

すなわち $t\geqq-1 \quad\to(a)$

$$f(x)=x^4-4x^3+5x^2-2x$$
$$=(x^4-4x^3+4x^2)+x^2-2x$$
$$=(x^2-2x)^2+(x^2-2x)$$
$$=t^2+t$$
$$=\left(t+\frac{1}{2}\right)^2-\frac{1}{4}$$

よって，最小値は $-\dfrac{1}{4} \quad\to(c)$

このとき，$t=x^2-2x=-\dfrac{1}{2}$ より

$$2x^2-4x+1=0 \quad \therefore \quad x=\frac{2\pm\sqrt{2}}{2} \quad\to(b)$$

(2)　$g(t)=t^2+t$ $(t\geqq-1)$ とおくと，$y=g(t)$

のグラフは右図のようになる。

t の値 1 個について，得られる x の値の数は

　　$t=-1$ のとき，1 個 $(x=1)$

　　$t>-1$ のとき，2 個

であるから，$y=a$ と $y=g(t)$ の交点から，

$f(x)=a$ が異なる 3 つの実数解をもつのは

　　$a=0$　→(d)

異なる 2 つの実数解をもつ必要十分条件は

　　$a=-\dfrac{1}{4}$，$a>0$　→(e)

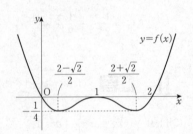

別解　$f(x)=x^4-4x^3+5x^2-2x$ より

　　$f'(x)=4x^3-12x^2+10x-2$

　　　　　$=2(2x^3-6x^2+5x-1)$

　　　　　$=2(x-1)(2x^2-4x+1)$

よって，増減表は

x	$\cdots$	$\dfrac{2-\sqrt{2}}{2}$	$\cdots$	1	$\cdots$	$\dfrac{2+\sqrt{2}}{2}$	$\cdots$
$f'(x)$	$-$	0	$+$	0	$-$	0	$+$
$f(x)$	$\searrow$	$-\dfrac{1}{4}$	$\nearrow$	0	$\searrow$	$-\dfrac{1}{4}$	$\nearrow$

となり，$y=f(x)$ のグラフは右上図のようになる。

したがって，$f(x)=a$ が異なる 3 つの実数解をもつような a の値は

　　$a=0$

また，$f(x)=a$ が異なる 2 つの実数解をもつような a の必要十分条件は

　　$a=-\dfrac{1}{4}$，$a>0$

III　解答　(a)$\dfrac{1}{2}x+2$　(b)$(4,\ -1)$　(c)$\dfrac{1}{2}$　(d)$\dfrac{4}{3}x-\dfrac{19}{3}$

(e)$\dfrac{3\sqrt{5}+5}{4}$

◀ 解　説 ▶

≪3 つの直線がつくる三角形およびその外接円と内接円≫

2 点 $(6, 5)$ と $(-8, -2)$ を通る直線 l の方程式は

$$y-5=\frac{5-(-2)}{6-(-8)}(x-6) \qquad \therefore \quad y-5=\frac{1}{2}(x-6)$$

すなわち　　$y=\frac{1}{2}x+2$　→(a)

直線 m の方程式 $x+ky+k-4=0$ より

$$(x-4)+k(y+1)=0$$

よって，m が k の値にかかわらず通る定点 P の座標は

$$(4, -1) \quad →(b)$$

直線 m が l と垂直に交わるのは，m が傾き -2 をもつときであるから

$$-\frac{1}{k}=-2 \qquad \therefore \quad k=\frac{1}{2} \quad →(c)$$

$k=\frac{1}{2}$ のとき，直線 m の方程式は

$$x+\frac{1}{2}y-\frac{7}{2}=0$$

$$\therefore \quad y=-2x+7$$

直線 l と m の交点を求める。

$\frac{1}{2}x+2=-2x+7$ より　　$x=2$

よって，l と m の交点の座標は

$$(2, 3)$$

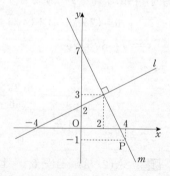

A$(2, 3)$ とし，l と直線 n の交点を

B$\left(t, \frac{1}{2}t+2\right)$ とおくと，△PAB の面積

が 20 となることから

$$\frac{1}{2}\text{PA} \cdot \text{AB}=20$$

$$\Longleftrightarrow \sqrt{4+16} \cdot \text{AB}=40$$

$$\Longleftrightarrow \text{AB}=4\sqrt{5}$$

となればよい。よって

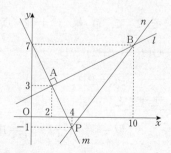

$$(t-2)^2+\left(\frac{1}{2}t-1\right)^2=(4\sqrt{5})^2 \Longleftrightarrow t^2-4t-60=0$$
$$\Longleftrightarrow (t-10)(t+6)=0$$

n の傾きが正なので

$$\frac{\frac{1}{2}t+2-(-1)}{t-4}>0 \qquad \therefore \quad t<-6,\ 4<t$$

ゆえに　　　$t=10$

よって　　　$\mathrm{B}(10,\ 7)$

したがって, n の方程式は

$$y=\frac{7+1}{10-4}(x-4)-1 \Longleftrightarrow y=\frac{4}{3}x-\frac{19}{3} \quad \rightarrow\text{(d)}$$

このとき, $\mathrm{PB}=10$ となり, $\angle\mathrm{PAB}=90°$ より PB は外接円の直径だから, 外接円の半径 R は

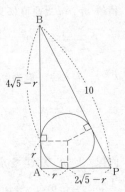

$$R=5$$

内接円の半径を r とすると

$$10=(2\sqrt{5}-r)+(4\sqrt{5}-r)$$
$$\Longleftrightarrow r=3\sqrt{5}-5$$

よって

$$\frac{R}{r}=\frac{5}{3\sqrt{5}-5}=\frac{5(3\sqrt{5}+5)}{45-25}=\frac{3\sqrt{5}+5}{4}$$

したがって　　$\dfrac{3\sqrt{5}+5}{4}$ 倍　→(e)

別解　$\mathrm{A}(2,\ 3)$, $\mathrm{B}(-6,\ -1)$ とおくと, $\triangle\mathrm{ABP}$ の面積は

$$\frac{1}{2}\times10\times4=20$$

そこで, 直線 l 上の点を $\mathrm{Q}\left(t,\ \dfrac{1}{2}t+2\right)$ とし

$$\mathrm{PQ}=\mathrm{BP}$$

とすると

$$(t-4)^2+\left(\frac{1}{2}t+3\right)^2=10^2$$

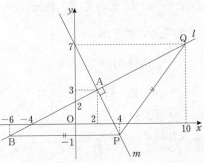

$$\frac{5}{4}t^2-5t-75=0$$

$$t^2-4t-60=0$$

$$(t+6)(t-10)=0$$

よって，直線 l, m, n がつくる三角形の面積が 20 となるのは $t=10$ のときである。

したがって，傾きが正の直線 n は 2 点 P(4, -1) と Q(10, 7) を通る直線であるから，その方程式は

$$y-7=\frac{7-(-1)}{10-4}(x-10) \qquad y-7=\frac{4}{3}(x-10)$$

すなわち　　　$y=\frac{4}{3}x-\frac{19}{3}$

△APQ の外接円の半径と内接円の半径は，△ABP の外接円の半径と内接円の半径に等しいことに注意する。

△ABP の外接円の半径を R とすると，∠BAP$=90°$ より

　　　BP$=2R=10$ 　　∴　$R=5$

△ABP の内接円の半径を r とすると

　　　$(4\sqrt{5}-r)+(2\sqrt{5}-r)=10$

　∴　$r=3\sqrt{5}-5$

よって

$$\frac{R}{r}=\frac{5}{3\sqrt{5}-5}$$

$$=\frac{5(3\sqrt{5}+5)}{45-25}=\frac{3\sqrt{5}+5}{4} \ \text{倍}$$

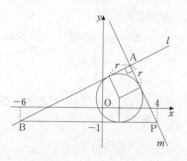

Ⅳ 　解答　(1)(a)$k\neq-1$　(b)k, -1　(2)(c)$k=-1\pm\sqrt{3}$

(3)(d)1, $-\dfrac{5}{3}$　(e)2

◀解　説▶

≪3次関数の極値，最大・最小≫

(1)　$f(x)=2x^3-3(k-1)x^2-6kx+2$ より

　　　$f'(x)=6x^2-6(k-1)x-6k$

$$=6\{x^2-(k-1)x-k\}$$
$$=6(x-k)(x+1)$$

$f(x)$ が極値をとるための必要十分条件は，$f'(x)$ が正と負の符号をとることであるから

$$k\neq-1 \quad\to(a)$$

このとき，極値をとる x は　$x=k$，-1　$\to$(b)

(2)　方程式 $f(x)=0$ の異なる解の個数が 2 個であるための必要十分条件は，$f(x)$ が極値をとり，かつ，一方の極値が 0 となることである。
したがって，$k\neq-1$ のとき

$$f(-1)=-2-3(k-1)+6k+2=3(k+1)\neq0$$

であるから $f(k)=0$ となる。

$$f(k)=2k^3-3(k-1)k^2-6k\cdot k+2=-k^3-3k^2+2$$

よって

$$-k^3-3k^2+2=0 \qquad k^3+3k^2-2=0$$

$$\therefore \quad (k+1)(k^2+2k-2)=0$$

$k\neq-1$ より

$$k^2+2k-2=0 \qquad \therefore \quad k=-1\pm\sqrt{3} \quad\to(c)$$

(3)　$k\neq-1$ とする。

(i)　$k>-1$ のとき

極小値は　　$m(k)=f(k)=-k^3-3k^2+2$

そこで

$$-k^3-3k^2+2=-2$$

とすると

$$k^3+3k^2-4=0$$
$$(k-1)(k^2+4k+4)=0$$
$$(k-1)(k+2)^2=0$$

$k>-1$ より $k=1$ は適する。

(ii)　$k<-1$ のとき

極小値は　　$m(k)=f(-1)=3(k+1)$

そこで

$$3(k+1)=-2$$

とすると

$$k=-\frac{5}{3}$$

これは適する。

(i), (ii)より

$$k=1,\quad -\frac{5}{3}\quad\rightarrow\text{(d)}$$

次に，$m(k)$ の最大値について考える。

(i)　$k>-1$ のとき

$m(k)=-k^3-3k^2+2$ より

$$\begin{aligned}
m'(k)&=-3k^2-6k\\
&=-3k(k+2)\\
&=0\\
&\Longleftrightarrow k=0\quad(\because\ k>-1)
\end{aligned}$$

(ii)　$k<-1$ のとき，$m(k)=3(k+1)$ より，$m(k)$ は単調増加となる。

(i), (ii)より，$m(k)$ の増減は右表のようになるので，最大値は

$$m(0)=2\quad\rightarrow\text{(e)}$$

k	$\cdots$	0	$\cdots$
$m'(k)$	$+$	0	$-$
$m(k)$	$\nearrow$	2	$\searrow$

■化学■

1 解答
問1．1・2―①・③（順不同）
問2．3・4―②・⑥（順不同）
問3．④

◀解　説▶

≪共有結合と分子の形≫

問1～問3．①～⑥について，中心元素の周りにある共有電子対，非共有電子対，分子の形はそれぞれ次の通り。

化学式	共有電子対	非共有電子対	分子の形
①NH_3	3組	1組	三角すい形
②NH_4^+	4組	0組	正四面体形
③H_3O^+	3組	1組	三角すい形
④BH_3	3組	0組	平面三角形
⑤CO_2	4組	0組	直線形
⑥CCl_4	4組	0組	正四面体形

2 解答
問1．①　問2．③　問3．8・9―②・⑤（順不同）

◀解　説▶

≪溶液の性質≫

問1．溶質粒子の質量モル濃度はそれぞれ次の通り。

ア．$0\,mol/kg$

イ．$\dfrac{9.0}{180}\times\dfrac{1}{0.90}\fallingdotseq5.6\times10^{-2}\,[mol/kg]$

ウ．$\dfrac{2.9}{58.5}\times\dfrac{1}{1.0}\times2\fallingdotseq9.9\times10^{-2}\,[mol/kg]$

溶質粒子の濃度が大きいほど，蒸気圧は小さくなり，沸点は高くなる。よって，蒸気圧曲線はそれぞれ，$x-$ア，$y-$イ，$z-$ウである。

問2．③誤り。標準大気圧下において，0℃で水が凝固して氷になると，

体積は増加する。

問3．①誤文。ブラウン運動は，コロイド粒子周囲の水分子が熱運動によりコロイド粒子に衝突し，コロイド粒子が不規則な運動を行うために起こる。

③誤文。少量の電解質を加えると沈殿するコロイドは疎水コロイドである。

④誤文。セロハンなどの半透膜を小さい分子やイオンが通り抜けて移動することを透析という。

3 **解答**　問1．10—②　11—①　12—③　13—④
　　　　　　　問2．14—②　15—③　16—①

◀解　説▶

≪電離平衡≫

問2．酢酸のモル濃度を c〔mol/L〕，電離度を α とすると，電離による変化は次表の通り

$$CH_3COOH \rightleftharpoons CH_3COO^- + H^+$$

初　め	c	0	0	〔mol/L〕
変化量	$-c\alpha$	$+c\alpha$	$+c\alpha$	〔mol/L〕
平衡時	$c(1-\alpha)$	$c\alpha$	$c\alpha$	〔mol/L〕

酢酸の電離定数 K_a は次式のように表せる。

$$K_a = \frac{[CH_3COO^-][H^+]}{[CH_3COOH]}$$

$$= \frac{c^2\alpha^2}{c(1-\alpha)} = \frac{c\alpha^2}{1-\alpha}$$

$\alpha \ll 1$ のとき，$1-\alpha \fallingdotseq 1$ と近似できるので

$$K_a = c\alpha^2 \qquad \alpha = \sqrt{\frac{K_a}{c}}$$

$$\therefore \quad [H^+] = c\alpha = c \times \sqrt{\frac{K_a}{c}} = \sqrt{cK_a}$$

電離定数 K_a の値は一定なので，濃度 c を $\dfrac{1}{10}$ 倍にしたとき，$[H^+] = \sqrt{cK_a}$ より，水素イオン濃度は

$$\frac{1}{\sqrt{10}} = \frac{1}{\sqrt{2} \times \sqrt{5}} = \frac{1}{1.41 \times 2.24}$$

$$= \frac{1}{3.1} \fallingdotseq \frac{1}{3} \text{ 倍}$$

4 　**解答**　問1．④
　　　　　　　問2．18・19—③・⑥（順不同）

◀ **解　説** ▶

≪結合エネルギー，化学平衡≫

問1．C=O の結合エネルギーを x[kJ/mol] とすると，（反応熱）＝（生成物の結合エネルギーの和）－（反応物の結合エネルギーの和）より

$$394 = 2x - (720 + 500) \quad \therefore \quad x = 807 \text{[kJ/mol]}$$

問2．③誤文。圧力一定で加熱すると，平衡は吸熱方向である左に移動する。

⑥誤文。全圧，温度一定でアルゴンを加えると，反応に関わる物質の分圧は小さくなる。よって，平衡は分子数増加方向である左に移動する。

5 　**解答**　問1．20・21—①・④（順不同）
　　　　　　　問2．22—②　23—④　24—②

◀ **解　説** ▶

≪電池，電気分解≫

問1．①正文。ダニエル電池を放電させると，次の変化が起こる。

負極：$Zn \longrightarrow Zn^{2+} + 2e^-$

正極：$Cu^{2+} + 2e^- \longrightarrow Cu$

放電するにしたがって，Zn^{2+} の濃度が大きく，Cu^{2+} の濃度が小さくなる。

②誤文。ダニエル型電池では，正極活物質と負極活物質のイオン化傾向の差が大きいほど，起電力が大きくなるので，電池(2)の起電力が最も大きくなる。

③誤文。マンガン乾電池は放電し続けると起電力が低下し，回復することができない。このような電池を一次電池という。

④正文。鉛蓄電池は，電極に酸化鉛(Ⅳ)と鉛，電解質に希硫酸を用いた代表的な二次電池である。放電による変化は次の通り。

正極：$PbO_2 + 4H^+ + SO_4{}^{2-} + 2e^- \longrightarrow PbSO_4 + 2H_2O$

負極：$Pb + SO_4^{2-} \longrightarrow PbSO_4 + 2e^-$

⑤誤文。水素と酸素を用いる燃料電池では，水素は負極で酸化され，酸素は正極で還元される。

問 2．電解槽 A で起こる変化はそれぞれ次の通り。

陽極（電極 1）：$2H_2O \longrightarrow O_2 + 4H^+ + 4e^-$

陰極（電極 2）：$2H_2O + 2e^- \longrightarrow H_2 + 2OH^-$

流れた電子の物質量は

$$\frac{3860}{9.65 \times 10^4} = 4.0 \times 10^{-2} [mol]$$

よって，電極 1，2 で発生する気体の大気圧下，20℃ における体積は

電極 1　(O_2)：$4.0 \times 10^{-2} \times \frac{1}{4} \times 24.0 \times 10^3 = 240 [mL]$

電極 2　(H_2)：$4.0 \times 10^{-2} \times \frac{1}{2} \times 24.0 \times 10^3 = 480 [mL]$

電解質①，②，③を電気分解したときの変化，同じ電気量を流したときに生じる物質の物質量比は，それぞれ次の通り。

①陽極：$2Cl^- \longrightarrow Cl_2 + 2e^-$

　陰極：$Cu^{2+} + 2e^- \longrightarrow Cu$

ゆえに　　$Cl_2 : Cu = 1 : 1$

②陽極：$2H_2O \longrightarrow O_2 + 4H^+ + 4e^-$

　陰極：$Cu^{2+} + 2e^- \longrightarrow Cu$

ゆえに　　$O_2 : Cu = 1 : 2$

③陽極：$2H_2O \longrightarrow O_2 + 4H^+ + 4e^-$

　陰極：$Ag^+ + e^- \longrightarrow Ag$

ゆえに　　$O_2 : Ag = 1 : 4$

グラフより，生じた物質の物質量比は，陽極：陰極＝1：2 なので，②が適当である。

6　**解答**　問 1．25・26—③・④（順不同）　問 2．②　問 3．①

━━━━━◀解　説▶━━━━━

≪典型元素の性質≫

問1．③誤文。アルミニウムは濃硝酸に溶けない。これは，金属表面に緻密な酸化被膜を生じ，内部が保護されるからである。このような状態を不動態という。

④誤文。マグネシウムの単体は熱水と反応して，水素を発生し，水酸化マグネシウムを生成する。

$$Mg+2H_2O \longrightarrow Mg(OH)_2+H_2$$

問2．①誤文。酸化ナトリウムはナトリウムイオンと酸化物イオンがイオン結合で結びついた物質である。

②正文。二酸化ケイ素は水酸化ナトリウムや炭酸ナトリウム等，強塩基と反応してケイ酸ナトリウムを生じる。

③誤文。同一元素のオキソ酸では，中心の原子に結合する酸素原子の数が多いほど，酸性が強い。

④誤文。七酸化二塩素と水が反応すると，過塩素酸が生じる。

$$Cl_2O_7+H_2O \longrightarrow 2HClO_4$$

⑤誤文。非金属元素の酸化物は，水や塩基と反応して塩を生じたりするので，酸性酸化物と呼ばれる。

問3．さらし粉の主成分は化学式 $CaCl(ClO)\cdot H_2O$ で表される。

7　解答　問1．④　問2．⑥

━━━━━◀解　説▶━━━━━

≪硫黄の性質≫

問1．イ．塩素の単体は黄緑色の気体である。よって元素 b は塩素である。

ア．塩化水素は空気より重い気体で，水によく溶け，水溶液は強酸性を示す。よって，分子 ab は塩化水素，元素 a は水素である。

エ．アンモニアは空気よりも軽く，水によく溶け，水溶液は塩基性を示す。分子 ca_3 はアンモニアなので，元素 c は窒素である。

ウ．一酸化窒素は無色の気体で水に溶けにくく，空気に触れると赤褐色の

気体である二酸化窒素に変化する。よって，元素 d は酸素である。

問 2．二酸化硫黄は通常還元剤としてはたらくが，より強い還元剤である硫化水素と反応するときは，酸化剤としてはたらく。

$$SO_2 + 2H_2S \longrightarrow 3S + 2H_2O$$

8　解答　問 1．④　問 2．⑥

◀解　説▶

≪溶解度積，溶液の性質≫

問 1．クロム酸銀の溶解平衡は次式で表せる。

$$Ag_2CrO_4(固体) \rightleftharpoons 2Ag^+ + CrO_4^{2-}$$

平衡状態において，$[Ag^+] = 2 \times 10^{-4}$[mol/L]，$[CrO_4^{2-}] = 1 \times 10^{-4}$[mol/L] が成り立つので

$$K_{sp} = [Ag^+]^2[CrO_4^{2-}] = 4 \times 10^{-12}(mol/L)^3$$

問 2．ア．クロム酸イオンを含む水溶液を硫酸酸性にすると，二クロム酸イオンに変化する。この時水溶液は黄色から赤橙色に変化する。よって，a は CrO_4^{2-} である。

イ．銅や銀は熱濃硫酸や硝酸など，酸化力をもつ酸にのみ溶解する。よって，b は NO_3^- である。

ウ．炭酸イオンを含む水溶液に希塩酸を加えると，二酸化炭素が発生する。よって，c は CO_3^{2-} である。

$$CO_3^{2-} + 2H^+ \longrightarrow H_2O + CO_2$$

エ．CrO_4^{2-}，CO_3^{2-}，SO_4^{2-} を含む水溶液にバリウムイオンを加えると，それぞれ黄色沈殿，白色沈殿，白色沈殿を生じる。よって，d は SO_4^{2-} である。

9　解答　問 1．33・34—②・④（順不同）　問 2．④
　　　　　　　問 3．36—①　37—④

◀解　説▶

≪脂肪族化合物の性質≫

問 1．①誤文。アルケンでは，二重結合の炭素原子とこれに直結する 4 個

の原子は, 同一平面上にある。プロペンのすべての炭素原子は, 同一平面上に存在するが, 水素原子はすべてを同一平面上に配置することはできない。

③誤文。アセチレンの炭素原子間の距離は, エタンのそれより短い。C$-$C>C=C>C≡C の順に短い。

⑤誤文。炭素原子の数が 4 以上のアルカンには, 構造異性体が存在する。炭素原子が 3 個のプロパンには構造異性体が存在しない。

問2. 化合物 A はナトリウムと反応するので, 選択肢の中で①か④のどちらかである。ヒドロキシ基をもつ化合物は, 次のようにナトリウムと反応して水素を発生する。

$$2R-OH+2Na \longrightarrow 2R-ONa+H_2$$

化合物 A の分子量を M とすると

$$\frac{2.22}{M} \times \frac{1}{2} = 0.015 \quad \therefore \quad M = 74$$

ヒドロキシ基をもち, 分子量 74 である④が化合物 A である。

問3. a, b の構造式は次のように表せる。

a.　$\begin{array}{c} CH_3 \\ | \\ H_3C-C-CH_3 \\ | \\ CH_3 \end{array}$　　b.　$\begin{array}{c} \\ H_3C-CH-CH_2-CH_3 \\ | \\ CH_3 \end{array}$

a は異なる環境にある水素原子は存在せず, 水素原子の環境は 1 種類のみである。水素原子を塩素原子で置換したとき, 構造異性体は存在しない。

b は異なる環境にある水素原子が 4 種類存在する。水素原子を塩素原子で置換したとき, 構造異性体は 4 種類存在する。

■一般選抜：B方式前期

問題編

▶試験科目・配点

教　科	科　　　　目	配　点
英　語	コミュニケーション英語Ⅰ・Ⅱ・Ⅲ，英語表現Ⅰ・Ⅱ	100 点
数　学	数学Ⅰ・Ⅱ・A・B（数列，ベクトル）	100 点
理　科	化学基礎・化学	100 点

▶備　考

　学力試験の成績に加え，調査書により「学力の3要素」のうち「主体性を持って多様な人々と協働して学ぶ態度」を多面的・総合的に評価し，合格者を決定する。

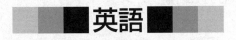

英語

(70 分)

Ⅰ　次の英文を読んで，下の設問（1）～（12）に答えなさい。

Who was the first scientist?

It wasn't Isaac Newton.　Today, it is generally acknowledged that Newton was not only a scientist, but the greatest scientist who ever lived, yet (ぁ)<u>Newton never thought of himself as a scientist.</u>　He couldn't, for the word didn't exist in his time.

Newton thought of himself as a "philosopher," a word that (a)<u>dates</u> back to the ancient Greek thinkers and that comes from Greek words (b)<u>meaning</u> "lover of wisdom."

There are different kinds of wisdom we might love, of course.　Some philosophers are concerned chiefly with the wisdom derived from the study of the world about us and the manner of its workings.　The world ｛ **c** ① about ② be ③ can ④ referred ⑤ to ⑥ us ｝ as "nature," from the Latin word meaning "birth."　Nature, in other words, is everything that has been created or that has come into being.　Philosophers who deal primarily with nature are, therefore, "natural philosophers."

Newton thought of himself as a natural philosopher, and the sort of thing he studied was natural philosophy.　Thus, when he wrote the book（ **d** ）he carefully described his three laws of motion and his theory of universal gravitation—the greatest scientific book ever written—he called it (in Latin) *Philosophiae Naturalis Principia Mathematica*, which in English is *The Mathematical Principles of Natural Philosophy*.

The Greek word for "natural" is *physikos*, which in English becomes physical.　Natural philosophy might also be spoken of as "physical philosophy," which can be shortened to "physics."

As natural philosophy grew and expanded, all kinds of special studies developed.　People began to speak of chemistry, of geology, of physiology, and so on.　(ぃ)<u>Physics was whatever was left over, so it didn't suit as a general overall word for natural philosophy</u>.　Yet you needed some such short word, for natural philosophy was a seven-syllable mouthful.

There did, for instance, exist the word "science," from the Latin word meaning "to know." Originally { e ① about   ② anything   ③ knowing ④ meant   ⑤ that } at all, so that if you knew how to play a basketball game, it was fair to say that you understood the (　う　) of basketball.

Gradually, though, because something was needed that was short and convenient as a word expressing the kind of knowledge that natural philosophers were (　f　) in, "science" came to be used to mean "natural philosophy."

Then, about 1840, an English natural philosopher named William Whewell began to use the word "scientist" to represent someone who studied and understood that kind of science.   In other words, (　　　　**g**　　　　).

Only after 1840, then, can there be anyone who thinks of himself as a "scientist."   In that case, who was the first scientist?

Well, Whewell was a good friend of Michael Faraday and suggested a number of new words for concepts that Faraday had dreamed up, words such as "ion," "anode," "cathode," and so on.   What's more, Faraday was the greatest natural philosopher of his time, one of the ten best of all time surely, and probably the greatest experimenter of all time.

If Whewell thought of anyone as a scientist, I'll bet he thought of Faraday first.   And if he didn't, (h)<u>I will</u>.

I say Michael Faraday was the first scientist.   And the first physicist, for that matter, (i)<u>since</u> Whewell also made up that word.

（出典 : *The Tyrannosaurus Prescription and 100 Other Essays*, by Isaac Asimov. 一部変更）

（１）下線部(あ)の理由を，解答欄の形式（「ニュートンの時代には～ので，自身が科学者だとは考えもしなかった」）に合わせてマス目に１０字～１５字の日本語を補い，解答用紙に書きなさい。

（２）下線部(い)を以下の形式に合わせて日本語に訳し，（　　　　　　）に相当する部分を解答用紙に書きなさい。

　　「（　　　　　　　　　　　　　　　　　）ふさわしくなかった」

（３）空所(　う　)に入れるのに最も適切な語を，本文の内容に合わせて本文中から１語選び解答用紙に書きなさい。

（４）下線部(a)と同じ意味・用法の dates を含む文を，次の①～④から一つ選び，マークカードの解答欄　　1　　にマークしなさい。

① She has five singing dates this month.

② Speaking of dates, are you still seeing him?

③ The ceremony dates from the 17th century.

④ Publication dates are given in brackets after each title.

（5）下線部**(b)**と同じ用法の meaning を含む文を，次の①〜④から一つ選び，マークカードの解答欄 **2** にマークしなさい。

① She felt sure the letter had some hidden meaning.

② Premiere is a noun meaning the first performance.

③ In this connection, the word has a different meaning.

④ You should be able to guess the meaning of the word from the context.

（6）{   **c**   }内の語を並べ替え，意味の通る英文を作りなさい。並べ替えたものの中で2番目と5番目に来る語の番号を，それぞれ次のようにマークカードにマークしなさい。

      2番目 → マークカードの解答欄 **3**

      5番目 → マークカードの解答欄 **4**

（7）空所(**d**)に入れるのに最も適切なものを，次の①〜④から一つ選び，マークカードの解答欄 **5** にマークしなさい。

① as for   ② how   ③ in which   ④ that

（8）{   **e**   }内の語を並べ替え，意味の通る英文を作りなさい。並べ替えたものの中で2番目と5番目に来る語の番号を，それぞれ次のようにマークカードにマークしなさい。

      2番目 → マークカードの解答欄 **6**

      5番目 → マークカードの解答欄 **7**

（9）空所(**f**)に入れるのに最も適切なものを，次の①〜④から一つ選び，マークカードの解答欄 **8** にマークしなさい。

① ignored   ② ignoring   ③ interested   ④ interesting

（10）空所(**g**)に入れるのに最もふさわしい内容のものを，次の①〜④から一つ選び，マークカードの解答欄 **9** にマークしなさい。

① Newton thought of himself as a scientist

② a scientist came to mean a natural philosopher

③ our modern world is founded on science and technology

④ the universe will answer questions only if you put in a little experiment

（１１）下線部(**h**)の内容を最もよく表しているものを，次の①〜④から一つ選び，マークカードの解答欄　　**10**　　にマークしなさい。

① 私がファラデーを最初の科学者と呼ぼうと思う

② 私はヒューウェルこそが最初の自然哲学者だと考える

③ ファラデーは自分を科学者だと考えていなかっただろうと私は思う

④ ヒューウェルはファラデーを最初の自然哲学者だと考えたと私は思う

（１２）下線部(**i**)と同じ意味・用法の since を含む文を，次の①〜④から一つ選び，マークカードの解答欄　　**11**　　にマークしなさい。

① Since when are you an expert of wine?

② She's been around as a film director since the 1990s.

③ She's been working here since the end of last summer.

④ Since you're having another cup of coffee, I'll have one also.

II　次の英文を読んで，下の設問（１）〜（４）に答えなさい。なお，＊印の語には注が付いています。

Have you ever heard something like: *If it takes 20 minutes for your unprotected skin to start turning red, using an SPF* 15 sunscreen* theoretically prevents reddening 15 times longer—about five hours.* This is *sorta technically* true, but unfortunately, it leads to people doing math like this.

Suppose you think it takes you twenty minutes to burn without sunscreen. If you slather* on SPF 100, you might think you can gallivant in the sun for *thirty-three hours* and not get burned. That's some hot (ア)nonsense. Here's why: First, you have no idea what the "time it normally takes me to burn" is. Second, that number is not (イ)fixed. It changes dramatically based on the time of day, time of year, where you are on Earth, and what's (a) you (clear sky? clouds?). And third, you almost never get the (ウ)full protection of the SPF listed on the label. Why? You almost never apply as much sunscreen as they use in the official test, 2 milligrams per square centimeter of skin.

That's *a lot* of sunscreen. For this reason, most people apply half this amount or less.　And this leads to another misconception: that people put on "too little" sunscreen.　This is … meaningless.　Just (　b　) aware that "what feels right" is probably about half what the FDA mandates.　That's actually one reason the bottle says to reapply: because it knows you didn't put on "(　c　)" the first time around.

Another very popular—and also (　d　)—interpretation of the SPF goes something like this: *Once you get above SPF* [insert random number between 10 and 40 here], *the number doesn't really make much difference.*　This myth is in the *New York Times* and *Consumer Reports*, on Gizmodo and the *Encyclopædia Britannica*'s website, and in peer-reviewed scientific articles written by (ｴ)practicing dermatologists*.　And everybody's (ｵ)reasoning is very similar.　It's based on the table A showing (　e　) percent of sunburn-causing UV* light is absorbed by sunscreens of different SPFs:

table A	
SPF	Sunburn-Causing UV Light Absorbed by the Sunscreen
1	0 %
15	93.3 %
30	96.6 %
50	98.0 %
100	99.0 %

Well-meaning* people look at the table and they write sentences like these: *An SPF of 15 blocks about 93 percent of the UVB* radiation, while an SPF of 30 blocks out 97 percent of the UV radiation.　This is only a 4 percent difference …*

This is wronger than meat loaf at a clambake.　To see why, let me try to sell you a couple "bullet-resistant vests*."　Vest A stops 93 percent of bullets.　Vest B stops 97 percent of bullets.　It *seems* like there's only a 4 percent difference between the two vests, but consider this: If someone shot one hundred bullets at you and you were wearing vest B, you'd be hit by three bullets.　In vest A, you'd be hit by *seven*.　Ditto with* photons: the number of photons *blocked* by the sunscreen is totally irrelevant.　The number that (ｶ)matters is how many *get through*.

With that in mind, let's add a column to the table above:

There. Now we have a much better sense of how two different SPFs relate to one another: you can see that SPF 100 absorbs *twice* as many sunburn-causing photons as SPF 50.

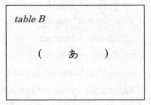

table B

(　あ　)

So should you go for the highest SPF available?　In the late 2000s, sunscreen (A)manufacturers certainly thought so: they were (B)constantly trying to outdo each other by making ever-higher-SPF sunscreens.　I tend to go for the highest SPF I can find, but this is (C)definitely not a one-size-fits-all (D)approach.

There are legitimate reasons you might not want to use ultra-high SPF sunscreens.　Using a lower SPF sunscreen might be a good way to psychologically trick yourself into reapplying.　Any sunscreen will eventually get washed away, so if you're going to spend all day in the sun, you need to reapply.　If you're using only SPF 30, you wouldn't feel so protected, and you'd consistently reapply it throughout the day.

(出典：Ingredients, by George Zaidan. 一部変更)

（注）SPF: 紫外線防御指数　　sunscreen: 日焼け止め　　slather: 厚く塗る　dermatologists: 皮膚科医　　UV: 紫外線　　well-meaning: 悪気のない　UVB: 中波長紫外線　bullet-resistant vests: 防弾ベスト　ditto with: 〜も同様である

（1）下線部(ア)〜(カ)の意味に最も近いものを，それぞれ次の①〜④から一つ選び，マークカードの解答欄　12　〜　17　にマークしなさい。

(ア) nonsense　　12　　① absurdity　② clarity
　　　　　　　　　　　　③ inheritance　④ seriousness

(イ) fixed　　　　13　　① flexible　② insecure
　　　　　　　　　　　　③ infinite　④ steady

(ウ) full　　　　14　　① complete　② defective
　　　　　　　　　　　　③ imperfect　④ marginal

(エ) practicing　15　　① amateur　② student
　　　　　　　　　　　　③ working　④ yielding

(オ) reasoning　16　　① agreement　② concept
　　　　　　　　　　　　③ discussion　④ logic

(カ) matters　　17　　① is dependent　② is important
　　　　　　　　　　　　③ is problematic　④ is simple

（2）空所(a)〜(e)に入れるのに最も適切なものを，それぞれ次の①〜④から一つ選び，マークカードの解答欄　18　〜　22　にマークしなさい。

(a)　　18　　① above　② below
　　　　　　　③ on　④ underneath

(b)　　19　　① are　　　　② be
　　　　　　　③ do　　　　④ not

(c)　　20　　① enough　　② in excess
　　　　　　　③ much　　　④ too little

(d)　　21　　① neat　　　② pointed
　　　　　　　③ real　　　④ wrong

(e)　　22　　① how　　　② that
　　　　　　　③ what　　　④ which

（3）空所（　あ　）に入る表として最もふさわしいものを次の①～④から一つ選び，
　　マークカードの解答欄　　23　　にマークしなさい。

① SPF	Sunburn-Causing UV Light Absorbed by the Sunscreen
1	0%
15	93.3%
30	96.6%
50	98.0%
100	99.0%

Vest	Bullets That Hit You
A	93.0%
B	97.0%

② SPF	Sunburn-Causing UV Light Absorbed by the Sunscreen
1	0%
15	93.3%
30	96.6%
50	98.0%
100	99.0%

Sunscreen is not moisturizer.
The right way to put on sunscreen is to spread it very lightly over the surface of your skin, then let it dry.

③ SPF	Sunburn-Causing UV Light Absorbed by the Sunscreen	Sunburn-Causing UV Light That Gets through the Sunscreen
1	0%	100%
15	93.3%	6.7%
30	96.6%	3.4%
50	98.0%	2.0%
100	99.0%	1.0%

④ SPF	Sunburn-Causing UV Light Absorbed by the Sunscreen A	Sunburn-Causing UV Light Absorbed by the Sunscreen B
1	0%	0%
15	93.3%	93.6%
30	96.6%	98.0%
50	98.0%	99.0%
100	99.0%	99.9%

（4）下線部**(A)**〜**(D)**と第一アクセントの母音が同じであるものを，それぞれ次の①〜⑧から一つ選び，マークカードの解答欄　**24**　〜　**27**　にマークしなさい。

① actually　　② another　　③ causing　　④ popular
⑤ protection　⑥ radiation　⑦ someone　　⑧ totally

(A) manufacturers → マークカードの解答欄　**24**
(B) constantly → マークカードの解答欄　**25**
(C) definitely → マークカードの解答欄　**26**
(D) approach → マークカードの解答欄　**27**

III 次の日本文と英文の意味が同じになるように，空所（　1　），（　2　）を
補いなさい。解答用紙には空所に当てはまる部分のみ書きなさい。

それらの研究は，いくつかの基本的要因が生活の質の向上につながること
を示している。

Those (　　　　　　　1　　　　　　　) shown that a few basic factors lead
(　　　　　　　　2　　　　　　　　).

IV 次の英文を読み，空所（　1　）～（　6　）に入れるのに最も適切な語を下の
{　　　　　　　} 内から選び，必要があれば語形を変えて解答用紙に書きなさい。
なお，一つの語を複数回使ってはいけません。

　　Suppressing negative or depressive thoughts, to the extent that many of
us probably do on a daily basis, (　1　) been proven to backfire spectacularly,
(　2　) in depressive symptoms, according to studies.　The Harvard
University psychologist Daniel Wegner famously led a thought experiment in
1987 where subjects were (　3　)*not* to think about white bears, inspired by
the Russian writer Dostoevsky, who once wrote: *'Try to pose for yourself this
task: not to think of a polar bear, and you will see that the cursed thing will
come to mind every minute.'*

　　So Wegner decided to put this idea to the test.

　　For five minutes, participants were asked *not* to think about a white bear,
but to ring a bell each time a white bear (　4　) their minds.　Participants in a
second group (　5　) allowed to think of anything they wanted, but continued
to ring a bell each time the thought of a white bear surfaced.　The second
'expression' group rang the bell far less frequently than the first group, who'd
been (　6　) their thoughts.

(出典：How to Be Sad, by Helen Russell. 一部変更)

{　be　　　cross　　　have　　　result　　　suppress　　　tell　}

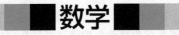

数学

（70 分）

I. 次の □ にあてはまる答を解答欄に記入しなさい。

(1) a, b, c を正の定数，m, n を定数とする。連立方程式

$$\begin{cases} x + y = z \\ ax + cz = m \\ by + cz = n \end{cases}$$

の解は $(x, y, z) = \boxed{\text{(a)}}$ である。

(2) α は $0 < \alpha < \dfrac{\pi}{2}$, $\tan\alpha = \dfrac{1}{5}$ を満たしている。このとき $\tan\left(4\alpha - \dfrac{\pi}{4}\right) = \boxed{\text{(b)}}$ である。

(3) a を 1 より大きい定数とする。△ABC の辺 BC, CA, AB を $1:a$ に内分する点をそれぞれ D, E, F とする。線分 AD と BE，BE と CF，CF と AD の交点をそれぞれ P, Q, R とする。このとき，DP:PR:RA = $1:\boxed{\text{(c)}}:\boxed{\text{(d)}}$ となる。

II.　次の　　　　　　にあてはまる答を解答欄に記入しなさい。

　M 大学では 30 名が数学の講義を受講しており，10 名ずつ 3 つの組（1 組，2 組，3 組）に分かれている。

　次表は 1 組の定期試験の結果をまとめたものである。

学籍番号	点数	(点数)²	点数 − 平均	(点数 − 平均)²
10101	82	6724	13	169
10102	62	3844	−7	49
10103	42	1764	−27	729
10104	61	3721	−8	64
10105	67	4489	−2	4
10106	64	4096	−5	25
10107	95	9025	26	676
10108	77	5929	8	64
10109	53	2809	−16	256
10110	87	7569	18	324
合計	690	49970	(a)	(b)

このとき，(a)=　(a)　，(b)=　(b)　である。

　2 組の定期試験の得点の平均は 71 点で分散は 288 であり，3 組の定期試験の得点の平均は 70 点で分散は 465 であった。数学の講義を受講した 30 名全体での定期試験の得点の平均は　(c)　点で分散は　(d)　である。

　数学の講義では定期試験とは別にレポートを課しており，定期試験の得点を 0.9 倍し，レポートを 10 点満点で採点して，これらの合計で成績をつけている。ただし，成績は実数。すると，レポートについては全員が満点であった。このとき，数学の講義を受講した 30 名全体での成績の平均は　(e)　点で分散は　(f)　である。

III.　次の □□□□ にあてはまる答を解答欄に記入しなさい。

数列 $\{a_n\}$ を $a_n = \left[\log_3 n\right]$ により定める。ただし，実数 x に対して $[x]$ を，x を超えない最大の整数とする。このとき，$a_1 = \boxed{\text{(a)}}$，$a_{100} = \boxed{\text{(b)}}$ である。また，$a_n = k$ を満たす自然数 n のうち最大のものを k を用いて表すと $\boxed{\text{(c)}}$ で，$a_n = k$ を満たす n の個数を k を用いて表すと $\boxed{\text{(d)}}$ 個である。和 $S_m = \displaystyle\sum_{k=1}^{3^m-1} a_k$ を m を用いて表すと $S_m = \boxed{\text{(e)}}$ である。

IV.　次の □□□□ にあてはまる答を解答欄に記入しなさい。

a を正の定数とし，xy 平面上の放物線 $C : y = x^2 - x - 2$ を x 軸方向に a，y 軸方向に $-a$ だけ平行移動した放物線を C_a とする。さらに，2 つの放物線 C，C_a の両方に接する直線を l_a とする。

(1) C_a の方程式は $y = \boxed{\text{(a)}}$ であり，C と C_a の交点の座標は $\boxed{\text{(b)}}$ である。また，l_a の方程式は $y = \boxed{\text{(c)}}$ である。

(2) C と C_a の交点を通り C に接する直線を m_a とすると m_a の方程式は $y = \boxed{\text{(d)}}$ である。C，C_a および l_a で囲まれる部分は直線 m_a で 2 つの部分に分けられる。これら 2 つの部分の面積を S_1，S_2（ただし，$S_1 < S_2$）とするとき，$\dfrac{S_2}{S_1} = \boxed{\text{(e)}}$ である。

化学

（70 分）

Ⅰ　次の記述を読み，下記の問いに答えよ。ただし，原子量は H = 1.00，Cl = 35.5 とする。

　元素 L，M，Q は元素の周期表において第 2 周期の 13〜17 族に属する元素のいずれかであり，L，M，Q および水素 H の原子からなる**化合物 1，2** は以下のように反応してイオンを生成する。なお，図中の「−」は共有結合を，「：」は非共有電子対を表している。

化合物1

化合物2

塩3

問1　L，M，Q に相当する元素はなにか。元素記号で示せ。

問2　**化合物 1** の電子式を，問 1 で答えた元素記号を用いて示せ。

問3　1 原子の L, M, Q と適当な数の H 原子のみからなる水素化物 H_xL，H_yM，H_zQ について，以下の問い (1) 〜 (2) に L，M，Q の記号で答え

よ。ただし，x, y, z は水素原子の個数を表す。

(1) 水素化物が極性をもつものをすべて選べ。

(2) 水素化物の融点が最も低いものを選べ。

問4　5.25 g の**化合物2** を HCl と反応させたところ，反応は完全に進行し，**塩3** が 16.2 g 生成した。Q の原子量を小数点以下第1位まで求めよ。

Ⅱ　次の記述を読み，下記の問いに答えよ。ただし，原子量は H = 1.0，O = 16，Na = 23，Cl = 35.5 とする。

温度計，かくはん機を備えた発泡ポリスチレン製の断熱容器を用いて以下の実験を行なった。

全ての溶液の密度は 1.00 g/cm³，比熱は 4.1 J/(g・K)で一定とし，断熱容器内と外界の間で熱の出入りはないものとする。

実験1

容器に温度 20.0℃ の 0.500 mol/L 水酸化ナトリウム水溶液を 200 mL 入れ，温度 20.0℃ の 0.500 mol/L 塩酸を 50 mL 加え温度を測定した。温度変化が止まった直後に，さらに温度 20.0℃ の 0.500 mol/L 塩酸を 50 mL 加え温度を測定する操作を繰り返し，最終的に全量で塩酸 300 mL を加えた。この間の温度変化はグラフ中の実線のようになった。中和が完了した時点での液温は 23.5℃ であった。

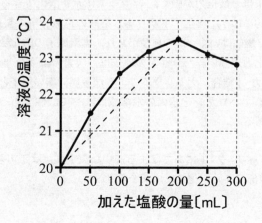

実験 2

容器に 0.500 mol/L 塩酸 100 mL を入れ, 固体の水酸化ナトリウム 4.0 g を加え完全に溶解させた。このとき, 温度は 17.0℃上昇した。

問 1 実験 1 の反応の熱化学方程式を記せ。

問 2 実験 1 で塩酸を 200 mL 加えたところまでの温度変化がグラフ中の実線のようになり, 破線のようにならない理由を述べよ。ただし, 中和熱以外の発熱はないものとする。

問 3 実験 2 の反応における水酸化ナトリウム（固体）の溶解熱〔kJ/mol〕を小数点以下第 1 位まで求めよ。ただし, 水酸化ナトリウムは完全に溶解してから塩酸と反応するものとする。

Ⅲ 次の記述を読み, 下記の問いに答えよ。ただし, 原子量は H = 1.0, N = 14, O = 16, S = 32, Cl = 35.5 とし, ファラデー定数は 9.65×10^4 C/mol, 標準状態の気体 1 mol の体積は 22.4 L とし, 気体は水溶液に溶けないものとする。

　ハロゲンは周期表の ア 族元素の総称であり, これらの原子は 7 個の イ をもつ。ハロゲンの単体はすべて ウ 原子分子であり, ハロゲン化物の酸化によって得られる。また, ハロゲンの単体は原子番号が エ ほど酸化力が強く, (1) フッ素は水を酸化できる。単体の塩素は, 工業的には (2) 塩化ナトリウム水溶液の電気分解で製造される。塩素のオキソ酸にはいくつかの種類があり, 塩素原子の酸化数が オ ものほど酸化力が強い。ハロゲンの原子は, 炭素のような非金属元素の原子とは カ 結合, ナトリウムのような金属元素の原子とは キ 結合をつくる。ハロゲン化水素の水溶液はすべて酸性であるが ク のみ弱酸である。

問 1 ア ～ ク にあてはまる適切な数字または語句を入れよ。また, 下線部 (1) を化学反応式で記せ。

問 2　下線部（2）はイオン交換膜法とよばれ，塩素とともに，気体以外のある重要な化学物質を製造する方法として知られている。その物質の名称を記せ。また，電気分解の陰極で起こる変化を電子を含むイオン反応式で記せ。

問 3　下線部（2）において 5.00 A の電流で 6 分 26 秒間電気分解したとき発生する気体の総量は標準状態で何 L か，有効数字 2 桁で求めよ。

Ⅳ　次の記述を読み，下記の問いに答えよ。なお，塩化銀とクロム酸銀の溶解度積はそれぞれ 2.0×10^{-10} (mol/L)^2，1.0×10^{-12} (mol/L)^3 とし，滴定の前後で溶液の温度変化はないものとする。また，原子量は Na = 23，Cl = 35.5 とする。

塩化銀などの難溶性の塩は水に溶けにくいが，わずかには溶解する。この飽和水溶液における溶解平衡において，一定温度条件下ではイオンの濃度の積（溶解度積）は一定である。このため，複数のイオンの溶解度積の差を利用して塩化物イオンの濃度を求める手法が知られている。すなわち，塩化物イオンおよび添加したクロム酸イオンが硝酸銀と反応して生じる沈殿の溶解度積の差を利用することで塩化物イオンの濃度を求めることができる。

いま，市販のしょう油に含まれる塩化物イオンの濃度を以下の方法により測定した。

操作 1　しょう油を(A)5.0 mL を正確に量り取り，水を加えて(B)正確に250 mL とした。

操作 2　操作 1 で希釈した溶液 5.0 mL を正確に量り取り，2％クロム酸カリウム水溶液 1.0 mL を加えた。この溶液を撹拌しながら 0.020 mol/L 硝酸銀水溶液で滴定し，溶液の色がわずかに橙赤色を呈する点を終点とした。滴定に要した硝酸銀水溶液は 15.38 mL であった。

問1　操作1の下線部 **(A)** と **(B)** に用いる最も適切な器具はどれか。それぞれ下図（**ア**）〜（**オ**）から選び，その記号と名称を記せ。

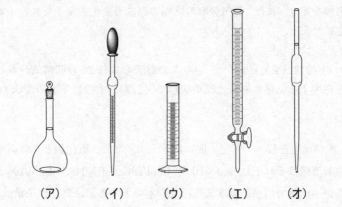

（ア）　　　（イ）　　　（ウ）　　　（エ）　　　（オ）

問2　滴定開始時には，試料溶液はわずかに黄褐色で透き通っていた。硝酸銀水溶液を滴下していったとき，滴定の終点前までの試料溶液はどのように変化するか，説明せよ。

問3　操作2において滴定の終点でのわずかに橙赤色を呈する反応の化学反応式を記せ。

問4　実験に用いたしょう油に含まれる塩化物イオンがすべて食塩（塩化ナトリウム）由来であると仮定したとき，このしょう油に含まれる食塩の質量パーセント濃度は何%か，整数で答えよ。ただし，しょう油の密度は 1.0 g/cm³ とする。また，加えた銀イオンは全て塩化物の沈殿になったものとする。

Ⅴ　ベンゼン環をもつ化合物 **A**, **B**, **C** は互いに構造異性体であり，分子
　　量は 150 以下である。次の記述**ア**〜**ク**を読み，以下の問いに答えよ。
　　ただし，原子量は H = 1.0, C = 12, O = 16 とし，構造式は例にならっ
　　て記せ。

　　　　　例：

ア　**A** の元素分析を行ったところ C: 70.6%, H: 5.9%, O: 23.5%だった。

イ　**A** は銀鏡反応を示した。

ウ　**A** を適切な酸化剤と反応させたところ二価カルボン酸 **D** が得られた。
　　D をエチレングリコールと重合させるとポリマー**E** を与えた。**E** は飲料
　　等の容器の材料に用いられている。

エ　**B** は水には溶けにくいが，炭酸水素ナトリウム水溶液には気体の発生
　　を伴いながら速やかに溶けた。

オ　**B** を適切な酸化剤と反応させたところ二価カルボン酸 **F** が得られた。
　　F を加熱すると分子内で脱水反応がおこり，化合物 **G** が生成した。

カ　**C** に希水酸化ナトリウム水溶液を加えかくはんすると加水分解反応が
　　進行し，化合物 **H** と化合物 **I** のナトリウム塩を生じた。この溶液に二酸
　　化炭素ガスを吹き込んだところ①**H** のみが遊離した。

キ　**H** を同じ物質量の無水酢酸と反応させたところ，アセチル化された化

合物 **J** が得られた。

ク　**J** を適切な酸化剤と反応させたところ一価カルボン酸 **K** が得られた。
K は解熱鎮痛剤として用いられる。

問1　**A** の分子式を記せ。

問2　**A**, **B**, **C** の構造式を記せ。

問3　**E** の構造式をポリアクリロニトリルの構造式の例にならって記せ。

例)

$$\left[\begin{array}{c} CH_2-CH \\ | \\ CN \end{array} \right]_n$$

ポリアクリロニトリル

問4　**H** と **I** の適切な化合物名を記せ。

問5　下線部①について，なぜ **I** は遊離せず **H** のみが遊離したのか。その
理由を説明せよ。

解答編

■英語■

Ⅰ　解答　(1)科学者という言葉がなかった（10〜15字）
(2)全訳下線部参照。　(3)science
(4)—③　(5)—②　(6)2 番目：⑥　5 番目：④　(7)—③
(8)2 番目：④　5 番目：②　(9)—③　(10)—②　(11)—①　(12)—④

◆全　訳◆

≪最初の科学者とは誰か≫

　最初の科学者は誰だったのだろうか？

　それはアイザック＝ニュートンではなかった。こんにち，ニュートンは単なる科学者ではなく，史上最も偉大な科学者であると一般的に認知されているが，ニュートン本人は自身が科学者だとは考えもしなかった。彼はそう考えることができなかったのである，というのも，ニュートンの時代には科学者という言葉がなかったからである。

　ニュートンは彼自身を「哲学者」であると認識していたが，哲学者という言葉は古代ギリシアの思想家までさかのぼり，「知を愛する者」を意味するギリシア語に起源をもつ。

　もちろん，私たちが愛するであろう知にもさまざまな種類がある。哲学者たちの中には，主に人間の身の回りの世界やその営みの様子についての研究に由来する知に関心のある者もいる。私たちの身の回りの世界は「自然」と表現されうるが，この語は「誕生」を意味するラテン語に由来する。自然とは，言い換えれば，生み出されたものや，生まれ出たあらゆるもののことである。主として自然を扱う哲学者たちは，したがって，「自然哲学者」なのだ。

　ニュートンは自分自身を自然哲学者だと考えていて，彼の研究していた種類のことは自然哲学であった。したがって，彼が自身の運動 3 法則や万有引力の法則について注意深く記した本——史上最も偉大な科学書である

が——を執筆したとき，彼はそれを（ラテン語で）*Philosophiae Naturalis Principia Mathematica* と題しており，この本は英語で『自然哲学の数学的諸原理』という。

　ギリシア語で「自然な」を指すのは *physikos* であるが，これは英語で物理学の，という言葉となっている。自然哲学はまた「物理哲学」であると言えるかもしれないが，この語を「物理学」と略すこともできる。

　自然哲学が発達し普及するにつれて，あらゆる専攻分野が発展していった。人々は化学，地理学，生理学などについて口にするようになった。物理学は，それらの学問から取り残された分野なら何でもすべてを表す言葉であり，そのため一般的かつ包括的に自然哲学を指す言葉としてはふさわしくなかった。しかし，人々は何らかのそのような短い言葉を必要としており，というのも，自然哲学（natural philosophy）という言葉は，7 音節もの発音しにくいものだったからである。

　確かに，例えば「知ること」を意味するラテン語から借用した「科学」という言葉は存在した。元々，「科学」は何でもすべてについて知ることを意味しており，そのためもしバスケットボールの試合方法を知っているとしたら，バスケットボールの科学を理解していると言ってよかった。

　しかし，自然哲学者たちが関心を抱いている類いの知識を表す言葉として，短くて便利なものが必要とされていたので，次第に「科学」という言葉が「自然哲学」を意味するのに使われるようになっていった。

　そうして 1840 年ごろに，ウィリアム＝ヒューウェルというイギリスの自然哲学者が，その類いの科学を研究し理解している者を表すのに「科学者」という言葉を使い始めた。言い換えれば，科学者が自然哲学者を意味するようになったということである。

　したがって，1840 年を過ぎて初めて，自分自身を「科学者」であると考える者が存在しうるのである。この場合，誰が最初の科学者だったのだろうか？

　ところで，ヒューウェルはマイケル＝ファラデーの良き友であり，ファラデーが発案した概念に「イオン」，「アノード」，「カソード」など数多くの新語を提唱した。さらに，ファラデーは当代で最も偉大な自然哲学者であり，間違いなく歴代で最高の自然哲学者十傑のうちの 1 人であり，そして史上最も偉大な実験家であっただろう。

　もしヒューウェルが誰かを科学者であると考えるなら，きっと彼はファラデーを最初に思い浮かべただろう。もしヒューウェルがそうしなかったとしても，私がファラデーを最初の科学者と呼ぼうと思う。

　私の意見では，マイケル＝ファラデーが最初の科学者だったのだ。そして，さらに言うなら，ファラデーは最初の物理学者ということになるが，それはヒューウェルが物理学者という言葉もまた作り出したからである。

■■■■■■■■■　◀解　説▶　■■■■■■■■■

⑴下線部の次の文（He couldn't, for …）にある助動詞 couldn't の直後には，下線部の述語 think of himself as a scientist が，重複を避けるため省略されている。その後の for が理由を表す接続詞なので，これ以下を訳す形でまとめればよい。該当箇所の the word は「科学者という言葉」を指しており，したがって「科学者という言葉がなかった」のように解答できる。

⑵下線部の whatever was left over は「～なら何でも」という意味の複合関係詞 whatever から始まる名詞節であり，文中では Physics was に対する補語の働きをする。left over は「取り残された」という意味で，ここでは前文（People began to speak …）にある化学などの学問から取り残された分野を指している。下線部の後半にある didn't suit の訳は設問で与えられた「ふさわしくなかった」であり，その後の as は「～として」という意味の前置詞。a general overall word for natural philosophy は「一般的かつ包括的に自然哲学を指す言葉」という意味である。以上を踏まえて，全訳に示したような日本語にまとめればよい。「ふさわしくなかった」のは物理学という分野自体ではなく，「物理学」という名称であるということが分かるようにまとめる。

⑶空所前にある it was fair to say that ～ は「～と言ってよかった」という意味である。すなわち，すでに同文中の if 節で述べられている「バスケットボールの試合方法を知っている」ということが何を理解していることになるのか，単に試合方法を知っているというだけではなく，より大きな意味を示す言い回しになるような語を本文中から考えればよい。空所直前に定冠詞の the が，直後に of basketball という修飾語句があることから，空所には名詞が入ると分かる。同段第 1 文（There did, …）で「知ること」という語源があることが示されている science は「知識体系，

知識，技術」という意味をも有する問題文中のキーワードとなる語であり，ふさわしいと考えられる。

(4)下線部の dates は「始まる，さかのぼる」という意味で，関係代名詞節内の動詞である。選択肢のうちで同じ品詞の dates は③のみであり，その他はすべて名詞としての用法である。各選択肢の意味は次の通りである。①「彼女は今月，歌の集会が 5 日ある」，②「デートと言えば，未だに彼とは会っているのですか？」，③「その儀式は 17 世紀から始まっている」，④「刊行日は各タイトルの後の括弧の中に書かれている」。

(5)下線部の meaning は動詞 mean「〜を意味する」の現在分詞形であり，選択肢のうちで同じ用法は②のみ。その他はいずれも「意味」という意味の名詞である。各選択肢の意味は次の通りである。①「彼女はその手紙に隠された意味があると確信した」，②「Premiere というのは初演を意味する名詞である」，③「この関係性において，その言葉は異なった意味をもっている」，④「文脈からその言葉の意味を推測できなければいけません」。

(6)選択肢に助動詞 can があることから，can be referred という述語動詞のまとまりができる。続いて，動詞 refer の語法から，refer to *A* as *B*「*A* を *B* と表現する」という形を受動態にした *A* can be referred to as *B* の語順が確定する。残った about は目的格の us と組み合わせて文頭の主語 The world の修飾部とし，全体を通して (The world) about us can be referred to (as "nature,") とするのが正しい。以上より，2 番目に来る語は⑥，5 番目は④である。

(7)空所の直前には the book という名詞があり，直後には he carefully described という節が置かれている。したがって空所には関係詞か接続詞が入ることになり，前置詞句である①as for 〜「〜に関しては」は不適である。また，先行詞にあたる名詞が不要な②how も不可。本文では空所直後の文要素が欠けておらず，第 3 文型（S V O）の完全な文が続いていることから，③in which を入れるのが正解。in which の先行詞は直前の the book であり，空所以降の部分は「その本の中で彼は注意深く〜を記した」という意味になる。④that は関係代名詞なら直後の節から名詞が欠けていなければならず，同格の接続詞なら the book という名詞の後に that 節は置けないので，いずれにしても不適。

(8)該当部分の後にある，カンマに続く so that は，結果を表す接続詞の働

きをしている。したがって，文の前半部にあたる該当部分を含む節は完全な文章となる。そこで，mean「〜を意味する」の過去形である meant が述語動詞であることが確定する。冒頭に that を置くと，直前文中の the word "science," from the Latin word meaning "to know" を指す主語となり，その文脈から，「that の意味は知るということである」という意味になる that meant knowing が確定。前置詞 about「〜について」は直後に名詞が必要なので about anything となり，anything は続く at all と合わせて「何でもすべて」（肯定文）という意味になる。know about 〜 は「〜について知る」。したがって，that meant knowing about anything が正しい語順となり，２番目に来る語は④meant，５番目は②anything である。

⑼空所直後の前置詞 in と合わせて③interested を入れれば，空所を含む部分が「自然哲学者たちが関心を抱いている類いの知識」という意味になり，文意が通る。④interesting を入れると，自然科学者自身が誰かの興味をひく対象になってしまうため不適。また，①「無視された」や②「無視している」はいずれも前置詞 in と結び付かない他，文意にも合わないため不適。なお，できあがった that natural philosophers were interested in は関係代名詞節となり，直前の the kind of knowledge がその先行詞となり，元の文は natural philosophers were interested in the kind of knowledge という正しい英文になることが確認できる。

⑽空所前に In other words「言い換えれば」とあることから，空所には直前の文（Then, about 1840, …）と同じ内容が入ることが分かる。この直前文の文末にある that kind of science とは自然哲学のことであり，主旨は「自然哲学を研究し理解している者を表すのに『科学者』という言葉を使い始めた」というものである。その言い換えであるから，②「科学者が自然哲学者を意味するようになった」が正解である。他の選択肢はそれぞれ，①「ニュートンが自身を科学者であると考えた」，③「私たちの現代世界は科学と技術の上に成り立っている」，④「ちょっとした実験を行った場合のみ，宇宙が問いに答えてくれるだろう」という意味であり，いずれも本文の流れに合わない。

⑾下線部を含めた文は，he didn't と I will の後に，直前文の動詞句 thought of Faraday first と同じ内容が共通して省略されていると考える

のが妥当である。さらに，その first とは「科学者として最初に」という
意味であることから，それらを反映した①が正解である。

⑿下線部の since は直後に文が続いていることから「接続詞」であり，同
じ用法のものは④のみ。下線部を含む文の主節は，その直前文（I say
Michael Faraday …）にある Michael Faraday was が重複を避けるため
に省略されており，それを補えば Michael Faraday was the first
physicist となる。マイケル＝ファラデーが「科学者」でもあり「物理学
者」でもあるという内容を受け，下線部の since を含む節はその理由が記
されている。他の選択肢はいずれも「～以来ずっと」という意味の前置詞
として使われている。各選択肢の意味は次の通りである。①「あなたはい
つからワインの専門家なのですか？」，②「彼女は 1990 年代以来ずっと映
画監督として活動している」，③「彼女は昨夏の終わりからずっとここで
働いている」，④「あなたがコーヒーをおかわりしているので，私ももう
一杯いただきます」。

Ⅱ　解答

(1)(ア)―①　(イ)―④　(ウ)―①　(エ)―③　(オ)―④　(カ)―②

(2)(a)―①　(b)―②　(c)―①　(d)―④　(e)―③　(3)―③

(4)(A)―①　(B)―④　(C)―⑤　(D)―⑧

～～～～～◆全　訳◆～～～～～

≪日焼け止めに関する誤解≫

　あなたは今までにこのようなことを耳にしたことがあるだろうか。それ
は，「もし無防備な肌が赤く変わり始めるのに 20 分かかるとしたら，理論
上は紫外線防御指数（SPF）15 の日焼け止めを使うことによって，肌が
赤くならない時間を 15 倍長く，つまりおよそ 5 時間長くできる」という
ものである。このことは，「技術的にはいくぶん」真実だが，しかし不幸
なことに，そのせいで人々は次のような計算をすることになるのである。

　日焼け止めを塗らないで肌が焼けるのに，20 分かかると考えていると
仮定しよう。もし SPF100 の日焼け止めを厚く塗ったら，「33 時間」も日
なたを遊びまわって，それでも日焼けせずにいられると思うかもしれない。
それはひどくばかげた考えというものだ。その理由は次の通りだ。第一に，
いわば「日焼けをするのに通常かかる時間」がどれくらいなのかまったく
わかっていないからである。第二に，日焼けする時間は一定ではないから

である。その時間は時刻や時期，地球上のどこにいるのか，そして頭上に何があるのか（晴天なのか？　雲なのか？）によって劇的に変わる。さらに第三に，ラベルに書かれている SPF で完全に肌を守ることはほとんど不可能だからである。なぜか？　公式の実験で使うような，肌 1 平方センチメートルにつき 2 ミリグラムと同量の日焼け止めを塗ることは，ほとんどないからである。

　それは「大量の」日焼け止めなのである。そのため，ほとんどの人はこの半分以下の量しか塗っていない。そしてこの事実がまた別の誤解を生む。それは，人々は「少なすぎる量」の日焼け止めを塗っているということだ。これは…なんと無意味なことか。「正しいと感じられる量」が恐らくは米国食品医薬品局が求めている量の半分程度であるということに，とにかく気付いてほしい。まさしくこれが，容器に再度塗り直すように書いてある理由なのであり，一度きりでは「十分と言える量」を塗っていなかったということは知られているのである。

　もう一つの，非常に普及し，かつ間違っている SPF についての解釈はこのようなものである。それは，「ひとたび SPF［ここには 10 から 40 までの任意の数字を入れる］を得てしまえば，その値は実際には大した差を生まない」という誤解である。この作り話は『ニューヨーク・タイムズ』紙や『コンシューマー・レポート』，ギズモードや『ブリタニカ百科事典』のウェブサイト，皮膚科の開業医らによって書かれた査読済み科学論文にも見られる。そして，誰もが非常に似た理由付けをしているのだ。それは，日焼けを引き起こす紫外線の光が，異なる SPF の日焼け止めによって何パーセント吸収されるのかを示す表Aに基づいている。

表A

SPF	日焼け止めによって吸収される 日焼けを引き起こす紫外線の光
1	0%
15	93.3%
30	96.6%
50	98.0%
100	99.0%

　その表を見た悪気のない人たちが，このような文章を書く。「SPF15 の
日焼け止めは中波長紫外線の放射を 93 パーセント程度防いでいるが，一
方で SPF30 のものは中波長紫外線の放射を 97 パーセント防いでいる。こ
こには，たった 4 パーセントの違いしかない…」。

　これは浜焼きパーティーにおけるミートローフよりも見当違いである。
その理由を理解するために，あなたに一対の「防弾ベスト」を売りつけさ
せてほしい。ベスト A は 93 パーセントの弾丸を止めてくれる。ベスト B
は 97 パーセントの弾丸を止めてくれる。この二つのベストには確かに 4
パーセントの違いしかないように思えてしまうだろうが，このことをよく
考えてほしい。仮に誰かがあなたに向けて 100 発の弾丸を打ち込んであな
たがベスト B を身に着けているとしたら，3 発の銃弾が当たるだろう。ベ
スト A を身に着けていたら，7 発も撃たれるだろう。光子も同様である。
日焼け止めによって「ブロックされる」光子の数にはまったく意味がない。
重要な数は，どのくらいの光子が「通過する」かということなのだ。

　そのことを念頭に置いて，上の表に列を一段加えてみよう。

表B

SPF	日焼け止めによって吸収される日焼けを引き起こす紫外線の光	日焼け止めを通過してしまう日焼けを引き起こす紫外線の光
1	0%	100%
15	93.3%	6.7%
30	96.6%	3.4%
50	98.0%	2.0%
100	99.0%	1.0%

　この通りである。こうすると，二つの異なる SPF が互いにどのような
関係になっているのかについて，はるかに分かりやすい。つまり，SPF
が 100 だと，SPF50 の 2 倍もの，日焼けを引き起こす光子を吸収すると
いうことが分かるだろう。

　そうなると，利用可能な最高値の SPF を求めるべきなのだろうか？
2000 年代後半に，複数の日焼け止めメーカーは確かにそう考えていた。
そうした企業は過去最高の SPF の日焼け止めを製作することで，絶えず
お互いにしのぎを削っていた。私は見つけられる中で最も高い SPF のも

のをつい求めてしまうのだが，これは絶対に万能の解決法ではない。

　ものすごく高い SPF の日焼け止めを使いたがらないかもしれない合理的な理由はある。より低い SPF の日焼け止めを使うことが，心理学的に自分自身を騙して再び日焼け止めを塗らせる良い方法になるかもしれない。どんな日焼け止めも結局は洗い流されてしまうので，もし日なたで一日中過ごそうとするなら，日焼け止めを塗り直す必要があるのだ。もし SPF30 のものしか使っていないなら，あまり肌が守られているようには感じられないだろうし，一日中ずっと日焼け止めを塗り直すだろう。

◀━━━━━━━━ ◀解　説▶ ━━━━━━━━▶

⑴㋐下線部の nonsense は「ばかげた考え」という意味であり，最も意味が近いのは①「ばかげたこと」である。他の選択肢はそれぞれ，②「明快さ」，③「相続財産」，④「深刻さ」という意味である。

㋑下線部の fixed は「固定された」という意味であり，最も意味が近いのは④「不変の」である。他の選択肢はそれぞれ，①「柔軟な」，②「不安定な」，③「無限の」という意味である。

㋒下線部の full は「完全な」の意味であり，最も意味が近いのは①である。他の選択肢はそれぞれ，②・③「不完全な」，④「重要ではない」という意味である。

㋓下線部の practicing は「開業している」という意味であり，最も意味が近いのは③「活動している」である。他の選択肢はそれぞれ，①「素人の」，②「学生」，④「影響を受けやすい」という意味である。

㋔下線部の reasoning は「理由付け」という意味であり，最も意味が近いのは④「論理，筋道」である。その他は，①「同意」，②「概念」，③「議論」という意味である。

㋕下線部の matters は「重要である」という意味であり，最も意味が近いのは②である。他の選択肢はそれぞれ，①「左右される」，③「疑わしい」，④「単純である」という意味である。

⑵(a)空所の前後を含めた疑問代名詞節が指すものの具体例として，続くカッコ内に「晴天なのか？　雲なのか？」と挙げられている。空や雲は私たちの上にあるものなので，②below や④underneath は不可。③on が「上にあって接している」様子を表す一方で，①above は「上にあって接していない」状態を表す。したがって，「頭上に何があるのか」という意

味になる①が妥当である。

(b)空所直後の aware は形容詞であり，be aware that 〜 で「〜ということに気が付いている」という意味になる。したがって，空所には be 動詞が必要ということになり，文頭の Just と合わせて命令文になるよう，原形の②be を選ぶ。なお，命令文に just を用いると，「とにかく」というように，それだけはしてほしいという強い要望を表す意味になる。

(c)空所前には「まさしくこれが，容器に再度塗り直すように書いてある理由だ」とあり，日焼け止めを塗り直さなければならない理由が具体例を導くコロン以下に続いている。その前文（Just be aware that …）に「『正しいと感じられる量』が恐らくは米国食品医薬品局が求めている量の半分程度である」と書かれていることから，空所に代名詞である①enough を入れると「一度きりでは『十分と言える量』を塗っていなかった」という意味になり，文意が通じる。この enough は前文中の what feels right と同じ意味であり，名詞である③much「多量」は言い過ぎである。

(d)空所に入る形容詞は直後の interpretation を修飾している。また，空所前に Another があることから，この文が前述の内容を踏まえたものであることが分かる。第2段第3文（That's some …）に「ひどくばかげた考え」，また第3段第3文（And this leads to …）に「また別の誤解」とあるので，空所を含む第4段でも引き続き「日焼け止めに関する誤った解釈」について述べられていることが分かる。したがって，④wrong「間違っている」を入れるのが妥当である。他の選択肢はそれぞれ，①「きちんとした」，②「鋭い，明白な」，③「実際の」という意味である。

(e)空所直前の showing から文末 SPFs までは，空所前の名詞句 the table A を修飾する現在分詞のまとまりであり，この文の空所以降は表Aが示している内容ということになる。空所を含めて「何パーセント」という意味を作るには，③what を入れるのが正しい。この what は「何の」という意味の疑問形容詞である。なお，「どのような割合」という意味にすることを考えて，名詞 percent を修飾できない疑問副詞①how を入れるのは誤りである。また，④which「どの」は選択肢がある場合に用いる。

(3)第7段（With that in mind, let's …）に「そのことを念頭に置いて，上の表に列を一段加えてみよう」とあり，これが table B「表B」の導入にあたる。a column が「（縦の）一列」であると分かれば，表Aに縦列

を一段加えた③か④に絞れる。また，その知識がなくても，該当文の
With that in mind における that「そのこと」の内容が明らかになれば解
答にたどり着くことができる。ここではその前文（The number that
matters …）の「重要な数は，どのくらいの光子が『通過する』かという
ことなのだ」を指しており，その項目を追加している③が正解となる。後
に続く第8段第2文（Now we have …）の「こうすると，二つの異なる
SPF が互いにどのような関係になっているのかについて，はるかに分か
りやすい」という記述とも自然につながる。①に加えられたベストの話は
比喩であり，表に盛り込むべき事柄ではない。②に加えられた但し書き
「日焼け止めは肌をしっとりさせるクリームではない。日焼け止めを塗る
正しい方法は，肌の表面に非常に軽く伸ばすことであり，その後で乾かせ
ばよい」という内容に合致する説明は本文になく，意味を成さない。④で
示されている，2種類の日焼け止めによって吸収される紫外線の違いは，
第6段の後ろから2文目（Ditto with photons: …）で「日焼け止めによ
って『ブロックされる』光子の数にはまったく意味がない」と否定されて
いる。

Ⅲ　解答

(1)studies have
(2)to the improvement of the quality of life

◀解　説▶

(1)「研究」を表す名詞は study もしくは research が一般的だが，
research は不可算名詞なので，空所前の Those とは併用できない点に注
意が必要。複数扱いができる studies を主語とし，空所直後の過去分詞
shown につながるように have を加えて完了形の述語動詞を完成させる形
にするのが正しい。どのような研究なのかについての背景説明はないので，
studies を investigations としてもよい。investigation も，具体的な研究
を指す場合には可算名詞として用いることができる。
(2)空所直前の lead は前置詞 to と合わせて因果関係を表す動詞で，与えら
れた日本文の「〜につながる」にあたる。「生活の質」は the quality of
life と表現される。「向上」は the improvement の代わりに動名詞
improving を用いて，to improving the quality of life としてもよい。

IV **解答**　(1)has　(2)resulting　(3)told　(4)crossed
　　　　　(5)were　(6)suppressing

◆全　訳◆

≪負の感情を抑圧することの逆効果を示す実験≫

　悲観的だったり気が滅入ったりするような思考を抑圧することが，私たちの多くが日常的に行っているであろう程度では，驚くほど裏目に出ることが証明されており，結果として抑鬱症状を引き起こす，と複数の研究が示している。ハーバード大学の心理学者であるダニエル＝ウェグナーは1987年に，とある思考実験を見事に指揮したのだが，その実験では被験者たちはシロクマのことについて考え「ない」ように言われており，これはロシア人作家であるドストエフスキーがかつて次のように書いたことに着想を得たものだった。その言葉とは，「次のような作業を自分自身に課してみなさい。それは，ホッキョクグマについて考えないようにすることであり，そうすると呪いのようにホッキョクグマがいつも心に浮かんでくるだろう」というものであった。

　そして，ウェグナーはこの考えを試してみることに決めた。

　5分間にわたって，実験の参加者たちはシロクマについて考え「ない」よう求められたが，シロクマのことが自分の頭をよぎるたびに，ベルを鳴らすことにもなっていた。2番目のグループの参加者たちは好きなもののことを何でも考えてよいとされたが，シロクマのことが心に浮かんでくるたびにベルを鳴らし続けた。第2の「表現」グループは第1グループよりもベルを鳴らす頻度がはるかに低かったが，その第1グループは自分たちの思考を抑圧していたのであった。

◀解　説▶

(1)空所直後に been があるので，助動詞の have を選んで「すでに証明されてきた」となるよう現在完了形を作る。また，対応する主語が Suppressing という動名詞なので，三人称単数の has に変える必要がある。

(2)空所直後の in と合わせて「結果として～になる」という意味になる result を選ぶ。空所の前までですでに文の要素は揃っているので，resulting に変えて結果を示す分詞構文を作る。

(3)空所直後に *not to think* という否定の不定詞句があることから，be動詞と合わせて「～し『ない』ように言われていた」という意味の受動態に

なるよう，tell を選び，過去分詞の told に変える。なお，第3段第1文
(For five minutes, …) にも，were asked *not* to think という似た形が
ある。

⑷空所直後の their minds と合わせて cross *one's* mind「～の頭をよぎ
る」というイディオムを作る cross を選び，過去の実験なので，過去形の
crossed に変える。ちなみに，次文 (Participants in a second group …)
の but 以下も，被験者への同じような指示内容を表している。

⑸空所直後に allowed to think という形があるので，be を選んで受動態
にする。主語は直前の a second group ではなく文頭の Participants なの
で，複数を表す were に変えなければならない点に注意が必要。

⑹空所を含む文の主節に「第2の『表現』グループは第1グループよりも
ベルを鳴らす頻度がはるかに低かった」とある。これは第1グループがシ
ロクマのことを考えないよう求められていたことで，かえって頻繁にシロ
クマのことが頭をよぎってしまったという，本文の主題を証明する実験結
果である。空所に入る動詞の主語にあたる関係代名詞 who は直前の the
first group を指しており，これらを踏まえて suppress を選ぶ。空所直後
に目的語にあたる their thoughts があるので受動態にはせず，空所直前
の been に合わせて現在分詞 suppressing に変えれば，「自分たちの思考
を抑圧していた」という過去完了進行形になって文意が通る。

数学

I　解答　(1)(a)$\left(\dfrac{(b+c)m-cn}{ab+bc+ca}, \ \dfrac{-cm+(c+a)n}{ab+bc+ca}, \ \dfrac{bm+an}{ab+bc+ca} \right)$

(2)(b)$\dfrac{1}{239}$　(3)(c)a^2-1　(d)$a+1$

◀解　説▶

≪連立 1 次方程式，三角関数の計算，平面図形≫

(1)　　　$x+y=z$　……①　　　$ax+cz=m$　……②　　　$by+cz=n$　……③

とおく。②×b＋③×a より

$$ab(x+y)+c(a+b)z=bm+an$$

これと① より

$$abz+c(a+b)z=bm+an$$

$$\therefore \quad z=\frac{bm+an}{ab+bc+ca}$$

② より

$$ax=\frac{(ab+bc+ca)m}{ab+bc+ca}-\frac{c(bm+an)}{ab+bc+ca}=\frac{(ab+ca)m-can}{ab+bc+ca}$$

$$\therefore \quad x=\frac{(b+c)m-cn}{ab+bc+ca}$$

③ より

$$by=\frac{(ab+bc+ca)n}{ab+bc+ca}-\frac{c(bm+an)}{ab+bc+ca}=\frac{-cbm+(ab+bc)n}{ab+bc+ca}$$

$$\therefore \quad y=\frac{-cm+(c+a)n}{ab+bc+ca}$$

以上より

$$(x, \ y, \ z)=\left(\frac{(b+c)m-cn}{ab+bc+ca}, \ \frac{-cm+(c+a)n}{ab+bc+ca}, \ \frac{bm+an}{ab+bc+ca} \right)$$

$$\rightarrow \text{(a)}$$

(2)　2 倍角の公式より

$$\tan 2\alpha = \frac{2\tan\alpha}{1-\tan^2\alpha} = \frac{2\cdot\dfrac{1}{5}}{1-\left(\dfrac{1}{5}\right)^2} = \frac{10}{24} = \frac{5}{12}$$

$$\tan 4\alpha = \frac{2\tan 2\alpha}{1-\tan^2 2\alpha} = \frac{2\cdot\dfrac{5}{12}}{1-\left(\dfrac{5}{12}\right)^2} = \frac{120}{144-25} = \frac{120}{119}$$

よって，加法定理より

$$\tan\left(4\alpha - \frac{\pi}{4}\right) = \frac{\tan 4\alpha - \tan\dfrac{\pi}{4}}{1+\tan 4\alpha \tan\dfrac{\pi}{4}} = \frac{\dfrac{120}{119}-1}{1+\dfrac{120}{119}\cdot 1} = \frac{1}{239} \quad \rightarrow(b)$$

(3)　点 P は線分 AD 上の点であるから，
実数 k（$0<k<1$）を用いて

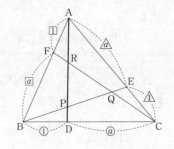

$$\overrightarrow{\mathrm{AP}} = k\overrightarrow{\mathrm{AD}}$$
$$= k\frac{a\overrightarrow{\mathrm{AB}}+\overrightarrow{\mathrm{AC}}}{1+a}$$
$$= \frac{k}{1+a}\left(a\overrightarrow{\mathrm{AB}}+\frac{a+1}{a}\overrightarrow{\mathrm{AE}}\right)$$
$$= \frac{ak}{a+1}\overrightarrow{\mathrm{AB}}+\frac{k}{a}\overrightarrow{\mathrm{AE}}$$

ここで，点 P は線分 BE 上の点であるから

$$\frac{ak}{a+1}+\frac{k}{a}=1 \qquad \frac{a^2+(a+1)}{(a+1)a}k=1$$

$$\therefore \quad k = \frac{a^2+a}{a^2+a+1}$$

すなわち

$$\overrightarrow{\mathrm{AP}} = \frac{a^2+a}{a^2+a+1}\overrightarrow{\mathrm{AD}}$$

同様に，点 R は線分 AD 上の点であるから，実数 l（$0<l<1$）を用いて

$$\overrightarrow{\mathrm{AR}} = l\overrightarrow{\mathrm{AD}}$$
$$= l\frac{a\overrightarrow{\mathrm{AB}}+\overrightarrow{\mathrm{AC}}}{1+a}$$

$$= \frac{l}{1+a}\{a \cdot (1+a)\overrightarrow{\mathrm{AF}} + \overrightarrow{\mathrm{AC}}\}$$

$$= al\overrightarrow{\mathrm{AF}} + \frac{l}{1+a}\overrightarrow{\mathrm{AC}}$$

ここで，点 R は線分 CF 上の点であるから

$$al + \frac{l}{1+a} = 1 \qquad \frac{a(1+a)+1}{1+a}l = 1$$

$$\therefore \quad l = \frac{a+1}{a^2+a+1}$$

すなわち

$$\overrightarrow{\mathrm{AR}} = \frac{a+1}{a^2+a+1}\overrightarrow{\mathrm{AD}}$$

以上より

$$\mathrm{DP : PR : RA} = \{(a^2+a+1)-(a^2+a)\}$$
$$: \{(a^2+a)-(a+1)\} : (a+1)$$
$$= 1 : a^2-1 : a+1 \quad \to(\mathrm{c}),\ (\mathrm{d})$$

別解 △ADC と線分 BE にメネラウスの定理を適用すると

$$\frac{\mathrm{AP}}{\mathrm{PD}} \cdot \frac{\mathrm{DB}}{\mathrm{BC}} \cdot \frac{\mathrm{CE}}{\mathrm{EA}} = 1 \qquad \frac{\mathrm{AP}}{\mathrm{PD}} \cdot \frac{1}{1+a} \cdot \frac{1}{a} = 1$$

$$\therefore \quad \frac{\mathrm{AP}}{\mathrm{PD}} = a^2+a$$

すなわち　　AP : PD $= (a^2+a) : 1$

また，△ABD と線分 CF にメネラウスの定理を適用すると

$$\frac{\mathrm{AF}}{\mathrm{FB}} \cdot \frac{\mathrm{BC}}{\mathrm{CD}} \cdot \frac{\mathrm{DR}}{\mathrm{RA}} = 1 \qquad \frac{1}{a} \cdot \frac{1+a}{a} \cdot \frac{\mathrm{DR}}{\mathrm{RA}} = 1$$

$$\therefore \quad \frac{\mathrm{DR}}{\mathrm{RA}} = \frac{a^2}{a+1}$$

すなわち　　DR : RA $= a^2 : a+1$

以上より

$$\mathrm{DP : PR : RA} = \{(a^2+a+1)-(a^2+a)\}$$
$$: \{(a^2+a)-(a+1)\} : (a+1)$$
$$= 1 : a^2-1 : a+1$$

Ⅱ 　解答　(a) 0　(b) 2360　(c) 70　(d) $\dfrac{991}{3}$　(e) 73　(f) $\dfrac{26757}{100}$

◀解　説▶

≪定期試験の成績の平均と分散≫

1 組の定期試験の結果の表から合計を計算して

　　(a)=0，　(b)=2360　→(a)，(b)

30 名全体の得点の平均は

$$\frac{69\times10+71\times10+70\times10}{30}=\frac{2100}{30}=70 \quad\rightarrow(c)$$

30 名全体の得点の分散を求めるために，30 名全体の得点の 2 乗の和 S を計算する必要がある。このとき，30 名全体の得点の平均は $\bar{x}=70$ であるから，分散 s^2 は

$$s^2=\frac{S}{30}-\bar{x}^2$$

で求められる。

1 組，2 組，3 組のそれぞれの得点の 2 乗の和を S_1，S_2，S_3 とし，平均をそれぞれ $\bar{x_1}$，$\bar{x_2}$，$\bar{x_3}$，分散をそれぞれ $s_1{}^2$，$s_2{}^2$，$s_3{}^2$ とする。

表より　$S_1=49970$

$s_2{}^2=\dfrac{S_2}{10}-\bar{x_2}^2$ より

$$S_2=(s_2{}^2+\bar{x_2}^2)\times10=(288+71^2)\times10=53290$$

$s_3{}^2=\dfrac{S_3}{10}-\bar{x_3}^2$ より

$$S_3=(s_3{}^2+\bar{x_3}^2)\times10=(465+70^2)\times10=53650$$

よって，30 名全体の得点の 2 乗の合計は

　　$S=S_1+S_2+S_3$

　　　$=49970+53290+53650=156910$

したがって，30 名全体の得点の分散は

$$s^2=\frac{S}{30}-\bar{x}^2=\frac{156910}{30}-70^2=\frac{991}{3} \quad\rightarrow(d)$$

30 名全体の定期試験の各得点を x_i（$i=1$，2，…，30）とする。

レポートを加えた成績を y_i（$i=1$，2，…，30）とすると

$$y_i = 0.9 \times x_i + 10$$

より x_i の平均 $\bar{x}$，分散 s_x^2 に対し y_i の平均 $\bar{y}$，分散 s_y^2 は

$$\bar{y} = 0.9 \times \bar{x} + 10 = 0.9 \times 70 + 10 = 73 \quad \rightarrow (\text{e})$$

$$s_y^2 = 0.9^2 s_x^2 = \frac{81}{100} \times \frac{991}{3} = \frac{26757}{100} \quad \rightarrow (\text{f})$$

(注) データ x_i を a 倍して b 加える，という変換を行ったデータ y_i について，平均と分散は

$$y_i = ax_i + b$$

より

$$\bar{y} = a\bar{x} + b, \quad s_y^2 = a^2 s_x^2$$

となることを公式として用いる。

Ⅲ　解答　(a) 0　(b) 4　(c) $3^{k+1} - 1$　(d) $2 \cdot 3^k$　(e) $\dfrac{(2m-3)3^m + 3}{2}$

◀解　説▶

≪ガウス記号を含む数列とその和≫

$$a_1 = [\log_3 1] = [0] = 0 \quad \rightarrow (\text{a})$$

$$a_{100} = [\log_3 100]$$

ここで，$3^4 = 81$，$3^5 = 243$ より

$$3^4 < 100 < 3^5$$

$$\therefore \quad 4 < \log_3 100 < 5$$

よって　$a_{100} = [\log_3 100] = 4 \quad \rightarrow (\text{b})$

$a_n = [\log_3 n] = k$ とすると

$$k \le \log_3 n < k+1 \quad \therefore \quad 3^k \le n < 3^{k+1}$$

よって，$a_n = k$ を満たす最大の自然数 n は　　$n = 3^{k+1} - 1 \quad \rightarrow (\text{c})$

また，$a_n = k$ を満たす自然数 n は

$$n = 3^k, \ 3^k + 1, \ 3^k + 2, \ \cdots, \ 3^{k+1} - 1$$

であるから，その個数は

$$(3^{k+1} - 1) - 3^k + 1 = 2 \cdot 3^k \quad \rightarrow (\text{d})$$

上の考察より，$a_k = l$ を満たす自然数 k は

$$k = 3^l, \ 3^l + 1, \ 3^l + 2, \ \cdots, \ 3^{l+1} - 1$$

であるから

$$S_m = \sum_{k=1}^{3^m - 1} a_k$$

$$= \sum_{l=0}^{m-1} (a_{3^l} + a_{3^l+1} + a_{3^l+2} + \cdots + a_{3^{l+1}-1})$$

$$= \sum_{l=0}^{m-1} l \cdot 2 \cdot 3^l = 2 \sum_{l=1}^{m-1} l \cdot 3^l$$

よって

$$S_m = 2\{3 + 2 \cdot 3^2 + 3 \cdot 3^3 + \cdots + (m-1)3^{m-1}\}$$
$$-)\quad 3S_m = 2\{\qquad 3^2 + 2 \cdot 3^3 + \cdots + (m-2)3^{m-1} + (m-1)3^m\}$$
$$\overline{\quad -2S_m = 2\{3 + 3^2 + 3^3 + \cdots + 3^{m-1} - (m-1)3^m\}}$$

よって

$$-2S_m = 2\left\{ \frac{3(1 - 3^{m-1})}{1-3} - (m-1)3^m \right\}$$

$$= -3 + 3^m - 2(m-1)3^m$$

$$= (-2m+3)3^m - 3$$

$$\therefore\quad S_m = \frac{(2m-3)3^m + 3}{2} \quad \to (e)$$

Ⅳ 解答

(1)(a) $x^2 - (2a+1)x + a^2 - 2$ (b) $\left(\dfrac{1}{2}a, \ \dfrac{1}{4}a^2 - \dfrac{1}{2}a - 2 \right)$

(c) $-x-2$

(2)(d) $(a-1)x - \dfrac{1}{4}a^2 - 2$ (e) 7

━━━━━━ ◀解 説▶ ━━━━━━

≪放物線と直線が囲む面積≫

(1) C_a は $C : y = x^2 - x - 2$ を x 軸方向に a, y 軸方向に $-a$ だけ平行移動したものであるから，C_a の方程式は

$$y - (-a) = (x-a)^2 - (x-a) - 2$$

$$\therefore\quad y + a = x^2 - (2a+1)x + a^2 + a - 2$$

よって $y = x^2 - (2a+1)x + a^2 - 2$ →(a)

C と C_a の交点を求めるため，$x^2 - x - 2 = x^2 - (2a+1)x + a^2 - 2$ とすると

$$2ax = a^2 \quad \therefore \quad x = \frac{1}{2}a$$

このとき

$$y = \left(\frac{1}{2}a\right)^2 - \frac{1}{2}a - 2 = \frac{1}{4}a^2 - \frac{1}{2}a - 2$$

よって，C と C_a の交点の座標は　　　$\left(\dfrac{1}{2}a,\ \dfrac{1}{4}a^2 - \dfrac{1}{2}a - 2\right)$　→(b)

$C : y = x^2 - x - 2$ より　　　$y' = 2x - 1$

よって，点 $(t,\ t^2 - t - 2)$ における C の接線の方程式は

$$y = (2t-1)(x-t) + t^2 - t - 2 \quad \therefore \quad y = (2t-1)x - t^2 - 2$$

これが C_a とも接するように t の値を定める。

$$x^2 - (2a+1)x + a^2 - 2 = (2t-1)x - t^2 - 2$$

とすると

$$x^2 - 2(a+t)x + a^2 + t^2 = 0$$

この 2 次方程式の判別式を D とすると，接するためには $D=0$ なので

$$\frac{D}{4} = (a+t)^2 - (a^2 + t^2) = 0 \quad \therefore \quad t = 0$$

よって，C, C_a の両方に接する直線 l_a の方程式は

$$y = -x - 2 \quad →(c)$$

(2)　m_a の方程式は，$y = (2t-1)x - t^2 - 2$ において $t = \dfrac{1}{2}a$ として

$$y = (a-1)x - \frac{1}{4}a^2 - 2 \quad →(d)$$

2 直線 l_a, m_a の交点の x 座標を求めると

$$(a-1)x - \frac{1}{4}a^2 - 2 = -x - 2$$

$a \neq 0$ より　　　$x = \dfrac{1}{4}a$

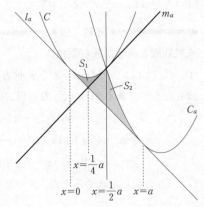

C_a と直線 l_a の接点の x 座標を求める。

$t = 0$ より，C_a と l_a の接点の x 座標が満たすべき方程式は

$$x^2-2ax+a^2=0 \qquad \therefore \quad x=a \text{（重解）}$$

3 つの直線 l_a, m_a, $x=\dfrac{1}{2}a$ で囲まれる三角形の面積を S_0 とすると

$$S_0=\frac{1}{2}\times\left\{\left(\frac{1}{4}a^2-\frac{1}{2}a-2\right)-\left(-\frac{1}{2}a-2\right)\right\}\times\left(\frac{1}{2}a-\frac{1}{4}a\right)$$

$$=\frac{1}{2}\times\frac{1}{4}a^2\times\frac{1}{4}a=\frac{1}{32}a^3$$

よって

$$S_1=\int_0^{\frac{1}{2}a}\{(x^2-x-2)-(-x-2)\}dx-S_0$$

$$=\int_0^{\frac{1}{2}a}x^2dx-\frac{1}{32}a^3=\left[\frac{1}{3}x^3\right]_0^{\frac{1}{2}a}-\frac{1}{32}a^3$$

$$=\frac{1}{3}\left(\frac{1}{2}a\right)^3-\frac{1}{32}a^3=\frac{1}{24}a^3-\frac{1}{32}a^3$$

$$=\frac{1}{3\cdot4\cdot8}a^3$$

また

$$S_2=\int_{\frac{1}{2}a}^{a}\{(x^2-(2a+1)x+a^2-2)-(-x-2)\}dx+S_0$$

$$=\int_{\frac{1}{2}a}^{a}(x-a)^2dx+\frac{1}{32}a^3=\left[\frac{1}{3}(x-a)^3\right]_{\frac{1}{2}a}^{a}+\frac{1}{32}a^3$$

$$=0-\frac{1}{3}\left(-\frac{1}{2}a\right)^3+\frac{1}{32}a^3=\frac{1}{24}a^3+\frac{1}{32}a^3$$

$$=\frac{7}{3\cdot4\cdot8}a^3$$

したがって　　$\dfrac{S_2}{S_1}=7$　→(e)

■■■化学■■

I 解答

問1．**L**：**C**　**M**：**O**　**Q**：**N**

問2．

$$
\begin{array}{c}
\ \ \ \ \ \ \ \ddot{O} \\
H \vdots \ddot{C} \vdots \ddot{C} \vdots \ddot{O} \vdots H \\
H
\end{array}
$$

問3．(1)**M**，**Q**　(2)**L**　問4．14.5

◀解　説▶

≪共有結合，原子量≫

問3．**L**，**M**，**Q** の水素化合物はそれぞれ CH_4，H_2O，NH_3 である。CH_4 は無極性分子，H_2O，NH_3 は極性分子である。また，H_2O，NH_3 は分子間に水素結合を形成するが，水素結合を形成しない CH_4 の融点が最も低い。

問4．化合物2を QH_3 とし **Q** の原子量を x とする。QH_3 と HCl の反応式は

$$QH_3 + HCl \longrightarrow QH_4Cl$$

QH_3 と QH_4Cl の物質量は等しいから

$$\frac{5.25}{x+1.00\times3} = \frac{16.2}{x+1.00\times4+35.5} \qquad \therefore \quad x=14.5$$

II 解答

問1．$NaOHaq + HClaq = H_2O(液) + NaClaq + 57.4\,kJ$

問2．発熱量は加えた塩酸の量に比例するが，水溶液の量が増えると温度上昇に必要な熱量が増加し，温度上昇しにくくなるため。

問3．$43.8\,kJ/mol$

◀解　説▶

≪中和熱と溶解熱≫

問1．塩酸 200 mL を加えたときに発生した熱量は

$$(200+200)\times1.00\times4.1\times(23.5-20.0)\times10^{-3}=5.74\,[kJ]$$

このとき中和量は

$$0.500 \times \frac{200}{1000} = 0.100 \text{[mol]}$$

よって，中和熱は

$$\frac{5.74}{0.100} = 57.4 \text{[kJ/mol]}$$

問3．水酸化ナトリウムの溶解および中和反応で発生した熱量は

$$(100 \times 1.00 + 4.0) \times 4.1 \times 17.0 \times 10^{-3} = 7.248 \text{[kJ]}$$

このとき溶解量と中和量は

溶解量：$\dfrac{4.0}{40} = 0.10 \text{[mol]}$

中和量：$0.500 \times \dfrac{100}{1000} = 5.00 \times 10^{-2} \text{[mol]}$

水酸化ナトリウムの溶解熱を $Q \text{[kJ/mol]}$ とすると

$$Q \times 0.10 + 57.4 \times 5.00 \times 10^{-2} = 7.248$$

$$\therefore \quad Q = 43.78 \fallingdotseq 43.8 \text{[kJ/mol]}$$

Ⅲ 　**解答**　問1．ア．17　イ．価電子または最外殻電子　ウ．2
エ．小さい　オ．小さい　カ．共有　キ．イオン

ク．フッ化水素

反応式：$2H_2O + 2F_2 \longrightarrow 4HF + O_2$

問2．水酸化ナトリウム

反応式：$2H_2O + 2e^- \longrightarrow H_2 + 2OH^-$

問3．0.45 L

◀解　説▶

≪ハロゲンの性質，電気分解≫

問3．塩化ナトリウム水溶液を電気分解すると，次の変化が起こる。

陽極：$2Cl^- \longrightarrow Cl_2 + 2e^-$

陰極：$2H_2O + 2e^- \longrightarrow H_2 + 2OH^-$

流れた電子の物質量は

$$\frac{5.00 \times 386}{9.65 \times 10^4} = 2.0 \times 10^{-2} \text{[mol]}$$

塩素，水素はそれぞれ 1.0×10^{-2} mol 発生するので，標準状態における体積は

$$1.0\times10^{-2}\times2\times22.4=0.448\fallingdotseq0.45[\text{L}]$$

IV 解答

問1．(A)—(オ)　名称：ホールピペット

(B)—(ア)　名称：メスフラスコ

問2．水溶液は徐々に白く濁ってくる。

問3．$2AgNO_3+K_2CrO_4 \longrightarrow Ag_2CrO_4+2KNO_3$

問4．18%

◀解　説▶

≪沈殿滴定≫

問2．塩化銀が沈殿してくるので白く濁る。

問4．しょう油 5.0 mL に含まれる塩化ナトリウムの質量を $x[\text{g}]$ とすると

終点において $Ag^+(\text{mol})=Cl^-(\text{mol})$ が成り立つので

$$0.020\times\frac{15.38}{1000}=\frac{x}{58.5}\times\frac{5.0}{250}\quad\therefore\quad x=0.8997[\text{g}]$$

よって，食塩の質量パーセント濃度は

$$\frac{0.8997}{5.0\times1.0}\times100=17.9\fallingdotseq18[\%]$$

V 解答

問1．$C_8H_8O_2$

問2．

問3．

問4．H：o-クレゾール　I：ギ酸

問 5．酸の強さは強い順にギ酸，炭酸，*o*-クレゾールとなる。二酸化炭素を吹き込むと炭酸が生じ，これより弱い酸のみ遊離するため。

━━━━━ ◀解　説▶ ━━━━━

≪元素分析，芳香族化合物の性質≫

問 1．化合物 A について

$$\frac{70.6}{12} : \frac{5.9}{1.0} : \frac{23.5}{16} = 5.88 : 5.9 : 1.46 ≒ 4 : 4 : 1$$

よって，A の組成式は C_4H_4O である。A はベンゼン環をもち，分子量が 150 以下なので，分子式は $C_8H_8O_2$ である。

問 2．A は銀鏡反応を示すことから，ホルミル基をもつ。酸化によりテレフタル酸が得られることから，ベンゼンのパラ 2 置換体である。分子式 $C_8H_8O_2$ より，ホルミル基ではない方の置換基が $-CH_2-OH$ と決まる。

B は炭酸水素ナトリウム水溶液に気体を発生して溶けることから，カルボキシ基をもつ。また，B を酸化して得られた二価カルボン酸 F が加熱により分子内脱水を起こすことから，B，F はベンゼンのオルト 2 置換体であることが分かる。以上より B，F の構造は次のように決まる。

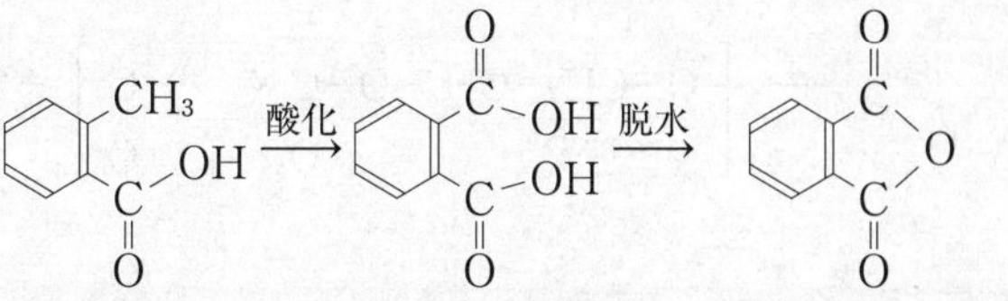

B　　　　　F：フタル酸　　　G：無水フタル酸

C は加水分解されるため，エステルである。加水分解により生じた H を無水酢酸でアセチル化した J を酸化すると解熱鎮痛剤である一価カルボン酸 K が得られることより，H，J，K の構造は次のように決まる。

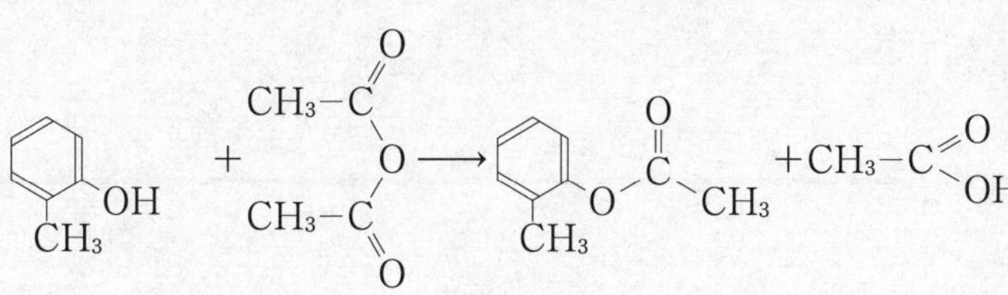

H：*o*-クレゾール　　　　　　　　　　J

J   K：アセチルサリチル酸

また，C を水酸化ナトリウム水溶液で加水分解すると H と I のナトリウム塩を生じることから，C は *o*-クレゾールとギ酸のエステルであること分かる。

C   *o*-クレゾールの   ギ酸ナトリウム
                     ナトリウム塩

問 3．エチレングリコールとテレフタル酸を縮合重合させると，ポリエチレンテレフタラートが得られる。

$$n\text{HO}-\text{CH}_2-\text{CH}_2-\text{OH} + n\text{HO}-\overset{\text{O}}{\underset{}{\text{C}}}-C_6H_4-\overset{\text{O}}{\underset{}{\text{C}}}-\text{OH}$$

$$\longrightarrow \left[\text{O}-\text{CH}_2-\text{CH}_2-\text{O}-\underset{\text{O}}{\text{C}}-C_6H_4-\underset{\text{O}}{\text{C}}\right]_n + 2n\text{H}_2\text{O}$$

■一般選抜：B方式後期

問題編

▶試験科目・配点

教　科	科　　　　目	配　点
英　語	コミュニケーション英語Ⅰ・Ⅱ・Ⅲ，英語表現Ⅰ・Ⅱ	100 点
数　学	数学Ⅰ・Ⅱ・A・B（数列，ベクトル）	100 点
理　科	「化学基礎・化学」または「生物基礎・生物」のいずれかを試験当日選択	150 点

▶備　考

　学力試験の成績に加え，調査書により「学力の3要素」のうち「主体性を持って多様な人々と協働して学ぶ態度」を多面的・総合的に評価し，合格者を決定する。

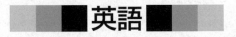

(70分)

I 次の英文を読んで，下の設問（1）〜（1 1）に答えなさい。なお，*印の語には注が付いています。

　More than any others, two medical innovations have proven to be particularly effective weapons in the fight against infectious diseases* and therefore responsible for the (A)increase in human life expectancy: antibiotics* and vaccines.　The story of the (B)discovery of penicillin, the first antibiotic, has become a modern (C)legend that most of us learn at school.　Bacteriologist* Alexander Fleming returned to his laboratory in London after a long summer vacation with his family.　He had a reputation as an excellent researcher but an (D)untidy one.　Before leaving town, Fleming had started some bacteria cultures in Petri dishes*.　When he went to examine them upon his return, he saw that one of the cultures was contaminated* and mold* was growing in the Petri dish. When he looked more closely, Fleming noticed that the bacteria culture was not growing in the area surrounding the mold.　So he started studying it, and discovered it belonged to the genus of Penicillium*.　This was (a)why he named the new substance he went on to develop "penicillin."　It was to become the most effective substance available for fighting bacterial infections at the time.

　Fleming's discovery marked the start of the age of antibiotics.　"When I woke up just after dawn on September 28, 1928, I certainly didn't plan to revolutionize all medicine by discovering the world's first antibiotic.　But I suppose (ｳ)that was exactly what I did," as Fleming would later say.　Antibiotics like penicillin have saved hundreds of millions of human (b)lives.　Exact (c)estimates are difficult to make — but the antibiotics produced by the pharmaceutical companies* Pfizer, GlaxoSmithKline, and Roche (d)alone have been prescribed billions of times since their approval.　In addition, it is hard to imagine that medical advances like organ transplants* would ever have been possible without antibiotics.

　Alongside antibiotics, the development of vaccines (　e　) a major role in raising human life expectancy.　The amazing success of vaccines becomes particularly clear when we look at (ア)<u>the first viral disease</u> — a disease caused by a virus — for which (б)<u>one</u> was developed: smallpox*.　Wolfgang Amadeus Mozart suffered from (イ)<u>it</u>, as did Abraham Lincoln and Josef Stalin.　These three men survived, although some bore considerable scars (ウ)<u>for life</u>.　Smallpox is ｛ h ① and　② dangerous　③ most　④ of　⑤ one　⑥ the ｝deadly diseases ever to affect the human race — every third person who contracts (ウ)<u>it</u> will die as a result.　Even in the twentieth century, more than 300 million people died of (エ)<u>smallpox</u> before it was finally declared eradicated* in 1980.

　　　And what made (オ)<u>this</u> possible?　The development and distribution of the smallpox vaccine.

(出典：The Digital Pill, by E. Fleisch, C Franz and A. Herrmann.　一部変更)

(注) infectious diseases: 感染症　antibiotics: 抗生物質　bacteriologist: 細菌学者
Petri dishes: ペトリ皿，シャーレ　contaminated: 汚染された　mold: カビ
the genus of Penicillium: 青カビ属　the pharmaceutical companies: 製薬企業
organ transplants: 臓器移植　smallpox: 天然痘　eradicated: 撲滅した

（1）下線部(あ)が指している内容を表す日本語になるように，下の空所(A), (B) に入れるのに適切な日本語を解答用紙に書きなさい。

　　　「(　　A　　) を発見することで (　　　B　　　) を起こすこと」

（2）下線部(A)〜(D)と第一アクセントの母音が同じであるものを，それぞれ次の① 〜⑧から一つ選び，マークカードの解答欄 ┃ 1 ┃ 〜 ┃ 4 ┃ にマークしなさい。
① deny　② equal　③ establish　④ judgement
⑤ planet　⑥ possible　⑦ recommend　⑧ sustainability

　　　(A) increase → マークカードの解答欄 ┃ 1 ┃
　　　(B) discovery → マークカードの解答欄 ┃ 2 ┃
　　　(C) legend → マークカードの解答欄 ┃ 3 ┃
　　　(D) untidy → マークカードの解答欄 ┃ 4 ┃

（3）下線部(a)には，that を補うことのできる箇所が一か所あります。その箇所の 直前の 1 語を，次の①〜⑥から一つ選び，マークカードの解答欄 ┃ 5 ┃ に マークしなさい。

① named　② substance　③ went　④ on　⑤ to　⑥ develop

（4）下線部(b)と同じ用法の lives を含む文を，次の①～④から一つ選び，マーク
　　カードの解答欄　**6**　にマークしなさい。

① This is a palace where a royal family lives.
② Many people lost their lives in the disaster.
③ This air-plant lives in a pot without earth or water.
④ She is studying the bacterium that lives on the skin.

（5）下線部(c)と同じ用法の estimates を含む文を，次の①～④から一つ選び，マ
　　ークカードの解答欄　**7**　にマークしなさい。

① The manager estimates his losses at ¥100,000,000.
② Independent estimates put the number of refugees at 30,000.
③ He estimates that the money spent during that event is $800,000.
④ She is a person who always estimates how well another is performing at
　 work.

（6）下線部(d)と同じ意味・用法の alone を含む文を，次の①～④から一つ選び，
　　マークカードの解答欄　**8**　にマークしなさい。

① She decided to climb the mountain alone.
② He was left to raise their two children alone.
③ Price alone is not a reliable indicator of quality.
④ She'd never felt so alone or so friendless in her entire life.

（7）空所（　e　）に入れるのに最も適切なものを，次の①～④から一つ選び，マ
　　ークカードの解答欄　**9**　にマークしなさい。

① play　　② played　　③ playing　　④ to play

（8）下線部(f)の one が表しているものを，次の①～④から一つ選び，マークカー
　　ドの解答欄　**10**　にマークしなさい。

① a vaccine　② human life expectance　③ a viral disease　④ a virus

（9）下線部(g)の内容を最もよく表しているものを，次の①～④から一つ選び，マ
　　ークカードの解答欄　**11**　にマークしなさい。

① 一生の間　　　　　　② 生活のために
③ 命を大切にして　　　④ 自分を守るために

（１０）{　　h　　}内の語を並べ替え，意味の通る英文を作りなさい。並べ替えた
　　　ものの中で2番目と4番目に来る語の番号を，それぞれ次のようにマークカー
　　　ドにマークしなさい。

　　　　2番目 → マークカードの解答欄　[　12　]
　　　　4番目 → マークカードの解答欄　[　13　]

（１１）下線部(ア)〜(オ)の中で他とは異なるものを指す表現を，次の①〜⑤から一
　　　つ選び，マークカードの解答欄　[　14　]　にマークしなさい。

　　① ア　　　　② イ　　　　③ ウ　　　　④ エ　　　　⑤ オ

II　次の英文を読んで，下の設問（1）〜（4）に答えなさい。なお，＊印の語
　　　には注が付いています。

　　Suppose we were to discover something that could make us wealthier, healthier, longer-living, smarter, kinder, happier, more motivated, more innovative.　Ridiculous, you might say, but, in fact, we already have.

　　What is this elixir*?　Confidence.　And it is to human endeavour what food is to the body — without (あ)either we would wither* and die.　If you have it, it can empower you to reach heights you never thought possible, but if you don't, it can have a (ア)devastating effect on your prospects, despite your objective achievements.

　　When tennis legend Venus Williams was asked, aged fourteen, on ABC News how confident she (　a　) about beating her opponent in a tough upcoming match, she responded by saying, 'I'm very confident.'　The reporter replied, a little surprised, 'You say it so easily.　Why?'　'Because I believe it,' the future champion replied matter-of-factly.

　　Interviewed nearly twenty-five years later, in 2018, by the *New York Times*, she said, 'I feel that I owe my own success (　b　) my belief in myself, and have found that confidence can be learned and developed.　In fact, my own self-confidence is something I work on every day, (　c　) going to the gym or training on the court.'

Optimism, hope and self-esteem are all concepts that are easily confused with confidence but they differ in one (ｲ)fundamental way — confidence *empowers action*. You can be an optimist who is hopeful that things will work out OK in the end without ever believing that you can play a part in that outcome, or, indeed, having any realistic (ｳ)grounds for that optimism. And (ｲ)<u>you can have high self-esteem and feel good about yourself without feeling confident that you can achieve a particular goal</u>.

The future is uncertain. Confidence is a mental (ｴ)stance towards the future that defies this uncertainty by betting on success. Self-belief is a calculated wager* on oneself that often wins because it is a bet based (d) past performance. Confidence creates the future because it is grounded in action. And, as Venus Williams said, it (e).

(出典：How Confidence Works, by Ian Robertson. 一部変更)

(注) elixir: 万能薬　　wither: 元気を失う　　wager: 賭け

（1）下線部(あ)が指しているものを，5字～10字の日本語で解答用紙に書きなさい。

（2）下線部(い)を日本語に訳し，解答用紙に書きなさい。

（3）下線部(ア)～(エ)の意味に最も近いものを，それぞれ次の①～④から一つ選び，マークカードの解答欄　15　～　18　にマークしなさい。

(ア) devastating　　15

　　① complicated　② destructive　③ elaborate　④ positive

(イ) fundamental　　16

　　① basic　　② different　　③ easy　　④ surprising

(ウ) grounds　　17

　　① announcements　　② expectations

　　③ foundations　　④ requirements

(エ) stance　　18

　　① anxiety　　② attitude　　③ possibility　　④ strength

（4）空所(a)～(e)に入れるのに最も適切なものを，それぞれ次の①～④か

ら一つ選び，マークカードの解答欄 | 19 | ～ | 23 | にマークしなさい。

(a) | 19 | ① is ② was ③ showed ④ shows

(b) | 20 | ① for ② to ③ under ④ with

(c) | 21 | ① avoiding ② even if ③ just like ④ whether

(d) | 22 | ① as ② in ③ on ④ toward

(e) | 23 | ① can be learned　② is impossible
　　　　　③ might be successful　④ would be uncertain

III 次の日本文と英文の意味が同じになるように，空所(　1　), (　2　)をそれぞれ指定された語数で補いなさい。解答用紙には空所に当てはまる部分のみ書きなさい。

　科学の世界では，最初に公表した人物が発見の名声を得るのであって，その人が実際に最初にその発見をした人物であるとは限らない。

In the world of science, the first person who publishes gets the credit for a discovery, not (　　1　　[１語]) the first person who actually (　　2　　[３語]).

IV 次の英文を読み，空所（　1　）〜（　6　）に入れるのに最も適切な語を下の
{　　　　　} 内から選び，解答用紙に書きなさい。動詞の場合は，必要があ
れば語形を変えること。なお，一つの語を複数回使ってはいけません。*印の語
には注が付いています。

　　One of the most dominant factors within an ecosystem is what organisms
eat. Relationships can be made （　1　） a food chain, or more pertinently, a
food *web*, where many organisms are a possible meal for more than one other
species. Food chains （　2　） all the organisms in the ecosystem, and an
almost universal feature is that the first point in the chain is a photosynthetic*
organism, such as a plant. These organisms are （　3　） primary producers
because they collect energy from an abiotic* source (sunlight) and make it
available as a biotic resource. All other organisms in the chain are known as
consumers. Herbivores, which eat only plant material, are called primary
consumers. In turn they are （　4　） by secondary consumers and so on.
Many secondary consumers are likely to be omnivores, （　5　） they eat both
plant and animal foods. Tertiary consumers are almost certainly carnivores,
restricted to a meat diet. Further up the chain we （　6　） detritivores*, such
as dung beetles* or fungi, which consume the waste and remains of other
organisms.

　　　　　　　　　　　　　　（出典：*Genetics in Minutes*, by Tom Jackson. 一部変更）

（注）photosynthetic: 光合成をする　abiotic: 非生物の　detritivores: 腐食生物
　　dung beetles: コガネムシ科の昆虫，フンコロガシ等

　　　　　{ call　　contain　　eat　　into　　mean　　reach }

数学

(70 分)

I.　次の □□□□ にあてはまる答を解答欄に記入しなさい。

(1) 実数 x についての方程式 $\Big|\big||x-1|-1\big|-1\Big|=1$ を解くと □(a)□ である。

(2) 1 辺の長さが 1 である正六角形の頂点から無作為に 3 点選び，選んだ 3 点を頂点とする三角形を作る。このとき，直角三角形ができる確率は □(b)□ で，面積が $\dfrac{1}{2}$ より大きくなる確率は □(c)□ である。

(3) 凸多面体 X はすべての面が三角形であり，面の数は 60 である。このとき，凸多面体 X の辺の数は □(d)□ で，頂点の数は □(e)□ である。

(4) 実数 $\log_4 8$，$\log_{10} 31$，$\sqrt{1+\sqrt{3}}$，$\dfrac{\pi}{2}$ を小さい順に並べると □(f)□ である。

II.　次の □ にあてはまる答を解答欄に記入しなさい。

(1) xy 平面上の点 $(1, 2\sqrt{2})$ から円 $x^2 - 12x + y^2 + 35 = 0$ へ引いた接線の方程式は □(a) である。

(2) $0° \leqq \theta < 360°$ における $\dfrac{3\sin\theta}{3\cos\theta - 5}$ の最大値は □(b) ，最小値は □(c) である。

(3) $0° \leqq \alpha < 360°$, $0° \leqq \beta \leqq 180°$ における $\dfrac{3\sin\alpha - \sin\beta}{3\cos\alpha - \cos\beta - 6}$ の最大値は □(d) ，最小値は □(e) である。

III.　次の □ にあてはまる答を解答欄に記入しなさい。

a を 0 でない実数，b と c を実数として，関数 $f(x)$ と $g(x)$ を·

$$f(x) = ax^2 - 2bx + c, \qquad ただし，\quad \int_0^3 f(x)\, dx = -3$$

$$g(x) = c + \int_0^x f(t)\, dt$$

と定める。$g(x)$ は $x = 2$ のとき極値をとり，$y = f(x)$ と $y = g(x)$ は，$x = 0$ で共通接線 ℓ をもつ。このとき，$a = $ □(a) であり，ℓ の方程式は $y = $ □(b) である。

次に，$y = g(x)$ を y 軸に関して対称に移動したものを $y = h(x)$ とすると $h(x) = $ □(c) である。$y = h(x)$ と ℓ で囲まれる 2 つの部分の面積を S_1, S_2 （ただし，$S_1 > S_2$）とするとき，$S_1 - S_2 = $ □(d) である。

IV. 次の | | にあてはまる答を解答欄に記入しなさい。

0以上の整数 x, y に対し方程式 $x^2 - 2y^2 = 1 \cdots$ ① を考える。

① の解 (x, y) に対して $s = x + 2y, t = x + y$ とおくと，s, t の満たす方程式は | (a) | $\cdots$ ② となる。

同様にして，② の解 (s, t) に対して $x = s + 2t, y = s + t$ とおくと，(x, y) の満たす方程式は ① となることが分かるので，① の解 (x_1, y_1) から ② の解 (s_1, t_1) が得られ，さらに (s_1, t_1) から ① の解 (x_2, y_2) が得られる。これを順次 $n - 1$ 回（n は2以上の自然数）繰り返して得られる ① の解を (x_n, y_n) とする。

以下，$(x_1, y_1) = (1, 0)$ とする。

(1) $(x_3, y_3) =$ | (b) | である。

(2) (x_{n+1}, y_{n+1}) を x_n, y_n を用いて表すと $(x_{n+1}, y_{n+1}) =$ | (c) | となる。

(3) 数列 $\{b_n\}$ を $b_n = x_n + \sqrt{2}y_n$ で定めると，これは公比 | (d) | の等比数列になることがわかる。

同様に，$c_n = x_n - \sqrt{2}y_n$ で定められる数列 $\{c_n\}$ を考えることにより，(x_n, y_n) は n を用いて $(x_n, y_n) =$ | (e) | と表されることがわかる。

■化学■

(90分)

Ⅰ　次の記述 **A**, **B** を読み，下記の問いに答えよ。

A　元素の周期表における貴ガスを除いた第 2 周期の元素に関する記述
　1）～5）に該当するものを元素記号で全て記せ。

1) 原子の半径が最大のもの
2) 原子の第一イオン化エネルギーが最大のもの
3) 原子の電気陰性度が最大のもの
4) 金属元素であるもの
5) 単体が非金属で、かつ常温・常圧で固体であるもの

B　炭素原子には ^{12}C, ^{13}C, 酸素原子には ^{16}O, ^{17}O, ^{18}O の安定な同位体
　が存在する。これらの同位体から構成される二酸化炭素分子に関する以
　下の問いに答えよ。ただし，^{12}C, ^{13}C, ^{16}O, ^{17}O, ^{18}O の相対質量をそ
　れぞれ 12，13，16，17，18 とする。

（1）　二酸化炭素には，相対質量が異なる分子は理論上何通りあるか。そ
　　　の数を記せ。

（2）　炭素の同位体存在比が $^{12}C : ^{13}C = 4 : 1$，酸素の同位体比が
　　　$^{16}O : ^{17}O : ^{18}O = 6 : 1 : 1$ であるとき，二酸化炭素の分子量を小数点
　　　以下第1位まで求めよ。

Ⅱ　次の記述を読み，下記の問いに答えよ。

　固体の溶解度は一般に高温ほど大きくなるものが多いが，塩化ナトリウムのようにほとんど変化しないものや，逆にしっくいやさらし粉の原料などに使われる 　1　 のように高温ほど溶解度が小さくなるものもある。

　いま，(ア) 100℃に保たれた水 1 kg に $NaNO_3$ 340 g を加え完全に溶解させたのち，さらに KCl 298 g を加え完全に溶解した。 (イ) この溶液を 10℃まで冷却したところ，結晶が析出した。

　なお，溶解させたこれらの塩は水中で完全に電離するものとする。また，原子量は N = 14，O = 16，Na = 23，Cl = 35.5，K = 39 とし，100℃に保たれた水の沸騰による体積変化はないものする。

問1　空欄 　1　 に適当な物質名を記せ。

問2　下の表は，下線部（**ア**）の溶液に含まれるイオンの組み合わせから
　　　考えられる物質の溶解度の表である。表中の化合物**A**および**B**は何か，
　　　化学式で記せ。

水 100g に溶解することができる溶質の量（g）

	0℃	10℃	20℃	25℃	30℃	40℃	50℃	60℃	80℃	100℃
A	13.3	22.0	31.6	37.9	45.6	63.9	85.2	109.2	168.8	244.8
KCl	28.1	31.2	34.2	35.9	37.2	40.1	42.9	45.8	51.3	56.3
B	35.7	35.7	35.8	35.9	36.1	36.3	36.7	37.1	38.0	39.3
$NaNO_3$	73.0	80.5	88.0	91.9	96.1	104.9	114.1	124.2	148.1	175.5

問3　下線部（**イ**）について，析出した結晶は次のうちのどれか。
　　① **A**のみ　② KCl のみ　③ **B**のみ　④ $NaNO_3$ のみ
　　⑤ **A**と**B**　⑥ KCl と $NaNO_3$

問4　下線部（**イ**）について，析出した結晶の総量はおよそ何 g か，整数
　　　で答えよ。ただし，溶解度の値は溶解させた他の物質の影響を受けない
　　　ものとする。

Ⅲ　次の記述を読み，下記の問いに答えよ。ただし，気体は全て理想気体とみなしてよい。また，原子量は H = 1.00，C = 12.0，N = 14.0，O = 16.0 であり，結合エネルギーは，H–H 436 kJ/mol, N≡N 945 kJ/mol, N–H 390 kJ/mol である。

　アンモニアは，四酸化三鉄を主成分とする触媒を用いて水素 H_2 と窒素 N_2 を直接反応させるハーバー・ボッシュ法によって工業的に製造されている。アンモニア生成の熱化学方程式は，式(1) で表される。

$$\frac{3}{2}H_2\ (気) + \frac{1}{2}N_2\ (気) = NH_3\ (気) + Q\,kJ \ \text{——} \ (1)$$

　ハーバー・ボッシュ法によるアンモニアの年間生産量は 2.00×10^8 t にのぼる。

　なお，式(1) の反応で使用する H_2 は，メタンの水蒸気改質 [式(2)] と，水性ガスシフト [式(3)] と呼ばれる方法によって得られている。

$CH_4 + H_2O \rightarrow CO + 3H_2$　　——　(2)
$CO + H_2O \rightarrow CO_2 + H_2$　　——　(3)

問 1　アンモニアの生成熱 Q を求めよ。

問 2　1分子のメタンと十分量の水蒸気・窒素から何分子のアンモニアが得られるか，分数で記せ。

問 3　ハーバー・ボッシュ法によるアンモニア製造によって，全世界で一年間に排出される CO_2 の体積は標準状態で何 L になるか。有効数字 3 桁で求めよ。ただし，式(3) 以外による CO_2 排出は無視できるものとし，標準状態における気体の体積は 22.4 L/mol である。

問 4　アンモニアから H_2 を再生するには，式(1) の逆反応を利用する。
　(a) ～ (e) のうち，式(1) の反応の平衡を左側に移動させるものをすべ

て選べ。

(a) 温度を上げる　(b) 温度を下げる　(c) 圧力を上げる
(d) 圧力を下げる　(e) 触媒を加える

Ⅳ　次の記述を読み，下記の問いに答えよ。

K^+, Ca^{2+}, Zn^{2+}, Al^{3+}, Fe^{3+}, Cu^{2+}, Pb^{2+}を同じ濃度で含む水溶液がある。以下の操作でこれらのイオンを分離した。

操作1：イオンを含む水溶液に塩酸を加えた。生じた**沈殿1**をろ過し，**ろ液1**を得た。

操作2：**ろ液1**に硫化水素を吹き込んだ。生じた**沈殿2**をろ過し，**ろ液2**を得た。

操作3：**ろ液2**を (ア) 煮沸後，(イ) 硝酸を加えた。さらに過剰量のアンモニア水を加えた。生じた**沈殿3**をろ過し，**ろ液3**を得た。

操作4：**ろ液3**に硫化水素を吹き込んだ。生じた**沈殿4**をろ過し，**ろ液4**を得た。

操作5：**ろ液4**に炭酸アンモニウムを加えた。生じた**沈殿5**をろ過し，**ろ液5**を得た。

問1　**沈殿1，2，4，5**を化学式で示せ。

問2　操作3の下線部（ア），（イ）の操作を行なう理由を記せ。

問3　**沈殿4**に相当する金属塩は操作2では沈殿しない。このことから，

沈殿2と沈殿4に含まれる金属塩の溶解度積〔(mol/L)²〕はどちらが大きいと考えられるか。正しいほうを丸で囲め。また，操作2で沈殿4に相当する金属塩が沈殿しなかった理由を記せ。

問4　沈殿3には二種類の金属塩が含まれていた。相当する金属塩を化学式で記せ。これらを沈殿あるいはイオンを含む水溶液として分離したい。そのための操作として適切なものはどれか。次のa～dの中から選べ。また，その操作の最後に得られるろ液の中に存在する錯イオンを化学式で示せ。

a：沈殿3を熱水に溶解させてろ過し，溶け残った沈殿とろ液に分離する。

b：沈殿3に過剰の水酸化ナトリウム水溶液を加え，ろ過して沈殿とろ液に分離する。

c：沈殿3に濃硝酸を加え加熱して溶解後，過剰のアンモニア水を加え，ろ過して沈殿とろ液に分離する。

d：沈殿3に過剰の希塩酸を加え，ろ過して沈殿とろ液に分離する。

V 次の記述を読み，下記の問いに答えよ。ただし，原子量は H = 1.0，
N = 14，O = 16，S = 32，Cl = 35.5，Ag = 108，Ba = 137 とする。

塩化水素，硫酸，硝酸が含まれている**水溶液 A** がある。この水溶液中の
それぞれの酸の濃度を求めるために，以下の実験を行った。ただし，酸化
還元反応は起こらないものとして考えてよい。

実験（1）　**水溶液 A** を正確に (ア)10 mL とり，水で希釈して正確に
(イ)100 mL とした。この希釈液 10 mL を正確にビーカーにとり，
0.20 mol/L 水酸化ナトリウム水溶液で中和するのに 4.0 mL を要した。

実験（2）　**水溶液 A** 10 mL を正確にビーカーにとり，0.45 mol/L 塩化
バリウム水溶液を白色の**沈殿 B** が生じなくなるまで十分な量を加えた。
加えた 0.45 mol/L 塩化バリウム水溶液は 10 mL であった。白色**沈殿
B** を含む溶液をろ過し，白色**沈殿 B** を水で洗浄して乾燥後，その質量
を測定したところ 0.466 g であった。また，このときのろ液と洗浄液を
合わせた溶液に硝酸銀水溶液を加えると白色**沈殿 C** が生じた。この**沈
殿 C** をろ過により集め，水で洗浄，乾燥後，質量を測定したところ
1.435 g であった。ただし，ろ過の際に溶液の損失はなく，**沈殿 B，C**
は水に全く溶解しないものとする。

問 1　実験（1）の下線部（**ア**）と（**イ**）に用いる器具として最も適切な
ものの名称を記せ。また，下線部（**ア**）で用いる器具の使用方法として
適切なものを **1～4** の中から 1 つ選び，番号で記せ。

1　水で洗った後，ただちに**水溶液 A** をとる。

2　水で洗った後，加熱乾燥して**水溶液 A** をとる。

3　水で洗った後，器具の内部を少量の**水溶液 A** で数回洗い，熱風で
乾燥後，ただちに**水溶液 A** をとる。

4　水で洗った後，器具の内部を少量の**水溶液 A** で数回洗い，ただち
に**水溶液 A** をとる。

問 2　実験（1）で用いる適切な指示薬の名称を記せ。また，**水溶液 A** 中

の H^+ の濃度を求めよ。

問 3　実験（2）における白色**沈殿 B** と **C** を化学式で記せ。また，実験（1）と（2）より**水溶液 A** に含まれる塩化水素, 硫酸, 硝酸の濃度を求めよ。

VI　ベンゼンを出発物質とする以下の反応について，下記の問いに答えよ。

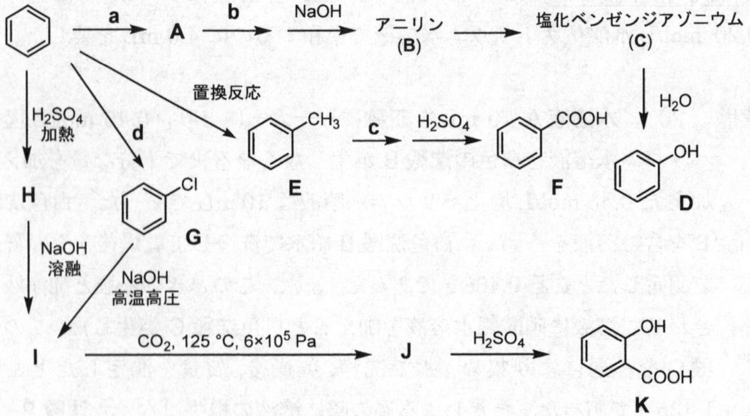

問 1　**I** と **J** の構造式を記せ。

問 2　反応試薬 **a〜d** として最も適切なものを下記の **1〜9** から選び番号で記せ。

1. 濃 HNO_3, 濃 H_2SO_4	**2.** HCl, 加熱	**3.** Cl_2, Fe
4. Cl_2 (過剰量), 光	**5.** $KMnO_4$	**6.** Sn, HCl
7. $CH_2=CHCH_3$	**8.** MnO_2	**9.** $(CH_3CO)_2O$

問 3　アニリン（**B**）を塩酸および亜硝酸ナトリウムと反応させると塩化ベンゼンジアゾニウム（**C**）が合成できる。本反応の化学反応式を記せ。ただし，反応式中の有機化合物の構造式は上図にならって記せ。

問4　**F** および **K** を以下の試薬を用いて区別するためにはどのような実験
　　をすればよいか。具体的に説明せよ。ただし，すべての試薬を使用しな
　　くても良い。

　・濃硫酸
　・水酸化ナトリウム水溶液
　・炭酸水素ナトリウム水溶液
　・メタノール
　・二クロム酸カリウム

Ⅶ　次の文章を読み，下記の問いに答えよ。

　分子内にアミノ基とカルボキシ基の両方をもつ化合物をアミノ酸とい
う。アミノ基とカルボキシ基が，同一の炭素原子に結合したアミノ酸をα
－アミノ酸という。α－アミノ酸の水溶液は，陽イオン，双性イオン，陰
イオンが平衡状態にあり，溶液の pH によりその割合は変化する。これら
平衡混合物の電荷の総和が 0 となる pH を等電点という。

　α－アミノ酸のカルボキシ基と，別のα－アミノ酸のアミノ基との間で
脱水縮合してできるアミド結合を特にペプチド結合という。タンパク質は，
多数のα－アミノ酸が鎖状に結合したポリペプチド構造が基本となって
いる。酵素はタンパク質を主体とした高分子化合物で，生体内の化学反応
の触媒として働く。なお，酵素は自然界に広く存在し，野菜や果物にも含
まれる。

問1　等電点が 5.5 の中性アミノ酸 A について，次の1），2）に答えよ。

```
      H
      |
  R－C－COOH
      |
      NH₂
  アミノ酸 A
```

　1）　アミノ酸 A の陽イオン，双性イオン，陰イオンの構造式を書け。

2）　アミノ酸 A を塩基性緩衝液に溶かした溶液を，電気泳動装置に入れて電圧を加えたとき，アミノ酸 A は陽極と陰極のいずれに向かって移動するか。正しいほうを丸で囲め。また，その理由を答えよ。

問 2　あるタンパク質 0.0800 g を水に溶かした 20.0 mL の水溶液の浸透圧は，27 ℃で 2.49×10^2 Pa だった。このタンパク質の分子量を有効数字 3 桁で記せ。ただし，気体定数 $R = 8.31 \times 10^3$ Pa・L/(mol・K) とする。

問 3　一般に，化学反応の反応速度は温度が高いほど大きく，10 ℃上がるごとに約 2～3 倍になる。ところが，酵素により触媒される化学反応の反応速度は，40 ℃付近で最大となる。反応速度が最大となる温度を　ア　という。酵素はタンパク質であるため，ある温度以上では　イ　が進み，失活するため反応速度が小さくなる。　ア　，　イ　に入る適当な語句を記せ。

問 4　ゼラチンを熱湯に溶かしてから冷やして固めたゼリーに生のパイナップルをのせたところ，ゼリーが溶けてしまった。一方，寒天を熱湯に溶かしてから冷やして固めたものに生のパイナップルをのせても変化は起こらなかった。この理由を説明せよ。

生物

（90 分）

I　　次の記述を読み、下記の問いに答えよ。

　ヒトのゲノム DNA の塩基配列には個人差がある。(a) <u>ミトコンドリア</u>に含まれる酵素をコードする遺伝子 X は、特定の部位の塩基の違いによって 2 つの型に区別できる。これらを X1 と X2 とする。遺伝子 X の 12 番目のエキソンにおける 1 塩基の置換により、X1 でグルタミン酸をコードする配列が X2 ではリシンをコードする。この塩基の違いを以下では多型とよぶ。なお、遺伝子 X は常染色体に存在する。**図 1** にゲノム配列上の遺伝子 X の構造の模式図を示す。遺伝子 X にはエキソンが 13 個あり、それぞれを四角で示した。

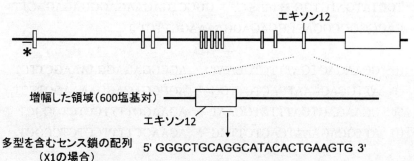

図 1　遺伝子 X の構造と PCR で増幅した領域

　［実験 1］　A さんとその母親の B さんは自身の遺伝子 X の多型を調べることにした。A さんと B さんの口の粘膜の細胞からゲノム DNA を採取した。これらをそれぞれ鋳型として、遺伝子 X の多型の周辺を含む 600 塩基の配列を (b) <u>PCR 法</u>によって増幅した。

問 1 　下線部 (a) について。遺伝子 X がコードする酵素はミトコンドリアに局在する。以下の選択肢より、ミトコンドリアの記述として**正しいものをすべて**選び、番号で答えよ。

① 　真核生物と原核生物に共通してみられる細胞小器官である。
② 　外膜と内膜の二重の膜構造を有する。
③ 　植物細胞には存在しない。
④ 　チラコイドとよばれる構造を持つ。
⑤ 　ATP の産生に関わる。

問 2 　増幅した遺伝子 X のセンス鎖（mRNA の鋳型にならない DNA 鎖）の配列を以下に示す。この配列を増幅するのに用いたプライマー配列として、適切な組み合わせを以下の選択肢より 1 つ選び、番号で答えよ。なお、以下の配列は全て 5'から 3'の向きで示してある。

5'-CCAAGAGTGATTTCTGCAATCTCGTTTCAAATTACAGGGTCAAC
TGCTATGATGTGG…（中略）… GGCCTGAGAAGAGGGAGAGACTT
CAGGGGGCGGAGCGGAGAGGAAAAGCTTCT-3'

① CCAAGAGTGATTTCTGCAAT と AGCGGAGAGGAAAAGCTTCT
② ATTGCAGAAATCACTCTTGG と AGCGGAGAGGAAAAGCTTCT
③ CCAAGAGTGATTTCTGCAAT と AGAAGCTTTTCCTCTCCGCT
④ ATTGCAGAAATCACTCTTGG と AGAAGCTTTTCCTCTCCGCT

問 3 　図 1 の＊は遺伝子の上流に存在し、転写の開始に関わる DNA 領域である。＊を何とよぶか。また、＊の DNA 領域と結合して転写を触媒する酵素は何か。それぞれの名称を答えよ。

問 4 　下線部 (b) について。以下の記述の空欄 　**ア**　 に当てはまる語句を答えよ。また、空欄 　**イ**　 ～ 　**オ**　 にあてはまる最も適切な数字を下記の選択肢より選び、番号で答えよ。

典型的な PCR では以下のようなサイクル反応を行う。まず、適切な緩衝液に鋳型となる DNA と一対のプライマー、4 種類の塩基のヌクレオチドおよび酵素である　ア　を混合し、95℃に加熱する。次に 60℃程度に温度を下げ、その後 72℃で反応させる。この後、再び 95℃からの反応を繰り返す。このうち、2 本鎖の DNA が 1 本鎖に解離するのは　イ　℃の過程であり、プライマーが標的 DNA と会合するのは　ウ　℃の過程である。また、これら 3 つの温度のうち　エ　℃の過程は、増幅するDNA 領域の長さによって温度を維持する時間を変える必要がある。プライマーにはさまれた DNA 領域が各サイクルで 2 倍ずつ増えるとすると、20 サイクルでは　オ　倍に増幅される。

① 95　　　　　② 60　　　　　③ 72　　　　　④ 2

⑤ 20　　　　　⑥ 40　　　　　⑦ 2^{20}　　　　⑧ 20^2

問 5　600 塩基対の DNA 断片を電気泳動で検出するには、DNA が 1 マイクログラム（$1.0×10^{-6}$ グラム）あれば十分である。1 つの細胞に含まれるゲノム DNA をもとに 1 マイクログラムの増幅 DNA 断片を得るために、少なくとも何回のサイクル反応が必要かを以下のように考えた。ただし、PCR の各サイクルでは DNA が 2 倍に増幅されるとする。また、$2^{10} ≒ 1000$ と近似して良い。

「1 塩基対あたりの平均分子量を 660 とすると、600 塩基対の DNA の分子量は 396000 に相当する。分子量が N であるゲノム DNA が $6.0 × 10^{23}$ 個存在すると N グラムになるものとする。すると、600 塩基対の二本鎖 DNA が $1.0×10^{-6}$ グラムあるとき、その個数はおおよそ　カ　個である。したがって、1 つの細胞に含まれるゲノム DNA から PCR によって増幅された DNA 断片を電気泳動で検出するためには、少なくとも　キ　回のサイクル反応が必要である。」

　　　上の空欄　カ　と　キ　にあてはまる数としてもっとも近いものをそれぞれ次の選択肢より 1 つ選び、番号で答えよ。

【カの選択肢】

① 1.1×10^{3}　　② 4.0×10^{6}　　③ 1.2×10^{9}
④ 1.5×10^{12}　　⑤ 2.0×10^{15}

【キの選択肢】

① 5　　　　　② 10　　　　③ 20
④ 30　　　　⑤ 40

［実験 2］　X1 と X2 を区別するために、実験 1 で得られた A さんまたは
B さんの増幅産物をそれぞれ半分に分け、片方はそのままで（制限酵素：
−）、もう片方は (c) ある制限酵素で処理し（制限酵素：＋）、ゲル電気泳
動で展開した。ゲル中の DNA を染色したところ、図 2 のような結果が得
られた。図中の M は DNA サイズマーカーを示している。なお、この制限
酵素は増幅産物中の多型を含む部位を認識配列とし、切断されるべき配列
は全て切断されたと考えてよい。

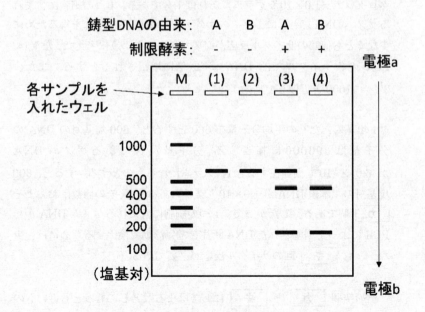

図 2　電気泳動の結果

問 6　下線部 (c) について。遺伝子 X の多型を含むセンス鎖の配列に関
して、X1 の場合を**図 1** に示した。どの制限酵素を使用したか、遺伝暗号
表を参考にして、次の制限酵素より最も適切なものを 1 つ選び、番号で
答えよ。なお、各制限酵素名の右側にその認識配列を示した。これらの
制限酵素は認識配列の内部、あるいは近傍の配列を切断する。

遺伝暗号表

UUU	フェニルアラニン	UCU	セリン	UAU	チロシン	UGU	システイン
UUC		UCC		UAC		UGC	
UUA	ロイシン	UCA		UAA	終止コドン	UGA	終止コドン
UUG		UCG		UAG		UGG	トリプトファン
CUU	ロイシン	CCU	プロリン	CAU	ヒスチジン	CGU	アルギニン
CUC		CCC		CAC		CGC	
CUA		CCA		CAA	グルタミン	CGA	
CUG		CCG		CAG		CGG	
AUU	イロソイシン	ACU	トレオニン	AAU	アスパラギン	AGU	セリン
AUC		ACC		AAC		AGC	
AUA		ACA		AAA	リシン	AGA	アルギニン
AUG	メチオニン	ACG		AAG		AGG	
GUU	バリン	GCU	アラニン	GAU	アスパラギン酸	GGU	グリシン
GUC		GCC		GAC		GGC	
GUA		GCA		GAA	グルタミン酸	GGA	
GUG		GCG		GAG		GGG	

	制限酵素	認識配列
①	BamHI	5′ GGATCC 3′ 3′ CCTAGG 5′
②	EcoRI	5′ GAATTC 3′ 3′ CTTAAG 5′
③	PstI	5′ CTGCAG 3′ 3′ GACGTC 5′
④	AcuI	5′ CTGAAG 3′ 3′ GACTTC 5′
⑤	SmaI	5′ CCCGGG 3′ 3′ GGGCCC 5′

問7　図2において、(3) の試料で DNA 断片が 3 本確認されたのはなぜか
を説明せよ。

問8　A さんの父親の遺伝子 X の多型についても実験 1・実験 2 の方法で
調べた。父親の遺伝子 X の電気泳動の結果として考えられるものを、
図2の (2) 〜 (4) の中から**すべて選んで**番号を答えよ。なお、A さんは
両親の実子である。

問9　図2の矢印は電気泳動における DNA の移動方向をあらわしている。
このとき、電極 b は陽極、陰極どちらになるか。また、DNA の化学的な
性質と関連付けて理由とともに述べよ。

［実験3］　遺伝子 X がコードする酵素は 4 分子で 1 つの複合体（四量体）
を形成して働くことが知られている。(d) X1 あるいは X2 を単独で発現させ
るベクター（遺伝子の運び手）、また、X1 および X2 を 1：1 の割合で大腸
菌内に同時に発現させることができるベクターを作製した。これらを大腸
菌に導入して組換えタンパク質を発現させた。そののちに、回収した大腸
菌を破砕し、発現した四量体タンパク質を精製した。それぞれの酵素活性
を測定したところ、X1 単独で発現した場合の活性を 1 とすると、X2 単独
では 0.08、(e) X1 と X2 を同時に発現した場合では 0.16 となった。一方、

(f) <u>X1 と X2 をそれぞれ単独で発現させて、精製した等量の四量体タンパク質を混合してすぐに測定した場合、活性は 0.53 となった。</u>なお、活性測定に使用したタンパク質の純度と量に差はなかったと考えてよい。

問 10　下線部 (d) について。このとき X1 あるいは X2 のゲノム塩基配列を挿入したベクターを使用しても目的のタンパク質は得られない。その理由を説明せよ。また、ベクターとして利用される環状 DNA を何とよぶか答えよ。

問 11　下線部 (e) と (f) について。これらの 2 つの条件で、酵素活性が大きく異なったのはなぜか。考えられる要因を述べよ。

II　次の記述を読み、下記の問いに答えよ。

［文 1］神経系において、情報を伝えたり処理したりするのは神経細胞である。神経細胞は、核のある細胞体と多数の突起から構成されている。突起は、情報を受け取る　ア　と情報を伝える軸索に分けられる。神経細胞が刺激されていないとき、細胞外を基準とすると細胞内の電位は負の値を示し、この膜電位を　イ　という。(a) <u>神経細胞が刺激されると膜電位の変化がおこり、活動電位が発生する。</u>活動電位が生じることを興奮という。(b) <u>神経細胞の興奮は、通常、細胞体側から神経終末へと軸索上を伝わっていく。</u>最終的に興奮が神経終末部位に到達すると電位依存性 Ca^{2+} チャネルが開口し、Ca^{2+} が細胞内へと流入する。その結果、神経終末の　ウ　に貯蔵されている (c) <u>神経伝達物質</u>がシナプス間隙に放出される。放出された神経伝達物質は、シナプス後細胞の細胞膜にある受容体に作用することで情報を伝達する。このとき、シナプス後細胞で生じる脱分極性の膜電位変化を　エ　といい、一方、過分極性の膜電位変化を　オ　という。シナプス後細胞は多くの他の神経細胞とシナプスを形成しており、　エ　と　オ　のバランスによりその興奮が制御されている。

問1 空欄 **ア** ～ **オ** に適当な語句を記せ。

問2 下線部（a）について。神経細胞の活動電位の発生は、全か無かの法則に従う。この法則について説明せよ。

問3 下線部（a）について。細胞内に微小な電極を挿入すると、膜電位を測定することができる。**図1**は、神経細胞を電気的に刺激した際に生じる膜電位変化を示した模式図である。以下の条件下で神経細胞を電気的に刺激すると、神経細胞の膜電位変化はどのようになると考えられるか。**図2**のグラフ①～⑥からそれぞれ**1つずつ**選べ。

条件A：電位依存性 Na^+ チャネルを閉じた状態で維持した場合
条件B：電位依存性 K^+ チャネルを閉じた状態で維持した場合

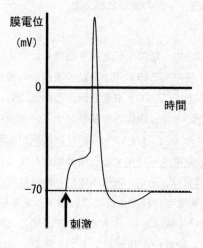

図1

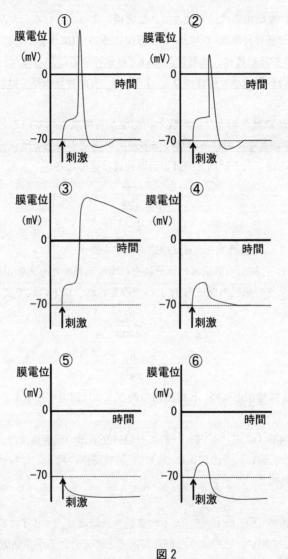

図 2

問4　下線部 (b) について。神経細胞の興奮は、軸索上を一方向性に伝わっていく。その理由を説明せよ。

問5　下線部 (c) について。神経伝達物質の名称を**3つ**記せ。

［文 2］神経繊維の構造や太さは、生物種によって異なる。ヤリイカの神経繊維は無髄神経繊維のみで、その直径は 500〜1000 μm である。一方、(a) ヒトの神経繊維は、無髄神経繊維と有髄神経繊維からなり、(b) その太さは、無髄神経繊維では直径 0.2〜1.5 μm、有髄神経繊維では直径 1〜20 μm である。

無髄神経繊維を均質な細胞質と細胞膜から構成されているとすると、(c) 無髄神経繊維における興奮の伝導速度を規定する値 λ は以下の式で示され、この値が大きいほど興奮の伝導速度は速くなる。

$$\lambda = \sqrt{\frac{r_m}{r_i}}$$

このとき、r_m は膜抵抗を、r_i は細胞内抵抗を表す。

膜抵抗 r_m と細胞内抵抗 r_i は、それぞれ単位面積あたりの膜抵抗 R_m、単位体積あたりの細胞内抵抗 R_i によって規定され、以下の式で表される。

$$r_m = \frac{R_m}{2\pi a h}$$

$$r_i = \frac{R_i}{\pi a^2 h}$$

ここで、a は軸索の半径、h は軸索の長さ、π は円周率を示す。

問 6　下線部 (a) について。一般に有髄神経繊維の伝導速度は、無髄神経繊維よりも速い。その理由について、神経繊維の構造的な特徴にもとづいて説明せよ。

問 7　下線部 (b) について。ヒトの有髄神経繊維は、ヤリイカの神経繊維と比較して細い。どのような利点があると考えられるか。簡潔に記せ。

問 8　下線部 (c) について。λ を R_m、R_i を用いた式で記せ。

［実験］無髄神経繊維に 1 本の刺激電極と 2 本の記録電極 (1) および (2) を図 3 のように設置した。刺激電極を用いて神経繊維を電気刺激した後、

記録電極 (1) および (2) において生じた電位の変化を継時的に記録した
ものが**図 4**である。**図 4**において、実線は記録電極 (1) で得られた電位変
化を、破線は記録電極 (2) で得られた電位変化を示す。ここで t は、記録
電極 (1) で最大電位変化が得られた時点から記録電極 (2) で最大電位変
化が得られた時点までの時間を表す。

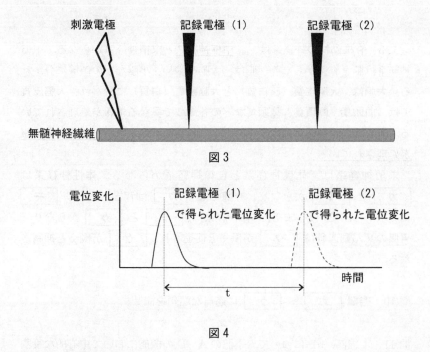

図 3

図 4

問 9　直径の異なる無髄神経繊維を用いて実験を行った。直径 100 μm の
　　　無髄神経繊維を用いて得られた t の値を t_1、直径 500 μm の無髄神経繊
　　　維を用いて得られた t の値を t_2 とする。t_1 と t_2 の値の関係はどのように
　　　なるか。下記の選択肢から 1 つ選び、番号で答えよ。

①　　無髄神経繊維の半径が大きくなっても λ の値は変化しないため、
　　　$t_1 = t_2$ である。
②　　無髄神経繊維の半径が大きくなると λ の値が大きくなるため、$t_1 > t_2$
　　　となる。

③　無髄神経繊維の半径が大きくなると λ の値が大きくなるため、$t_1 < t_2$
　　となる。

④　無髄神経繊維の半径が大きくなると λ の値が小さくなるため、$t_1 > t_2$
　　となる。

⑤　無髄神経繊維の半径が大きくなると λ の値が小さくなるため、$t_1 < t_2$
　　となる。

［文 3］脊椎動物の神経系は、(a) 中枢神経系と末梢神経系からなる。中枢
神経系は脳と脊髄からなり、脳は、大脳や脳幹、小脳などの領域に分かれ
る。大脳は、大脳皮質（灰白質）と大脳髄質（白質）に分かれ、大脳皮質
では、前頭葉、頭頂葉、後頭葉などの各領域で異なる情報が処理されてい
る。例えば、(b) 後頭葉には視覚野とよばれる領域があり、そこで視覚情報
が処理されている。

　末梢神経系は、体性神経系と自律神経系からなる。体性神経系は
　カ　と　キ　からなり、脊髄では　カ　は背根から入り　キ
は腹根から出ている。また、自律神経系は、　ク　と　ケ　からなり、
胃腸のぜん動運動は　ク　が働くと促進され、　ケ　が働くと抑制さ
れる。

問 10　空欄　カ　～　ケ　に適当な語句を記せ。

問 11　下線部（a）について。下記の A～D の機能において中心的な役割
　を担う中枢神経系の領域はどれか。それぞれ選択肢から 1 つずつ選び、
　番号で答えよ。

A　呼吸運動や血液循環など生命活動の維持
B　体の平衡や運動機能の調節
C　眼球運動や姿勢の維持
D　体温や摂食などの調節

【選択肢】

① 大脳皮質　　② 視床　　　③ 視床下部
④ 中脳　　　　⑤ 延髄　　　⑥ 小脳
⑦ 脳梁　　　　⑧ 脳下垂体　⑨ 脊髄

問12　下線部（b）について。視覚野におけるニューロンの過剰な興奮が原因で視覚に異常がおこることがある。過剰な神経の興奮を抑制する治療法として適切と考えられるものを、下記の選択肢から**2つ**選び、番号で答えよ。

① 電位依存性 Na^+ チャネルの遮断
② 電位依存性 K^+ チャネルの遮断
③ 電位依存性 Ca^{2+} チャネルの遮断
④ 電位依存性 Na^+ チャネルの活性化
⑤ 電位依存性 Ca^{2+} チャネルの活性化

Ⅲ　次の記述を読み、下記の問いに答えよ。

［文1］植物の成長を制限する因子として、①光、②水、③土壌中の栄養塩類の量、の3つがあげられる。例えば、日当たりの良い空地には雑草が繁茂するが、建物の日陰になっている空地では、雑草が少ない。このことは、水中の植物プランクトンや水草にもあてはまる。水面からの深さによって、光の透過量が減少するため、植物の光合成の量が　ア　の量を上回る浅い部分を生産層といい、それよりも深い部分は分解層とよばれる。一日当たりの光合成の量と　ア　の量が等しくなる水深を (a) 補償深度という。

陸地では、さまざまな環境に適応した多様な植物が混在しながら植生を形成している。ある場所における植生は、(b) 非生物的な環境因子だけでなく、相互の生存競争によっても変化し、一定のパターンを示す。例えば、(c) 火山の噴火後など、土壌がなく、植物の種子なども存在しない裸地に

最初に侵入してくる植物を　イ　植物という。日本の暖温帯のような環境では、裸地から草原を経て陽樹林となり、さらに (d) 陰樹林へと移行する。この過程を　ウ　という。　ウ　がそれ以上進まないようにみえる状態を　エ　という。草原から陰樹林へと移行するまでに数百年の時間を必要とする。湖沼では、土砂が堆積し、次第に水深が浅くなって　オ　となり、乾燥が進んで草原へと移行する。

問1　文中の　ア　～　オ　にあてはまる語を記せ。

問2　下線部 (a) について。湖沼の日補償深度は一定とは限らず、さまざまな環境要因によって変動する。富栄養化が発生すると、日補償深度はどのように変化すると考えられるか。その理由とともに簡潔に述べよ。

問3　下線部 (b) について。植生を決定づける気候要因を**2つ**あげよ。

問4　下線部 (c) について。地衣類やコケ植物などが、土壌がない裸地に最初に侵入する例が多い。その原因となっている裸地の環境の特性を**2つ**あげよ。

問5　下線部 (d) について。台風などによって、陰樹林の中で高木が倒れて、林冠が途切れることがある。この空間の名称を記せ。

問6　自然環境では、森林が形成されるような気候では、火山の噴火などのかく乱の後でも草原や森林が形成される。このように生態系が長い年月を経てもとに戻る性質を何とよぶか。その名称を記せ。

[文 2] 生態系の中で、植物のように有機物を合成する生物を　カ　という。また、草食動物や肉食動物のように他の生物を食べることで、栄養を摂取する生物を　キ　と総称する。枯死した植物や　キ　の排せつ物などの環境中の有機物をエネルギー源として利用する生物を　ク　と総称する。

　一般に、河川などに有機物を含む下水が流入すると、(a) 細菌などが有機物を代謝して、二酸化炭素とともにアンモニアが生じる。

　ある河川の特定の地点で継続的に下水が流入して水質汚濁が発生した。河川の流域の複数の地点で水を採取し、水質の測定を行った。また、同じ地点で生物の観察を行った。これらの結果を**図1**に示す。河川の上流地点から下流側に水が流れていることから、各地点の水質の変化は環境中での経時的な変化と関連づけて考えることができる。また、水に飽和する酸素の濃度は大気中の酸素濃度と比較して非常に低い。そのため、水と空気の界面では、空気から水へと酸素が供給されている。

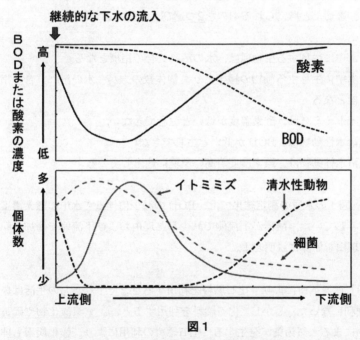

図1

（注）BOD：微生物を用いて実験的に水中の有機物を分解させるときに消費される酸素量にもとづく水の汚染の指標で、単位体積当たりの酸素消費量として表される。

問7　文中の　**カ**　～　**ク**　にあてはまる語を記せ。

問8 下線部（a）について。

A) 自然環境には、アンモニアを酸化してエネルギーを得ている細菌が
存在する。これらの細菌の総称を答えよ。また、これらの細菌によ
りアンモニアが代謝されて生じる化合物名を**1つ**あげよ。

B) 植物体内でアンモニアを利用して最初に合成される有機物の名称
を答えよ。

C) マメ科植物の根粒菌などが大気中の窒素からアンモニウムイオン
を合成する働きを何とよぶか。その名称を記せ。

問9 図1の河川中の生物の観察結果に関する説明として、以下の選択肢
から、適切だと考えられるものを**2つ**選び、番号で答えよ。

① 水中に生息する生物種は、水の汚れ具合の指標となる。

② 水中に生息する動物の種類よりも個体数の方が、水の汚れ具合の指
標となる。

③ イトミミズは、酸素濃度が低いと生息できない。

④ 清水性動物は、BOD が低いと生息できない。

⑤ 清水性動物は、酸素濃度が高い環境に適応している。

問10 図1の水質の測定結果では、BOD の減少に伴って水中の酸素濃度
が上昇していた。酸素が上流側で減少した理由および下流側で増加に転
じた理由を簡潔に説明せよ。

[文 3] 産業革命により、化石燃料を利用することで、私たちの生活は豊
かで便利になった。しかし、化石燃料を利用すると、(a) 窒素酸化物や硫黄
酸化物による大気汚染が発生する。化石燃料の利用により二酸化炭素も排
出されるため、1950 年以降、(b) 大気中の二酸化炭素濃度が急激に上昇し
ていることが問題となっている。また、石油を利用した化学工業の発展に
より、農薬やプラスチックなどの化学物質が合成され、利用されている。
しかし、環境中に放出された化学物質の中には、(c) 生物の体内に蓄積する
ものがあることが分かってきた。

問 11　下線部（a）について。窒素酸化物や硫黄酸化物の濃度が高い地域では、湖沼の魚が減少したり、樹木が枯れたりする被害が報告されている。このような被害の原因となる気象現象は何か。名称を記せ。

問 12　下線部（b）について。大気中の二酸化炭素濃度が上昇することで引き起こされている環境問題は何か。また、生態系への影響について、具体例を挙げて説明せよ。

問 13　下線部（c）について。
A) 特定の物質が生物に取り込まれて、周囲の環境よりも濃度が高くなることを何というか。その名称を記せ。
B) 生物の体内に蓄積することが分かっている農薬について、環境中および生物体内の濃度を測定した。① 海水、② 植物および動物プランクトン、③ イワシ、④ ペリカンについて、海水中または生物体内の農薬の濃度について、高いと予想される順番に番号で答えよ。また、その理由を説明せよ。

解答編

■英語■

I 解答
(1)(A)世界で初めての抗生物質
(B)すべての医学における大変革

(2)(A)—⑧　(B)—④　(C)—⑦　(D)—①　(3)—②　(4)—②　(5)—②　(6)—③
(7)—②　(8)—①　(9)—①　(10)2番目：④　4番目：③　(11)—⑤

◆全　訳◆

≪医学に革新をもたらした抗生物質とワクチン≫

　他のどんなものよりも，二つの医学的革新が感染症との闘いにおける特に効果的な武器であり，したがって人間の平均余命を延ばすことに対して責任を負っていると示してきたが，その革新とは，抗生物質とワクチンである。一番初めの抗生物質であるペニシリン発見の物語は，私たちの大半が学校で学ぶ現代の伝説になっている。細菌学者のアレクサンダー＝フレミングは長い夏季休暇を家族とともに過ごした後，ロンドンにある自身の研究所に戻ってきた。彼は優れた研究者として評判だったが，だらしのない研究者でもあった。ロンドンから離れる前に，フレミングはペトリ皿で何種類かのバクテリアの培養を始めていた。ロンドンに戻ってすぐにその培養菌を調べたとき，彼はそのうちの一つが汚染されていて，ペトリ皿の中でカビが成長しているのを目にした。より綿密に見てみると，フレミングはカビに囲まれた領域でバクテリアの培養菌が成長していなかったことに気が付いた。それで彼はそのカビの研究を始め，それが青カビ属に当たるものであると発見した。このことが，彼が後に発展させた新しい物質を「ペニシリン」と名付けた理由であった。ペニシリンは当時，細菌感染と闘うのに利用可能な最も有効な物質になったのであった。

　フレミングの発見は，抗生物質の時代の幕開けを示すものであった。「1928年9月28日の夜明け直後に目が覚めたとき，私はもちろん，世界で初めての抗生物質を発見することですべての医学に大変革を起こそうな

どと計画していたわけではなかった。しかし，それこそまさしく私が成し
遂げたことなのだろう」と，フレミングが後に口にすることになる通りで
ある。ペニシリンのような抗生物質は，何億人という人の命を救ってきた。
正確な推定は難しいが，ファイザー，グラクソ・スミスクライン，そして
ロシュといった製薬企業によって生産された抗生物質だけでも，その承認
以来，何十億回も処方されてきた。加えて，仮に抗生物質がなかったら，
臓器移植のような医学的進歩がかつて可能であっただろうと想像すること
は難しい。

　抗生物質と並んで，ワクチンの開発が人間の平均余命を延ばすことに中
心的な役割を果たした。ワクチンの驚異的な成功は，最初のウイルス性疾
患，それはとあるウイルスによって引き起こされる病気であり，そしてそ
のためにワクチンが開発されたのであるが，その天然痘に目を向けること
でとりわけ明らかになる。ヴォルフガング・アマデウス＝モーツァルトは
天然痘を患い，そしてエイブラハム＝リンカーンやヨシフ＝スターリンも
同様の病にかかった。この3名は生き延びたが，一生の間，相当な瘢痕を
負ったものもいた。天然痘は人類に影響を及ぼす，今までで最も危険で致
命的な病気の一つであり，罹病した3人に1人が結果として命を落とすこ
とになる。20世紀でさえ，1980年代にようやく撲滅したと宣言される以
前に，3億人以上が天然痘で亡くなった。

　それでは，どうして天然痘の撲滅が可能になったのだろうか？　それは，
天然痘のワクチンが開発され，普及したからである。

━━━━━━◀解　説▶━━━━━━

(1)下線部はその直前文（"When I woke up …）の to revolutionize all
medicine by discovering the world's first antibiotic を指す。したがって，
与えられた日本語の空所に合うように，まず(A)には discovering の目的語
である the world's first antibiotic を訳して「世界で初めての抗生物質」
を入れる。(B)の該当箇所は revolutionize all medicine であるが，これを
名詞に変えて「すべての医学における大変革」などとすればよい。

(3)下線部全体は why から始まる疑問詞節であるが，その中にある名詞句
the new substance と節である he went on to develop を接続詞や関係詞
なしでつなぐことはできない。ここでは関係代名詞が省略されていると考
えられるので，②substance の後に that を補うのが正しい。なお，関係

詞節は develop までであり，the new substance he went on to develop が動詞 named の目的語で，文末の "penicillin" はそれに対する補語という，name O C「O を C と名付ける」の形になっている。

(4)下線部の lives は名詞 life「命」の複数形であり，選択肢のうちで名詞の lives は②のみである。他の選択肢はすべて，動詞 live に三人称単数現在形を作る s が付いた形。①「これが王家の人々が暮らしている宮殿である」，②「多くの人たちがその災害で命を落とした」，③「この着生植物は土や水のない鉢の中で生きている」，④「彼女は皮膚の表面にいるバクテリアを研究している」。

(5)下線部の estimates は文全体の主語となる名詞 estimate「推定」の複数形であり，選択肢のうちで名詞の estimates を含むのは②のみ。他の選択肢はすべて動詞の estimate に三人称単数現在形を作る s が付いた形。①「その経営者は自身の損失を 1 億円と見積もっている」，②「独自の推定では難民の数を 3 万人と見積もっている」，③「彼はその催しでの出費が 80 万ドルであると見積もっている」，④「彼女は常に職場で他の従業員がどれほどよく働いているかを評価している人物である」。

(6)下線部の alone は「～だけ」という意味の形容詞であり，主語にあたる名詞や代名詞の直後に用いるのが通例である。選択肢のうちで同じ用法のものは③である。他の選択肢はそれぞれ，①・②は「ひとりで」という意味の副詞で，④は形容詞ではあるが「孤独で」という意味である。①「彼女はひとりでその山に登ることを決めた」，②「彼はひとりで自身の二人の子どもを育てるよう放置された」，③「価格だけが品質の信頼できる指標ではない」，④「彼女は生涯にわたってそれほど孤独だったり友人がいないと感じたりしたことは決してなかった」。

(7)空所に入る語は直前の the development of vaccines に対する述語動詞がふさわしく，したがって，③playing や④to play は不適。また，主語は空所直前の vaccines ではなく the development であり，仮に現在形なら三人称単数現在形を作る s が必要となるので，①play も不適。以上を踏まえて，過去形の②played を入れるのが正解。なお，空所後と合わせて play a major role in～ で「～において中心的な役割を果たす」という意味のイディオムである。

(8)下線部を含めた関係詞節 for which one was developed は「そのため

に one が開発された」という意味であり，関係代名詞 which の先行詞は
viral disease である。したがって，ウイルス性疾患のために何が開発され
たのかを考えればよく，①a vaccine を指すと判断するのが妥当である。

⑼下線部は「一生の間」という意味のイディオムであり，①が正解。他の
選択肢はいずれも for life の日本語訳として適切ではなく，また本文に当
てはめても辻褄が合わない。

⑽選択肢に最上級 most や代名詞 one があることから，空所後の deadly
diseases と合わせて「one of the＋最上級＋複数形の名詞」という形を作
ることを考える。and が結ぶものは dangerous と deadly という二つの形
容詞であると判断し，one of the most dangerous and が正しい語順とな
る。したがって，2番目に来る語は④of，4番目は③most である。

⑾下線部のうち，㋐・㋑・㋒・㋓はいずれも，最初のウィルス性疾患であ
る天然痘を指している。これは㋑it の直前にある suffer from ～「～を患
う」や，㋒it の直前の contract「～（病気）にかかる」という動詞から
も判断できる。一方，下線部㋓の this のみが直前の文（Even in the
twentieth century, …）にある副詞節 before 以下の「ようやく天然痘の撲
滅が宣言された」という内容を受けている。したがって，⑤が正解である。

Ⅱ　解答

(1)自信と食物のどちらも（5〜10字）
(2)全訳下線部参照。
(3)㋐—②　㋑—①　㋒—③　㋓—②
(4)(a)—②　(b)—②　(c)—③　(d)—③　(e)—①

◆全　訳◆

≪自信とは何か≫

　仮に私たちがそのおかげでより豊かで，健康で，長寿で，賢く，親切で，
幸福で，やる気があって，革新的になれるようなものを発見するとしよう。
ばかげていると言うかもしれないが，しかし実際に私たちはすでにそうし
たものを発見しているのだ。

　この万能薬は何だろう？　それは，自信である。そして，自信の人間の
努力に対する関係は，食物の身体に対する関係と同じであり，仮にそのど
ちらもなければ，私たちは元気を失って死んでしまうだろう。もし自信が
あれば，決して到達可能だと思わなかったような高みにたどり着く力を与

えてくれるかもしれないが，もし自信がなかったら，客観的には成功しているにもかかわらず，自身の将来展望に対して破壊的な結果をもたらすかもしれないのだ。

　伝説的なテニス選手であるビーナス＝ウィリアムズが 14 歳のとき，ABC ニュースで，今度の困難な試合で相手を打ち負かすことについてどれくらい自信をもっているかと質問された際に，彼女は「とても自信があります」と言って応じた。そのときの記者は少し驚いた様子で，「あなたはいともたやすく言ってのけるのですね。なぜなのでしょう？」と返した。「なぜって，そう信じているからです」と未来の優勝者は淡々と答えたのだった。

　それから 25 年近く経った 2018 年に『ニューヨーク・タイムズ』紙のインタビューを受け，ウィリアムズはこう述べた。「私自身の成功は自分の中にある信念のおかげであると感じているし，自信というものは後から身に着けることができ，そして育むことができると分かりました。実際，自信を付けるというのは私が毎日取り組んでいることであり，ちょうどジムに行ったりコートで練習をしたりするようなものです」。

　楽観主義，希望そして自尊心はどれも自信とたやすく混同されてしまうような概念であるが，これらは，とある根本的な点で異なっている。それは，自信が「行動に力を与える」ということである。結果に対して自分が役割を果たせるなどと決して信じることなく，もしくは実際にそうした楽観主義に対する現実的根拠をまったく持ち合わせないで，結局は物事が何とかなるだろうと期待しているような楽観主義者になることもできる。そして，特定の目標を達成できるという自信をもつことなく，高い自尊心を得たり，自分自身について肯定的な感情を抱いたりすることができるのである。

　未来とは不確かである。自信とは，成功に賭けることによってこの不確実性をものともしないような，未来に対する精神的態度なのである。自分を信じる心というのは，勝つことの多い自分自身への計画的な賭けであり，というのもそれは過去の実績に基づいた賭けだからである。自信は未来を創り出してくれるのだが，それは自信が行動に基づくものだからである。そして，ビーナス＝ウィリアムズが言ったように，自信とは後から得られるものなのである。

◀ 解　説 ▶

⑴下線部の either は前置詞の後にあるので代名詞であり，肯定文では
「どちらか一方」という意味になる。ところが，本文中では without が否
定の意味を表すので，この場合は「どちらも」という意味になり，その双
方を指すことになる。下線部を含む文の主節は *A* is to *B* what *C* is to
D「*A* の *B* に対する関係は *C* の *D* に対する関係と同じだ」という意味の
構文で，either はその *A* にあたる it の内容である confidence と，*C* にあ
たる food を指している。以上より，字数に気を付けて「自信と食物のど
ちらも」などとまとめるとよい。

⑵該当文中の and は have high self-esteem「高い自尊心を得る」と feel
good about yourself「自分自身について肯定的な感情を抱く」という二
つの動詞句をつないでいる。ここでの feel good とは，単純な気分の良し
悪しではなく，about yourself「自分について」抱く感情であり，すなわ
ち自分に自信がもてるか否かという問題と関連する感覚について述べたも
のである。また，without feeling confident の後の that は同格を表す接
続詞であり，ここから文末までは「特定の目標を達成できるという自信を
もつことなく」という意味である。以上を踏まえて，全訳に示したような
日本語にまとめればよい。

⑶(ア)下線部の devastating は「破壊的な」という意味で，最も意味が近い
のは②である。①「複雑な」　③「入念な」　④「明確な」

(イ)下線部の fundamental は「根本的な」という意味で，最も意味が近い
のは①である。②「違う」　③「容易な」　④「驚くべき」

(ウ)下線部の grounds は「根拠」という意味で，最も意味が近いのは③で
ある。①「発表」　②「期待」　④「必要条件」

(エ)下線部の stance は「態度」という意味で，最も意味が近いのは②であ
る。①「不安」　③「可能性」　④「強さ」

⑷(a)空所を含む how 以下は match までが疑問詞節であり，how とともに前
に出た confident が形容詞であるという判断が重要。この confident は元
の文の主語 she に対する補語であることから，空所には第 2 文型（SVC）
を作る動詞が必要であり，時制の一致を踏まえて②was を入れるのが正
解。元は she was confident という文。なお，③・④の動詞 show を用い
て「自信を示す」という意味を表すなら，confident が名詞形の

confidence でなければならないので不適。

(b)空所前の述語動詞 owe の語法を考える。owe *A* to *B* で「*A* は *B* のおかげである」という意味なので，②to が正解。空所を含む that 節は「私自身の成功は自分の中にある信念のおかげであるということ」という意味になる。

(c)空所前後の表現の関係性に注目する。空所後の「ジムに行ったりコートで練習をしたりすること」というのは，テニス選手にとって，空所前にある「私が毎日取り組んでいること」の具体例だと考えられる。したがって，③「ちょうど～のように」を入れれば文意が通じる。

(d)空所直前の過去分詞 based と合わせて「～に基づく」という意味になる③on を入れるのが正解。なお，②in を入れると based in ～「～に本拠地を置いている」という形になるが，文脈に合わないので不適。

(e)本文のまとめにあたる最終文（And, as Venus Williams said, …）では「ビーナス＝ウィリアムズが言ったように」とあり，空所直前の it は confidence を指している。この表現から，すでに述べられている彼女の自信に関する発言を参照する。すると，第4段第1文の後半部（and have found that …）に「自信というものは後から身に着けることができ，そして育むことができると分かりました」とあることから，同じ表現を用いた①を入れるのが正解。②「不可能である」　③「上手くいくかもしれない」　④「不確実だろう」

Ⅲ　**解答**　(1)necessarily（1語）　(2)makes the discovery（3語）

━━━━━━◀解　説▶━━━━━━

与えられた日本文の「とは限らない」から，(1)には直前の not と合わせて部分否定を作る語が入ると考えられる。「必ずしも～とは限らない」と解釈して necessarily を入れるのが妥当。

(2)には the first person を先行詞とする who から始まる関係詞節内の動詞を入れるのが適切。ただし，日本文における「発見」は「科学の世界」における不変の真理を表していると考えられることから，「その発見をした」という日本文に対して英文では現在形を使うべきである点に注意する。「それを発見した」と解して discovers it とすると指定語数に足りないの

で，make a discovery「発見をする」というイディオムを用いる。ただ
し，「その発見」という日本文に合わせて make the discovery とする必
要がある。

IV 解答
(1)into　(2)contain　(3)called　(4)eaten
(5)meaning　(6)reach

━━━━━━━━◆全　訳◆━━━━━━━━

≪食物連鎖の構造≫

　ある生態系内の最も支配的な要素の一つは，生物たちが何を食べている
のかということである。生物間の関係性が食物連鎖，より適切に言えば食
物「網」を成すこともあるが，そこでは多くの生物たちが他の複数種にと
っての獲物になる可能性がある。食物連鎖はその生態系内のすべての生物
を含んでおり，ほぼ例外なく当てはまる特徴は，連鎖の始まりは植物のよ
うな光合成をする生物だということである。こうした生物たちは一次生産
者と呼ばれるが，それは（日光のような）非生物の資源からエネルギーを
集め，それを生命資源として利用できるようにするからである。連鎖内の
他のすべての生物たちは消費者として知られている。草食生物は植物原料
のみを食べる種であるが，こうした生物たちは一次消費者と呼ばれる。さ
らに，草食生物が二次消費者などによって獲物にされる。二次消費者の多
くは雑食動物であるようだが，雑食動物とは植物性の餌と動物性の餌の両
方を食べるという意味である。三次消費者はほぼ確実に肉食動物であり，
食事は肉に限られている。さらに食物連鎖の上に行くと，コガネムシ科の
昆虫や菌類といった腐食生物にたどり着くが，こうした生物たちは他の生
物の廃棄物や残り物を食べている。

━━━━━━━━◀解　説▶━━━━━━━━

(1)空所前の be made と合わせて目的語の a food chain とつながるのは選
択肢で唯一の前置詞 into であり，be made into ～ で「～になる」という
意味。空所を含む文の主語である「生物間の関係性」が目的語の「食物連
鎖」を成す，という文意になる。
(2)空所前後の名詞の関係性を考える。「食物連鎖」は「生態系内のすべて
の生物」をその範囲内に含むと考え，contain を選ぶのが妥当。現在形の
文脈であり主語は複数形なので，形はそのままでよい。

⑶空所直前の are と合わせて受動態にした際に，直後に名詞を置ける動詞を選ぶ。空所に入れて意味を成すのは動詞 call であるが，ここでは過去分詞の called に変えるのが妥当。なお，第6文（Herbivores, which eat …）にも are called というまったく同じ形があり，補語も primary consumers と似ているため解答にたどり着きやすい。

⑷食物連鎖において，一次消費者である草食生物が二次消費者である雑食動物とどのような関係にあるかを考えればよい。動詞 eat を過去分詞 eaten に変えて受動態を作れば，「草食生物が食べられる」となって文意が通じる。

⑸空所直前の omnivores は一般的な用語ではないので，この語に関する説明部分が必要であると考える。したがって，空所後に続く節を目的語にする動詞 mean を選び，すでに主節の文要素が揃っているので，meaning に変えて分詞構文を作るのが妥当である。なお，meaning の直後に入る接続詞の that は省略されている。

⑹空所を含む文は，空所前の Further up the chain が副詞句で，空所直前の we が主語，空所直後の detritivores が目的語である。したがって，空所に他動詞 reach を入れれば「さらに食物連鎖の上に行くと，私たちは腐食生物にたどり着く」という意味になり，文意が通じる。現在形の文脈で主語が複数なので，形はそのままでよい。

数学

$\boxed{\text{I}}$ **解答** (1)(a)$x=-2,\ 0,\ 2,\ 4$　(2)(b)$\dfrac{3}{5}$　(c)$\dfrac{7}{10}$

(3)(d)90　(e)32　(4)(f)$\log_{10}31,\ \log_4 8,\ \dfrac{\pi}{2},\ \sqrt{1+\sqrt{3}}$

◀解　説▶

≪絶対値記号を含む方程式，確率，オイラーの多面体定理，対数≫

(1)　$\Big|\big||x-1|-1\big|-1\Big|=1 \iff \big||x-1|-1\big|-1=\pm1$

$$\iff \big||x-1|-1\big|=2,\ 0$$

よって

$$|x-1|-1=\pm2,\ 0 \iff |x-1|=3,\ \pm1$$

$|x-1|=-1$ を満たす x はないので

$$|x-1|=3,\ 1 \iff x-1=\pm3,\ \pm1$$

$$\iff x=4,\ -2,\ 2,\ 0 \quad \rightarrow\text{(a)}$$

別解　(i)　$x\geqq1$ のとき

与式より

$$\Big|\big|(x-1)-1\big|-1\Big|=1 \quad \therefore\quad \big||x-2|-1\big|=1$$

(ア)　$x\geqq2$ のとき

$$\big|(x-2)-1\big|=1 \quad \therefore\quad |x-3|=1$$

$x\geqq2$ のときであるから　$x=2,\ 4$

(イ)　$1\leqq x<2$ のとき

$$\big|-(x-2)-1\big|=1 \quad \therefore\quad |-x+1|=1$$

$1\leqq x<2$ のときであるから，これを満たす x は存在しない。

(ii)　$x<1$ のとき

与式より

$$\Big|\big|-(x-1)-1\big|-1\Big|=1 \quad \therefore\quad \big||x|-1\big|=1$$

(ア)　$0\leqq x<1$ のとき

$$|x-1|=1$$

$0 \leqq x < 1$ のときであるから　　$x=0$

(イ)　$x<0$ のとき

$$|-x-1|=1$$

$x<0$ のときであるから　　$x=-2$

以上より　　$x=-2,\ 0,\ 2,\ 4$

(2)　正六角形の頂点から 3 点を選ぶ方法は

$$_6\mathrm{C}_3 = \frac{6 \cdot 5 \cdot 4}{3 \cdot 2 \cdot 1} = 20 \text{ 通り}$$

直角三角形になる 3 点の選び方を求める。

斜辺（正六角形の中心を通る対角線）の選び方が 3
通りで，その各々に対して残りの頂点の選び方が 4
通りあるから

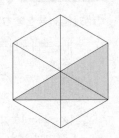

$$3 \times 4 = 12 \text{ 通り}$$

よって，直角三角形ができる確率は

$$\frac{12}{20} = \frac{3}{5} \quad \rightarrow \text{(b)}$$

次に，面積が $\dfrac{1}{2}$ より大きくなる確率を考える。

3 点を選んでできる三角形の種類とその面積は次の 3 つの場合がある。

(i)　直角三角形

面積は　　$\dfrac{1}{2} \cdot 1 \cdot 2 \cdot \sin 60° = \dfrac{\sqrt{3}}{2} > \dfrac{1}{2}$

(ii)　鈍角二等辺三角形

面積は　　$\dfrac{1}{2} \cdot 1 \cdot 1 \cdot \sin 120° = \dfrac{\sqrt{3}}{4} < \dfrac{1}{2}$

(iii)　正三角形

面積は　　$\dfrac{1}{2} \cdot \sqrt{3} \cdot \sqrt{3} \cdot \sin 60° = \dfrac{3\sqrt{3}}{4} > \dfrac{1}{2}$

正三角形になる 3 点の選び方は 2 通りであるから，その確率は

$$\frac{2}{20} = \frac{1}{10}$$

よって，面積が $\dfrac{1}{2}$ より大きくなる確率は

$$\frac{3}{5}+\frac{1}{10}=\frac{7}{10}\quad\to(c)$$

(3) 三角形の各々の辺は 2 つの面に共有されているから，辺の数は

$$60\times3\div2=90\quad\to(d)$$

頂点の数を v，辺の数を e，面の数を f とするとき，オイラーの多面体定理より

$$v-e+f=2$$

が成り立つ。いま，$f=60$，$e=90$ であるから

$$v-90+60=2\quad\therefore\quad v=32\quad\to(e)$$

(4) 比較する 4 つの数値の値を調べてみる。

$$\log_48=\frac{\log_28}{\log_24}=\frac{3}{2}=\log_{10}10^{\frac{3}{2}}=\log_{10}\sqrt{1000}$$

$$\log_{10}31=\log_{10}\sqrt{961}<\log_{10}\sqrt{1000}=\log_48$$

$$\frac{\pi}{2}>\frac{3}{2}=\log_48$$

$$\sqrt{1+\sqrt{3}}>\sqrt{2.7}$$

$$\frac{\pi}{2}<\frac{3.2}{2}=1.6=\sqrt{2.56}<\sqrt{2.7}<\sqrt{1+\sqrt{3}}$$

以上より，4 つの数値を小さい順に並べると

$$\log_{10}31,\ \log_48,\ \frac{\pi}{2},\ \sqrt{1+\sqrt{3}}\quad\to(f)$$

II **解答** (1)(a) $y=-\dfrac{\sqrt{2}}{4}x+\dfrac{9\sqrt{2}}{4}$, $y=-\dfrac{7\sqrt{2}}{12}x+\dfrac{31\sqrt{2}}{12}$

(2)(b) $\dfrac{3}{4}$　(c) $-\dfrac{3}{4}$　(3)(d) $\dfrac{2\sqrt{5}}{5}$　(e) $-\dfrac{3}{4}$

━━━━◀解　説▶━━━━

≪円と直線，円と三角関数≫

(1) $x^2-12x+y^2+35=0$ より

$$(x-6)^2+y^2=1$$

これは，中心が $(6,\ 0)$，半径が 1 の円を表す。

求める接線の方程式は

$$y-2\sqrt{2}=m(x-1)$$

すなわち

$$mx - y - m + 2\sqrt{2} = 0$$

と表すことができて，これと円の中心
$(6, 0)$ との距離が円の半径1に等しけれ
ばよいから

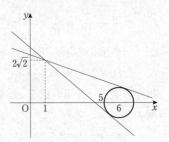

$$\frac{|6m - 0 - m + 2\sqrt{2}|}{\sqrt{m^2 + (-1)^2}} = 1$$

$$(5m + 2\sqrt{2})^2 = m^2 + 1$$

$$24m^2 + 20\sqrt{2}\,m + 7 = 0 \quad (2\sqrt{2}\,m + 1)(6\sqrt{2}\,m + 7) = 0$$

$$\therefore \quad m = -\frac{1}{2\sqrt{2}}, \quad -\frac{7}{6\sqrt{2}} \quad すなわち \quad m = -\frac{\sqrt{2}}{4}, \quad -\frac{7\sqrt{2}}{12}$$

$m = -\dfrac{\sqrt{2}}{4}$ のとき接線の方程式は

$$y - 2\sqrt{2} = -\frac{\sqrt{2}}{4}(x - 1) \quad \therefore \quad y = -\frac{\sqrt{2}}{4}x + \frac{9\sqrt{2}}{4}$$

$m = -\dfrac{7\sqrt{2}}{12}$ のとき接線の方程式は

$$y - 2\sqrt{2} = -\frac{7\sqrt{2}}{12}(x - 1) \quad \therefore \quad y = -\frac{7\sqrt{2}}{12}x + \frac{31\sqrt{2}}{12}$$

以上より，求める接線の方程式は

$$y = -\frac{\sqrt{2}}{4}x + \frac{9\sqrt{2}}{4}, \quad y = -\frac{7\sqrt{2}}{12}x + \frac{31\sqrt{2}}{12} \quad \rightarrow\text{(a)}$$

(2)　円 $x^2 + y^2 = 9$ 上の点 P は次のように表すことができる。

　　P$(3\cos\theta, 3\sin\theta)$　　ただし，$0° \leqq \theta < 360°$

点 P と点 A$(5, 0)$ を結ぶ直線の傾きは

$$\frac{3\sin\theta}{3\cos\theta - 5}$$

であるから，直線 AP の傾きの最大値と最小値を求めればよい。
直線 AP の方程式は

$$y = m(x - 5)$$

すなわち

$$mx - y - 5m = 0$$

と表すことができて，これと原点 O との
距離が 3 に等しければよいから

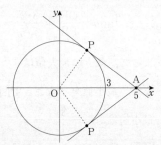

$$\frac{|-5m|}{\sqrt{m^2+(-1)^2}}=3$$

$$25m^2=9(m^2+1)$$

$$m^2=\frac{9}{16}\quad\therefore\quad m=\pm\frac{3}{4}$$

よって，最大値は $\dfrac{3}{4}$，最小値は $-\dfrac{3}{4}$ である。　→(b), (c)

(3)　$0°\leqq\alpha<360°$ のとき，点 P$(3\cos\alpha,\ 3\sin\alpha)$ は

円 : $x^2+y^2=9$

上を動く。

また，$0°\leqq\beta\leqq180°$ のとき，点 Q$(\cos\beta+6,\ \sin\beta)$ は

半円 : $(x-6)^2+y^2=1,\ y\geqq0$

上を動く。

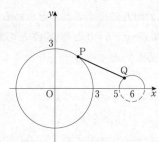

2 点 P, Q を結ぶ直線の傾きは

$$\frac{3\sin\alpha-\sin\beta}{3\cos\alpha-\cos\beta-6}$$

であるから，直線 PQ の傾きの最大値と
最小値を求めればよい。

直線 PQ の傾きが最大になるのは
右図の L の場合である。点 $(6, 0)$
を B とし，PQ と x 軸の交点を R
とすると

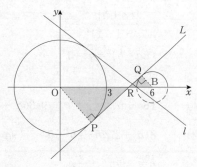

$$\triangle\text{OPR}\backsim\triangle\text{BQR}$$

で，相似比は 3 : 1 だから

OR : RB = 3 : 1

$$\Longleftrightarrow \text{R}\left(\frac{9}{2},\ 0\right)$$

したがって

$$\text{PR}=\sqrt{\frac{81}{4}-9}=\frac{3\sqrt{5}}{2}$$

$\angle\text{QRB}=\angle\text{ORP}=\theta$ とすると

$$\tan\theta=\frac{\text{OP}}{\text{PR}}=\frac{3\cdot2}{3\sqrt{5}}=\frac{2\sqrt{5}}{5}$$

よって，傾きの最大値は　　$\dfrac{2\sqrt{5}}{5}$　→(d)

また，最小値をとるとき上図の l のようになるので，(2)の考察より

最小値は　　$-\dfrac{3}{4}$　→(e)

別解　直線 PQ の傾きが最大になるときを調べる。

直線 PQ の方程式は

$$y=ax+b$$

すなわち　　$ax-y+b=0$

と表すことができて，これが 2 つの円

$$x^2+y^2=9,\ (x-6)^2+y^2=1$$

の両方に接するときを求める。

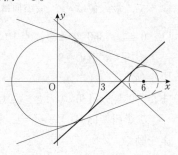

$ax-y+b=0$ と原点 O との距離が 3 に
等しいとすると

$$\frac{|b|}{\sqrt{a^2+(-1)^2}}=3$$

$$\therefore\ b^2=9(a^2+1)\ \cdots\cdots①$$

$ax-y+b=0$ と点 (6, 0) との距離が 1 に等しいとすると

$$\frac{|6a+b|}{\sqrt{a^2+(-1)^2}}=1$$

$$\therefore\ (6a+b)^2=a^2+1\ \cdots\cdots②$$

①，②より

$$(6a+b)^2=\frac{1}{9}b^2\qquad 9\cdot36a^2+9\cdot12ab+8b^2=0$$

$$81a^2+27ab+2b^2=0\qquad(9a+b)(9a+2b)=0$$

$$\therefore\ b=-9a,\ -\frac{9}{2}a$$

$b=-9a$ を①に代入すると

$$81a^2=9(a^2+1)\qquad 9a^2=a^2+1$$

$$\therefore\ a=\pm\frac{1}{2\sqrt{2}}=\pm\frac{\sqrt{2}}{4}$$

$b=-\dfrac{9}{2}a$ を①に代入すると

$$\dfrac{81}{4}a^2=9(a^2+1)\qquad 9a^2=4(a^2+1)$$

$$\therefore\quad a=\pm\dfrac{2}{\sqrt{5}}=\pm\dfrac{2\sqrt{5}}{5}$$

よって，図に注意して，求める最大値は　　$\dfrac{2\sqrt{5}}{5}$

Ⅲ　　**解答**　(a) 3　(b) $-4x-4$　(c) $-x^3-2x^2+4x-4$　(d) 36

◀解　説▶

≪3 次関数のグラフと放物線の共通接線，面積≫

$g(x)=c+\displaystyle\int_0^x f(t)dt$ より

$$g'(x)=f(x)=ax^2-2bx+c$$

$g(x)$ が $x=2$ のとき極値をとることから

$$g'(2)=0\quad\therefore\quad 4a-4b+c=0\quad\cdots\cdots①$$

$y=f(x)$ と $y=g(x)$ が $x=0$ で共通接線をもつことから，$f'(x)=2ax-2b$ より

$$f'(0)=g'(0)\quad\therefore\quad -2b=c\quad\cdots\cdots②$$

また，$\displaystyle\int_0^3 f(x)dx=-3$ より

$$\left[\dfrac{1}{3}ax^3-bx^2+cx\right]_0^3=-3$$

$$9a-9b+3c=-3\quad\therefore\quad 3a-3b+c=-1\quad\cdots\cdots③$$

①，②，③を解くと

$$a=3,\ b=2,\ c=-4$$

よって　　$a=3$　→(a)

このとき

$$f(x)=3x^2-4x-4$$

$$\therefore\quad f'(x)=6x-4$$

共通接線 l は $y=f(x)$ の $x=0$ における接線であるから，その方程式は

$y=-4x-4$　　→(b)

また

$$g(x)=c+\int_0^x f(t)dt$$

$$=-4+\int_0^x (3t^2-4t-4)dt$$

$$=x^3-2x^2-4x-4$$

$y=g(x)$ を y 軸に関して対称移動したものが $y=h(x)$ であるから

$$h(x)=g(-x)$$

$$=(-x)^3-2(-x)^2$$

$$\qquad\qquad -4(-x)-4$$

$$=-x^3-2x^2+4x-4\quad →(c)$$

そこで

$$-4x-4=-x^3-2x^2+4x-4$$

とすると

$$x^3+2x^2-8x=0$$

$$x(x-2)(x+4)=0$$

$$\therefore\quad x=-4,\ 0,\ 2$$

よって

$$S_1-S_2=\left|\int_{-4}^0\{-4x-4-h(x)\}dx-\int_0^2\{h(x)-(-4x-4)\}dx\right|$$

$$=\left|\int_{-4}^2\{-4x-4-h(x)\}dx\right|=\left|\int_{-4}^2(x^3+2x^2-8x)dx\right|$$

$$=\left|\left[\frac{x^4}{4}+\frac{2}{3}x^3-4x^2\right]_{-4}^2\right|$$

$$=\left|\frac{1}{4}(2^4-4^4)+\frac{2}{3}(2^3+4^3)-4(2^2-4^2)\right|$$

$$=\left|4-64+\frac{2}{3}\cdot72-4(-12)\right|$$

$$=36\quad →(d)$$

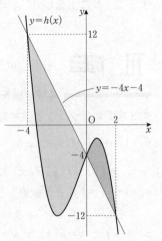

Ⅳ 解答

(a)$s^2-2t^2=-1$　(b)$(17,\ 12)$

(c)$(3x_n+4y_n,\ 2x_n+3y_n)$　(d)$3+2\sqrt{2}$

(e)$\left(\dfrac{(3+2\sqrt{2}\,)^{n-1}+(3-2\sqrt{2}\,)^{n-1}}{2},\ \dfrac{(3+2\sqrt{2}\,)^{n-1}-(3-2\sqrt{2}\,)^{n-1}}{2\sqrt{2}}\right)$

◀解　説▶

≪方程式の整数解と数列≫

$$x^2-2y^2=1\quad\cdots\cdots①$$

$s=x+2y,\ t=x+y$ より

$$x=2t-s,\ y=s-t$$

これらを①に代入すると

$$(2t-s)^2-2(s-t)^2=1\qquad -s^2+2t^2=1$$

$\therefore\quad s^2-2t^2=-1\quad\cdots\cdots②\quad\to(a)$

$(x_1,\ y_1)=(1,\ 0)$ および与えられた変換式より

$$s_1=x_1+2y_1=1,\ t_1=x_1+y_1=1$$
$$x_2=s_1+2t_1=3,\ y_2=s_1+t_1=2$$
$$s_2=x_2+2y_2=7,\ t_2=x_2+y_2=5$$
$$x_3=s_2+2t_2=17,\ y_3=s_2+t_2=12$$

よって　　$(x_3,\ y_3)=(17,\ 12)\quad\to(b)$

次に

$$\begin{aligned}x_{n+1}&=s_n+2t_n\\&=(x_n+2y_n)+2(x_n+y_n)\\&=3x_n+4y_n\end{aligned}$$

$$\begin{aligned}y_{n+1}&=s_n+t_n\\&=(x_n+2y_n)+(x_n+y_n)\\&=2x_n+3y_n\end{aligned}$$

よって

$$(x_{n+1},\ y_{n+1})=(3x_n+4y_n,\ 2x_n+3y_n)\quad\to(c)$$

したがって

$$\begin{aligned}b_{n+1}&=x_{n+1}+\sqrt{2}\,y_{n+1}\\&=(3x_n+4y_n)+\sqrt{2}\,(2x_n+3y_n)\\&=(3+2\sqrt{2}\,)x_n+(4+3\sqrt{2}\,)y_n\end{aligned}$$

$$= (3+2\sqrt{2})x_n + \sqrt{2}(2\sqrt{2}+3)y_n$$
$$= (3+2\sqrt{2})(x_n + \sqrt{2}y_n)$$
$$= (3+2\sqrt{2})b_n$$

であるから，数列 $\{b_n\}$ は等比数列で，公比は $3+2\sqrt{2}$ →(d)

よって

$$b_n = b_1(3+2\sqrt{2})^{n-1}$$
$$= (3+2\sqrt{2})^{n-1} \quad (\because \quad b_1 = x_1 + \sqrt{2}y_1 = 1)$$
$$\therefore \quad x_n + \sqrt{2}y_n = (3+2\sqrt{2})^{n-1} \quad \cdots\cdots(\mathrm{i})$$

同様に

$$c_{n+1} = x_{n+1} - \sqrt{2}y_{n+1}$$
$$= (3x_n + 4y_n) - \sqrt{2}(2x_n + 3y_n)$$
$$= (3-2\sqrt{2})x_n + (4-3\sqrt{2})y_n$$
$$= (3-2\sqrt{2})(x_n - \sqrt{2}y_n)$$
$$= (3-2\sqrt{2})c_n$$

であるから，数列 $\{c_n\}$ は等比数列で，公比は $3-2\sqrt{2}$

よって

$$c_n = c_1(3-2\sqrt{2})^{n-1}$$
$$= (3-2\sqrt{2})^{n-1} \quad (\because \quad c_1 = x_1 - \sqrt{2}y_1 = 1)$$
$$\therefore \quad x_n - \sqrt{2}y_n = (3-2\sqrt{2})^{n-1} \quad \cdots\cdots(\mathrm{ii})$$

(i)，(ii)を解くと

$$x_n = \frac{(3+2\sqrt{2})^{n-1} + (3-2\sqrt{2})^{n-1}}{2}$$
$$y_n = \frac{(3+2\sqrt{2})^{n-1} - (3-2\sqrt{2})^{n-1}}{2\sqrt{2}}$$

すなわち

$$(x_n, \ y_n)$$
$$= \left(\frac{(3+2\sqrt{2})^{n-1} + (3-2\sqrt{2})^{n-1}}{2}, \ \frac{(3+2\sqrt{2})^{n-1} - (3-2\sqrt{2})^{n-1}}{2\sqrt{2}} \right)$$

→(e)

化学

I **解答**　A．1）Li　2）F　3）F　4）Li, Be　5）B, C
　　　　　　B．(1) 6 通り　(2) 45.0

◀解　説▶

≪化学結合，同位体とその存在比≫

A．1）　貴ガス原子を除いて，同一周期の原子半径を比較すると，原子番号が大きくなるほど陽子数が増え，最外殻電子が引きつけられるので，原子半径は小さくなる。

B．(1)　^{12}C，^{13}C，^{16}O，^{17}O，^{18}O で構成される二酸化炭素分子の相対質量は，次の 6 通りが存在する。

　　44, 45, 46, 47, 48, 49

(2)　炭素，酸素の原子量はそれぞれ次の通り

炭素：$12 \times \dfrac{4}{5} + 13 \times \dfrac{1}{5} = 12.2$

酸素：$16 \times \dfrac{6}{8} + 17 \times \dfrac{1}{8} + 18 \times \dfrac{1}{8} = 16.375$

よって，二酸化炭素の分子量は

　　$12.2 + 16.375 \times 2 = 44.95 \fallingdotseq 45.0$

II **解答**　問 1．水酸化カルシウム　問 2．A：KNO_3　B：$NaCl$
　　　　　　問 3．①　問 4．184 g

◀解　説▶

≪固体の溶解度≫

問 2．下線部(ア)の水溶液には Na^+，NO_3^-，K^+，Cl^- が存在する。組み合わせから考えられる物質は，KNO_3，KCl，$NaNO_3$，$NaCl$ の 4 種類。このうち，$NaCl$ の溶解度は温度によってほとんど変化しない。よって，B は $NaCl$，残った A は KNO_3 と分かる。

問 3．下線部(ア)の水溶液において，水 100 g 当たりの溶質の物質量はそれぞれ次の通り。

$$\text{NaNO}_3 : \frac{34.0}{85} = 0.40 \, [\text{mol}] \qquad \text{KCl} : \frac{29.8}{74.5} = 0.40 \, [\text{mol}]$$

よって，水溶液中に Na^+，$\text{NO}_3{}^-$，K^+，Cl^- は 0.40 mol ずつ存在する。
このとき水 100 g 当たりの各溶質の質量は
$\text{KNO}_3 : 101 \times 0.40 = 40.4 \, [\text{g}] \qquad \text{KCl} : 29.8 \, \text{g}$
$\text{NaNO}_3 : 34.0 \, \text{g} \qquad\qquad\qquad \text{NaCl} : 58.5 \times 0.40 = 23.4 \, [\text{g}]$

この水溶液を 10℃ まで冷却したとき，KNO_3 のみ溶解量が溶解度を超え
ている。よって，析出した結晶は KNO_3 のみ。

問 4．水 1 kg に溶解させた水溶液を 10℃ まで冷却した時，析出した
KNO_3 の質量は

$$(40.4 - 22.0) \times \frac{1000}{100} = 184 \, [\text{g}]$$

Ⅲ 解答　問1．43.5 kJ　問2．$\dfrac{8}{3}$　問3．$9.88 \times 10^{13} \, \text{L}$

問 4．(a)，(d)

◀解　説▶

≪ハーバー・ボッシュ法，化学平衡≫
問 1．（生成熱）＝（生成物の結合エネルギーの和）－（反応物の結合エネル
ギーの和）より

$$390 \times 3 - \left(\frac{3}{2} \times 436 + \frac{1}{2} \times 945 \right) = 43.5 \, [\text{kJ/mol}]$$

問 2．式(2)，(3)より，1 分子の CH_4 と十分量の H_2O から 4 分子の H_2 が
得られる。また，式(1)より，1 分子の H_2 と十分量の N_2 から $\dfrac{2}{3}$ 分子の
NH_3 が得られる。よって，1 分子の CH_4 から得られる NH_3 の分子数は

$$4 \times \frac{2}{3} = \frac{8}{3}$$

問 3．式(2)，(3)より，アンモニア製造によって，1 分子の CH_4 から 1 分
子の CO_2 が発生する。つまりアンモニア 1 分子によって $\dfrac{3}{8}$ 分子の CO_2
が発生する。
よって，1 t ＝ 1×10^6 g であるから，アンモニア 2.00×10^8 t の製造時に排

出される二酸化炭素の標準状態における体積は

$$\frac{2.00\times10^8\times10^6}{17.0}\times\frac{3}{8}\times22.4=9.882\times10^{13}≒9.88\times10^{13}[L]$$

Ⅳ **解答**　問1．沈殿1：$PbCl_2$　沈殿2：CuS　沈殿4：ZnS　沈殿5：$CaCO_3$

問2．(ア)の理由：水溶液中から硫化水素を取り除くため。

(イ)の理由：鉄(Ⅱ)イオンを酸化して鉄(Ⅲ)イオンに戻すため。

問3．沈殿4　理由：塩酸を通じたろ液1では，水素イオン濃度が大きく，硫化水素の電離度が非常に小さいため。

問4．沈殿3：$Al(OH)_3$ と $Fe(OH)_3$

操作：b　錯イオン：$[Al(OH)_4]^-$

━━━━━◀解　説▶━━━━━

≪金属イオンの分離≫

7つの金属イオンは，操作1〜5によって，次のように分離できる。

操作1：K^+，Ca^{2+}，Zn^{2+}，Al^{3+}，Fe^{3+}，Cu^{2+}，Pb^{2+} を含む水溶液に塩酸を加えると，塩化鉛(Ⅱ)の白色沈殿が沈殿1として得られる。

操作2：K^+，Ca^{2+}，Zn^{2+}，Al^{3+}，Fe^{3+}，Cu^{2+} を含むろ液1に塩酸酸性下で硫化水素を通じると，硫化銅(Ⅱ)の黒色沈殿が沈殿2として得られる。このとき H_2S の還元作用により Fe^{3+} は Fe^{2+} に還元されている。

操作3：K^+，Ca^{2+}，Zn^{2+}，Al^{3+}，Fe^{2+} を含むろ液2を煮沸して硫化水素を追い出し，硝酸を加えると Fe^{2+} が Fe^{3+} に酸化され，さらにアンモニア水を過剰に加えると，水酸化鉄(Ⅲ)の赤褐色沈殿，水酸化アルミニウムの白色沈殿が沈殿3として得られる。

操作4：K^+，Ca^{2+}，Zn^{2+} を含むろ液3に塩基性下で硫化水素を通じると，硫化亜鉛の白色沈殿が沈殿4として得られる。

操作5：K^+，Ca^{2+} を含むろ液4に炭酸アンモニウムを加えると，炭酸カルシウムの白色沈殿が沈殿5として得られる。

V

解答 問 1．㋐ホールピペット ㋑メスフラスコ 方法：4

問 2．指示薬：フェノールフタレインまたはメチルオレンジ

濃度：0.80 mol/L

問 3．B：$BaSO_4$ C：AgCl

塩化水素：0.10 mol/L 硫酸：0.20 mol/L 硝酸：0.30 mol/L

◀解　説▶

≪中和滴定≫

問 2．強酸と強塩基との中和滴定では，pH は 3 ～11 と急激に変化するため，変色域がこの範囲にあるメチルオレンジやフェノールフタレインのいずれを用いても正確に中和点を知ることができる。

また，水素イオン濃度を c〔mol/L〕とすると，中和点において，H^+ の物質量（mol）＝OH^- の物質量（mol）が成り立つので

$$c \times \frac{10}{1000} \times \frac{10}{100} = 0.20 \times \frac{4.0}{1000} \times 1 \quad \therefore \quad c = 0.80 \text{〔mol/L〕}$$

問 3．水溶液 A に塩化バリウム水溶液を十分な量加えると，硫酸バリウムが沈殿する。水溶液 A の硫酸濃度を x〔mol/L〕とすると，0.466 g の硫酸バリウムが沈殿したので

$$x \times \frac{10}{1000} = \frac{0.466}{233} \quad \therefore \quad x = 0.20 \text{〔mol/L〕}$$

白色沈殿 C は AgCl で 1.435 g，その物質量は

$$\frac{1.435}{143.5} = 0.010 \text{〔mol〕}$$

よって，白色沈殿 B をろ過したろ液中にある Cl^- の物質量は 0.010 mol である。硫酸イオンの物質量を求めるために使用した $BaCl_2$ の物質量は

$$0.45 \times \frac{10}{1000} = 0.0045 \text{〔mol〕}$$

したがって，$BaCl_2$ 由来の Cl は

$$0.0045 \times 2 = 0.0090 \text{〔mol〕}$$

水溶液 A に入っていた Cl は

$$0.010 - 0.0090 = 0.0010 \text{〔mol〕}$$

よって，水溶液 A 中の塩化水素濃度は

$$0.0010 \div \frac{10}{1000} = 0.10 \text{[mol/L]}$$

水溶液 A の硝酸濃度を z [mol/L] とすると，問 2 の結果より

$$0.20 \times 2 + 0.10 \times 1 + z \times 1 = 0.80 \qquad \therefore \quad z = 0.30 \text{[mol/L]}$$

Ⅵ　解答

問 1．I：

J：

問 2．a−1　b−6　c−5　d−3

問 3．

$+NaNO_2 + 2HCl \longrightarrow$

$+ NaCl + 2H_2O$

問 4．F，K にメタノールと濃硫酸を加えて加熱すると F，K のメチルエステルが得られる。これらをエーテル溶液として分液ろうとに入れ，水酸化ナトリウム水溶液を加えて振り混ぜた後静置する。エーテル層に F のメチルエステル，水層に K のメチルエステルのナトリウム塩が分離できる。

━━━━━◀解　説▶━━━━━

≪芳香族化合物の性質≫

問 2．a・b．ベンゼンに濃硫酸と濃硝酸の混合物を作用させるとニトロベンゼンが得られる。ニトロベンゼンに，スズと塩酸を加えて還元し，水酸化ナトリウム水溶液を加えるとアニリンが得られる。

c．トルエンを過マンガン酸カリウムで酸化し，希硫酸を加えると，安息香酸が得られる。

d．ベンゼンに鉄粉を触媒として塩素を作用させるとクロロベンゼンが得られる。

問4．一般に，有機化合物はエーテルなどの有機溶媒に溶けやすく，水に溶けにくい。一方，酸性や塩基性の有機化合物に塩基や酸の水溶液を加えて塩に変えると，水に溶けやすく，有機溶媒に溶けにくくなる。このような溶解性の違いを利用し，分液ろうとを用いて有機化合物の混合物を分離することができる。

F，Kにメタノールと濃硫酸を加えて加熱するとF，Kのメチルエステルが得られる。

F：安息香酸　　　安息香酸メチル

K：サリチル酸　　　サリチル酸メチル

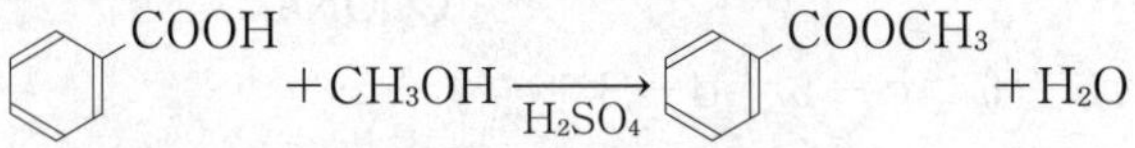

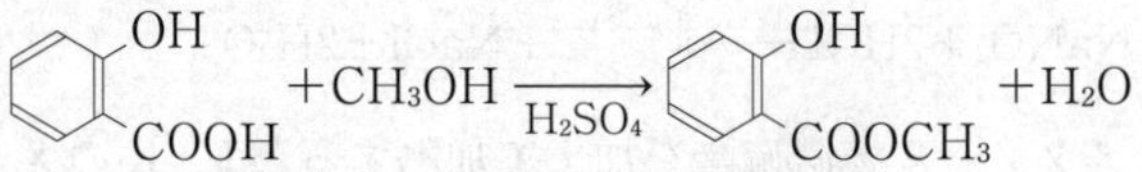

これらをエーテル溶液として分液ろうとに入れ，水酸化ナトリウム水溶液を加えて振り混ぜた後静置すると，安息香酸メチルは変化せずエーテル層に残る。サリチル酸メチルは中和反応してナトリウム塩となり，水層に移動する。以上の操作によりFとKが分離できる。

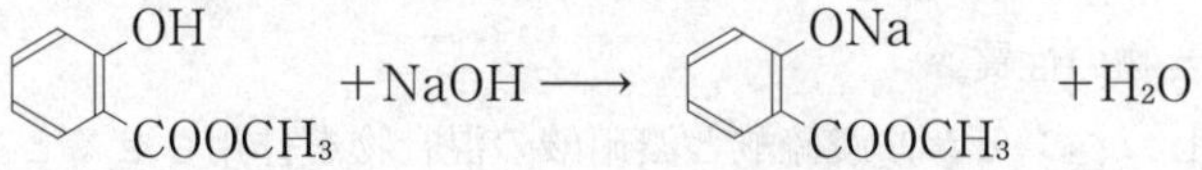

サリチル酸メチル　　　サリチル酸メチルの塩

Ⅶ 解答

問1．1)陽イオン：R−CH(NH$_3^+$)−C(=O)−OH

双性イオン：R−CH(NH$_3^+$)−C(=O)−O$^-$　　陰イオン：R−CH(NH$_2$)−C(=O)−O$^-$

2)陽極　理由：塩基性水溶液中では，アミノ酸Aの電荷の総和が負となっているため。

問2．4.00×10^4

問3．ア．最適温度　イ．変性

問 4 ．生のパイナップルはタンパク質分解酵素をもつ。ゼラチン，寒天の
主成分はそれぞれタンパク質，多糖類と異なるため。

━━━━━━ ◀解　説▶ ━━━━━━━━━

≪アミノ酸の性質≫

問 1 ．水溶液中のアミノ酸は，酸性にすると双性イオン中の $-COO^-$ が
$-COOH$ に変化し，塩基性にすると $-NH_3^+$ が $-NH_2$ に変化する。アミ
ノ酸は水溶液中で陽イオン A^+ ，双性イオン $A^\pm$ ，陰イオン A^- のいずれ
かの形で存在し，平衡状態となっている。

$$\underset{\substack{A^+ \\ \text{酸性}}}{R-\overset{\overset{\displaystyle H}{|}}{\underset{\underset{\displaystyle NH_3^+}{|}}{C}}-\overset{\overset{\displaystyle O}{\|}}{C}-OH} \rightleftharpoons \underset{\substack{A^\pm}}{R-\overset{\overset{\displaystyle H}{|}}{\underset{\underset{\displaystyle NH_3^+}{|}}{C}}-\overset{\overset{\displaystyle O}{\|}}{C}-O^-} \rightleftharpoons \underset{\substack{A^- \\ \text{塩基性}}}{R-\overset{\overset{\displaystyle H}{|}}{\underset{\underset{\displaystyle NH_2}{|}}{C}}-\overset{\overset{\displaystyle O}{\|}}{C}-O^-}$$

酸性 ←────────────────→ 塩基性

問 2 ．タンパク質の分子量を M とすると，ファントホッフの法則より

$$2.49 \times 10^2 \times \frac{20.0}{1000} = \frac{0.0800}{M} \times 8.31 \times 10^3 \times 300$$

$$\therefore \quad M = 4.0048 \times 10^4 \fallingdotseq 4.00 \times 10^4$$

■生物■

I **解答** 問1. ②, ⑤
問2. ④

問3. ＊：プロモーター 酵素：RNA ポリメラーゼ

問4. ア. DNA ポリメラーゼ イ─① ウ─② エ─③ オ─⑦

問5. カ─④ キ─⑤

問6. ④

問7. A さんの母親 B さんに由来する遺伝子 X1 の断片 2 本と，父親に
由来する遺伝子 X2 の 1 本の両方が含まれていたから。

問8. (2)

問9. 陽極

理由：DNA は負に帯電しているため，電極 b の陽極の方向に移動するか
ら。

問10. 目的のタンパク質を得るには，プロモーター領域が必要だから。

ベクター：プラスミド

問11. (e)の場合は，X1 および X2 に由来するサブユニットが混ざった四
量体タンパク質が生じたとき，X2 サブユニットの働きが弱いので，四量
体の活性は非常に低くなる。一方で，(f)の場合は，X1 に由来するサブユ
ニットのみからなる四量体タンパク質と，X2 に由来するサブユニットの
みからなる四量体タンパク質の 2 種類が生じ，後者の活性は低いが，前者
の高い活性のため全体の活性は(e)より高い。

◀解 説▶

≪遺伝情報の発現，PCR 法≫

問1. ①誤文。原核生物はミトコンドリアをもたない。

③誤文。植物細胞にもミトコンドリアは存在する。

④誤文。チラコイドは葉緑体に存在する構造である。

問2. 遺伝子 X の 5' 末端側にはプライマーの 3' 末端側が，3' 末端側には
プライマーの 5' 末端側が結合する。

したがって

　　　5'-CCAAGAGTGATTTCTGCAAT

には

　　　3'-GGTTCTCACTAAAGACGTTA

が対応し

　　　AGCGGAGAGGAAAAGCTTCT-3'

には

　　　TCGCCTCTCCTTTTCGAAGA-5'

が対応する。ゆえに，この両者を含む④が正しい。

問4．エの 72℃ の過程では，DNA 鎖の伸長が起こる。

問5．カ・キ．600 塩基対の DNA は 1 mol では $6.0×10^{23}$ 個で，これが 396000 g である。

よって $1.0×10^{-6}$ g の場合の個数を X とおくと

　　　$6.0×10^{23} : 396000 = X : 1.0×10^{-6}$

　　∴　$X = 1.51… ×10^{12} ≒ 1.5×10^{12}$ 個

$2^{10} ≒ 1000 = 10^3$ と近似するので，カの $1.5×10^{12}$ 個は，$1.5×(10^3)^4$ $≒ 1.5×(2^{10})^4 = 1.5×2^{40}$ となり，キの回数は 40 回が適切。

問6．図2でBさんの制限酵素処理ありの(4)でバンドが2本あることから，Bさんの遺伝子 X は制限酵素で2つに切断されたことが分かる。選択肢の制限酵素①～⑤のうちで図1の塩基配列の一部を切断できるのは④の AcuⅠで，17～22 番目までの CTGAAG を認識して，ここを切断した。つまり，Bさんの遺伝子は X1 である。

問7．図2で，Bさんの娘の A さんでは，(3)の下2本のバンドは母親と同一で母親由来なので，残った上の1本が父親由来と分かる。したがって，父親では(2)と同じ1本のバンドである。

問8．問題文で「X1 でグルタミン酸をコードする配列が X2 ではリシンをコードする」とある。遺伝暗号表から，グルタミン酸の GAA または GAG が，AAA または AAG に変化，つまり最初の G が A に置換すればアミノ酸はグルタミン酸→リシンとなる。図1の配列は遺伝子 X1 であり，20～22 は GAA であるが，これが X2 で AAA に変わったとき，AAA を含む配列は AcuⅠ では認識されないので切断されず，制限酵素処理を行ってもバンドは(2)と同じ1本である。

問9．DNA はリン酸の部分が電離しており，全体が負に帯電している。

問 10. プロモーターは RNA ポリメラーゼが結合する部分で，目的遺伝子の上流にある。

問 11. サブユニットは 4 つ集まった四量体にならないと作用しないことに注目する。

II **解答** 問 1．ア．樹状突起　イ．静止電位　ウ．シナプス小胞　エ．EPSP（興奮性シナプス後電位）

オ．IPSP（抑制性シナプス後電位）

問 2．刺激の強さが閾値未満の時は反応せず，閾値以上の場合は刺激の強さに関係なく一定の反応を示す。

問 3．条件 A：⑥　条件 B：③

問 4．一度興奮した部位は刺激に対して反応できなくなるため，興奮の逆流は起きない。

問 5．ノルアドレナリン，アセチルコリン，セロトニンなど

問 6．有髄神経繊維では，軸索に髄鞘が存在し，ランビエ絞輪間で跳躍伝導を行うことが可能だから。

問 7．興奮が伝導するために必要な刺激の閾値が低くなる。

問 8．$\lambda = \sqrt{\dfrac{aR_\mathrm{m}}{2R_\mathrm{i}}}$

問 9．③

問 10．カ．感覚神経　キ．運動神経　ク．副交感神経　ケ．交感神経

問 11．A—⑤　B—⑥　C—④　D—③

問 12．①・③

━━━━━━ ◀解　説▶ ━━━━━━

≪興奮の伝導≫

問 3．条件 A では，閾値以上の電気刺激では電位変化は起こるものの，電位依存性 Na^+ チャネルが開かず，ナトリウムイオンの細胞内流入が起こらないので，脱分極が起きず⑥となる。条件 B では，電位依存性 K^+ チャネルが開かず，カリウムイオンの細胞外流出が起こらないので，再分極が起きにくく，③となる。

問 4．興奮が起きた後は，刺激に対して一定時間は反応できない不応期になる。

問6．「神経繊維の構造的な特徴」とは髄鞘が存在することである。

問7．神経繊維が細いことで活動電位を生じさせる閾値が下がるため，興奮しやすくなる。

問8．λ の式に r_m と r_i の式を代入すると

$$\lambda = \sqrt{\frac{r_m}{r_i}} = \sqrt{\frac{\dfrac{R_m}{2\pi a h}}{\dfrac{R_i}{\pi a^2 h}}} = \sqrt{\frac{a R_m}{2 R_i}}$$

問9．問8の式から，R_m と R_i が一定なら λ は a の平方根に比例することが分かる。

問12．神経の興奮を抑制する方法には，活動電位の発生を抑える方法と，伝達を阻害する方法がある。前者は電位依存性 Na^+ チャネルの遮断，後者は電位依存性 Ca^{2+} チャネルの遮断を行えばよい。後者の場合，伝達時に神経細胞が神経伝達物質を放出する際にカルシウムイオンが必要だからである。

III 解答

問1．ア．呼吸　イ．先駆
ウ．植生遷移（または乾性遷移）　エ．極相　オ．湿原

問2．富栄養化により植物プランクトンが大量に発生し，水の透明度が低下するため，日補償深度は浅くなる。

問3．年平均気温，年降水量

問4．乾燥している，肥料となる無機物が少ない

問5．ギャップ

問6．復元力

問7．カ．生産者　キ．消費者　ク．分解者

問8．A）　細菌の総称：硝化菌　生じる化合物：硝酸もしくは亜硝酸
B）　グルタミン（アミノ酸）　C）　窒素固定

問9．①・⑤

問10．上流側では流入した下水中の有機物を細菌が分解して浄化するために酸素を消費しているが，下流側では浄化が完了して細菌が酸素を消費しなくなることや，藻類の光合成により酸素が増加したから。

問11．酸性雨

問 12．環境問題：地球温暖化

具体例：年平均気温の上昇により，バイオームが変更し，従来は栽培できた農作物が栽培できなくなる。

問 13．A）生物濃縮

B）農薬の濃度の高い順：④③②①

理由：上位の栄養段階の生物ほど一般に長寿命かつ大型であり，長期にわたって農薬を大量に体内に蓄積する傾向にあるから。

◀■ 解　説 ▶■

≪植生遷移，自然浄化≫

問 2．日補償深度は，水の透明度が低いと浅くなる。富栄養化によって水中の生物が増加すると，水の透明度は低下する。

問 8．硝化菌はアンモニウムイオンを最終的に硝酸イオンに変える。

問 9．環境の汚染の程度（本問では水の汚れ具合）の指標となる生物を指標生物という。指標生物の種類によって，環境の汚染の程度がわかる。したがって，①は正しく，②は誤りとなる。また，イトミミズは酸素濃度が低くても生息でき，清水性動物は酸素濃度が高い環境に適応し，BOD が高いと生息できない。したがって，⑤は正しく，③と④は誤りとなる。

問 10．上流側は汚染度が高く，下流側は汚染度が低い点，BOD の値と酸素濃度の値は逆の変化をする点がポイント。

問 12．地球温暖化が生態系に与える影響には，バイオームが変わる点が重要である。〔解答〕のように農業への影響ではなく，温帯地域での感染症の増加などを答えてもよい。

問 13．生物濃縮では，栄養段階が上位の生物ほど有害物質が高濃度に濃縮される。これは，「寿命が長いため，長期にわたって摂取し続ける」，「大型なので一度に摂取する量が多い」などという理由が挙げられる。

■共通テスト・個別試験併用：C方式

▶試験科目・配点

教　科	科　　　　　目	配　点
理　科	化学基礎・化学	200 点

▶備　考

• 大学入学共通テストにおいて①「英語（リスニングを含む），国語（「近代以降の文章」のみ）から1科目」（配点：200 点に換算。またその際，英語はリーディングを 1.6 倍，リスニングを 0.4 倍とする），②数学Ⅰ・A（配点：100 点），③「数学Ⅱ・B，物理，化学，生物から1科目」（配点：100 点）を受験すること。①または③を複数科目受験した場合は高得点の科目を採用する。

化学

(90 分)

I 　次の記述を読み，以下の問いに答えよ。ただし，$\sqrt{2}=1.41$，$\sqrt{3}=1.73$ とする。

　金属の単体では，金属原子のもつ電子のうち価電子は金属全体で共有されていると考えることができ，このような電子を　**ア**　という。**ア**　の働きにより単体の金属は特有の光沢をもち，薄く広げられる性質の　**イ**　や引き伸ばされる性質の延性を示し，熱や電気の良伝導体としての性質をもつ。

　金属原子が金属結合によって規則正しく配列した結晶を金属結晶という。金属の結晶格子の中で，代表的な単位格子には，六方最密構造の他に図に示した　**ウ**　立方格子と　**エ**　立方格子がある。高純度の鉄の結晶構造は　**ウ**　立方格子をとり，単位格子中には　**オ**　個の金属原子が含まれている。一方，**エ**　立方格子における各原子の最近接原子の数すなわち配位数は　**カ**　である。ただし，図の金属原子は球形で他の最近接の原子と接している。<u>高純度の鉄をある温度に加熱すると，結晶の単位格子が　**ウ**　立方格子から　**エ**　立方格子に変化する。</u>

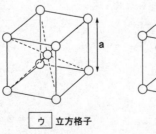

ウ 立方格子

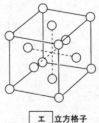

エ 立方格子

問1　**ア**　〜　**カ**　に適切な語句または数値を記せ。

問2　**ウ**　立方格子における単位格子の1辺の長さ a を金属の原子半径 r を用いて表せ。

問3　下線部の変化により，単位格子の体積は元の何%に変化するか。整数値〔%〕で求めよ。ただし，結晶構造や温度の変化に関わらず原子半径は変化しない。

II　次の記述を読み，下記の問いに答えよ。ただし，触媒の体積は無視できるものとする。また，この反応条件ではいずれの物質も気体で存在し，理想気体として扱えるものとする。

　　体積 20 L の密閉容器にエタノール 0.80 mol と触媒を入れ，T 〔K〕で加熱すると（1）の反応が起こり，エタノールとエチレンの物質量は下図のように変化し，反応開始8分後に平衡に達した。

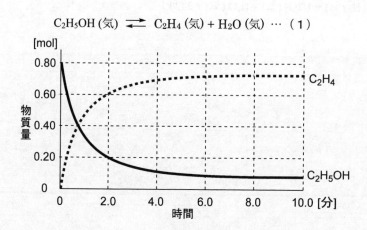

$$C_2H_5OH\,(気) \rightleftarrows C_2H_4\,(気) + H_2O\,(気) \cdots (1)$$

問1　反応開始から 2.0 分までの平均反応速度 $\bar{v}$ 〔mol/(L·min)〕を，有効数字2桁で求めよ。

問2　平衡に達したときのエチレンの生成量は 0.72 mol であった。(1) の
　　　反応の平衡定数（濃度平衡定数）を有効数字 2 桁で求め，単位とともに
　　　記せ。

問3　反応（1）が平衡に達した後，以下の①〜④の操作を行うと，平衡
　　　はどのようになるか。平衡が右へ移動する場合は「右」，左へ移動する
　　　場合は「左」平衡が移動しない場合は「×」を記せ。

　　　① エタノールを加える
　　　② 水を加える
　　　③ アルゴンを加える
　　　④ 触媒を加える

問4　以下のデータを用いて反応（1）の反応熱を求めよ。

　　　$2C$ (黒鉛) $+ 3H_2$ (気) $+ 1/2O_2$ (気) $= C_2H_5OH$ (気) $+ 235$ kJ
　　　$2C$ (黒鉛) $+ 2H_2$ (気) $= C_2H_4$ (気) $- 52$ kJ
　　　H_2 (気) $+ 1/2O_2$ (気) $= H_2O$ (気) $+ 242$ kJ

Ⅲ 次の記述を読み，以下の問いに答えよ。ただし，ファラデー定数を
9.65×10^4 C/mol，原子量は H = 1.0, O = 16, S = 32, Cl = 35.5, Cu = 64
とする。計算値はすべて有効数字 2 桁で答えよ。

図のように電解槽Ⅰ，Ⅱを並列に接続して電気分解を行った。電解槽Ⅰ
は中央を陽イオン交換膜で仕切ってあり，陰極側には水酸化ナトリウム
水溶液が，陽極側には塩化ナトリウム水溶液が入れてあり，電解槽Ⅱに
は塩化銅（Ⅱ）水溶液が入れてある。2.0 A の定電流で 32 分 10 秒電気
分解したところ，電解槽Ⅱの電極 D の質量が 0.512 g 増加した。

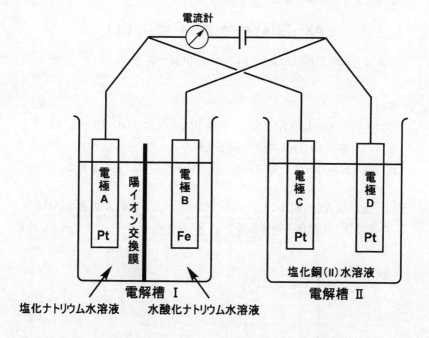

問1 電解槽Ⅰの電極 B 及び電解槽Ⅱの電極 D で起こる反応を，電子を含
むイオン反応式で表せ。

問2 電解槽Ⅰは，水酸化ナトリウムの工業的生産に応用されている。電
解槽Ⅰを陽イオン交換膜で仕切る目的を簡潔に記せ。

問3 電解槽Ⅰの電極Aと電極Bで発生した気体を混合し，光を当てて反応させたときに生じた化合物の物質名を記せ。

問4 電極Aで発生する気体の物質量は，電極Cで発生する気体の物質量の何倍か求めよ。

Ⅳ 次の記述を読み，下記の問いに答えよ。

金属塩 AX の溶解平衡は

$$AX \text{ (固体)} \rightleftharpoons A^+ + X^- \cdots (1)$$

であり，溶解度積は 1.00×10^{-10} $(mol/L)^2$ である。

実験Ⅰ
1.00×10^{-4} mol/L の A^+ を含む水溶液 10.0 mL に 7.00×10^{-5} mol/L の X^- を含む水溶液 10.0 mL を加えると沈殿が生じた。なお，沈殿が生じる速度は濃度に依存せず一定であり，温度の変化はないものとする。

問1 金属塩 AX が式（1）の平衡を保っているときの A^+ の濃度 $[A^+]$ と X^- の濃度 $[X^-]$ の関係を示す曲線**ア**を，X^- の濃度 $0 \sim 5 \times 10^{-5}$ mol/L の範囲で描け。

〔解答欄〕

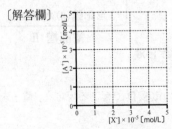

問2 実験Ⅰで混合直後の溶液の濃度を示す点（点に「**イ**」と記せ）と，混合直後から沈殿が生じ終わるまでの濃度変化を示す線をグラフに描き加えよ。

問3　実験Ⅰにおいて沈殿が生じ終わった後の A^+ と X^- のそれぞれのイオン濃度を有効数字2桁で答えよ。

Ⅴ　次の記述を読み，以下の問いに答えよ。

(ア) 銅に希硝酸を加えると，無色の気体を発生しながら銅が溶解した。

(イ) 硝酸銀の水溶液に塩化ナトリウムの水溶液を加えると，白色の沈殿が生じた。

(ウ) 過マンガン酸カリウムの硫酸酸性溶液に過酸化水素水を作用させると溶液の色が赤紫色から無色に変化し，気体が発生した。

(エ) 二クロム酸カリウム（重クロム酸カリウム）の水溶液に水酸化ナトリウム水溶液を加えてアルカリ性にすると，溶液の色が橙赤色から黄色に変化した。

(オ) 硫酸鉄(Ⅲ) の固体を沸騰水にかき混ぜながら加えると，赤褐色沈殿による濁りを生じた。

問1　酸化還元反応を含まない記述はどれか，すべて選択し記号で答えよ。

問2　記述(ア)で発生した気体は空気に触れると刺激臭を持つ気体に変化した。この刺激臭を持つ気体を化学式で記せ。

問3　記述(イ)で生じた白色沈殿を化学式で記せ。

問4　記述(ウ)で発生する気体を化学式で記せ。また，$KMnO_4$ 1 mol につき何 mol の気体が発生するか記せ。

問5　記述(エ)をイオン反応式で記せ。

問6　記述(オ)をイオン反応式で記せ。また，この濁りを生じた溶液に硫酸を加えると淡黄色の透明な溶液になった。この理由を述べよ。

Ⅵ　次の文章を読み，下記の問いに答えよ。ただし原子量は，H = 1.00，
　　C = 12.0，O = 16.0 とする。なお，標準状態における気体の体積は
　　22.4 L/mol である。

　炭素，水素，酸素のみからなり，不斉炭素原子を 1 つもつ分子量 878 の
油脂 **A** を合成した。その構造を確認するために以下の実験 1〜3 を行った。
ただし，実験 1〜3 の反応は完全に進行しているものとする。

（実験 1）x〔g〕の **A** を水酸化カリウム水溶液で完全にけん化した後，反
　　　　　応溶液に塩酸を加え pH = 1 としてから適切な溶媒で抽出したと
　　　　　ころ，46.0 g のグリセリンとともに，直鎖不飽和脂肪酸 **B** と直鎖
　　　　　飽和脂肪酸 **C** が得られた。

（実験 2）標準状態において 87.8 g の **A** をニッケル触媒存在下で水素と
　　　　　反応させたところ，13.4 L の水素が消費され油脂 **D** が得られた。
　　　　　D は不斉炭素原子を持っていなかった。

（実験 3）**B** をオゾン分解したところ，以下のアルデヒド（ホルミル）基
　　　　　をもつ化合物がそれぞれ 2：1：1 の物質量比で得られた。

　　　OHC-CH$_2$-CHO　　　CH$_3$CH$_2$CHO　　　OHC-(CH$_2$)$_7$-COOH

なお，オゾン分解とは，一般に次の反応式のように，アルケンなどの炭素
原子間に二重結合をもつものにオゾンを作用させた後に，還元剤を加える
と，炭素原子間の二重結合が開裂して 2 分子のアルデヒドまたはケトンが
生じる反応である。

（R^1, R^2, R^3, R^4 = H または C, H, O からなる原子団）

問1　実験1で用いた **A** の質量 x〔g〕を整数で記せ。

問2　**A** に含まれている炭素原子間の二重結合の数を記せ。

問3　**B** の構造式を例にならって記せ。シス-トランス異性体は区別しなくて良い。

　　　（例）$CH_3-(CH_2)_3-CH=CH-CH_2-COOH$

問4　**A** の構造式を例にならって完成させよ。

　　　（例）$CH_2-O-CO-C_4H_9$
　　　　　　$CH-O-CO-C_3H_7$
　　　　　　$CH_2-O-CO-C_5H_{11}$

Ⅶ　次の記述を読み，以下の問いに答えよ。

　生物の細胞には核酸と呼ばれる高分子が存在し，生物のもつ遺伝情報の伝達に重要な役割を果たしている。核酸は，塩基，糖，およびリン酸が結合したヌクレオチドとよばれる構成単位が多数縮合してできている。核酸には，デオキシリボ核酸（DNA）とリボ核酸（RNA）がある。DNA と RNA の構造上の大きな違いの一つは，それらの構成単位の糖であり，DNA にはデオキシリボース，RNA にはリボースという異なる糖が含まれている。

　DNA を構成する塩基には，アデニン（A），グアニン（G），シトシン（C），チミン（T）の4種類がある。2本の鎖状の DNA 分子は，二重らせん構造をとっている。この2本の DNA 分子間では，アデニンとチミン，グアニンとシトシンの間で，水素結合による塩基対を形成し，二重らせん構造を安定に保っている。アデニンとチミンの間では2つ，グアニンとシトシンの間では3つの水素結合がはたらく。

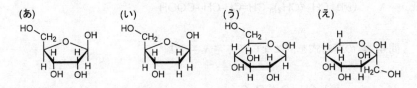

アデニン(A)　　　グアニン(G)　　　シトシン(C)　　　チミン(T)

問1　デオキシリボースの構造を次から選び記号で答えよ。

(あ)　　　　　　　(い)　　　　　　　(う)　　　　　　　(え)

問2　下に示したグアニンとシトシンの塩基対の例にならって，アデニン
　　とチミンの塩基対を描け。また，水素結合は点線で描け。

例)

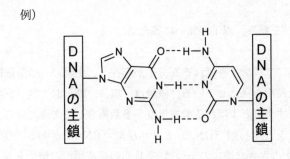

問3　ある2本鎖DNAの塩基の組成（モル分率）を調べたところ，チミ
　　ンが22%であった。この2本鎖DNA中にグアニンは何%含まれるか
　　答えよ。

問4　2本鎖DNAを加熱すると1本鎖DNAへとほどける。下に示した
　　①〜③の2本鎖DNAのなかで最もほどけやすいものはどれか番号で記
　　せ。また，その理由を簡潔に説明せよ。

①
```
A A A C G T T T C T T T
T T T G C A A A G A A A
```

②
```
G G G C C T G C A G G A
C C C G G A C G T C C T
```

③
```
A T A C C G C C C A A G
T A T G G C G G G T T C
```

解答編

化学

I **解答** 問1．ア．自由電子　イ．展性　ウ．体心　エ．面心
オ．2　カ．12

問2．$a = \dfrac{4\sqrt{3}}{3}r$　問3．184%

◀解　説▶

≪金属結晶の構造≫

問2・問3．体心立方格子と面心立方格子のそれぞれについて，単位格子の一辺の長さを a と b とし，原子半径を r とすると

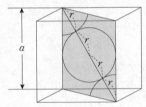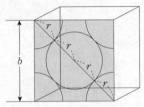

体心立方格子：$4r = \sqrt{3}\,a$　∴　$a = \dfrac{4\sqrt{3}}{3}r$

面心立方格子：$4r = \sqrt{2}\,b$　∴　$b = 2\sqrt{2}\,r$

鉄の原子半径は変化しないので，単位格子が面心立方格子に変化したとき，一辺の長さの変化は

$$\dfrac{b}{a} = \dfrac{\sqrt{3}}{\sqrt{2}}\ 倍$$

よって，単位格子の体積変化率（%）は

$$\left(\dfrac{\sqrt{3}}{\sqrt{2}}\right)^3 \times 100 = 184.0 \fallingdotseq 184(\%)$$

II 　**解答**　問 1．1.5×10^{-2} mol/(L·min)　問 2．0.32 mol/L
　　　　　　　問 3．①右　②左　③×　④×　問 4．−45 kJ

◀解　説▶

≪化学平衡≫

問 1．反応開始から 2.0 分までの平均反応速度は

$$\bar{v} = \frac{-\dfrac{0.20-0.80}{20}}{2.0-0.0} = 0.015 = 1.5 \times 10^{-2} \,[\text{mol/(L·min)}]$$

問 2．平衡状態において，エチレンと水は 0.72 mol，エタノールは 0.080 mol となっている。

$$C_2H_5OH \rightleftharpoons C_2H_4 + H_2O$$

初　め	0.80	0	0	[mol]
反応量	−0.72	+0.72	+0.72	[mol]
平衡時	0.080	0.72	0.72	[mol]

よって

$$\frac{[C_2H_4][H_2O]}{[C_2H_5OH]} = \frac{\left(\dfrac{0.72}{20}\right)^2}{\dfrac{0.080}{20}} = 0.324 \fallingdotseq 0.32 \,[\text{mol/L}]$$

問 4．（反応熱）＝（生成物の生成熱）−（反応物の生成熱）より

$$-52 + 242 - 235 = -45 \,[\text{kJ}]$$

III 　**解答**　問 1．電極 B：$2H_2O + 2e^- \longrightarrow H_2 + 2OH^-$
　　　　　　　電極 D：$Cu^{2+} + 2e^- \longrightarrow Cu$

問 2．純度の高い水酸化ナトリウムを得るため。

問 3．塩化水素　問 4．1.5 倍

◀解　説▶

≪電気分解≫

問 1．電気分解による各電極の反応は次の通り。

A（陽極）：$2Cl^- \longrightarrow Cl_2 + 2e^-$

B（陰極）：$2H_2O + 2e^- \longrightarrow H_2 + 2OH^-$

C（陽極）：$2Cl^- \longrightarrow Cl_2 + 2e^-$

D（陰極）：$Cu^{2+} + 2e^- \longrightarrow Cu$

問2．陽イオン交換膜は塩化物イオンを通さず，ナトリウムイオンのみ通す。このため，陰極室に塩化ナトリウムが混入せず，純度の高い水酸化ナトリウムが得られる。

問3．電極 A，B ではそれぞれ塩素，水素が発生する。これらの気体を混合し，光を当てると次の反応が起こり，塩化水素が得られる。

$$Cl_2 + H_2 \longrightarrow 2HCl$$

問4．電流計に流れた電子の物質量は

$$\frac{2.0 \times (32 \times 60 + 10)}{9.65 \times 10^4} = 4.0 \times 10^{-2} \text{〔mol〕}$$

電解槽Ⅱに流れた電子の物質量は

$$\frac{0.512}{64} \times 2 = 1.6 \times 10^{-2} \text{〔mol〕}$$

よって，電解槽Ⅰに流れた電子の物質量は

$$(4.0 - 1.6) \times 10^{-2} = 2.4 \times 10^{-2} \text{〔mol〕}$$

電極 A，C で発生する塩素の物質量は，流れた電子の物質量に比例する。よって，求める倍率は

$$\frac{2.4 \times 10^{-2}}{1.6 \times 10^{-2}} = 1.5 \text{ 倍}$$

Ⅳ 解答　問1・問2.

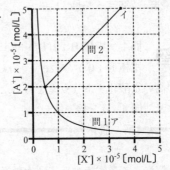

問3．$[A^+] = 2.0 \times 10^{-5}$〔mol/L〕　$[X^-] = 5.0 \times 10^{-6}$〔mol/L〕

◀解　説▶

≪溶解度積≫

問1．金属塩 AX の溶解度積は 1.00×10^{-10} (mol/L)^2 なので，平衡状態において，次の関係式が成り立つ。

$$[A^+][X^-]=1.00\times10^{-10}(mol/L)^2$$

問 2 ・問 3 ．混合直後の $[A^+]$，$[X^-]$ の値はそれぞれ次の通り。

$$[A^+]=1.00\times10^{-4}\times\frac{10.0}{20.0}=5.00\times10^{-5}[mol/L]$$

$$[X^-]=7.00\times10^{-5}\times\frac{10.0}{20.0}=3.50\times10^{-5}[mol/L]$$

沈殿 AX は，物質量比 A^+：$X^-=1$：1 で構成されるため，平衡状態に達するまで，水溶液中で同じ量減少する。平衡状態において，$[A^+]$，$[X^-]$ の減少量を $x\times10^{-5}[mol/L]$（$0<x<3.50$）とすると，溶解度積より

$$(5.00-x)\times10^{-5}\times(3.50-x)\times10^{-5}=1.00\times10^{-10}$$

$$(x-3.00)(x-5.50)=0 \qquad x=3.00\times10^{-5}[mol/L]$$

よって，求めるイオン濃度は

$$[A^+]=(5.00-3.00)\times10^{-5}=2.00\times10^{-5}[mol/L]$$

$$[X^-]=(3.50-3.00)\times10^{-5}=5.00\times10^{-6}[mol/L]$$

V 解答
問 1 ．(イ)，(エ)，(オ)　問 2 ．NO_2　問 3 ．$AgCl$
問 4 ．気体の化学式：O_2　発生する気体：$2.5\,mol$

問 5 ．$Cr_2O_7{}^{2-}+2OH^-\longrightarrow 2CrO_4{}^{2-}+H_2O$

問 6 ．$Fe^{3+}+3H_2O\longrightarrow Fe(OH)_3+3H^+$

理由：水酸化鉄(Ⅲ)は弱塩基性を示すので，強酸と反応して淡黄色の鉄(Ⅲ)イオンとなるため。

◀解　説▶

≪遷移元素の性質≫

問 4 ．過マンガン酸カリウムの硫酸酸性溶液に過酸化水素水を作用させると，次のように変化する。

$$H_2O_2\longrightarrow O_2+2H^++2e^- \quad\cdots\cdots\text{①}$$

$$MnO_4{}^-+8H^++5e^-\longrightarrow Mn^{2+}+4H_2O \quad\cdots\cdots\text{②}$$

①×5＋②×2 より

$$5H_2O_2+2MnO_4{}^-+6H^+\longrightarrow 5O_2+2Mn^{2+}+8H_2O$$

両辺に $2K^+$，$3SO_4{}^{2-}$ を加えて

$$5H_2O_2+2KMnO_4+3H_2SO_4\longrightarrow 5O_2+2MnSO_4+8H_2O+K_2SO_4$$

よって，過マンガン酸カリウム 1 mol につき発生する酸素の物質量は

$$1 \times \frac{5}{2} = 2.5 \text{(mol)}$$

Ⅵ 解答

問1．439 g
問2．6個
問3．$CH_3-CH_2-CH=CH-CH_2-CH=CH-CH_2-CH=CH-(CH_2)_7-COOH$
問4．
$$CH_2-O-CO-C_{17}H_{35}$$
$$CH-O-CO-C_{17}H_{29}$$
$$CH_2-O-CO-C_{17}H_{29}$$

◀解　説▶

≪油脂の性質≫

問1．油脂Ａの質量を x(g) とすると，グリセリンと油脂の物質量は等しいので

$$\frac{x}{878} = \frac{46.0}{92.0} \qquad \therefore \quad x = 439 \text{(g)}$$

問2．油脂Ａに含まれている炭素原子間の二重結合を y 個とすると

$$\frac{87.8}{878} \times y = \frac{13.4}{22.4} \qquad \therefore \quad y = 5.9 \fallingdotseq 6 \text{個}$$

問3．実験3より，直鎖不飽和脂肪酸Ｂはオゾン分解で各種アルデヒドを生じることから，次の構造に決まる。

$$CH_3-CH_2-CH=CH-CH_2-CH=CH-CH_2-CH=CH-(CH_2)_7-COOH$$

$$\xrightarrow{\text{オゾン}} \xrightarrow{\text{還元}} CH_3-CH_2-CHO+OHC-CH_2-CHO$$
$$+OHC-CH_2-CHO+OHC-(CH_2)_7-COOH$$

問4．直鎖不飽和脂肪酸Ｂは炭素原子間の二重結合を3個含む。問2の結果より，油脂Ａは炭素原子間の二重結合を6個含むため，油脂Ａの構成脂肪酸3つのうち2個はＢである。残り1個の直鎖飽和脂肪酸Ａの炭化水素基を $C_nH_{2n+1}-$ とすると，油脂Ａの分子量は878なので

$$173+(12 \times 17+1 \times 29) \times 2+12n+2n+1=878 \qquad \therefore \quad n=17$$

また，油脂Ａは不斉炭素原子を1つもつので，構造式は次のように決まる。

$$\begin{array}{l} CH_2-O-CO-C_{17}H_{35} \\ {}^*CH-O-CO-C_{17}H_{29} \\ CH_2-O-CO-C_{17}H_{29} \end{array}$$

Ⅶ 　解答　問 1 . (い)

問 2 .

問 3 ． 28%

問 4 ．①　理由：２本鎖 DNA に含まれる水素結合の数が最も少ないため。

━━━━━━ ◀解　説▶ ━━━━━━━━━━━━━━━━━━━

≪DNA の性質≫

問 3 ．グアニンの割合を x〔%〕とする。DNA において，アデニンとチミン，グアニンとシトシンはそれぞれ同じ割合で含まれるので

$$2x+22\times2=100 \qquad \therefore \quad x=28〔\%〕$$

問 4 ．アデニンとチミンでは２本の水素結合が形成され，グアニンとシトシンでは３本の水素結合が形成される。

//////////////// · **memo** · ////////////////

教学社 刊行一覧

2025年版 大学赤本シリーズ

国公立大学（都道府県順）

374大学556点 全都道府県を網羅

全国の書店で取り扱っています。店頭にない場合は，お取り寄せができます。

1 北海道大学（文系−前期日程）
2 北海道大学（理系−前期日程）医
3 北海道大学（後期日程）
4 旭川医科大学（医学部〈医学科〉）医
5 小樽商科大学
6 帯広畜産大学
7 北海道教育大学
8 室蘭工業大学／北見工業大学
9 釧路公立大学
10 公立千歳科学技術大学
11 公立はこだて未来大学 総推
12 札幌医科大学（医学部）医
13 弘前大学 医
14 岩手大学
15 岩手県立大学・盛岡短期大学部・宮古短期大学部
16 東北大学（文系−前期日程）
17 東北大学（理系−前期日程）医
18 東北大学（後期日程）
19 宮城教育大学
20 宮城大学
21 秋田大学 医
22 秋田県立大学
23 国際教養大学 総推
24 山形大学 医
25 福島大学
26 会津大学
27 福島県立医科大学（医・保健科学部）医
28 茨城大学（文系）
29 茨城大学（理系）
30 筑波大学（推薦入試）医 総推
31 筑波大学（文系−前期日程）
32 筑波大学（理系−前期日程）医
33 筑波大学（後期日程）
34 宇都宮大学
35 群馬大学 医
36 群馬県立女子大学
37 高崎経済大学
38 前橋工科大学
39 埼玉大学（文系）
40 埼玉大学（理系）
41 千葉大学（文系−前期日程）
42 千葉大学（理系−前期日程）医
43 千葉大学（後期日程）医
44 東京大学（文科）DL
45 東京大学（理科）DL 医
46 お茶の水女子大学
47 電気通信大学
48 東京外国語大学 DL
49 東京海洋大学
50 東京科学大学（旧 東京工業大学）
51 東京科学大学（旧 東京医科歯科大学）医
52 東京学芸大学
53 東京藝術大学
54 東京農工大学
55 一橋大学（前期日程）
56 一橋大学（後期日程）
57 東京都立大学（文系）
58 東京都立大学（理系）
59 横浜国立大学（文系）
60 横浜国立大学（理系）
61 横浜市立大学（国際教養・国際商・理・データサイエンス・医〈看護〉学部）

62 横浜市立大学（医学部〈医学科〉）医
63 新潟大学（人文・教育〈文系〉・法・経済科・医〈看護〉・創生学部）
64 新潟大学（教育〈理系〉・理・医〈看護を除く〉・歯・工・農学部）医
65 新潟県立大学
66 富山大学（文系）
67 富山大学（理系）医
68 富山県立大学
69 金沢大学（文系）
70 金沢大学（理系）医
71 福井大学（教育・医〈看護〉・工・国際地域学部）
72 福井大学（医学部〈医学科〉）医
73 福井県立大学
74 山梨大学（教育・医〈看護〉・工・生命環境学部）
75 山梨大学（医学部〈医学科〉）医
76 都留文科大学
77 信州大学（文系−前期日程）
78 信州大学（理系−前期日程）医
79 信州大学（後期日程）
80 公立諏訪東京理科大学 総推
81 岐阜大学（前期日程）医
82 岐阜大学（後期日程）
83 岐阜薬科大学
84 静岡大学（前期日程）
85 静岡大学（後期日程）
86 浜松医科大学（医学部〈医学科〉）医
87 静岡県立大学
88 静岡文化芸術大学
89 名古屋大学（文系）
90 名古屋大学（理系）医
91 愛知教育大学
92 名古屋工業大学
93 愛知県立大学
94 名古屋市立大学（経済・人文社会・芸術工・看護・総合生命理・データサイエンス学部）
95 名古屋市立大学（医学部〈医学科〉）医
96 名古屋市立大学（薬学部）
97 三重大学（人文・教育・医〈看護〉学部）
98 三重大学（医〈医〉・工・生物資源学部）医
99 滋賀大学
100 滋賀医科大学（医学部〈医学科〉）医
101 滋賀県立大学
102 京都大学（文系）
103 京都大学（理系）医
104 京都教育大学
105 京都工芸繊維大学
106 京都府立大学
107 京都府立医科大学（医学部〈医学科〉）医
108 大阪大学（文系）DL
109 大阪大学（理系）医
110 大阪教育大学
111 大阪公立大学（現代システム科学域〈文系〉・文・法・経済・商・看護・生活科〈居住環境・人間福祉〉学部−前期日程）
112 大阪公立大学（現代システム科学域〈理系〉・理・工・農・獣医・医・生活科〈食栄養〉学部−前期日程）医
113 大阪公立大学（中期日程）
114 大阪公立大学（後期日程）
115 神戸大学（文系−前期日程）
116 神戸大学（理系−前期日程）医

117 神戸大学（後期日程）
118 神戸市外国語大学 DL
119 兵庫県立大学（国際商経・社会情報科・看護学部）
120 兵庫県立大学（工・理・環境人間学部）
121 奈良教育大学／奈良県立大学
122 奈良女子大学
123 奈良県立医科大学（医学部〈医学科〉）医
124 和歌山大学
125 和歌山県立医科大学（医・薬学部）医
126 鳥取大学 医
127 公立鳥取環境大学
128 島根大学 医
129 岡山大学（文系）
130 岡山大学（理系）医
131 岡山県立大学
132 広島大学（文系−前期日程）
133 広島大学（理系−前期日程）医
134 広島大学（後期日程）
135 尾道市立大学 総推
136 県立広島大学
137 広島市立大学
138 福山市立大学 総推
139 山口大学（人文・教育〈文系〉・経済・医〈看護〉・国際総合科学部）
140 山口大学（教育〈理系〉・理・医〈看護を除く〉・工・農・共同獣医学部）医
141 山陽小野田市立山口東京理科大学 総推
142 下関市立大学／山口県立大学
143 周南公立大学 新 総推
144 徳島大学 医
145 香川大学 医
146 愛媛大学 医
147 高知大学 医
148 高知工科大学
149 九州大学（文系−前期日程）
150 九州大学（理系−前期日程）医
151 九州大学（後期日程）
152 九州工業大学
153 福岡教育大学
154 北九州市立大学
155 九州歯科大学
156 福岡県立大学／福岡女子大学
157 佐賀大学 医
158 長崎大学（多文化社会・教育〈文系〉・経済・医〈保健〉・環境科〈文系〉学部）
159 長崎大学（教育〈理系〉・医〈医〉・歯・薬・情報データ科・工・環境科〈理系〉・水産学部）医
160 長崎県立大学 総推
161 熊本大学（文・教育・法・医〈看護〉学部・情報融合学環〈文系型〉）
162 熊本大学（理・医〈看護を除く〉・薬・工学部・情報融合学環〈理系型〉）医
163 熊本県立大学
164 大分大学（教育・経済・医〈看護〉・理工・福祉健康科学部）
165 大分大学（医学部〈医・先進医療科学科〉）医
166 宮崎大学（教育・医〈看護〉・工・農・地域資源創成学部）
167 宮崎大学（医学部〈医学科〉）医
168 鹿児島大学（文系）
169 鹿児島大学（理系）医
170 琉球大学 医

2025年版 大学赤本シリーズ

国公立大学 その他

私立大学①

2025年版　大学赤本シリーズ
私立大学②

2025年版　大学赤本シリーズ
私立大学③

医 医学部医学科を含む
総推 総合型選抜または学校推薦型選抜を含む
DL リスニング音声配信　新 2024年 新刊・復刊

掲載している入試の種類や試験科目、収載年数などはそれぞれ異なります。詳細については、それぞれの本の目次や赤本ウェブサイトでご確認ください。

akahon.net

| 赤本| | 検索 |

難関校過去問シリーズ

出題形式別・分野別に収録した「入試問題事典」
20大学 73点

定価2,310〜2,640円(本体2,100〜2,400円)

先輩合格者はこう使った!
「難関校過去問シリーズの使い方」

61年、全部載せ!
要約演習で、総合力を鍛える

東大の英語
要約問題 UNLIMITED

DL リスニング音声配信
新 2024年 新刊
改 2024年 改訂

いつも受験生のそばに─赤本

大学入試シリーズ＋α
入試対策も共通テスト対策も赤本で

2025年版　大学赤本シリーズ　No. 418

明治薬科大学

編　集　教学社編集部
発行者　上原　寿明
発行所　教学社
　　　　〒606-0031
　　　　京都市左京区岩倉南桑原町56

2024年7月20日　第1刷発行
ISBN978-4-325-26477-4
定価は裏表紙に表示しています

電話　075-721-6500
振替　01020-1-15695
印　刷　加藤文明社